U0607171

中国聚碳酸酯行业发展蓝皮书

2025

Blue Book of
Polycarbonate Industry Development
in China 2025

中国合成树脂协会聚碳酸酯分会　主编

化学工业出版社

·北京·

内容简介

本书主要针对 2024 年聚碳酸酯领域的行业现状、供需变化、工艺技术、应用现状和发展建议等展开。阐述电子电气、汽车、光学、医疗、包装、5G、卫星通信等重点领域对聚碳酸酯新材料的最新需求，分析行业存在的主要问题，提出下一步发展对策和建议。书中包含了大量统计数据和调查研究成果，是有关企事业单位和政府部门进行投资决策、政策制定的重要参考资料。

本书可以为聚碳酸酯相关行业技术人员，以及相关企事业单位和政府部门投资决策、政策制定人员，政府主管部门、行业协（学）会、科研机构、高等院校、制造企业及材料供应商等提供一定的参考。

图书在版编目（CIP）数据

中国聚碳酸酯行业发展蓝皮书. 2025 / 中国合成树脂协会聚碳酸酯分会主编. -- 北京 : 化学工业出版社，2025. 8. -- ISBN 978-7-122-48548-9

Ⅰ. F426.7

中国国家版本馆CIP数据核字第2025BG3937号

责任编辑：高　宁
责任校对：李　爽
装帧设计：韩　飞

出版发行：化学工业出版社
　　　　　（北京市东城区青年湖南街 13 号　邮政编码 100011）
印　　装：涿州市般润文化传播有限公司
710mm×1000mm　1/16　印张 21³/₄　字数 333 千字
2025 年 8 月北京第 1 版第 1 次印刷

购书咨询：010-64518888　　　　售后服务：010-64518899
网　　址：http://www.cip.com.cn
凡购买本书，如有缺损质量问题，本社销售中心负责调换。

定　　价：498.00元　　　　　　　版权所有　违者必究

《中国聚碳酸酯行业发展蓝皮书（2025）》
编　委　会

主　任

祝群伟　　　　中国合成树脂协会聚碳酸酯分会　副秘书长
　　　　　　　荣盛石化股份有限公司

副　主　任

席　莺　　　　沙特基础工业（中国）投资有限公司
周铭康　　　　中国合成树脂协会聚碳酸酯分会　副秘书长
　　　　　　　科思创（上海）投资有限公司

顾问委员

何盛宝　　　　中国合成树脂协会　理事长
郑　垲　　　　中国合成树脂协会　名誉理事长
王晓雪　　　　中国合成树脂协会　秘书长
初乃波　　　　中国合成树脂协会聚碳酸酯分会　理事长
　　　　　　　万华化学集团股份有限公司　高性能聚合物事业部
　　　　　　　总经理
段庆生　　　　中国合成树脂协会聚碳酸酯分会　秘书长
王　丽　　　　科思创（上海）投资有限公司　工程塑料事业部
　　　　　　　全球总裁
王　强　　　　沙特基础工业公司（SABIC）
　　　　　　　副总裁兼大中华区总裁
寿柏春　　　　荣盛石化股份有限公司　固体销售　总经理
刘　增　　　　沧州大化股份有限公司　董事长

委　　员（按姓氏拼音排序）

卞华松　　　　沙特基础工业（中国）投资有限公司
陈光韬　　　　科思创（上海）投资有限公司
陈华祥　　　　中国石油天然气股份有限公司石油化工研究院

陈惠卿	科思创（上海）投资有限公司
陈金彪	天津利安隆新材料股份有限公司
陈增军	上海品诚控股集团有限公司
陈志光	厦门石地医疗科技有限公司
崔童敏	沙特基础工业（中国）投资有限公司
丁雨波	中国合成树脂协会聚碳酸酯分会　副秘书长
	上海诚瀚实业集团有限公司
丁晓丽	上海品诚控股集团有限公司
杜　翠	万华化学集团股份有限公司
杜小岭	沧州大化股份有限公司
范海南	中国合成树脂协会聚碳酸酯分会　副秘书长
	万华化学集团股份有限公司
冯　丹	沙特基础工业（中国）投资有限公司
付　强	沙特基础工业（中国）投资有限公司
华　夏	山东卓创资讯股份有限公司
孔　寒	荣盛石化股份有限公司
李明锋	沙特基础工业（中国）投资有限公司
李　强	上海锦湖日丽塑料有限公司
李　想	江苏扬农化工集团有限公司
李晓飞	万华化学集团股份有限公司
林云霞	厦门石地医疗科技有限公司
林前明	盛禧奥香港有限公司
刘成俊	万华化学集团股份有限公司
刘辉辉	上海锦湖日丽塑料有限公司
吕　晗	荣盛石化股份有限公司
罗　凯	万华化学集团股份有限公司
马洪庆	沧州大化股份有限公司
马　欢	上海帝人化成贸易有限公司
孟季茹	科思创（上海）投资有限公司
潘勇军	万华化学集团股份有限公司
彭民乐	金发科技股份有限公司

孙　琳	万华化学集团股份有限公司
王晨晔	宁波大风江宁新材料科技有限公司
王少武	中沙（天津）石化有限公司
王彦军	科倍隆（南京）机械有限公司
吴　彤	无锡赢同新材料科技有限公司
席　莺	沙特基础工业（中国）投资有限公司
夏文君	上海奥塞尔材料科技有限公司
相飞飞	山东隆众信息技术有限公司
肖　锋	江苏扬农化工集团有限公司
杨志军	金发科技股份有限公司
尧小新	科思创（上海）投资有限公司
张　薇	山东隆众信息技术有限公司
张艳君	鲁西化工集团股份有限公司
张泽波	宁波乐金甬兴化工有限公司
赵　宇	科思创（上海）投资有限公司
郑先才	沧州大化股份有限公司
周铭康	中国合成树脂协会聚碳酸酯分会　副秘书长 科思创（上海）投资有限公司
周　怡	四川龙华光电薄膜股份有限公司
祝群伟	中国合成树脂协会聚碳酸酯分会　副秘书长 荣盛石化股份有限公司
庄　严	浙江旭森阻燃剂股份有限公司

前言

聚碳酸酯（PC）作为现代工业的"全能材料"，凭借卓越的综合性能，深度融入电子电气、汽车制造、医疗健康、航空航天等关键领域，成为支撑高端制造与消费升级的核心材料。值此"十五五"规划开局与新质生产力培育的关键节点，《中国聚碳酸酯行业发展蓝皮书（2025）》的发布，既是对产业发展历程的全景式回顾，更是面向未来高质量发展的战略指引。

过去十年，中国聚碳酸酯产业经历了从技术引进到自主创新的跨越式发展。截至2024年末，国内产能突破381万吨/年，占全球总产能近50%，彻底改写了全球产业格局。这一成就的背后，是本土企业在界面缩聚、熔融酯交换等核心工艺上的持续突破，是万华化学、荣盛石化等龙头企业通过一体化布局构建的成本优势，更是全行业在高端改性、特种共聚聚碳酸酯等领域不懈探索的成果。聚碳酸酯国内自给率已提升至89%，但高端医疗级、光学级产品仍依赖进口，这既折射出产业进步的速度，也指明了未来突破的方向。

当前，全球制造业正经历深刻变革，聚碳酸酯产业面临着"双重机遇"与"双重挑战"。机遇在于：新能源汽车、5G通信、低空经济等战略性新兴产业的材料需求呈爆发式增长，2025年车用PC需求占PC总体消费量的比例有望提升至20%，为新质生产力培育提供了广阔空间；循环经济政策驱动再生塑料市场扩容，物理回收与化学回收技术加速落地，为产业开辟绿色发展新赛道。挑战则来自：低端通用料产能过剩导致同质化竞争加剧，2024年MI10规格产品占比超60%；国际贸易壁垒升级，欧盟碳关税、美国双酚A监管新规等对出口形成压力。本书通过翔实的数据与案例，为企业破解"高端不足、低端过剩"的结构性矛盾提供了路径参考。

作为行业组织，中国合成树脂协会始终致力于推动产业转型升级。我们坚

持将加强行业自律、规范市场秩序、促进健康发展作为重要任务，通过制定团体标准、建立质量追溯体系、引导产能有序投放，着力构建"优胜劣汰、公平竞争"的市场环境。我们欣喜地看到，越来越多的企业将目光投向硅氧烷共聚PC、生物基PC等特种材料，在AR/VR光学镜片、新能源汽车电池包外壳等战略性新兴领域实现应用突破；行业龙头正牵头构建"原料-聚合-改性-回收"全产业链协同体系。本书对这些创新实践的梳理，不仅展现了产业的韧性，更传递出"从规模扩张向价值创造"转型的强烈信号。

面向"双碳"目标与制造强国战略，聚碳酸酯产业必须锚定"高端化、绿色化、智能化"发展方向。"十五五"期间，行业需以新质生产力为核心驱动力，一方面突破耐高温、低双折射率、生物相容性等关键技术，填补医疗器材、航空透明件等领域的材料空白，强化在战略性新兴产业中的材料支撑作用；另一方面加快化学回收技术工业化进程，构建"塑料生产-消费-再生-再利用"闭环体系，响应全球绿色制造倡议。本书关于"核心工艺自主化""循环回收体系构建"的深度分析，为产业政策制定与企业战略规划提供了重要依据。

在此，我谨代表中国合成树脂协会，向参与本书编撰的专家学者、企业代表致以衷心感谢。你们以专业视角梳理产业脉络，以数据洞察揭示发展规律，为全行业奉献了一部兼具学术价值与实践意义的权威著作。期待业界同仁以本书为鉴，把握全球产业重构机遇，在技术创新中突破瓶颈，在绿色转型中塑造优势，共同谱写中国聚碳酸酯产业高质量发展的新篇章！

中国合成树脂协会理事长　何盛宝
二零二五年八月

目 录

中国聚碳酸酯行业发展蓝皮书

中国合成树脂协会聚碳酸酯分会
China Polycarbonate Association

第1章

聚碳酸酯产业 发展概述

1.1 基本信息

聚碳酸酯（polycarbonate，PC）是一种综合性能非常优异的热塑性工程塑料，具有良好的力学性能、光学性能、热性能和阻燃性能，被广泛应用于汽车零部件、消费电子、电子电气、家用电器、照明设备、建筑板材、耐用消费品、光学透镜、数据存储以及专用防护和医疗器械等领域。

聚碳酸酯同时也是一种耐用型热塑性工程材料，"耐用"对应重复使用、"热塑性"对应易回收、"工程"对应高价值回收，恰恰吻合了循环经济和塑料的循环再利用。

2020年，采用聚碳酸酯制造的医用护目镜、测温枪、透明消毒舱、呼吸机、监护仪和核酸检测试剂盒等物资在保护医疗人员、患者、防疫工作者和高风险后勤保障人员方面做出了巨大贡献。

2023年以来，随着产能集中释放，原材料价格大幅回落；同期新能源汽车以及储能等领域的需求扩张，叠加中美贸易摩擦加剧推动国产材料替代进口材料进程加速，行业逐渐走出低谷。但整体需求增长仍滞后于供应增长。

1.1.1 分类

聚碳酸酯是指分子链中含有碳酸酯基（—COO—）的热塑性高分子化合物。按照分子结构中所带酯基的不同，可分为脂肪族聚碳酸酯、脂肪-芳香族聚碳酸酯、芳香族聚碳酸酯等多种类型。目前只有芳香族聚碳酸酯获得了大规模的工业化生产和应用，其中尤以双酚A（bisphenol，BPA）型聚碳酸酯为主，见图1.1。芳香族的环形结构，提供了强大的抗冲击性能和优异的耐热性能，无定形态则提供了材料天生的水滴般洁净透明的特性。而脂肪族和脂肪-芳香族聚碳酸酯由于力学性能相对较差，尚缺乏实际应用价值，但其规模化生产和市场化应用仍在不断发展。

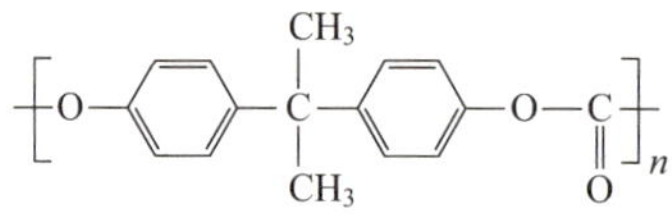

图1.1　双酚A型聚碳酸酯结构

1.1.2 主要结构及性能

1.1.2.1 化学结构

高分子的链结构决定聚合物的基本性质。通常，高分子结构分为链结构和凝聚态结构两部分。目前，有实际应用意义的芳香族聚碳酸酯，其分子化学结构可用通式（图1.2）表示。式中，R基可以为各种不同的基团或原子，n为重复单元数目。

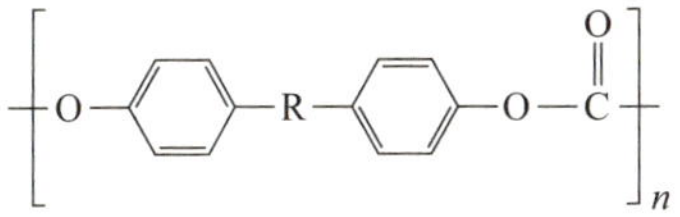

图1.2 通用型聚碳酸酯结构

化学结构影响分子链的柔曲性和分子间的相互作用，从而影响到聚合物的性能。以下从3个方面展开分析。

（1）主链上除R基外其他基团的影响

主链上除R基外的其他基团会影响高分子链的运动能力、处于不停热运动中的分子，当其链段开始自由移动（绕单键旋转）时的温度即是高聚物的玻璃化转变温度（或称二级转变点），记作T_g；分子链开始自由相对滑动时的温度即黏流温度（T_f）。有足够分子量的无定形聚碳酸酯在T_g以下呈刚硬的玻璃态，在T_g与T_f之间呈软韧的高弹态，在T_f以上呈流动的黏流态。

苯环是大共轭的芳香环，其刚性结构显著降低了分子链的柔曲性和聚合物在有机溶剂中的溶解性和吸水性。

醚键（—O—）的作用相反，它增大链的柔曲性，使链段容易绕氧基两端单键发生内旋转，并增大聚合物在有机溶剂中的溶解性。

极性较大的羰基（—CO—）增加分子间的作用力，使分子间间距减小，空间位阻会加强，从而使分子链的刚性有所加强。

聚碳酸酯链上的酯基（—OCO—）具有较强的极性，使其更易溶于极性有机溶剂，同时也降低了其电绝缘性能，使其不如非极性的聚乙烯和弱极性的聚苯乙烯稳定。此外，酯基还易发生水解反应，导致分子链断裂。总的看来，在影响分子链刚性的因素中，除R基以外，苯环与羰基共同作用所增加的刚性，超过了氧原子的柔性效应，但氧原子的存在使聚碳酸酯又具有相当的韧性。

聚碳酸酯分子链的刚性相当大（由于相邻分子间刚性的彼此加强），导致 T_g 较高；较大的分子间相互作用力和刚性分子链彼此缠结，使分子链运动困难，进而使 T_f 升高。链的刚性大，使高聚物在受力下的形变减小、尺寸稳定，并阻碍大分子取向和结晶，而当受外力强迫取向后又不易松弛。

（2）主链上R基的影响

主链上进行R基团取代时，若R基中心原子两侧基团不对称，会破坏分子的规整性，导致聚合物不易结晶；若R为—O—、—S—、—SO₂—等杂原子或原子基团，所得聚碳酸酯均为特殊共聚聚碳酸酯；若R为烷基，随着中心碳原子两侧基团体积增大或刚性增强，一方面，大分子刚性增加，位阻增加，导致 T_f、T_g、静强度提升；另一方面，链间距离增大，相互作用减弱，又会使 T_f、T_g、静强度减小，两者相互矛盾，前者略占上风。表1.1列出了多种主链上的R基团的取代结构单体及共聚聚碳酸酯性能。

表1.1 不同种类PC的部分物理性能

结构种类	T_g/℃	冲击强度/（kJ/m²）	拉伸强度/MPa
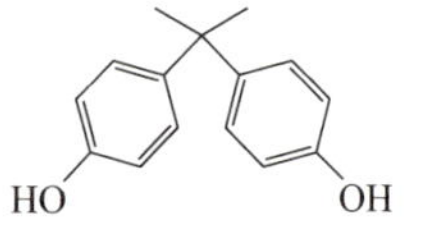	150	70	61
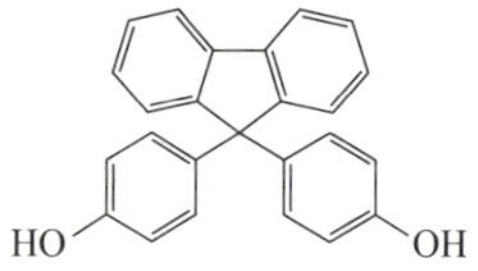	275		
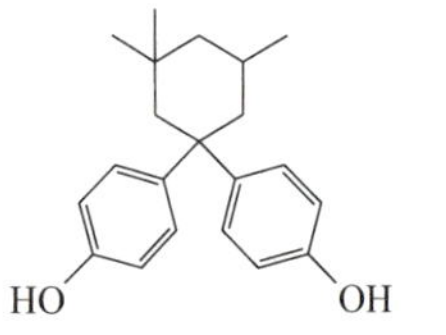	203	40	75

（3）端基的影响

聚碳酸酯大分子的端基主要影响树脂的热稳定性。

理论上，根据聚合工艺的不同，链末端的种类有差异。酯交换法生产的聚碳酸酯链末端可能是羟基和苯氧基；光气法生产的聚碳酸酯链末端（在端基封端之前）可能得到羟基和酰氯基，酰氯基水解会生成羧基。聚碳酸酯链结构中含有酯基基团，高温下，羟基会引起PC链中酯基发生醇解反应，羧基会促使PC链中的酯基发生酸性水解，进一步引发聚碳酸酯的连锁降解，使PC的熔体流动速率升高、分子量降低，同时削弱树脂的力学性能，还会间接影响树脂外观。

为降低PC树脂中活性端基的含量，在酯交换法生产工艺中，采用碳酸二苯酯过量的方式，既能实现控制分子量的目的，又能让分子链的两端都成为苯氧基，减少树脂中酚羟基（—OH）的含量。在光气化法工艺中，一般通过光气过量（过量比为1.1～1.2），使分子链两端都成为酰氯基（—COCl），再通过添加单官能团化合物作为链终止剂与酰氯基反应，使分子链端基封闭，这样既控制产物的分子量，又可避免生成羧基带来的不良影响。光气法常用的封端剂有对叔丁基苯酚、对枯基苯酚和苯酚。

1.1.2.2　分子量和分子量分布

（1）定义

分子量是反映高分子结构特性的一个重要参数，是衡量高分子大小的一个重要指标。由于高分子合成过程包含链的引发、增长、终止，以及可能出现的支化、交联、环化等复杂环节，每个高分子具有相同和不同的链长，许多高分子构成的聚合物存在分子量分布，聚合物的分子量通常是统计平均值。

测定样品的平均分子量有多种方法。例如，用渗透压法可测得数均分子量M_n，用光散射法能测得重均分子量M_w，用黏度法可测得黏均分子量M_η，其数值介于M_n和M_w之间。当分子量分布变宽时，在相同M_w情况下，M_w/M_n比值增大，即二者差异变大，所以不同方法测定的数值会有不同。

黏度法是最常用的分子量测定方法，操作相对简便。直接测得的特性黏数与分子量M的关系，可用经验方程$[\eta]=KM^a$表示，参数K、a由实验确定，且会随分子量测试方法、所用溶剂以及测定温度的变化而变化（表1.2）。

表1.2　聚碳酸酯的$[\eta]=KM^a$参数表（20℃时）

溶剂	适用分子量范围	K	a	直接测M的方法
二氯甲烷	$8\times10^3\sim2.7\times10^5$	1.11×10^{-2}	0.82	沉降法、扩散法、光散射法
二氯甲烷	$1.3\times10^4\sim8\times10^4$	1.11×10^{-2}	0.82	光散射法
二氯甲烷	$2.5\times10^4\sim1\times10^5$	1.23×10^{-2}	0.83	渗透压法

溶剂	适用分子量范围	K	a	直接测 M 的方法
二氯甲烷	$2.2 \times 10^4 \sim 2 \times 10^5$	0.92×10^{-3}	0.87	渗透压法
二氯甲烷	$1.5 \times 10^4 \sim 6 \times 10^4$	2.77×10^{-1}	0.50	光散射法
二噁烷	$1 \times 10^4 \sim 4 \times 10^5$	5.54×10^{-2}	0.67	光散射法
四氢呋喃	$8 \times 10^3 \sim 2.7 \times 10^5$	3.99×10^{-2}	0.70	沉降法、扩散法、光散射法

聚碳酸酯的分子量对聚合物性能影响较大，聚合物性能随其分子量增加而改变。在临界分子量以上，随着分子量增大，PC的力学性能随之提升，当达到一定临界值以后趋于恒定。

聚碳酸酯的分子量分布可用沉淀法分级或凝胶渗透色谱等方法测定。分子量分布越宽，低分子量级分占比越多，树脂热稳定性越差，力学性能、耐热性能也随之下降，反之则不然。

（2）聚碳酸酯的特征分子量和转变温度

聚合物分子量的增减会引起性能发生变化。特征分子量即聚碳酸酯性能发生突变时的分子量。聚碳酸酯的特征分子量约为 1×10^4（n=40），高于该分子量，聚合物才能表现出黏弹特性。

当 n<40 时，分子间几乎没有相互缠结，分子间作用力也较小，分子间相互运动所需的能量，低于链段内旋转所需能量，即链尚未弯曲改变构象，分子间便已滑动。此时表现出低分子化合物的特征，称为低聚体，其转变温度只有 T_f，没有 T_g 出现。

当 n>40 以后，链缠结数增多，分子间作用力亦增大，分子间相互滑动的难度增大，而对链弯曲的阻碍增加不多，故显示出 T_g 和 T_f 的区别，聚合物呈高弹态。并且随着 n 的增大，T_f 比 T_g 增长得快。T_g 从低聚体的熔点（140℃以下）逐渐增加到高分子量时的140～150℃，然后趋于恒定。因为高分子量时，链的延长对链改变构象的阻碍已无法再增加。T_f 则相应地逐渐增加到220～230℃。因大分子间相对滑动是分段进行的，所以 T_f 不会无限地升高。

当 n>130（分子量约3.3 × 10^4）以后，高聚物的 T_g、T_f 基本恒定；而在 n 为100～130之间时，变化已经不大。

当 n≥800（分子量约 2×10^5 以上）时，聚碳酸酯已完全不能结晶。

（3）分子量对力学性能和热稳定性的影响

在$n<40$时，聚碳酸酯不能形成制品。$n>40$以后，静强度逐渐增大，到n约100以后渐趋恒定。其道理与转变温度类似。酯交换法树脂的注塑制品，当$K=48.5\sim55.4$时（M_η约$2.5\times10^4\sim3.3\times10^4$），拉伸强度增加不到2MPa，弯曲强度增加不到5%。

随着分子量增高，聚合物试样断裂伸长率增大，到一定分子量后渐趋恒定（或稍下降）。如在$K=48.5\sim55.4$时，断裂伸长率最高可达120%（$K=53$）。可这样解释，试样受拉伸至超过屈服极限之后，卷曲的分子链改变构象沿外力作用方向被拉直，于是试样伸长。这段形变属强迫高弹形变（即若除去外力并升温时试样可完全恢复原来的形态），应力恒定。应力继续作用使分子链从改变构象到引起分子间发生滑动，此时应力开始增加，试样继续伸长，发生主链断裂，直至试样断裂。随分子量增高，链的卷曲程度加大，构象增多，因而被拉伸时断裂伸长率加大。但由于链刚性的阻碍，链加长时构象增长率又减小，因而断裂伸长率增加是有限的。

分子量增高可使冲击韧性提高，这可能与链缠结数增多有密切关系。分子量增高使缠结点增多，在瞬间破坏时需要做更大的功。在聚碳酸酯端基有羟基和羧基存在的情况下，分子量分布对热稳定性也有影响。分子量分布越宽，树脂的稳定性越差。

（4）聚碳酸酯的凝聚态结构

聚合物的形态是由温度和聚合物的结构共同决定，聚碳酸酯常温下是一种非晶体聚合物，通常透光率可在89%以上。从分子结构角度看，聚碳酸酯的结构具一定的规整性，理论上可以看到晶体，但由于结晶速度缓慢，在通常的冷却条件下看不到可见的晶体，呈玻璃体结构。聚碳酸酯结晶的最佳温度为190℃左右，在此条件下结晶化诱导时间需要130~170h，聚碳酸酯的结晶化程度约为30%。对比聚乙烯的结晶速率，即使在液氮中淬火，也得不到完全非晶态的样品。聚碳酸酯晶体结构数据如表1.3所示，晶体结构见图1.3。

表1.3 双酚A聚碳酸酯晶体结构数据

项目	参数
晶胞类型	斜方晶系
晶胞参数/nm	$a=1.19$, $b=1.01$, $c=2.15$

项目	参数
晶胞中的单元数	8
晶体密度/（kg/m³）	1300
密度/（kg/m³）	1200

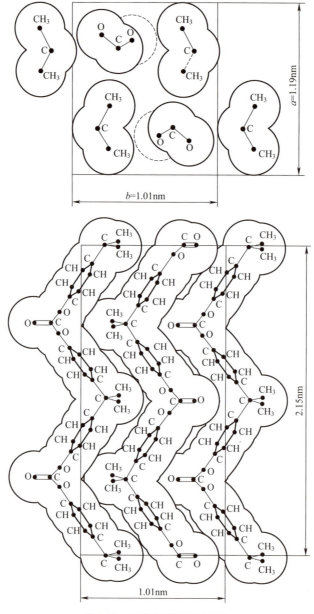

图1.3　聚碳酸酯的晶体结构

1.1.2.3 聚碳酸酯的性能

聚碳酸酯是一种线型聚合物，其分子链中碳酸酯基团与芳香族或脂肪族化合物衍生的基团交替排列。双酚A型PC是最普遍的工业产品。双酚A型PC是一种无定形的工程塑料，具有良好的韧性、透明性和耐热性。碳酸酯基团赋予韧性和耐用性，双酚A基团赋予较好的耐热性。聚碳酸酯的主要性能有力学性能、热性能、电性能、耐化学品性能。表1.4列出了通用级聚碳酸酯的大致参数。

表1.4 通用级聚碳酸酯的大致参数

性能		数值	性能	数值
拉伸强度/MPa		60～70	玻璃化转变温度/℃	140～150
断裂伸长率/%		60～130	熔融温度/℃	220～240
弯曲强度/MPa		100～120	比热容/[J/(g·℃)]	1.17
弯曲模量/GPa		2.0～2.5	热导率/[W/(m·℃)]	0.24
压缩强度/MPa		80～90	线膨胀系数/(×10^{-5}/℃)	5～7
简支梁冲击强度（缺口）/(kJ/m^2)		50～70	热变形温度（1.8MPa）/℃	120～140
布氏硬度		150～160	热分解温度/℃	≥340
疲劳强度/MPa	10^{6}周期	10.5	催化温度/℃	−100
	10^{7}周期	7.5		

作为五大通用工程塑料中消费增长最快的材料，聚碳酸酯拥有极其出众的综合性能。

（1）力学性能

聚碳酸酯是典型的强韧材料，具有良好的综合力学性能，能在宽泛的温度范围内保持较高的机械强度。其突出的特点是具有优异的抗冲击性和尺寸稳定性，抗冲击强度是同等厚度聚甲基丙烯酸甲酯（PMMA）的30倍，是普通玻璃的250～300倍、钢化玻璃的2～20倍，而密度却不到玻璃的一半，可制造"防弹玻璃"，因此又被俗称为"防弹胶"。

（2）热性能

聚碳酸酯具有良好的耐热性和耐寒性，玻璃化转变温度为140～150℃，热变形温度为120～140℃（1.8MPa），熔融温度一般在220～240℃，加工成型温度在250～320℃，可在−40～120℃范围内使用（特殊共聚聚碳酸酯产品的使用温度可为−40℃以下或120℃以上）。同时，聚碳酸酯还具有较低的热导率和比热容，在塑料中居中等水平，与金属材料相比，仍不失为一种良好的绝热材料。

（3）光学性能

聚碳酸酯通常呈非晶结构，无色透明，是五大通用工程塑料中唯一具有良好透明性的品种。聚碳酸酯的透光率可为89%以上（特定光学用途聚碳酸酯可为90%以上），仅次于PMMA，与聚苯乙烯（PS）基本相当。同时，聚碳酸酯还拥有优异的着色性能，可制成各种色彩鲜艳的制品。但聚碳酸酯的耐刮擦性能较差，表面较易磨损而影响其透光率，为满足高耐刮擦要求，通常需要使用特定的耐刮擦涂层。聚碳酸酯对红外光、可见光和紫外光等光线一般也都有良好的稳定性，加入少量光稳定剂后在户外环境也有大量应用。

（4）电性能

聚碳酸酯属于弱极性聚合物，其电性能低于聚丙烯（PP）和PS等非极性塑料，但也不失为电性能较优的绝缘材料，特别是因其耐热性优于聚烯烃，可在较宽的温度范围内保持良好的电性能，如其介电强度和介电损耗角数值可在25～125℃范围内保持基本不变。聚碳酸酯的电性能见表1.5。

表1.5 聚碳酸酯的电性能

电性能		20℃	125℃
体积电阻率/Ω·cm		4×10^{16}	2×10^{14}
介电强度/（kV/mm）	薄膜	≥100	
	200mm厚圆片	20～22	
介电常数	50Hz	3.1	3.1
	10^3Hz	3.1	3.0
介质损耗角正切	50Hz	$(6～7) \times 10^{-4}$	7×10^{-4}
	10^3Hz	$\leq 2 \times 10^{-3}$	$\leq 2 \times 10^{-2}$

（5）阻燃性能

聚碳酸酯具有优良的阻燃性能，未经改性即可通过UL 94 V-2测试，氧指数可达到25%以上，大大优于PMMA、PS、PP、聚乙烯（PE）等材料。另外，聚碳酸酯与多种非卤阻燃剂有非常好的相容性，少量添加后即可通过UL 94 V-0测试，在一定程度上解决了终端制品的环保问题。

（6）耐化学品性能

聚碳酸酯对酸性及油类介质稳定，但不耐碱，溶于氯代烃。PC有较好的耐水解性，但长期浸入沸水中易引起水解和开裂，不能应用于重复经受高压蒸汽的制品。PC易受某些有机溶剂的侵蚀，例如遇到丙酮等酮类溶剂时会发生应力开裂的现象。表1.6为聚碳酸酯在不同溶剂中的耐化学品性能。

表1.6　聚碳酸酯的耐化学品性能

试剂名称	溶解性	试剂名称	溶解性
20%盐酸	不溶	醋酸乙酯	溶胀
20%硫酸	不溶	二氯甲烷	溶解
20%硝酸	不溶	二氯乙烷	溶解
40%氢氟酸	不溶	三氯甲烷	溶解
20%～100%醋酸	不溶	三氯乙烷	溶解
10%～100%甲酸	不溶	四氯乙烷	溶解
10%碳酸钠水溶液	不溶	三氯乙烯	溶解
油酸	不溶	二噁烷	溶解
氯化钠水溶液	不溶	吡啶	溶解
10%硫酸+10%重铬酸钾	不溶	四氢呋喃	溶解
溴化钾饱和水溶液	不溶	二甲酚	溶解
30%过氧化氢	不溶	噻吩	溶解
脂肪烃	不溶	磷酸三甲酯	溶解
汽油	不溶	稀氢氧化钠溶液	溶解
润滑油	不溶	浓硫酸	溶解
四氯化碳	溶胀	10%氨水	溶解
丙酮	溶胀	溴水	溶解
苯	溶胀	糠醛	溶解

此外，聚碳酸酯还具有非常好的尺寸稳定性，其成型收缩率一般在0.5%～0.7%。

当然，聚碳酸酯也有其不足之处，主要表现为流动性较差，易出现应力集中、应力开裂、耐溶剂性较差、表面不耐刮擦等。这些不足可以通过优化产品结构及模具设计、改善工艺条件，以及添加相应助剂或与其他材料共混改性或增强，甚至进行相关后续工艺制程处理来解决和弥补。

1.1.3 加工方式

聚碳酸酯的加工方式非常多样。注射成型是聚碳酸酯最主要的加工成型方法，制品多用于电子电气、汽车、建筑、医疗等诸多领域。

挤出成型是聚碳酸酯常用的加工成型方法之一，主要用于生产聚碳酸酯板材、片材、薄膜、管材、型材等，制品主要用于建筑、照明、电子电气、包装等领域。

吹塑工艺在聚碳酸酯上的应用主要是生产5加仑（英制，gal，1gal = 4.546L）饮水桶、运动水杯等容器，制品多用于食品包装领域。

热成型也是聚碳酸酯广泛应用的一种加工方式。常用的热成型方法如真空成型、自由成型等工艺都可以用于聚碳酸酯壳体类零件的成型加工。制品主要应用于箱包、照明（灯罩）、休闲与运动（如运动器械、运动头盔等）、安全防护、包装等领域。

近年来，随着制造技术的飞速发展，聚碳酸酯粉末和线材也常常被用于3D打印。

1.2 全球产业发展及现状

1.2.1 全球发展历程

1.2.1.1 研究发明

在高分子领域，聚碳酸酯作为"酯"类的一种，一般采用缩聚反应制备。因此，聚碳酸酯的科学研究就被掺混入各类缩聚反应的科研探究进程之中。

聚碳酸酯的发明，特别是大规模工业化生产，可谓一波三折。人类对聚碳酸酯材料的研究最早可以追溯到150多年前，与全世界公认的第一种工业化"合成塑料"——酚醛树脂（bakelite）相比也不遑多让。

早在1859年，俄罗斯著名化学家Aleksandr Mikhailovich Butlerov在总结化学结构理论的过程中，就描述了聚碳酸酯这一类材料。到了1881年，德国卡尔斯鲁厄理工学院（KIT）的Karl Birnbaum教授和G. Lurie发表了制备碳酸酯低聚缩合物的论文，在聚碳酸酯类材料的发明中迈出了重要一步。他们利用间苯二酚与光气反应（在吡啶存在条件下）或与加热的三聚氰酸反应合成了碳酸酯的低聚缩合物，这一最终产物中出现了苯环和碳酸酯的环形结构，与目前的芳香族聚碳酸酯结构已经比较接近了，但由于没有进行摩尔质量的测定，因此还无法确定是否是聚合物结构。而且，由于使用的是间苯二酚，并不是我们今天常用的对苯二酚、双酚A等对位酚的聚合物结构，因此，聚碳酸酯发明者的名号未能落在他们头上[1,2]。

直至1898年，德国慕尼黑大学（University of Munich）的化学家Alfred Einhorn（也是普鲁卡因麻醉药物的发明人）再次重复了这个试验，他拓展使用对苯二酚成功地进行了合成试验，并肯定地说明这种物质是聚合物。因此，聚碳酸酯也常常被认为是Alfred Einhorn的发明（也有人认为Aleksandr Mikhailovich Butlerov才是最早合成聚碳酸酯的人）。

之后数十年，随着各国化学家在有机合成和高分子聚合方面的潜心研究，芳香族聚碳酸酯的科学研究也逐步进入了正轨。然而，规模化生产和应用才是决定某个技术是被推广还是被束之高阁的关键要素。

1.2.1.2 产业化进程

在Alfred Einhorn"发明"了聚碳酸酯后，科学家们对这类材料的实验室研究断断续续地进行了30多年，然而，由于当时信息传递闭塞，实验室规模的聚碳酸酯一直没有实现工业化生产。事情的转机出现在20世纪50年代，聚碳酸酯的研究被德国拜耳（Bayer）公司和美国通用电气（GE）公司重新启动。两家公司虽地处大洋两端，却几乎同时开发、同时建厂，整个过程相互独立、互不知晓，专利申请的提交时间也相差无几。

1953年，拜耳公司的Dr. Hermann Schnell开始担任双酚A型聚碳酸酯研发团队总监，一同工作的还有另一位聚合物专家Ludwig Bottenbruch。随后几个月中，Hermann Schnell的研发团队在拜耳公司德国克雷费尔德-于尔丁根（Krefeld-Uerdingen）的生产厂中首次合成了具有实用价值的高分子量线型热塑性聚碳酸酯，并在1955年于德国申请了发明专利。这个发明，除了在专业圈子里，起初几乎没有引起任何注意。几乎与此同时（1953年），总部位于美国的通用电气公司在Dr. Daniel Fox的带领下也"紧锣密鼓"地进行着双酚A型聚碳酸酯的制备和专利申请。研究的起因平淡无奇：Daniel Fox

的一位同事急于寻找一种新型阻燃材料，却受困于当时聚酯材料的水解稳定性。恰巧，Daniel有印象碳酸酯类聚合材料对热水不敏感，于是很自然地启动了双酚A型聚碳酸酯的研发项目。最初，包括Daniel本人甚至其技术领导都未曾意识到他们在开发一种性能如此卓越的新型材料。但经过几个月的专心研发，他们欣喜地发现双酚A型聚碳酸酯竟然是一种"打不碎"的热塑性塑料，阻燃性能亦非常出色。于是通用电气公司开始申请发明专利，谋划蓝图。

1955年，Dr. Daniel Fox 在申请专利时发现，德国的 Dr. Hermann Schnell 和 Ludwig Bottenbruch 以拜耳公司（FARBENFABRIKEN BAYER AKTIENG-ESELLSCHAFT）的名义在美国也申请了同样的专利。这就意味着，专利的归属权需要美国专利局最终判定。双方展开了一场专利优先权的争夺，但谁都没有十足把握能获得专利权。为了不影响各自的投产计划，两家公司最终商定：无论哪一方获得专利优先权，未获专利优先权的一方可以在支付一定的专利费用后继续生产聚碳酸酯。1956年，拜耳公司和通用电气公司各自宣布投建聚碳酸酯量产工厂。

最终，美国专利局将聚碳酸酯生产的专利权判定给了拜耳公司，原因仅仅是Dr. Hermann Schnell的发明比Dr. Daniel Fox提前了一周而已。但结局皆大欢喜，双方依据前述协议，各自工业化生产聚碳酸酯。由此，聚碳酸酯材料才算真正登上了塑料行业的大舞台。

1958年，拜耳公司开始工业化生产聚碳酸酯，其商品名为"MAKROLON®"，即众所周知的"模克隆®"❶；而通用电气公司亦于1960年推出了商品名为"LEXAN®"的聚碳酸酯产品❷。

1.2.1.3　全球化大发展

随着工艺技术的逐步改进，到了20世纪70年代，聚碳酸酯也逐步由最初的略带淡褐色完全进化为玻璃般透明。正是由于集合优良的光学性能、力

---

❶ 2015年9月，德国拜耳集团公司将旗下涵盖聚氨酯、聚碳酸酯和涂料业务的拜耳材料科技集团整体剥离，成立了科思创公司（Covestro）。目前，与聚碳酸酯相关的各类荣誉、技术创新成果等均归属于科思创公司。

❷ 2007年，美国通用电气公司将其塑料业务整体出售给沙特基础工业公司（SABIC），组建了沙伯基础创新塑料部门（SABIC Innovative Plastics）。2015年10月，SABIC对该业务部门进行拆分，并整合并入特材战略事业部（Specialties Strategic Business Unit）。

学性能、阻燃性能和耐高温性能于一身，聚碳酸酯被越来越多的应用领域所青睐，也被越来越多的世界级企业所重视。紧随拜耳公司及通用电气公司，世界各国的大化工公司也纷纷看中了这块市场，开始了聚碳酸酯的技术研发和生产。

在美国，1984年陶氏化学公司（Dow Chemical）开发了商标名为"CALIBRE™"的聚碳酸酯产品并工业化生产。2009年陶氏化学将4个专业材料业务部（聚碳酸酯、胶乳、合成橡胶、苯乙烯）整合，更名为斯泰隆（Styron），2010年整体出售成为独立公司。2014年，斯泰隆更名为盛禧奥（Trinseo），2015年其所有附属公司统一更名为盛禧奥。至此，盛禧奥公司继承了原陶氏化学的聚碳酸酯生产能力和技术。

在日本，帝人化成公司（Teijin Kasei）于1960年10月开始了聚碳酸酯的生产，生产基地位于日本松山，主要商标名为"PANLITE®"。1997年，帝人化成在新加坡投资建设聚碳酸酯生产厂，但出于能源成本等问题，2015年底永久关闭了这套22.5万吨/年的聚碳酸酯生产线。2003年，帝人化成在中国创建了帝人中国聚碳酸酯有限公司，并逐步将重心转至中国市场。

三菱瓦斯化学株式会社（MGC，由三菱江户川化学和日本瓦斯工业化学合并而成），于1961年在日本开始工业化生产聚碳酸酯。1994年，三菱瓦斯化学株式会社与另一家日本化工巨头——三菱化学株式会社各自出资50%成立了三菱工程塑料株式会社（MEP），并逐步开疆拓土，分别在中国香港、泰国、新加坡、中国台湾以及中国大陆设立公司，大力拓展各领域的应用。

日本石油公司出光兴产株式会社（Idemitsu Kosan）于1969年在日本本土开始了聚碳酸酯的工业化生产，其商标名为"TAFLON™"。

日本旭化成株式会社（Asahi Kasei）也是聚碳酸酯行业里一个不容忽视的企业。该公司一直积极致力于聚碳酸酯合成技术的研发，1999年与台湾奇美石化合资，至2002年成功工业化生产聚碳酸酯。之后，该公司始终专注于合成技术工艺包的推广，在韩国、沙特阿拉伯（以下简称沙特）、俄罗斯等很多国家成功推广其合成技术路线。

除上述拥有自主技术的跨国公司外，在世界各地，很多企业纷纷通过合资或技术引进的方式建设聚碳酸酯装置。

在韩国，早在20世纪90年代初，三养化成就与三菱工程塑料合资建设聚碳酸酯装置；90年代末，LG化学与陶氏化学合资新建聚碳酸酯装置。湖南石化和三星第一毛织则分别引进旭化成技术，两套装置均于2009年左右投产，目前这两家公司均属于韩国乐天（包括：Lotte Chemical，即原湖南石化；Lotte Advanced Material，即原三星第一毛织）。

在中国台湾，台湾化学纤维公司引进出光技术、台湾奇美引进旭化成技术，分别于2002年开始投产聚碳酸酯。

在泰国，泰国国家石油公司与三菱系的合资工厂早在1998年就开始生产聚碳酸酯。

在俄罗斯，Kazanorgsintez引进旭化成技术于2008年投产了一套6.5万吨/年的聚碳酸酯装置。

从20世纪70—80年代起，随着全球计算机技术的崛起，聚碳酸酯的发展适逢其时：一方面聚碳酸酯的快速注射成型技术应运而生；另一方面由于数据存储对光盘媒介的需求巨大，加上电子电气产品对阻燃材料的旺盛需求，全球聚碳酸酯行业再次迎来了蓬勃发展。

随着亚太区域的需求大幅增长，特别是中国作为新兴市场的崛起，其中包括3C消费电子、新能源汽车以及储能和低空飞行器的异军突起，各国生产企业纷纷将生产基地转向中国。近年来，中国关于聚碳酸酯的投资项目如雨后春笋般出现。外资独资、合资、国有投资以及私有化投资在中国大陆风云际会，带来了市场的极大繁荣，但同时也给茁壮成长的中国市场带来潜在风险——投资过热。在2020—2022年间，中国大陆聚碳酸酯产能迎来新增爆发期，其间也因为上游原材料价格高企且供需严重受到疫情影响，行业装置开工率一度跌至51%~53%。随着后疫情时代需求的逐渐恢复，以及装置一体化程度带来的成本优势，行业供需逐渐走出低谷，2024年行业装置开工率已超80%，行业整体呈现健康稳定的运行状态，后续预计在2027年中国大陆又将迎来新一轮的产能新增爆发期。所以，开拓创新应用、寻求下一个或下几个市场爆发点，营造可持续发展的行业环境，始终是行业发展的关键话题。

1.2.2 全球产业现状

从全球来看，聚碳酸酯的产能和消费量在通用工程塑料中排名靠前，2024年全球的聚碳酸酯年产能达到806.5万吨，年消费量超过600万吨，远高于除聚酰胺以外的其他各类工程塑料。

聚碳酸酯行业的发展有几个特点：

（1）生产集中度高

不同于其他一些化工原材料的生产分散在几十甚至上百家企业中，聚碳酸酯在全球范围内也仅有二十余家生产企业。就产能分布情况而言，目前主要分布在东北亚，且随着近几年的发展，中国大陆产能激增，截至2024年已达到381万吨，无论是全球产能还是大陆地区产能，产业发展呈现头部集中化趋势，全球产能排名前十位的厂商产能占比已达到78%。

（2）生产技术门槛已突破，产品多元化发展及品质逐步提升

经过近些年发展，特别是2020—2022年间中国大批量投产装置，生产技术门槛基本已突破，截至2024年，中国大陆17家聚碳酸酯厂商生产规格投放占比情况：通用料占主导，专用料比例不足；在通用料领域中又以熔体流动速率（又称熔指，MI）为10g/10min（简称熔指10通用级）规格为主，整体平均生产投放超60%，使得MI 10通用级市场同质化竞争激烈，但同时也可以看出有不少生产商在其他性能牌号上的努力，进行多赛道竞争。

（3）产业一体化、装置规模化竞争优势明显

从聚碳酸酯装置规模上看，近几年中国大陆新建装置特点呈现为单套装置规模大型化、产业链一体化，中国大陆装置的单套产能已显著高于国外水平，且装置所配套的产业链一体化完善程度从三层维度综合来看，持平于东南亚，超过欧美，目前国内外聚碳酸酯装置产业链一体化对比情况见表1.7。

表1.7　国内外聚碳酸酯装置产业链一体化对比（截至2024年末）

上游配套装置		占比/%		
		国内	亚洲（除中国大陆）	欧美
第一层	BPA+DPC（或光气）	76	57	100
第二层	酚酮+DMC（或光气）	54	39	0
第三层	纯苯、丙烯	38	39	0

从聚碳酸酯生产基地规模上看，全球目前共有42个聚碳酸酯生产基地，单个生产基地的平均产能约19.2万吨/年，而中国大陆地区的17个聚碳酸酯生产基地的平均产能22.4万吨/年，中国大陆聚碳酸酯生产基地在规模上已超越国外。目前中国大陆已有3个年产能在50万吨/年以上的大型聚碳酸酯

生产基地，今后还有望继续增加，而国外目前尚无年产能超过40万吨规模的聚碳酸酯生产基地。国内不仅是在单套装置的规模上，还是在产能的集中度上，都远超国外装置，在生产制造的先进性和低成本上已初步形成竞争优势。目前国内聚碳酸酯装置产业链配套情况详见表1.8。

表1.8 国内聚碳酸酯装置产业链配套情况

工厂	产业配套					
	BPA	酚酮	DPC	DMC	光气	氯碱
科思创	√	—	√	×	√	—
鲁西化工	√	—	×	×	√	√
万华化学	√	√	×	×	√	√
帝人	—	—	×	×	√	—
三菱瓦斯	—	—	×	×	√	—
利华益维远	√	√	√	√	×	×
盛通聚源	—	—	√	—	×	×
四川天华	—	—	√	—	×	×
大风江宁	○	○	√	√	×	×
湖北甘宁	—	—	√	√	×	×
燕化聚碳	√	√	—	—	—	—
沧州大化	√	—	×	×	√	√
平煤神马	√	—	×	×	√	√
浙石化	√	√	√	√	×	×
恒力石化	√	√	√	√	×	×
中沙天津	√	√	√	√	×	×
海南华盛	√	ND	√	ND	×	×

注："√"—已建；"○"—在建；"×"—不需要；"—"—无计划建设；"ND"—未知。

随着时间推移，拥有产业链配套的装置优势日渐凸显，而早些年投产的装置逐渐逼近使用年限，特别是有些海外装置，平均使用时间已超过20年，而国内大多数装置使用时间在10年以内，如图1.4所示。对这些海外装置进行地区分析，不难发现欧美厂商装置使用时间最久，且随着运营成本压力的激增，在市场竞争中日渐乏力，而且欧美装置产业链配套薄弱，前文已有陈述，其竞争力明显弱于其他区域装置，如表1.9所示。我们应继续深化国内一体化装置进程，同时加速技术升级与突破，扩大竞争优势。

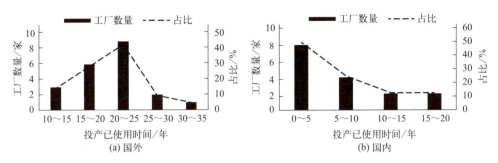

图1.4　国内外装置投产已使用时间情况

表1.9　全球装置投产使用时间按地区装置数统计分析

地区	平均已使用时间/年
欧美	20
日韩	20
东南亚	23
其他区域	15
中国	7.5

（4）国内供需新形势下，多维度均衡承压

国内聚碳酸酯供需实际将会是一种动态平衡，一些细分应用会出现产能结构调整局面，特别是在传统的中低端大宗应用领域，如用于板材和一般改性及合金的聚碳酸酯树脂。而在其他一些方面仍然需要进口填补，其中包括部分终端产品因为材料管理认证原因仍维持其原材料资源配置，以及因国内厂家技术原因，在高端定制化需求的产品仍需依赖进口渠道。随着国内装置集中扩能，以及上游配套的不断完善，成本竞争优势愈发凸显，主要表现在基础性能产品应用领域的替代上，由此带来聚碳酸酯进口量逐年锐减，但在高端性能材料的应用领域替代方面仍有差距。而出口方面表现欠佳，出口增幅远远低于进口降幅，主要出口目的地非常集中，以东南亚国家为主，出口范围依旧较为局限，但从2024年的出口数据来看，该局面已有所改善，预计未来3～5年将会有进一步改观。

（5）下游市场活跃，应用领域广阔

聚碳酸酯由于其优异的综合性能，受到很多工程类应用的青睐。除了树脂直接应用外，聚碳酸酯也是塑料合金、共混等领域备受喜爱的中高端材料，大量用于与丙烯腈-丁二烯-苯乙烯共聚物（ABS）、聚对苯二甲酸乙二醇酯（PET）、聚对苯二甲酸丁二醇酯（PBT）、增强材料如玻璃纤维（GF）、碳纤维（CF）等共混、共聚。近两年，中国新能源汽车领域的异军突起也为聚碳酸酯开拓了更多新的应用场景。

（6）中国投资异军突起，产能将引领全球

产能方面，从20世纪90年代开始，全球聚碳酸酯的总产能得到了"井喷式"发展，每隔4到5年就会新增100万吨/年产能。在20世纪90年代中期，全球总产能首次突破100万吨/年，2000年达到200万吨/年，2004年再次突破300万吨/年，2008年又突破400万吨/年，2014年更是接近500万吨/年。截至2024年末，全球聚碳酸酯总产能已突破800万吨/年。这种跳跃式的提升，背后是急剧增长的市场需求支撑。

虽然聚碳酸酯的全球产能基本保持连年增长的态势（2015年、2016年由于部分装置关停，导致产能与2014年基本持平），但由于受2008年金融危机影响，装置平均开工率在2008年后迅速跌入低谷，之后连续多年的开工率都维持在80%以下，徘徊在经济成本的红线边缘。自2015年开始，市场景气复苏，加之部分企业产能的关停并转，供应量出现瓶颈，直至2017年全球的供应更是出现明显吃紧的态势，量价齐升，全球聚碳酸酯装置的平均开工率提升至约83%的水平。但即便如此，仍未达到历史最高的开工率水平（2008年金融危机前全球聚碳酸酯装置的平均开工率长期维持在80%以上，甚至一度超过85%）。

2014—2016年三年间，全球聚碳酸酯的生产和能力建设出现了一个明显的平台期，表面原因是部分地区产能的关停并转，但聚碳酸酯产能变化的决定性因素还是供需平衡关系。下游应用市场的开拓和变化，影响了需求量的增长空间，加工技术和应用场景的改变，也是不可忽视的驱动力。

2020—2022年，尽管这三年产业受到全球公共卫生事件的冲击，使得供需关系变得极不稳定，但全球聚碳酸酯产能开启扩能阶段，这三年整体供应过剩情况有所加剧，主要由于中国大陆PC装置集中投产，产能增速与需求增速不匹配。全球聚碳酸酯生产装置主要集中在东北亚地区，其次是西欧和北美地区。由于东北亚地区主要受中国新兴市场需求的刺激驱动，以及近五年来中国大陆地区对聚碳酸酯的投资过热，全球生产装置重心已转移至东北亚地区。

消费方面，主要应用和主要市场的兴衰是影响聚碳酸酯发展的根本原因。2006—2008年，无疑是聚碳酸酯行业快速发展的一个顶峰，主要原因是数据存储介质——光盘的大规模应用。聚碳酸酯因其优良的光学性能成为生产光盘的原料。庞大的需求自然而然地驱动着聚碳酸酯业务的蓬勃发展。当时，各大聚碳酸酯生产企业中，数据存储（data storage或optical data）都占据着极为重要的"领导"地位。然而风云变幻，随着移动硬盘、U盘、云存储的出现及其市场地位的日渐巩固，光盘应用一落千丈，加上对其他应用的开发和准备不足，很多企业逐渐退出了这块市场。

其后，增长又重新成为全球聚碳酸酯消费的主基调，这也为从业者和投资者带来了极大的鼓舞与信心。2019年，全球聚碳酸酯市场消费量已超450万吨，2024年总消费量超过600万吨。这尤其得益于主要应用市场的进一步繁荣：汽车、电子电气、LED以及建筑行业等，这些领域的消费升级带动了整个原材料行业的欣欣向荣，使聚碳酸酯再次步入新的上升通道。同时，随着PC价格的不断下降，降维替代带来需求增加，需求总量得以一定提升。不过，随着现有市场的消化，传统应用的需求终究会出现发展后劲不足的情况，开拓新的应用领域，进行技术创新，甚至开展跨界创新才是未来聚碳酸酯的发展方向。

在趋势方面，过去十多年里，全球聚碳酸酯行业陆续出现了几件具有代表性的大事件，在一定程度上也反映出了行业的整合和未来趋势。

2007年，作为聚碳酸酯领先代表的通用电气公司塑料业务（GE Plastics）以高达116亿美元的价格被整体出售给沙特基础工业公司（SABIC），成为其"创新塑料业务部（SABIC Innovative Plastics）"。当时，由于原油价格的高涨，原材料成本居高不下，通用塑料业务的利润表现不佳，被出售亦在情理之中。而沙特基础工业公司，一方面可以依托中东的资源成本优势；另一方面，也是看中了通用电气的营销渠道及技术优势，希望整合其大宗石化产品业务后能获得全面提升。

2008年金融危机后，虚拟经济危机迅速波及实体经济。作为支柱行业的石油和化工行业同样受到很大影响。出于产品线的布局和利润考虑，陶氏化学开始逐步在全球剥离聚碳酸酯业务。2009年，陶氏化学先是组建斯泰隆（Styron）公司独立核算，将聚碳酸酯、胶乳、苯乙烯、合成橡胶等包括其中。2010年，转手卖给私募公司贝恩资本（Bain Capital），斯泰隆独立运作，2014年更名为盛禧奥（Trinseo）。2010年，陶氏化学又先后在韩国、日本继续剥离动作：将占股50%的LG陶氏聚碳酸酯合资公司中所有股份出售给LG化学；将与日本住友化学（Sumitomo）合资的住友陶氏有限公司的50%股权移交给斯泰隆公司。2014年，陶氏化学又关停了位于北美自由港10.5万吨/年的聚碳酸酯生产线。这一连串动作，一方面反映出陶氏化学退出聚碳酸酯业务的策略，另一方面也反映了当时全球聚碳酸酯市场的需求并不旺盛。事实上，金融危机后，除汽车和电子电气市场外，个人电脑、板片材料，特别是传统的光学媒体等方面，对通用聚碳酸酯料的需求确实明显萎缩。

2015年开始，全球聚碳酸酯市场又先后发生了几件大事。2015年9月，拜耳集团将三大事业部之一的拜耳材料科技整体剥离，正式以"Covestro"（科思创）的名字独立运营。剥离后的科思创集团，业务发展获得了更多的自由度，在市场表现方面获得了非常大的成功。10月，SABIC再次对旗下"创新塑料"业务进行调整，重组了SABIC创新塑料业务部，原通用电气塑料业务的总部——美国马萨诸塞州匹兹菲尔德（Pittsfield）办公室被关闭，原聚碳酸酯合成树脂业务单元因属于大宗商品的产品而并入"SABIC化学品和聚合物事业部"，而利用聚碳酸酯进行特殊共混的业务单元则建立了一个新的"特材战略事业部"，自2020年10月底，SABIC的特材战略事业部实施业务独立化运作，并命名为"特创工程塑料（SHPP，仍隶属于SABIC集团）"。2015年底，帝人公司根据市场发展情况进一步调整聚碳酸酯生产策略：出于成本考虑永久性地关闭位于新加坡的22.5万吨/年聚碳酸酯生产线。

2020年，全球性公共卫生事件暴发，且此后三年持续反复，给全球聚碳酸酯的供应和需求带来了巨大挑战与不确定性。在此期间，中国大陆产能激增，加剧了行业竞争。

随着时间的推移，海外装置逐渐老化，同时还面临着日益增加的成本压力。2023年10月，SABIC首次宣布，计划永久关停其在西班牙卡塔赫纳的两条聚碳酸酯生产线中的一条。2024年3月，盛禧奥宣布关闭其位于德国施塔德（Stade）的聚碳酸酯生产基地。

与此同时，全球行业巨头也在积极调整产业链布局。2023年3月，沙特阿美通过全资子公司阿美海外公司收购荣盛石化10.13亿股股份，占荣盛石化总股本的10%，一跃成为该公司第二大股东。荣盛石化旗下控股子公司浙江石油化工有限公司拥有52万吨/年的聚碳酸酯产能。此外，沙特阿美还宣布与恒力集团签订战略合作协议，推进了关于沙特阿美可能收购恒力石化10%股份的谈判。2024年10月1日，阿布扎比国家石油公司（ADNOC Group）宣布以约117亿欧元（合130亿美元）的价格收购德国化工生产商科思创（Covestro）。

1.3 中国产业发展及现状

1.3.1 中国发展历程

中国聚碳酸酯生产技术的研究开发，起步于20世纪50年代，原化工部沈阳化工研究院于1958年开始熔融酯交换缩聚法和界面缩聚法聚碳酸酯工艺技术的研究开发，仅比德国拜耳公司和美国通用电气公司晚了几年。至60年代中期，相关科研人员调入原化工部晨光化工研究院（简称晨光院）继续从事两种合成工艺的科研开发工作，并于1965年在大连塑料四厂建成了100吨/年熔融酯交换缩聚法聚碳酸酯装置。70年代又先后在武汉、肇庆、天津、杭州、常州、上海和重庆等地建成了7套聚碳酸酯生产装置，并投入小批量生产，如表1.10所示。

但由于20世纪70年代国家工业基础薄弱，在科研经费、原料来源、设备材质和制造上均受限，在竞争中许多小装置纷纷停产。

表1.10 中国20世纪70年代聚碳酸酯的生产厂家[3]

厂家	生产方法	生产能力/（吨/年）	投产时间	备注
大连塑料四厂	熔融酯交换缩聚	300	1965年	停产
常州有机化工厂	界面缩聚	3000	1971年	曾试制光盘级产品，停产
上海中聚化工厂	熔融酯交换缩聚	1600	1973年	原上海中联化工厂，停产
重庆长风化工厂	熔融酯交换缩聚	1000	1979年	停产
武汉长江化工厂	熔融酯交换缩聚	300		停产
杭州塑料一厂	界面缩聚	150		停产
肇庆有机化工厂	界面缩聚	80		停产
天津有机合成厂	界面缩聚	130		停产

除上述建成的中小型生产装置外，进入20世纪90年代后国内的科研院所和企业还进行了诸多技术开发工作。

晨光院于1998年完成熔融酯交换缩聚法合成聚碳酸酯的百吨级中试，1999年建成千吨级连续化试验装置。同时晨光院还进一步开发了间歇和连续两种界面缩聚法合成聚碳酸酯工艺。

2004年甘肃银光聚银化工有限公司与中国科学院长春应用化学研究所签订了合作开发界面缩聚法聚碳酸酯小试协议，并建成了500吨/年界面缩聚法聚碳酸酯实验装置。甘肃聚银化工与广东新通彩材料科技有限公司合作，将原有的界面缩聚法中试装置改造为生产硅氧烷共聚聚碳酸酯装置，并进行了市场化运作。

万华化学从2006年开始进行界面缩聚法聚碳酸酯合成工艺小试研究，并在此基础上建成了千吨级中试装置，该中试技术在2012年通过了山东省科技厅的技术成果鉴定。采用该技术放大建成的第一套7万吨/年工业化装置已于2018年初顺利投产并实现连续化满负荷生产，通过扩建扩能，于2024年底产能达到60万吨/年规模。

此外，包括清华大学、华东理工大学及天津大学石油化工技术开发中心等高校和科研院所也进行了大量关于聚碳酸酯聚合机理和合成工艺方面的研究，研究内容涵盖界面缩聚工艺和熔融酯交换缩聚工艺，为后人的进一步研究和开发提供了文献基础。

虽然中国聚碳酸酯的产业化技术开发进度落后于发达国家，但中国聚碳酸酯的消费市场却发展迅猛，特别是加入WTO以后，中国的聚碳酸酯消费迎来了爆发式增长。宏观上大致可以将进入21世纪后的国内聚碳酸酯发展历程分为四个发展阶段。

（1）第一阶段（2000—2007年）

中国自2001年加入WTO以后迅速成为世界工厂。随着聚碳酸酯在光盘、电子电气（特别是消费电子，如笔记本电脑、功能手机等）、汽车等领域的大量应用，国内聚碳酸酯消费量连年提升，从2000年的约20万吨迅速提高至2007年的80万吨以上。中国一举成为全球最大的聚碳酸酯消费国，年均消费增速超过20%，远高于全球平均不到10%的消费增速。

在此阶段国内的聚碳酸酯生产也实现了突破，跨国公司在中国陆续建厂。日本帝人化成株式会社在2002年底与浙江嘉兴港区正式签约，建设10万吨/年聚碳酸酯生产项目，开启了国内建设万吨级聚碳酸酯装置的先河。

一期5万吨/年装置于2005年5月投产，二期5万吨/年装置于2006年底投产。拜耳（上海）聚合物有限公司（德国拜耳公司与上海华谊集团所属上海氯碱化工股份有限公司以90/10股比组成合资企业）❶，建设拜耳漕泾化工一体化项目，其中包括20万吨/年的聚碳酸酯生产装置，一期10万吨/年装置于2006年9月投产，紧接着通过二期工程将规模扩至20万吨/年，然后进一步扩至60万吨/年。其成为国内最大的聚碳酸酯生产企业，并保持至今。

此阶段聚碳酸酯生产企业利润丰厚，但受限于没有成熟的工业化技术来源，没有一家内资企业进入聚碳酸酯生产领域，至2007年国内聚碳酸酯自给率不足20%。

（2）第二阶段（2008—2014年）

此阶段由于受全球金融危机影响以及新型存储媒介和智能手机等行业的兴起，聚碳酸酯的需求增速开始显著放缓，全球年均增速只有1%左右，但国内的聚碳酸酯需求仍维持约10%的中高速增长。2014年国内聚碳酸酯消费量达到150万吨/年，占全球总消费量的40%以上。

此阶段虽然全球聚碳酸酯的整体需求不旺，但产能扩张仍未停止，全球新增产能超过100万吨/年，其中国内在2012年又有两套聚碳酸酯装置成功投产，分别是北京中石化燕山石化聚碳酸酯有限公司［原中石化三菱化学聚碳酸酯（北京）有限公司，由中国石油化工股份有限公司和日本聚碳酸酯投资株式会社以50/50股比成立的合资公司］采用熔融酯交换缩聚法在北京燕山的6万吨/年装置和菱优工程塑料（上海）有限公司［由三菱瓦斯化学株式会社与三菱工程塑料株式会社合资成立，现名为三菱瓦斯工程塑料（上海）有限公司］采用界面缩聚法在上海漕泾的8万吨/年装置，该装置后扩产至10万吨/年。

至2014年全球聚碳酸酯总产能接近500万吨/年，新增产能主要集中在东北亚和中东地区，投产后绝大部分的聚碳酸酯产品都出口到了中国。经过这一阶段的发展，亚太地区的聚碳酸酯产销基本达到平衡。

此阶段需求减缓和产能迅速扩张导致行业整体盈利快速下滑，部分企业

❶ 2009年2月26日至3月26日，上海氯碱化工股份有限公司在上海联合产权交易所公开挂牌转让其所持拜耳（上海）聚合物有限公司10%股权，挂牌价格为人民币18000万元。拜耳材料科技股份有限公司以23000万元摘牌。4月3日，产权交易手续办理完毕，拜耳（上海）聚合物有限公司正式成为外商独资企业。

甚至出现了亏损现象。内资企业依然没有完全掌握成熟的工业化技术，至2014年国内聚碳酸酯自给率仍不足30%。

（3）第三阶段（2015—2020年）

此阶段随着欧美经济的复苏，全球聚碳酸酯年均增速回升至3%左右，但国内聚碳酸酯需求增速则显著下降至约5%，仅略高于全球平均增速。

2015年以前，国内的主要聚碳酸酯生产企业均为外商独资或中外合资企业。进入2015年后国内企业开始纷纷进入该领域，目前已投产的装置包括宁波大风江宁新材料科技有限公司（原宁波浙铁大风化工有限公司）采用熔融酯交换缩聚法在浙江宁波的10万吨/年装置，鲁西化工集团股份有限公司采用界面缩聚法在山东聊城的6.5万吨/年装置，万华化学集团股份有限公司采用界面缩聚法在山东烟台的7万吨/年装置。紧接着，鲁西化工在2018—2019年连续扩产至20万吨/年，后期通过技术改造，将产能提升至30万吨/年；万华化学凭借着十多年的研发投入，也将生产能力提升到20万吨/年，并实现了40万吨/年的总生产能力。另有利华益维远、盛通聚源、四川天华（原中蓝国塑）和甘宁石化等公司，也纷纷建设及投产了一定的生产能力。再加上科思创在上海化工园区40万吨/年产能逐步通过脱瓶颈进一步扩产至60万吨/年，至2020年末，国内聚碳酸酯产能已达到179万吨/年。

此阶段由于部分跨国公司聚碳酸酯产能的关停并转和需求增长带来的供需关系变化，以及国际原油价格大幅下跌带来的原材料价格下降的双重影响，聚碳酸酯的盈利能力显著回升。国内，万华化学一期装置的投产，也标志着国内聚碳酸酯技术实现了从小试到最终产业化的突破。同时，国外的技术公司也开始纷纷向中国转让技术，带领内资企业进入聚碳酸酯生产领域。至2020年国内聚碳酸酯自给率已超过42%。

随着聚碳酸酯价格的持续低位徘徊以及国家对进口"洋垃圾"的严格管控，国内聚碳酸酯的消费增速又有显著回升，2020年国内聚碳酸酯消费量已达到约247万吨。

（4）第四阶段（2021年至今）

2020年，全球性公共卫生事件造成整个产业链的供需紊乱，但仍然挡不住上游产能的投放趋势，其中以中国地区为主。2020年，沧州大化一期10万吨/年聚碳酸酯项目建成投产。2021年，平煤神马一期10万吨/年聚碳酸酯项目建成投产；同年浙石化一期26万吨/年聚碳酸酯装置建成投产，其二期26万吨/年装置也顺利投产；同年年底，海南华盛26万吨/年聚碳酸酯装置顺利投产。紧接着2023年中沙天津26万吨/年装置、2024年恒力石化26万吨/年装置投产，且漳州奇美18万吨/年聚碳酸酯装置于2025年一季度投产。2020—2022年间，集中投产带来的上游原料价格和产品价格急剧波动，同时需求增长远远滞后于产能的投放，聚碳酸酯产业链的盈利能力受到极大挑战，但随着2023年之后装置投产放缓，行业整体开工率上升，聚碳酸酯产业链的供大于需的局面有所缓解，至2024年底，中国大陆聚碳酸酯产能已达到381万吨/年。

1.3.2 中国产业现状

1.3.2.1 生产现状

中国聚碳酸酯的合成技术开发虽然起步较早，但受种种因素影响，早期一直未能建成成熟的万吨级工业化装置。但近十几年来，以科思创、帝人、三菱为代表的外资公司和以大风江宁、鲁西化工、万华化学、荣盛石化、海南华盛、恒力石化为代表的内资企业陆续在国内投放产能，中国的聚碳酸酯供应获得了长足的发展。

从产能角度分析，中国真正意义上的第一套万吨级聚碳酸酯装置是日本帝人株式会社于2005年在浙江嘉兴投产的一条5万吨/年的界面缩聚法生产线。经过近20年的发展，中国已成为全世界最大的聚碳酸酯生产国。截止到2024年末，聚碳酸酯产能已达到381万吨/年，占全球总产能的约50%。另外，还有82万吨/年的产能正在建设，以及186.5万吨/年的规划产能，详见表1.11。

表1.11 中国主要聚碳酸酯生产企业一览表　　　单位：万吨/年

生产厂商	地区	现有产能	在建/扩建产能	规划总产能	备注
科思创	上海	55	5	60	一期2006年投产，一、二期合计产能20万吨/年，2016年三期扩建至40万吨/年，2017年宣布将通过脱瓶颈工程将总产能提升至60万吨/年，2022年底产能已达到55万吨/年
帝人	浙江嘉兴	15	0	15	一期2005年投产，目前实际产能15万吨/年，暂无扩产计划

生产厂商	地区	现有产能	在建/扩建产能	规划总产能	备注
燕化聚碳	北京	6	0	6	2012年投产，产能6万吨/年。中国石化和日本聚碳酸酯投资株式会社50/50合资，暂无扩产计划，2021年日方撤资，现为中国石化独资
三菱瓦斯	上海	10	0	10	2012年投产，产能8万吨/年，后通过技改提升至10万吨/年，暂无扩产计划
大风江宁	浙江宁波	10	0	10	一期2015年投产，产能10万吨/年，无扩产计划
鲁西化工	山东聊城	30	0	40	一期2015年投产，产能6.5万吨/年，二期新建13.5万吨/年，截至2019年底总产能已达到20万吨/年，后期实施技术改造，产能达到30万吨/年
万华化学	山东烟台	60	0	60	一期2018年初投产，产能7万吨/年，二期项目2020年第三季度投产，总产能达到20万吨/年，三期项目2023年一季度投产，产能14万吨/年，至2024年底整体产能达到60万吨/年
四川天华	四川泸州	10	0	10	一期10万吨/年装置2019年第三季度投产
盛通聚源	河南濮阳	13	0	16.5	2019年投产，二期计划投资建设3.5万吨/年特种聚合物项目
甘宁石化	湖北宜昌	9	0	9	2019年7万吨/年投产，后扩产至9万吨/年
利华益维远	山东东营	13	7	20	2018年投产
浙石化	浙江舟山	52	52	104	2021年投产一期26万吨/年装置，2022年投产二期26万吨/年装置，项目规划52万吨/年新装置
中沙天津	天津	26	0	26	2021年投产
沧州大化	河北沧州	10	0	20	一期10万吨/年装置2020年第四季度投产，总规划产能20万吨/年
平煤神马	河南平顶山	10	0	10	2021年第一季度投产
海南华盛	海南东方	26	0	26	2022年投产
恒力石化	辽宁大连	26	0	26	一期26万吨/年装置2024年第二季度投产
漳州奇美	福建漳州	0	18	18	18万吨/年装置原计划2024年末投产

生产厂商	地区	现有产能	在建/扩建产能	规划总产能	备注
中海壳牌	广东惠州	0	0	26	一期26万吨/年装置2025年3月正式开工，预计2026年底建成投产
中沙福建	福建漳州	0	0	29	一期29万吨/年装置2024年8月土建正式开工
中国神华	陕西榆林	0	0	26	一期26万吨/年装置2025年工艺招标中
合计		381	82	567.5	

注：现有产能统计至2024年末。

如图1.5所示，过去5年，中国聚碳酸酯产能高速增长，从2020年的185万吨/年增长至2024年末的381万吨/年，年均增速超过37%，远高于需求增速。在降低进口依赖度的同时，国内产能严重过剩。未来5年，中国聚碳酸酯产能年均增速将有所放缓。预计到2029年，国内聚碳酸酯产能有望接近532万吨/年，年均增速约为5.9%。

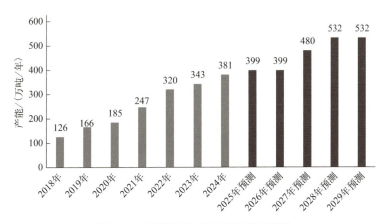

图1.5 中国聚碳酸酯产能及增长预测

从生产企业角度分析，2012年国内只有科思创和帝人两家万吨级以上的聚碳酸酯生产企业，占据了国内几乎全部的产能份额。而到2024年末，不仅产能大幅增长，而且产能分布也更加分散。截至2024年末，国内共有聚碳酸酯生产企业17家，万华化学是国内最大的聚碳酸酯生产企业，其次是科思创、浙石化，三者合计占总产能的44%，如图1.6所示。

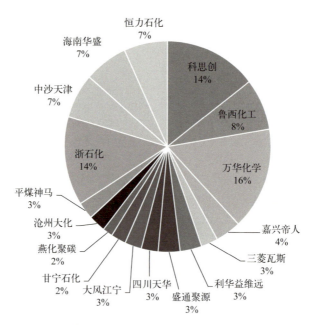

图1.6 2024年末国内聚碳酸酯生产企业产能占比

未来几年，随着现有生产企业扩产和新生产企业进入，产能分布将呈现多元化且头部集中化的态势。由于规划产能存在一定不确定性，若不考虑规划产能，仅依据目前在建装置全部投产后的统计结果分析，至2029年，国内聚碳酸酯生产企业将至少达到21家。如图1.7所示，届时荣盛石化（含浙石化和其他投资主体）将成为国内最大的聚碳酸酯生产商，其在国内的产能份额或将达到18%左右，紧随其后的分别是万华化学、科思创，其余企业产能占比都将低于10%。届时，国内聚碳酸酯产能分布将进一步集中。

从生产企业所有制角度分析，2012年以前，国内仅有的两家万吨级以上聚碳酸酯生产企业均为外商独资企业。2012—2017年，中外合资企业和国有控股企业逐步进入聚碳酸酯生产领域。2018—2020年，两家民营企业迅速切入该领域，真正实现了多种所有制企业的共同发展。2020—2023年，国产装置迅速投产，在产能扩张期加剧了行业竞争压力。截至2024年末，民营企业产能占比最大，约为33%，整体份额分布较为均衡，如图1.8所示。

未来内资企业将迎来大发展，如图1.9所示，预计到2029年，外商独资企业的产能份额将进一步下降至不足两成，而民营企业和国有控股的产能份额各将稳步提升至三成以上。

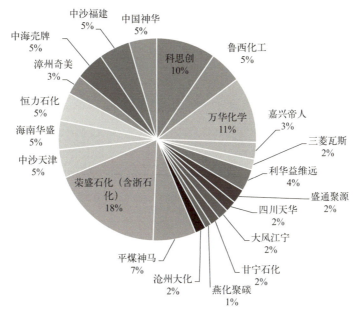

图1.7 2029年国内聚碳酸酯生产企业产能占比预测

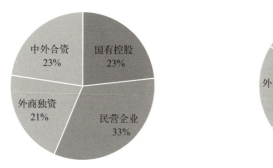

图1.8 2024年末聚碳酸酯生产企业
所有制形式

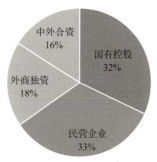

图1.9 2029年聚碳酸酯生产企业
所有制形式预测

从产能地区分布分析，在2012年之前，国内的所有聚碳酸酯产能都集中在华东地区。目前国内聚碳酸酯的产能仍主要集中在华东地区，占全国聚碳酸酯总产能的64%；此外，在华北、华中、西南地区也都陆续新增了聚碳酸酯产能，如图1.10所示。

预计到2029年，随着国内新装置投产，产能的地区分布将更加分散。如图1.11所示，届时华东地区仍将是国内聚碳酸酯的主要生产地区，预计占全国总产能的56%左右。东北地区的聚碳酸酯产能将显著增加，同时，华南

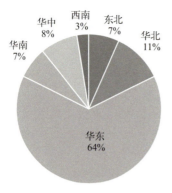
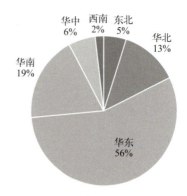

图1.10　2024年末国内聚碳酸酯产能分布

图1.11　2029年国内聚碳酸酯产能分布预测

地区也将超越华北地区，成为我国第二大聚碳酸酯生产地区。

进一步分析各省份的产能分布，如图1.12所示，截至目前，浙江和山东是国内主要的聚碳酸酯产地，分别占全国聚碳酸酯产能的20%和27%；其次是上海，占总产能的17%。预计到2029年仍将保持这一局面，届时浙江、山东、上海的产能将分别占全球聚碳酸酯总产能的24%、19%和12%，详见图1.13。

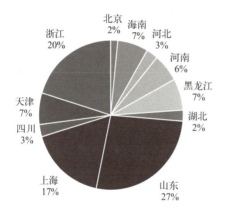
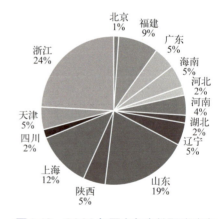

图1.12　2024年末国内各省份聚碳酸酯产能分布

图1.13　2029年国内各省份聚碳酸酯产能分布预测

聚碳酸酯产能的区域集中有其内在原因，一方面，聚碳酸酯作为一种无毒无害的固体颗粒料，通常采用25kg小包或600～1000kg大包包装，运输、存储均非常方便，因此产能的集中并不会影响下游的应用；另一方面，不论是界面缩聚法还是熔融缩聚法，生产过程中均需使用或涉及危险化学品（如光气、苯酚、环氧丙烷等），此类原料存储运输多有不便，因此生产装置均需更靠近原料产地。而山东、上海、浙江等地的化工产业相对集中，处于全国发展前列，聚碳酸酯的产能在这些地区区域集中就顺理成章了。

从合成工艺角度分析，各家企业依据自身优势发展不同的合成工艺技术，界面缩聚法（光气法）和熔融缩聚法（非光气法）两种技术实现了均衡发展。如图1.14所示，采用熔融缩聚法的产能占总产能的比例在过去5年中并未发生显著变化，基本维持在40%左右。未来各家企业仍将根据自身优势选择适合自己的工艺路线，预计到2029年，采用熔融缩聚法的产能占总产能的比例仍将会维持在60%左右，两种工艺路线依然会长期共存。

图1.14 国内不同工艺产能占比及预测

注：间接光气法即传统熔融酯交换法

1.3.2.2 供需分析

在过去近20年里，国内聚碳酸酯市场经历了天翻地覆的变化，并且积累了非常庞大的消费体量。2024年，国内聚碳酸酯表观消费量约360.29万吨，约占全球总消费量的50%。预计未来几年，尽管受到复杂多变的国际环境以及国内经济转型等因素的影响，国内聚碳酸酯需求增速仍将维持在3%～5%。至2029年，国内聚碳酸酯需求量将超过420万吨。国内过去五年的消费数据和未来五年的消费预测如图1.15所示。

在过去十多年里，国内聚碳酸酯生产取得了长足进步，产量从2000年的几百吨增长至2024年的320万吨。从2021年开始，国内产能正式超过表现需求量，自给率不断提升，到2024年达到89%。虽然国内聚碳酸酯消费

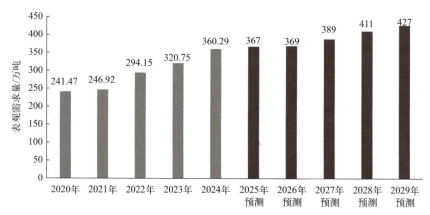

图1.15 国内聚碳酸酯表观需求量及预测

量巨大，且国内产能理论上已能满足需求，但部分高端或细分领域产品仍依赖进口，且进口份额较大。过去五年，国内聚碳酸酯净进口量均超过110万吨（含少部分聚碳酸酯合金产品），2023年净进口量仍保持在100万吨以上（含少部分聚碳酸酯合金产品）。近年来，由于国内产能竞争力提升以及价格下降，国内产品逐步挤占进口料在国内市场的份额。进口量由2020年的峰值163万吨降至2024年的88.73万吨；同时出口量也呈现逐年增加趋势，由2020年的25万吨增加至2024年的48.72万吨；净进口量也从2020年峰值138万吨降至近年来的新低，2024年净进口量约40万吨。

　　未来几年，国内新建装置将陆续投产，国内聚碳酸酯产量将大幅攀升。如图1.16所示，预计到2029年，国内聚碳酸酯产量有望达到438万吨。因

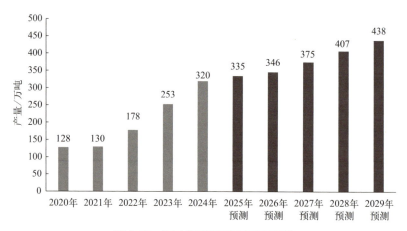

图1.16 国内聚碳酸酯产量及预测

此，国内聚碳酸酯净进口量预计将快速下降，自给率继续上升。如图1.17所示，预计在2028—2029年达到供需平衡，并最终转变为净出口国。

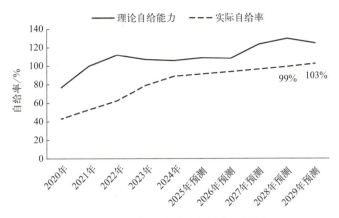

图1.17 国内聚碳酸酯自给率及预测

从2018年至2024年，国内聚碳酸酯供需市场出现了几个特殊影响因素，这些因素不仅造成市场大幅波动，甚至给整个表观消费量带来了不可预见的变化。

2018年自二季度开始，市场整体形势不断滑坡。分析主要原因包括：首先，大多新释放产能因产品质量和稳定性等差距，纷纷利用价格优势获取市场份额；其次，大量新增产能的投放信息，导致市场人士认为聚碳酸酯将成为大宗料交易，"货源充盈"的意识在客观上对贸易环节造成了更多的观望情绪；第三，前期持续两年的高位价格，囤货居奇的企业不得不随着下行趋势脱手。这一情况类似十多年前通用ABS和通用POM从工程塑料转向通用塑料时的市场业态。因此，一旦市场中的"多米诺骨牌"倒下，将引发出连锁式的难以控制的下行趋势。

整个2018年，市场份额之争在多家企业间形成了价格拉锯战。随着部分企业的再次扩产、二期建设完成，市场难再现2017年的高涨态势，交易价格一路狂跌至2018年底。2019年初，虽然市场价格有所反弹，但由于前期国内货源充足，短暂的利好无法持续，经过1年多的整合与消化，市场价格依旧难以打破低位运行的情况。

进入2020年，疫情的影响非常深远，中国聚碳酸酯行业却迎来了不少曙光。不仅中国企业快速恢复了生产，还有几个重要因素促进了市场供需的变化。首先，由于疫情，居家办公模式的变化极大地推动了笔记本电脑、平板电脑以及家用打印等周边设备的需求；其次，在疫情期间，医疗防护设备以及个人健康医疗器材的刚性需求得以爆发式增长。大量的全球需求因中国产能的快速恢复而纷至沓来，中国企业即便满负荷生产也难以满足全球供应。由聚碳酸酯生产的医用护目镜、测温枪、透明消毒舱、呼吸机、监护仪、核酸检测试剂盒等大规模使用，导致医疗及光学等级的聚碳酸酯需求大幅增长。而电子电气、汽车等传统领域对聚碳酸酯的需求也未曾减缓，特别是汽车行业，虽然产销量同比明显下滑，但由于轻量化、电动化、智能化等趋势，对提升加工效率、降低综合成本以及个性化美观要求在不断提升，例如电动汽车的前端结构、内外饰、面板等都越来越多地依赖工程塑料。

2019年聚碳酸酯进口数量（税则号39074000）再创历史新高，接近160万吨。造成进口聚碳酸酯数量出现大幅增长的原因，除了市场需求增长以外，禁止洋垃圾进口导致每年从回收料端进口的聚碳酸酯废弃料（税则号39159090）大幅减少，需求端开始大量进口造粒后的回收料，而这部分只能反映在税则号39074000项下，也是造成进口量创历史新高的原因之一。

2020—2023年单套大规模国产装置集中投产，4年间增加158万吨产能，且多数配套上游产业，成本竞争力大幅提升。后续发展中，一体化、规模化装置的竞争优势将更加明显，但实际情况仍需结合产业链各段的盈亏状况来判断。与此同时，我国聚碳酸酯自给率已达到一定水平，且增幅放缓。近几年来，整体供应方面已取得显著成绩。在国内装置整体产能快速增长的同时，产品高度同质化成为行业面临的最大问题。虽近年来有一定改善，但同质化问题仍然存在。预计未来五年，国内聚碳酸酯的消费增速将与GDP增速相近。2025年，国内聚碳酸酯需求量预计将为367万吨。

由此可见，国内聚碳酸酯自给率大幅攀升，得益于产品品质提升、竞争力增强以及下游多行业应用领域的拓宽。国内产能利用率逐步提升至一定高度，未来几年预计将处于相对缓慢的提升阶段。

1.3.2.3　进出口分析

（1）进口概况

由于聚碳酸酯生产技术门槛较高，产能相当长时间主要集中于少数几家跨国化工企业，因此全球聚碳酸酯供给集中度较高，贸易活跃。近几年，随着国内装置投产，呈现出一些新的变化。

从进口量分析，近五年来，进口量加速下滑，但中国聚碳酸酯对外依存度仍较高，年进口量始终保持在100万吨以上，这也从侧面反映了国内的产品仍存在低端产品过剩、高端产品缺乏、通用产品过剩、特种产品缺乏的结构性问题，要实现完全的国产替代还需要全面提升。2015—2016年，随着国内大风江宁、鲁西化工、科思创、万华化学新增产能逐步释放，进口呈现下滑态势，2016年进口量跌至132万吨。2020—2022年国内产能大批集中释放，浙石化、海南华盛、天津中沙装置陆续建成投产，进口量进一步被压缩，2024年进口量已跌至88.73万吨。

随着国内产能的大规模释放，聚碳酸酯自给率大幅提升，进一步对进口产品产生巨大冲击。但进口产品品质普遍较好，销售模式相对稳定，且中国是全球聚碳酸酯最大的消费市场，因此韩国、泰国、中国台湾等国家和地区的聚碳酸酯生产企业仍将中国大陆地区作为其主要目标市场，但转移或调整投放量迹象已有呈现。日后中国聚碳酸酯进口量逐年下降的趋势已显现（图1.18），且市场竞争也将更加激烈。随着时间推移，国外欧美日韩等一众厂商设备由于运行时间久等原因，运营成本大幅攀升，中国聚碳酸酯优势也将逐步显现。未来几年中国聚碳酸酯在技术迭代、品质提升和产品多元化方面将得到提升和完善，预计中国聚碳酸酯外销量将获得较大增长。

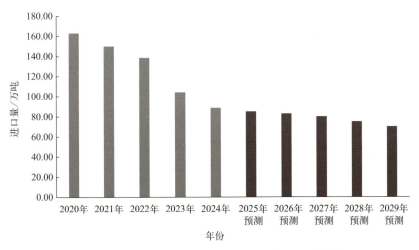

图1.18 2020—2029年中国聚碳酸酯进口量趋势

注：进出口数据中均包含少部分PC合金产品和PC再生粒子

从进口价格分析，根据海关数据统计，中国聚碳酸酯进口均价自2015年1月到2016年3月（均价2538.8美元/吨）一直处于缓慢下降状态，价格下行主要与国际油价的持续低迷有关。

2016年3月以后，在装置检修、"禁废令"、环保督察以及下游行业需求增加等因素的共同作用下，国内聚碳酸酯进口价格又呈现出阶段式快速上涨态势，2018年7月份均价更是达到了3429.1美元/吨的历史高位。

2018年下半年开始，国内企业新增装置陆续投产，产能供给增加，加之中美贸易摩擦、环保督察等一系列大环境影响下，市场呈供大于求的局面，国内聚碳酸酯市场价格随即调转方向，开启了漫长的下跌之路。2018年聚碳酸酯进口价格跌幅达到28%。2019年，国内供大于求状况持续，进口价格持续徘徊在低位。2020年上半年，受疫情影响，下游需求不振，进口价格跌至2015年以来的最低点，达到1476美元/吨。下半年，随着国外疫情愈演愈烈以及国内主要下游市场需求缓慢复苏，进口价格呈现显著抬头趋势，随后疫情两年造成的供需失衡以及行业整体订单的提振，另有原料双酚A供需失衡造成价格上涨，综合影响下，PC价格持续高位波动。2023年，随着疫情管控因素减弱，国内装置开工率大幅攀升，造成供应大幅增加，价格也随之降至相对低位，且伴随着国内装置的高开工率持续低位盘整，如图1.19所示。

图1.19　2019—2024年中国聚碳酸酯进口均价走势

从进口产销国/地区分析，2024年，韩国、泰国和中国台湾始终牢牢占据中国大陆地区聚碳酸酯进口货源地的前三强，进口量之和占中国大陆地区总进口量的一半以上。中国聚碳酸酯进口按产销国/地区统计情况见图1.20。

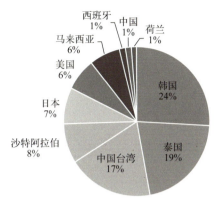

图1.20　2024年中国聚碳酸酯进口按产销国和地区统计图（据不完全统计）

从依赖程度上看，2024年中国大陆从韩国进口的总量为21万吨，占比24%；其次是泰国，进口总量为17.2万吨，占比19%；第三是中国台湾，进口总量为15.2万吨，占比17%；第四是沙特阿拉伯，进口总量为7万吨，占比8%。来自这四个国家和地区的进口量占总进口量的近三分之二，详见表1.12。

表1.12　2020—2024年中国聚碳酸酯进口量按产销国/地区统计

单位：万吨

位次	2020年		2021年		2022年		2023年		2024年	
	产销国/地区	进口量	产销国/地区	进口量	产销国/地区	进口量	产销国/地区	进口量	产销国/地区	进口量
1	韩国	34.6	中国台湾	34.6	中国台湾	32.1	中国台湾	23.6	韩国	21.0
2	中国台湾	31.6	韩国	29.1	韩国	27.7	韩国	22.2	泰国	17.2
3	泰国	21.0	泰国	20.0	泰国	20.7	泰国	17.9	中国台湾	15.2
4	沙特阿拉伯	15.1	沙特阿拉伯	14.8	沙特阿拉伯	15.7	沙特阿拉伯	8.5	沙特阿拉伯	7.0
5	美国	12.2	日本	9.6	日本	8.2	美国	7.8	日本	6.3
6	日本	10.0	美国	8.4	美国	6.9	日本	6.7	美国	5.7
7	西班牙	8.7	西班牙	7.1	西班牙	5.7	马来西亚	5.1	马来西亚	5.5
8	中国	6.9	马来西亚	5.9	马来西亚	5.1	荷兰	2.4	西班牙	1.1
9	马来西亚	6.4	中国	5.8	荷兰	4.3	越南	1.7	中国	1.1
10	荷兰	3.9	荷兰	4.2	中国	2.4	西班牙	1.3	荷兰	0.9

从变化进程看，受中国大陆聚碳酸酯产能扩增、中韩往来经贸关系变化及韩国本土大型生产企业销售战略转移、台海经贸关系变化等因素影响，近五年常年居首的韩国以及中国台湾出口到中国大陆的聚碳酸酯数量呈逐步减少态势。而此前得益于ECFA协议，中国台湾出口至大陆的聚碳酸酯享受免关税政策，在2019—2021年出口至中国大陆的数量则呈增长态势，但随着商务部2023年对原产于台湾地区的进口聚碳酸酯进行反倾销立案调查，国务院关税税则委员会采纳此建议，决定自2024年4月20日起，对被调查产品实施反倾销税征收。涉及的税则号为《中华人民共和国进出口税则》39074000。其中，双酚A型聚碳酸酯按重量计含量低于99%的产品不在本次反倾销调查范围内。此举致使2024年台湾地区进口聚碳酸酯进口量锐减至15.2万吨，同比上一年减少35.4%。从整体进口趋势来看，受到疫情初期对需求压制的影响以及供应的不确定性，再加上国内新装置产能的释放，进口量呈现逐年递减趋势，且2024年聚碳酸酯进口量已减少至约89万吨，未来几年预计进口量会进一步缩减，但由于一些特殊产品对材料的要求，预计进口量的变化会从急剧下降变成逐渐放缓并趋于平稳。

从主要原产国和地区看，中国台湾的聚碳酸酯一直保持净出口地位，主要出口地是中国大陆，占比持续维持在80%以上；韩国约50%的产量出口至中国，泰国聚碳酸酯主要出口地也是中国，占泰国总出口量比例的40%左右。可见这三个国家和地区的聚碳酸酯装置均严重依赖对中国大陆的出口，2022—2024年国内产能急剧扩增，对上述国家和地区造成了较大冲击。

从收发货人注册地分析，2020—2024年，广东省、上海市、浙江省仍旧是中国聚碳酸酯货源进口的主要注册地，始终占据前三位置。2024年，广东省以39.2万吨的总进口量位居第一，占比44.2%；其次是上海市，进口总量为18.2万吨，占比20.5%；第三位是浙江省，进口总量为17.3万吨，占比19.5%。详见表1.13和图1.21。

从区域分布上看，华南和华东是聚碳酸酯进口的主要地区，两地的进口量合计占总进口量的89.8%。

表1.13 2020—2024年中国聚碳酸酯进口按收发货人注册地统计

单位：万吨

位次	2020年		2021年		2022年		2023年		2024年	
	注册地	进口量	注册地	进口量	注册地	进口量	注册地	进口量	注册地	进口量
1	广东省	73.5	广东省	70.0	广东省	62.3	广东省	48.5	广东省	39.2
2	上海市	34.4	上海市	33.6	上海市	32.8	上海市	21.3	上海市	18.2
3	浙江省	25.0	浙江省	18.8	浙江省	18.5	浙江省	17.5	浙江省	17.3
4	江苏省	8.8	江苏省	9.7	江苏省	7.6	江苏省	5.4	江苏省	5.0
5	北京市	6.2	海南省	4.6	福建省	4.3	福建省	2.9	福建省	2.5
6	福建省	4.6	福建省	3.7	海南省	4.0	天津市	1.5	山东省	1.5
7	重庆市	2.9	重庆市	2.7	天津市	2.1	山东省	1.4	天津市	1.1
8	天津市	2.1	天津市	2.1	重庆市	1.7	海南省	1.3	安徽省	0.8
9	安徽省	1.5	山东省	1.0	北京市	1.4	重庆市	1.1	北京市	0.8
10	山东省	0.8	安徽省	0.9	山东省	1.3	北京市	1.0	重庆市	0.7

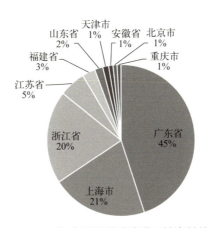

图1.21 2024年中国聚碳酸酯进口按海关统计图

从进口贸易方式分析，2020—2024年，一般贸易和进料加工贸易仍旧是中国聚碳酸酯货源进口的主要贸易方式。2024年，一般贸易以61.76万吨的总进口量位居第一，占比69.65%；其次是进料加工贸易，进口总量为16.72万吨，占比18.86%；第三位特殊监管区域物流货物，进口总量为7.98万吨，占比9.00%。详见表1.14和图1.22。

表1.14　2020—2024年中国聚碳酸酯进口量按贸易方式统计

单位：万吨

贸易方式	2020年	2021年	2022年	2023年	2024年
一般贸易	105.15	90.69	92.98	73.21	61.76
进料加工贸易	41.28	39.09	28.63	19.27	16.72
海关特殊监管区域物流货物	13.53	17.64	15.34	9.87	7.98
保税监管场所进出境货物	1.91	1.37	0.97	1.29	1.93
来料加工贸易	1.09	1.16	0.64	0.37	0.28

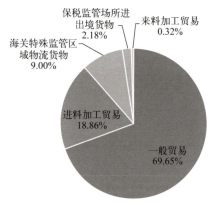

图1.22　2024年中国聚碳酸酯进口量按贸易方式占比统计图

回顾聚碳酸酯进口贸易方式的变化，过去五年，一般贸易的比重不断增加，从2020年的65%增加到2024年的69.6%；而进料加工贸易的占比则呈现不断减少的趋势，从2020年的25%下降至2024年的18.8%。详见图1.23。从贸易方式的变化中不难发现，一般贸易比重增加表明国内消费逐步增加，

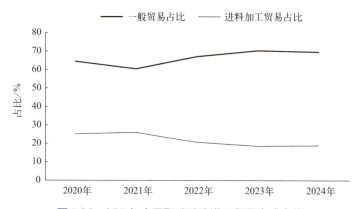

图1.23　近5年中国聚碳酸酯进口贸易方式变化

中国已逐步摆脱了以加工贸易为主的外贸型经济模式，国内消费对经济的拉动作用逐步显现。

（2）出口概况

从出口数据分析，如图1.24所示，近5年来我国的聚碳酸酯出口量已呈现震荡上升趋势，且已突破40万吨/年。2024年，国产聚碳酸酯综合优势开始显现，中国出口量达到48.7万吨的历史新高，且预计后续年份的趋势仍将进一步保持。

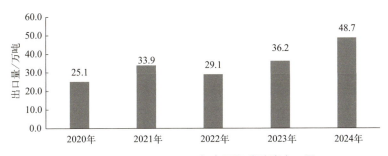

图1.24 2020—2024年中国聚碳酸酯出口量

从出口产销国/地区分析，如表1.15所示，主要出口地在2023—2024年位次发生剧烈变更，其中涉及东南亚新兴市场的需求激增以及中国大陆订单的转移，越南、印度、韩国对中国PC材料需求增长迅猛，但中国台湾始终位列前三。2024年，越南以8.5万吨的出口总量位居第一，占比为18%；其次是中国台湾，出口总量4.5万吨，占比为9%；第三是韩国，出口总量4.5万吨，占比为9%，见图1.25。

表1.15 2020—2024年中国聚碳酸酯出口产销国/地区排名

单位：万吨

位次	2020年		2021年		2022年		2023年		2024年	
	产销国/地区	出口量	产销国/地区	出口量	产销国/地区	出口量	产销国/地区	出口量	产销国/地区	出口量
1	中国香港	7.5	中国香港	7.1	中国香港	2.6	越南	4.9	越南	8.5
2	中国台湾	3.4	中国台湾	4.0	中国台湾	1.3	中国台湾	3.6	中国台湾	4.5
3	越南	2.9	越南	3.7	越南	1.9	印度	3.0	韩国	4.5
4	马来西亚	2.1	马来西亚	2.5	马来西亚	1.3	韩国	2.4	印度	3.9
5	泰国	1.5	泰国	2.3	泰国	2.5	泰国	2.4	泰国	3.1

位次	2020年		2021年		2022年		2023年		2024年	
	产销国/地区	出口量	产销国/地区	出口量	产销国/地区	出口量	产销国/地区	出口量	产销国/地区	出口量
6	韩国	1.4	印度	2.2	印度	1.2	马来西亚	2.1	马来西亚	2.7
7	日本	1.4	日本	1.7	日本	2.2	俄罗斯	2.0	印度尼西亚	2.3
8	新加坡	0.6	印度尼西亚	1.6	印度尼西亚	3.7	印度尼西亚	1.9	以色列	2.1
9	印度尼西亚	0.6	韩国	1.4	韩国	4.2	日本	1.5	墨西哥	1.8
10	印度	0.6	新加坡	1.2	新加坡	1.0	以色列	1.4	日本	1.6

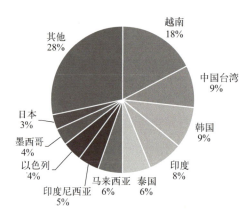

图1.25　2024年中国聚碳酸酯出口按产销国/地区占比统计图

从出口贸易方式分析，如表1.16所示，过去五年中国聚碳酸酯出口始终以进料加工贸易为主，占比一直保持在60%以上。其中，2024年的出口量中，一般贸易为24.79万吨，占50.96%；其次为进料加工贸易，出口量为19.77万吨，占40.64%；第三为海关特殊监管区域物流货物，出口量为3.46万吨，占7.11%（图1.26）。由此可以看出，一般贸易在2024年增长较多，同比2023年增长109.5%。这是由于一是有国家对国际贸易政策的管控；二是国内产业配套后综合优势凸显；三是国际形势严峻、贸易摩擦不断，部分国内供应链下游外迁带来出口需求，多因素综合作用下，使得出口贸易得到迅猛增长。

表1.16 2020—2024年中国聚碳酸酯出口按贸易方式统计

单位：万吨

贸易方式	2020年	2021年	2022年	2023年	2024年
进料加工贸易	19.52	22.37	20.89	21.74	19.77
一般贸易	3.12	6.50	4.80	11.83	24.79
海关特殊监管区域物流货物	2.77	4.49	3.09	2.13	3.46
保税监管场所进出境货物	0.15	0.22	0.16	0.40	0.49
其他	0.05	0.31	0.10	0.09	0.14

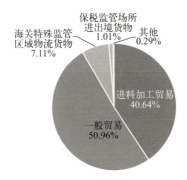

图1.26 2024年中国聚碳酸酯出口按贸易方式占比统计

（3）未来进出口趋势分析

截至2024年末，中国大陆地区的聚碳酸酯产能达到381万吨，占全球产能的47%。此后，预计国内聚碳酸酯净进口量会逐步减少，并极可能在2028—2029年左右达到进出口平衡，未来甚至很可能转变为净出口地区。中国聚碳酸酯净进口量及预测情况见图1.27。

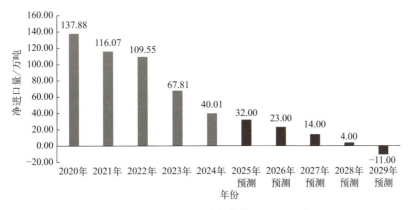

图1.27 中国聚碳酸酯净进口量及预测

虽然从2023年起净进口量已大幅减少，但中国依然存在一部分聚碳酸酯需求需要进口，主要原因如下：

① 从供应方面看，作为聚碳酸酯生产企业的跨国公司从自身战略出发依然会进口大量聚碳酸酯原料，特别是SABIC、科思创、帝人、LG、出光等在国内拥有下游改性业务的生产企业。SABIC在中国大陆合资建厂后进口量明显减少。

② 从下游用户企业来看，特别是跨国公司和外商独资企业，因项目沿用，考虑到替换难易度，甚至价格因素，依然会在全球范围内进行资源配置，需要进口部分聚碳酸酯。

③ 从技术角度看，部分聚碳酸酯的高端应用中（包括通用双酚A型聚碳酸酯的高端应用和各种共聚聚碳酸酯产品），尤其是部分医疗认证材料，国内的聚碳酸酯生产企业（包括现有跨国公司的国内工厂）依然无法生产，需要依赖进口。

国内未来几年的聚碳酸酯出口也必将会保持增长趋势。其主要原因如下：①国外装置日益老旧化，存在预期关停的可能性；②产业链配套完善在一定程度上增添了中国大陆企业的优势，具体表现在综合竞争力上；③未来五年，中国大陆产能仍将持续投放。

1.3.2.4　消费结构

中国是一个拥有完整工业体系的国家，几乎所有的聚碳酸酯下游应用种类在国内均有涉及。如图1.28所示，国内聚碳酸酯最大的下游应用市场为电子/电气，其次为板材/片材/薄膜，前两大应用市场占据了整个聚碳酸酯消费量的六成以上。汽车也是聚碳酸酯非常重要的一个下游应用市场，目前聚碳酸酯在汽车上的消费占总消费量的约16%（包含车灯、车窗及车用改性塑料等）。其他主要是水桶包装、医疗、家居运动娱乐等相对占比较小的市场。

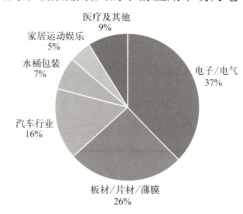

图1.28　国内聚碳酸酯消费结构

总体上，聚碳酸酯的下游应用非常丰富多彩，在生活和工业的各个领域都能看到聚碳酸酯的身影。

从各个细分应用市场的未来增长率分析，得益于未来中国制造转型升级和居民消费升级等有利因素的驱动，预计国内聚碳酸酯在电子电气、汽车、医疗等领域仍将维持3%~4%的增速。而随着云存储和5G等新型存储方式和高速移动网络的发展，光学媒体市场还将会继续萎缩。板材和包装等领域的增长则与国家的基础设施建设和法律法规变化密切相关，预计会维持5%~7%的中速发展。预计未来五年，国内各领域的消费结构不会发生明显改变，但在电子电气（尤其是消费电子）和汽车（尤其是新能源汽车）市场的消费占比将持续升高。

进一步对比国内消费结构与全球消费结构的差异。如图1.29所示，由于中国经济结构的特点，国内细分市场消费占比与全球情况相比较为相近，光学市场则明显低于全球平均水平，近年来新能源以及储能、低空飞行器热门市场兴起对国内消费也起到一定的支撑。这主要与全球贸易分工有关，中国是全球最大的电子产品、电气设备和家用电器的生产基地，因此国内聚碳酸酯在这些领域的消费占比较高。但近两年受中美经贸摩擦影响，国际贸易壁垒增多，部分订单开始向欠发达地区转移，以替代部分中国产能，后续电子电气消费占比预计会受到一定影响。国内汽车产销量已连续多年位居世界第

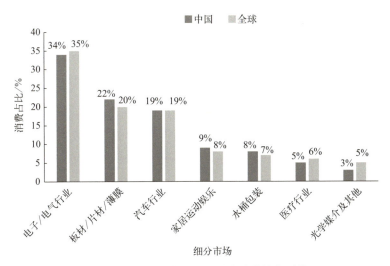

图1.29 中国与全球聚碳酸酯消费结构对比

一，加之新能源汽车市场兴起，塑料制件用量也随之上升，这也增加了聚碳酸酯在汽车上的应用。目前全球的光盘应用主要集中在欠发达的非洲、拉丁美洲和印度等地区，相比而言，国内的互联网技术发展迅速，云存储普及度全球领先，挤占了光盘媒体市场，导致聚碳酸酯在这个市场应用比例不高。预计未来五年内，中国与全球在聚碳酸酯应用市场上的消费占比差异也不会出现显著变化。

1.3.2.5 销售现状

（1）销售渠道

与其他工业产品销售方式类似，聚碳酸酯的国内销售（主要指聚碳酸酯的纯料及下游改性原料）主要分为直销和分销两种模式。

① 直销模式　直销指厂家直接销售商品与服务，对聚碳酸酯销售而言，即在"树脂厂→改性厂（非改性应用无此环节）→加工厂"这个商流中无其他中间环节参与，全部是直接发生业务关系。这种模式主要针对大客户（使用量大）或重点领域和市场，如树脂厂直接销售基础树脂给大型的改性厂、板材厂或其他大型下游客户，彼此能够谈妥交易条件，尤其是付款方式 [如信用证（L/C）、承兑汇票等]；或者改性厂针对某特定市场（如汽车、消费电子等），为加强对市场的直接掌控，倾向于直接销售给注塑厂等。直销通常占树脂厂销售量的20%～40%（各厂家的营销战略不同，比例会有较大差异，下同）。

② 分销模式　分销模式（代理/贸易模式）指建立销售渠道，即产品通过一定渠道销售给下游客户，在"树脂厂→改性厂（非改性应用无此环节）→加工厂"这个商流中引入贸易商参与，承担供应链融资、库存管理、市场开拓维护、售后服务等功能。这种模式下的贸易商又分4种不同类型：

a. 代理商　一般与树脂厂有相关合作协议，树脂厂对代理商大多也有资金支持（账期）和深度合作（产品培训、合作开拓市场等），主要承担某个特定产品线、特定市场、特定区域的销售，负责对下游提供资金、库存，甚至技术支持和售后服务等。同时必须向树脂厂分享市场信息，承担特定销售数量指标，并能在树脂厂销售出货不顺时，提前下单备货调节树脂厂的生产库存等。

这种贸易商一般规模较大，大多数树脂厂都会有专门的销售团队管理这些代理商，代理协议一般定期签订，对彼此合作关系有一定保障。

树脂厂通常对代理商数量有所控制，代理商销售量一般占树脂厂总销售的30%～50%。

b. 分销商 一般与树脂厂无相关合作协议，或者与代理商发生业务关系，但因为历史原因或者商务关系，也承担上述代理商的责任和义务。

分销商一般规模不大，树脂厂/代理商不太会提供资金支持，合作关系不是太稳定，受树脂厂或代理商影响较大，合作关系往往受到人事影响而发生变化，一般树脂厂无特定团队来管理分销商，多作为团队销售的辅助和有效补充，弥补商务操作上的灵活性。

树脂厂通常对分销商数量没有具体控制，分销商销售量一般占树脂厂总销售量的10%～30%。

c. 工贸一体的贸易商 这种一般与树脂厂无相关合作协议，或者与代理商直接发生业务关系，主要是因为这种贸易商拥有生产部门，往往以某种特别价格（比较低）使用树脂厂的某些产品。出于完成销售业绩或维持某种商务关系的需要，树脂厂往往默许这种贸易商向市场销售产品。这种贸易商规模大小不一，树脂厂有时也会提供资金支持，受代理商或树脂厂影响较大，合作关系往往受到人事影响而发生变化，一般树脂厂无特定团队来管理这种贸易商，只是当作重点客户或普通客户处理，多作为团队销售的辅助和有效补充，弥补商务操作上的不灵活性。

这类贸易商的销售量一般占树脂厂总销售量的5%～10%。

d. 普通贸易商 一般与树脂厂无相关合作协议，只是树脂厂的普通客户，可能与上述3种贸易商均发生贸易关系，只对其下游客户承担相应的服务功能，合作关系主要受价格影响较大。此类贸易商群体庞大，是市场库存的蓄水池，对价格非常敏感，以投机性操作为主，属于唯利型贸易商。

树脂厂通常对普通贸易商数量也没有具体控制，其销售量一般占树脂厂总销售量的5%～10%。

（2）区域现状

目前国内聚碳酸酯的主要消费区域还是集中在华南和华东，其他如华北、西部地区和东北三省等都还在发展之中，近些年西部成渝地区的聚碳酸酯消费量增长较快。

各区域占全国聚碳酸酯消费量的比例约为：华南30%～40%，华东40%～45%，华北10%左右，其他地区合计约10%。

（3）发展趋势

聚碳酸酯在中国大陆的销售从起初的代理制已经发展到了"直销+代理/贸易"模式，目前还在不断发展变化，未来的主要变化在以下8个方面：

① 塑料金融化　随着现代经济增长模式的不断变化，中小企业在生产融资上面临种种困难，再加上"互联网+"思维的催化，行业竞争的加剧，塑料行业也迎来巨大的机遇和挑战。

对于聚碳酸酯，目前的体量还远未达到聚丙烯和聚乙烯的规模，无法进入期货交易市场，但在现实操作中已经有部分贸易商采用L/C 90天的支付供应商货款方式，收远期客户定金的模式，部分实现了聚碳酸酯贸易的金融化。再加上商业票据，尤其是电子承兑汇票的普及，大大提升了交易的便利性，集中体现了聚碳酸酯贸易的融资功能，慢慢实现了塑料的金融化。

目前在市场上活跃着一批既做塑料贸易，也做代开信用证业务的公司，此类公司大多为国企或上市公司下属企业，资金成本较低廉。也有部分单纯以开信用证为主业的公司，为了维持销售业绩高增长趋势，以保持银行开证信用额度，成为名副其实的"金融中介"。另外还有一些"互联网+"企业为了获取融资，做大营业额，也在市场上提供"供应链金融"的解决方案。

② 信息渠道多元化　近三至五年来，随着塑料技术不断更新、普及，再加上"互联网+"的东风，响应国家全民创业的号召，以"塑料圈内人+互联网思维"，引入行业外风险投资，或部分实体贸易商直接下场投资的方式，解决塑料销售中的信息不对称（不仅仅是价格）为方向的各种互联网创新企业纷纷涌现。这种模式还能解决技术数据零散，甚至是材料选择中的技术要素，塑料加工的各种技术问题处理，以及塑料加工后的后续处理等问题。预期在经过一阵疯狂竞争之后，必定会出现几家能够促进技术普及、增强塑料贸易信息流通的优秀互联网企业，他们会在塑料销售市场上扮演传统贸易商+电商平台（提供大资金，靠贸易盈利）、传统讯息提供分发商（转移至互联网，尤其是手机终端，甚至物联网，靠广告、会员收费和组织行业会议盈利）、技术

解决方案提供商（集中优质技术资源，打通上下游技术壁垒，靠独立技术咨询和组织行业会议盈利）等角色，不断促进塑料产业发展。

同时，凭借信息传播方式的更新，一些市场内的从业人员将自媒体方式融入行业圈内。例如，抖音等平台的短视频直播、短视频、公众号文章等，其涵盖内容多种多样，既打破了信息、技术等壁垒，又实现了信息跨区域、跨行业联动，加速了PC产品市场化的进程。

③ 价格市场化　早些年，PC生产厂家对产品定价的主导权较大。这是因为当时市场处于供需紧平衡状态，且生产厂商家数量有限，市场价格受厂家影响程度较高，市场价格波动基本跟随厂商报价进行调整。如今，各家石化厂可谓百家争鸣，但其产品同质化也相对明显。在供应充足的市场背景下，市场依据产品的品质形成了价格梯队。其中，不乏下游终端用户对材料品质的认可以及品牌的追求，最终反映在交易价格上，形成了价格差距，这种情况在近两年尤为明显。

部分石化厂商采用网上竞拍的销售模式，将产品的最终售价交由市场决定。同时，由于工厂在生产规模上的优势，其竞拍价格对行业定价起到了基准参照的作用。这种竞拍销售模式并非局限于单一厂商，越来越多的厂商倾向对其部分产品采用该模式，这种营销模式正逐渐成为市场趋势。在当前供应充足的市场环境下，大量的交易在进行，在一定程度上，市场和终端需求对价格的诉求和反馈更真实地反映了商品价值正趋于合理化，这也恰恰体现了商品的本质属性。

④ 技术标准化　随着不同树脂厂之间技术差距越来越小，下游应用企业的技术能力越来越强，各个树脂厂会在各自不同的规格上逐渐摈弃原先为了契合某个特定市场，单独开发某种特殊规格产品的模式，转而逐渐形成统一的标准规格或类似规格（聚丙烯在聚合端已部分实现了），特别是在用量较大的市场会更快地实现相互的技术一致性。

同样，在改性聚碳酸酯市场，最终客户（如汽车厂，尤其是互联网造车，以及手机厂、电脑厂等）会逐渐放弃对终端材料的严格指定，给予下游加工厂更大的自由度，转而只检验成品的质量。在原先"最终客户指定规格"这种畸形（封闭）的商业架构下，赋予了最终客户相关人员太多的权力，隐藏了太多的隐形商务成本，堆高了产品成本，以产品安全的名义，限制了相关技术要素、商业要素的自由流动。随着市场竞争加剧，这种指定材料的模式在非关键领域逐渐土崩瓦解。这样也会促使相应规格的技术标准逐渐趋于一致。

2017年之前，国内聚碳酸酯相关标准非常少，主要涉及命名原则、性能要求以及测定方面的指标要求，还有建工方面的聚碳酸酯板材标准，详见表1.17。自2017年以来，国内各类聚碳酸酯相关标准大规模出台，国内企业开始重视聚碳酸酯相关标准的制定。2022年，工信部发布了聚碳酸酯树脂化工行业标准HG/T 2503—2022，这也是自1993年来首次对该行业标准进行修订。此次修订根据近些年行业发展的新态势，更正并补充了部分定义术语以及各类检测项目指标。在一定程度上，聚碳酸酯树脂化工标准的初步建立，对行业发展起到了推动作用。然而，各聚碳酸酯生产厂家的实际应用情况并不相同，而且聚碳酸酯下游使用厂家对材料的要求呈现多元化特点。因此，行业标准仍有进一步结合实际进行修正的必要，以促使行业朝着科学、健康的方向稳步发展。

表1.17 国内聚碳酸酯相关标准

标准号	标准名称	公布年份
SN/T 2379—2009	聚碳酸酯树脂及其成型品中双酚A的测定　气相色谱-质谱法	2009
YY/T 0806—2010	医用输液、输血、注射及其他医疗器械用聚碳酸酯专用料	2010
DB34/T 1790—2012	聚碳酸酯（PC）饮用水桶材质鉴别技术规程	2012
JG/T 116—2012	聚碳酸酯（PC）中空板	2012
JG/T 347—2012	聚碳酸酯（PC）实心板	2012
GB/T 35516—2017	LED灯罩用光扩散聚碳酸酯	2017
GB/T 35513.1—2017	塑料　聚碳酸酯（PC）模塑和挤出材料　第1部分：命名系统和分类基础	2017
GB/T 35513.2—2017	塑料　聚碳酸酯（PC）模塑和挤出材料　第2部分：试样制备和性能测试	2017
HG/T 5511—2019	塑料　家用和类似用途电气装置用阻燃聚碳酸酯专用料	2019
GB/T 38420—2019	玩具用聚碳酸酯和聚砜材料中双酚A迁移量的测定　高效液相色谱-串联质谱法	2019
GB/T 1632.4—2020	塑料　使用毛细管黏度计测定聚合物稀溶液黏度　第4部分：聚碳酸酯（PC）模塑和挤出材料	2020

标准号	标准名称	公布年份
GB/T 39710—2020	电动汽车充电桩壳体用聚碳酸酯/丙烯腈-丁二烯-苯乙烯（PC/ABS）专用料	2020
GB/T 40006.7—2021	塑料 再生塑料 第7部分：聚碳酸酯（PC）材料	2021
HG/T 5991—2021	聚碳酸酯行业绿色工厂评价要求	2021
HG/T 2503—2022	聚碳酸酯树脂	2022
T/CI 148—2023	光学级航空聚碳酸酯材料技术规范	2023
GB 4806.7—2023	食品安全国家标准 食品接触用塑料材料及制品	2023
YY/T 1913—2023	医用聚碳酸酯材料中2,2-二（4-羟基苯基）丙烷（双酚A）残留量测定方法	2023
T/CPCIF 0411—2024	绿色设计产品评价技术规范 聚碳酸酯树脂	2024
GB/T 44570—2024	塑料制品 聚碳酸酯板材	2024

⑤ 特殊市场差异化 在某些总量相对较小的特殊应用市场，由于不太受行业关注，催生出了一批推崇"小而美"的改性厂和贸易商。他们在小众市场秉持工匠精神，获得了一定成长和相匹配的经营收益。随着近几年行业发展，产品品质逐渐提升，部分产品已能取代进口材料。未来，我国聚碳酸酯行业要想改变目前"多而不精"的局面，发展高端共聚聚碳酸酯产品势在必行。目前，国内已有多家公司和科研院所在进行共聚聚碳酸酯的聚合工艺开发。例如，硅氧烷共聚聚碳酸酯和支化聚碳酸酯已部分实现国产化，生物基聚碳酸酯也在开发过程中，各类延伸加工的改性产品、行业专用料等也在快速发展，相信未来会有更多具备优异性能的聚碳酸酯产品崭露头角。

⑥ 贸易利润微利化 近年来，随着国内产能和实际产量不断攀升，行业理论自给率已超过100%。加之近两年信息透明度不断提高，产业链的竞争也呈白热化，利润逐渐被压缩至成本线附近，更有甚者已然出现亏损。而身处塑料市场的各类贸易商，也要面对在夹缝中求生存的残酷现实，不断探索新模式，以应对市场微利化的趋势。

⑦ 贸易商两极化 在贸易微利化的趋势下，生产厂家对市场价格的影响力度逐渐减弱，部分贸易商对生产厂家的依附性也随之降低，转而在市场上自主采购，各自为战，分散在各个区域市场进行投机套利活动，这增加了市场的不确定性。经过时间沉淀的传统老牌贸易商，借助融资、渠道管理和人才储备等诸多优势，发展成为超大型贸易商，利用其稳定的客户群需求在

渠道上盈利，虽然此类贸易商对市场的影响不容小觑，但在当前整个行业绝对的供应量以及外部不确定性和内部竞争加剧的贸易环境下，市场不确定性因素增多，其势必影响此类大型贸易商在决策时更加谨慎。

⑧ 出口市场兴起　早些年，国内聚碳酸酯出口贸易占比较小，主要以满足国内生产需求和因原材料自给率低而驱动的进口市场为主。2019年中美贸易摩擦爆发后，部分国内企业为躲避高额关税，将工厂转移至东南亚等地区的发展中国家，从而带动了原材料的出口。近年来，随着国内产能和产量的不断攀升以及产品质量的稳步提升，国内生产厂家的产业链配套更加完善，在成本上也具备一定的优势，出口市场逐步兴起，原材料对外贸易渐成趋势。

目前，国内原材料出口贸易尚处于初级发展阶段，各个环节或多或少缺乏一定的专业性。无论是产品的多样性、出口所必需的文件，还是专业人员的配置，各生产厂商和出口贸易商的能力参差不齐。部分起步较早的生产厂商已初步具备国际贸易的营销理念，配备有了解各目的地国市场的外贸人员、产品出口所必需的说明性和检验性文件、较为完备的报价交易模式以及贴合目的地国市场的分析和经营策略。部分新进入市场的生产厂商则采取更为传统的营销模式，即在对比国内贸易的效益下，两项取其优作为产品市场投放策略进行出口贸易，这种方式使得贸易存在较大不确定性，难以在海外市场形成持续的市场影响力和品牌效应。部分受实际情况限制的生产厂商则将产品转售给出口贸易商，通过人民币退税的方式进行出口贸易。

贸易商方面，由于其具有相对的灵活性，出口贸易业务往往随客户需求的转移而开展，更多是顺势而为。主要贸易模式包括人民币出口退税和转口贸易，其中不乏一些嗅觉敏锐的贸易商，经过多年的市场沉淀，组建了海外驻点销售团队，为出口市场的兴起起到了推动作用。

随着中国国际地位和实力的提升，在海外市场将面临越来越多的贸易摩擦，特别是中美贸易摩擦可能会反复出现，终端商品在全球的流通也受到了一定程度的阻碍，但这也促使新兴市场对原材料的需求增加，我国有着最完备的工业体系，在成本和生产效率方面在全球拥有着举足轻重的地位。相信未来几年，中国厂商在原材料出口市场的话语权将逐渐增强。

1.4 聚碳酸酯产业未来展望

1.4.1 中国聚碳酸酯产业的未来发展

近年来，国内聚碳酸酯产能增长迅速，截至2024年末，产能已超过380万吨，占全球总产量的近一半。这充分表明中国聚碳酸酯在全球市场的地位不断提升，中国聚碳酸酯产业正迈向高质量发展的新阶段。以下围绕三个主要趋势进行探讨。

（1）核心工艺自主化与全产业链成本控制

通过技术引进和自主开发，国内聚碳酸酯产业已逐步实现核心工艺的自主化。在此基础上，未来将进一步加强产业链的高度集成，实现一体化产业链布局。

从成本构成来看，聚碳酸酯行业的成本控制高度依赖上游原料（如酚酮、双酚A、碳酸二甲酯）的自给能力。依托上游原料的自给能力，构建"炼化-单体-聚合物"垂直整合模式，可通过规模效应降低中间环节成本。2024年，国内双酚A产能超过590万吨/年，约80%的聚碳酸酯产能已实现一体化配套，有效降低了生产成本。这种模式不仅增强了企业抵御周期波动的能力，还为定制化产品开发提供了更大的灵活性。另一方面，也需考虑集成化对成本的综合影响。高度延伸的产业链虽然避免了供应的不确定性，但也增加了总体成本负担。未来，借助技术创新，如AI等新技术应用，精细化运营将成为提升产业链各环节竞争力的发展趋势。

（2）循环回收体系构建

围绕国家可持续发展战略，聚碳酸酯产业正在逐步构建循环回收体系。

聚碳酸酯的循环回收利用一般分为物理回收、化学回收以及生物基来源聚碳酸酯合成。其中，聚碳酸酯的物理回收进展较快，正迅速成长为聚碳酸酯产业的新增长点。据初步估算，2024年我国聚碳酸酯再生量约为30万吨。行业头部企业相继推出含回收成分的聚碳酸酯牌号，这标志着中国聚碳酸酯生产、使用、废弃、回收、再生的循环产业链已逐渐形成。其重点挑战在于解决聚碳酸酯在物理循环中的性能下降，以及清洗、脱挥等过程中的污染问题。

聚碳酸酯的化学回收一般有热解、水解、醇解、氨解等技术路线。由于分解条件苛刻，分解成分复杂，再聚合要求高，目前绝大部分方案仍处于研究论证阶段。然而，化学回收的应用前景十分有吸引力，因为经聚碳酸酯解聚-单体-聚碳酸酯再聚后的基础树脂性能等同于聚碳酸酯全新料，可以简化现有改性、合金产品的开发。

生物基聚碳酸酯（此处特指生物基BPA-PC）的开发是可持续开发的另一种思路。通过用生物质来源替代化石来源，它兼顾了化学回收的优势，避免了聚碳酸酯解聚的工业难题，关键在于获得生物基苯酚、丙酮。目前，一些跨国公司已经推出生物基聚碳酸酯产品，加速循环技术研发以应对国外碳关税等贸易壁垒。借助生物基聚合物，下游制造商对持续创新的需求将与可持续性目标保持一致。国内也有公司正在开展这方面的开发。

（3）差异化竞争，应用场景分化：从过剩红海到高附加值蓝海

当前，国内聚碳酸酯行业面临结构性矛盾：低端通用料产能过剩，而高端产品仍依赖进口。差异化竞争的关键在于细分市场的精准切入。

① 新能源汽车与智能硬件　聚碳酸酯的轻量化特性（密度仅为玻璃的50%）使其在电动汽车天窗、电池包外壳等领域替代传统材料。预计2025年，车用聚碳酸酯需求占比将提升至20%。5G基站外壳、折叠屏手机铰链等场景对高抗冲、耐疲劳聚碳酸酯的需求也将持续增长。

② 电子电气行业　电子电气行业涵盖的产品众多，行业规模庞大，是塑料制品的重点应用领域之一。该行业对阻燃、高冲击改性聚碳酸酯和聚碳酸酯合金有较大需求。

③ 国内逐渐形成规模的人工智能、机器人、无人机以及相关的低空经济产业　这些产业为材料行业，特别是聚碳酸酯及其改性市场提供了新的增长点。

④ 医疗与光学高端领域　医疗级聚碳酸酯需通过ISO 10993生物相容性认证，目前国内仅少数企业具备生产能力。随着人口老龄化加剧，透析器、手术器械等医用聚碳酸酯需求年增速预计达12%。光学级聚碳酸酯（用于AR/VR镜片）依赖超低双折射率技术，仍是跨国公司主导的市场。

1.4.2　政策与市场驱动：国产替代与全球化布局

国内政策的双重驱动推动行业升级：一方面，环保法规限制高耗能高排放产能的扩张，倒逼企业转向绿色工艺；另一方面，"十四五"新材料规划

将高端聚碳酸酯列为重点攻关方向，推动国产替代。未来，进口依存度有望大幅下降。此外，国外装置普遍运行年限较长（>20年），受化工周期影响，其运行的不稳定性将持续增加。

出口市场则呈现两极化：通用级聚碳酸酯凭借价格优势抢占东南亚、中东市场，预计2025年出口量将突破50万吨；而高端牌号需突破认证壁垒（如UL阻燃认证、FDA食品接触许可），通过并购海外技术团队或设立联合实验室可加速国际化进程。

1.4.3 风险与挑战：产能过剩与贸易壁垒

尽管聚碳酸酯行业前景广阔，但仍存在隐忧。

产能结构性过剩：全球聚碳酸酯供应链面临供大于求的局面。从区域来看，新增产能几乎全部来自中国大陆，导致通用料价格竞争加剧，部分企业面临淘汰的风险。

地缘政治风险及贸易保护主义加剧：欧美"双反"调查及绿色贸易壁垒（如欧盟碳边境调节机制）可能压缩出口利润空间。2024年以来，中美贸易摩擦、关税战对整个化工产业产生了一定影响，增加了进出口贸易的不确定性。

参考文献

[1] Hans Kricheldorf. Polycondensation: History and New Results[M]. Heidelberg: Springer Nature, 2014: 14.

[2] Parl J, Flory. Principles of Polymer Chemistry[M]. New York: Cornell University Press, 1953: 14.

[3] 金祖铨，吴念，等. 聚碳酸酯树脂及应用[M]. 北京：化学工业出版社，2009: 6-7.

CNPCA观察：

聚碳酸酯是一种综合性能非常优异的耐用型热塑性工程塑料。"质轻高强""阻燃耐热""透明靓彩""尺寸稳定""设计多样"，这些特性赋予了聚碳酸酯广阔的应用空间。

2015年是内资企业真正实现聚碳酸酯产业化的开创之年。近二十年来，整个产业及下游发展极为活跃。截至2024年末，国内聚碳酸酯产能已超出380万吨/年，占全球产能的比例近一半。自2021年起，国内产能正式超过表观需求量，自给率逐年提升，至2024年达到89%。预计在未来两年，自给率还将进一步提高。

近年来，中国对PC的消费增速显著。截至2024年，表观需求量达到360万吨，占全球表观需求总量的一半以上。从亚太地区来看，除中国市场外，越南、印度等国家的聚碳酸酯需求也呈现出高速增长的态势。

尽管国内聚碳酸酯的产能和需求均实现了增长，行业产能利用率也逐年提升，但仍存在产品种类集中，高端产品不足的问题。因此，优化产业结构、实现多元化发展以及提升产品质量等方面，将是行业未来需要持续努力的方向。

第 2 章

聚碳酸酯
合成工艺与混配

2.1 合成工艺

目前聚碳酸酯工业化生产的主流工艺包括界面缩聚法和熔融酯交换缩聚法（简称熔融缩聚法）两种。

聚碳酸酯的合成最早于20世纪50年代末分别由当时的拜耳公司（现科思创公司）和通用电气塑料公司（现沙特基础工业公司）实现工业化。60年代，由于当时的熔融缩聚法在生产过程中的一些关键问题无法解决，如规模小、质量差，而界面缩聚法的产品分子量可调，较易制得高分子量聚碳酸酯，装置规模容易放大，技术相对成熟，因此世界各大公司纷纷采用界面缩聚法生产聚碳酸酯。70—90年代，世界各地兴建的聚碳酸酯装置几乎都采用界面缩聚法。进入90年代后期，熔融缩聚法在一些关键技术上取得突破，产品质量大幅改善，之后很多公司开始采用该技术路线生产聚碳酸酯。

界面缩聚法采用光气与双酚A（BPA）在碱性氢氧化物水溶液和惰性有机溶剂存在下通过界面缩聚反应合成聚碳酸酯。目前，在中国大陆，帝人、三菱瓦斯、鲁西化工、万华化学、沧州大化和平煤神马等均采用此工艺路线生产聚碳酸酯。

熔融缩聚法采用碳酸二苯酯（DPC）与双酚A在催化剂作用下通过熔融缩聚反应合成聚碳酸酯，副产苯酚。目前，在中国大陆，科思创、燕山聚碳、大风江宁、利华益维远、四川天华、盛通聚源和近年来新建的浙石化、恒力石化、海南华盛等均采用此工艺路线生产聚碳酸酯。

2.1.1 界面缩聚法

界面缩聚法通常也称为界面缩聚光气化法或直接简称为光气法。该工艺路线主要采用双酚A钠盐水溶液，在惰性溶剂和催化剂存在下，于常温（25~40℃）、常压下进行光气化界面缩聚反应制备高分子量的聚碳酸酯。反应可采用一步法或两步法以间歇或连续的方式完成，每家生产企业的工艺技术各有不同。

由于光气有剧毒且运输危险，通常就地制造。反应物体系为由水相和有机相组成的非均相混合物，水相一般由氢氧化钠、双酚A钠盐、单酚（如苯酚、对叔丁基苯酚等）钠盐以及反应副产物氯化钠等组成；反应过程中生成的带氯甲酸酯端基的低聚物和高分子聚碳酸酯长链溶于惰性有机溶剂中形成有机相。催化剂叔胺或季铵盐则聚集于两相界面，促进界面快速进行缩聚。界面缩聚反应如式（2-1）所示。

$$R_1-O-\underset{}{\overset{}{\bigcirc}}-\underset{CH_3}{\overset{CH_3}{C}}-\underset{}{\overset{}{\bigcirc}}-O^- + Cl-\underset{}{\overset{O}{C}}-R_2 \xrightarrow{OH^-} R_1-O-\underset{}{\overset{}{\bigcirc}}-\underset{CH_3}{\overset{CH_3}{C}}-\underset{}{\overset{}{\bigcirc}}-O-\underset{}{\overset{O}{C}}-R_2$$

$$\text{（2-1）}$$

式中，R_1 为无或 H^+ 或聚合物链段；R_2 为 Cl^- 或聚合物链段。

由于在水相中光气会很快碱解生成无机氯盐和碳酸盐，因此通常先将光气溶于惰性有机溶剂中，再与水相混合成非均相混合物，利用光气和碱金属酚氧化物（如酚钠盐）的反应速率远高于光气碱解反应的特点进行合成，但在反应过程中仍不可避免会发生少量光气被碱解的副反应，如式（2-2）所示。

$$Cl-\underset{}{\overset{O}{C}}-Cl + 4NaOH \longrightarrow Na_2CO_3 + 2NaCl + 2H_2O \qquad \text{（2-2）}$$

在惰性有机溶剂的选择上，优选溶剂应既能溶解光气，又能溶解生成的聚碳酸酯，从而减少光气及反应生成的氯甲酸酯中间体的碱解。适用的惰性有机溶剂有芳烃、氯代烷烃或氯代芳烃等，通常选用二氯甲烷。

纯净的原料经界面缩聚可制得分子量最高可达20万的聚碳酸酯。加入封端剂（即链终止剂，如苯酚、对叔丁基苯酚等）可对分子量进行调控，制取不同规格的聚碳酸酯产品以满足各种加工成型方法的要求。聚碳酸酯封端后还可降低端羟基含量，获得更好的热稳定性。

工业上，为确保反应彻底完成，通常使用过量光气。光气用量一般为理论量的1.1～1.3倍。聚合反应中，过的光气会碱解生成无机氯盐和碳酸盐。

界面缩聚法的优点之一是反应可在低温、常压、水相-有机相混合物体系中进行。所用原料不必干燥，对许多杂质不敏感，易获得高分子量聚碳酸酯，特别是在合成其他高熔点特种聚碳酸酯时，不受高熔点困扰。界面缩聚法的缺点之一是为了从较稀的聚合物有机相中除去无机盐、未反应单体、催化剂等残留杂质，然后再从中分离出聚合物，需采用复杂的后处理工艺。此外，还需进行溶剂的循环套用和废水处理。

2.1.2 熔融酯交换缩聚法

熔融酯交换缩聚法通常简称为熔融缩聚法或酯交换法，采用碳酸二苯酯和双酚A在催化剂存在下，于高温、高真空条件下，经反应制得聚碳酸酯。

反应过程分两步进行：第一步为酯交换反应，将碳酸二苯酯和双酚A按一定摩尔比加入酯交换反应器，同时加入催化剂，于175℃左右进行第一阶段的酯交换反应。大量蒸出副产物苯酚后，再升温至200～230℃，于10～40mmHg（1mmHg=133Pa）下继续反应，蒸出苯酚。当苯酚蒸出量达理论量的80%～90%时，酯交换反应完成。酯交换反应生成的主要是聚碳酸酯低聚物，分子量在数千至一万多，端基可为苯环或酚羟基，反应方程式见式（2-3）。

酯交换反应　　　　　　　　　　　　　（2-3）

第二步为缩聚反应，将酯交换反应得到的低聚物转入缩聚反应器，在更高的温度和真空度（约260～300℃、<1mmHg）下进行缩聚反应，蒸出苯酚和碳酸二苯酯。随着缩聚反应的进行，物料熔融黏度升高，分子量增大，当达到所需分子量时结束反应，反应方程式见式（2-4）、式（2-5）。

缩聚反应一　　　　　　　　　　　　　（2-4）

缩聚反应二　　　　　　　　　　　　　（2-5）

熔融酯交换缩聚过程中，原料的纯度、碳酸二苯酯与双酚A的摩尔比、反应系统的温度和真空度、设备的结构和材质、催化剂的种类和用量、添加的稳定剂种类和用量等均对聚碳酸酯的质量有显著影响。

从反应式的计算量可见，当碳酸二苯酯和双酚A的摩尔比为1∶1时，可制得高分子量聚碳酸酯。但在实际的工业化生产中通常采用摩尔比为（1.05～1.1）∶1，让碳酸二苯酯稍微过量。主要原因是，一方面在反应过程中，尤其在反应后期，在高温和高真空下有少量碳酸二苯酯随苯酚一起逸出反应物系，会损失少量碳酸二苯酯；另一方面通过调节碳酸二苯酯的加入量也可以在一定程度上控制最终产品的分子量和端基，如式（2-5）所示。而如果双酚A过量，大量的酚羟基和残余的双酚A会降低聚碳酸酯的热稳定性，影响力学性能和色泽。

酯交换反应阶段，若反应温度超过180℃，双酚A在高温下易分解，生成有色杂质，因此反应温度不应过高。此阶段，真空度也不宜过高，过高的真空度会增加碳酸二苯酯的逸出量，破坏摩尔比。

缩聚反应阶段，高温高真空下，随着聚合物平均分子量的增加，聚合物熔融黏度快速升高，熔体的流动性越来越差，脱除挥发性缩聚副产物苯酚越来越困难，因此缩聚反应器的选型和设计是熔融缩聚工艺的关键点之一。

高温和高熔融黏度下还会发生副反应。例如，缩聚反应过程中在聚合物骨架上形成醚键，带游离基的羰基转移到苯环上，这些侧基经酯交换形成支化和交联结构，采用适当的碱性催化剂和操作条件可在一定程度上抑制这些副反应。

工业上，熔融酯交换缩聚反应可在多个串联反应器中进行。前几个反应器主要进行酯交换反应制取低聚物，反应生成的苯酚在真空下从反应器蒸出，冷凝并循环至碳酸二苯酯合成工序。后几个反应器主要进行缩聚反应制取高聚物，然后反应物料进入薄膜蒸发器或双螺杆挤出机等设备中，在高真空下进一步脱除反应物料中的残余苯酚，生成熔融聚碳酸酯，最后经造粒机造粒。

广义熔融缩聚法工艺中除碳酸二苯酯和双酚A反应生产聚碳酸酯外，还包括碳酸二苯酯的合成。采用熔融缩聚工艺的生产企业通常都会配套建设碳酸二苯酯合成装置，"DPC-PC"共建装置可实现原料苯酚的循环利用，如图2.1所示。

大部分采用酯交换工艺合成碳酸二苯酯的厂家还会继续向上配套建设碳

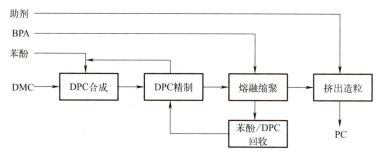

图2.1　广义熔融缩聚法流程示意图

酸二甲酯（DMC）合成装置，而采用酯交换工艺合成碳酸二甲酯还可进一步实现甲醇的循环利用，从而形成"DMC-DPC-PC"一体化产业链。

关于原料DMC、DPC的合成工艺和市场概况参见第3章聚碳酸酯主要原料与助剂中的第3.3、3.4节。

2.2 造粒与混配

在聚碳酸酯的造粒与混配过程中，挤出机是最常见、最重要的设备之一。同向啮合双螺杆挤出机被德国拜耳公司的Walter Meskat和Rudolf Erdmenger于1953年成功申请专利以来，一直是加工聚碳酸酯基材料的首选设备，在聚碳酸酯树脂造粒及其改性配混（如PC/ABS等合金、纤维增强、矿物填充等）方面被大量使用。

同向啮合双螺杆挤出机的关键特点是其两根螺杆具有自清洁能力，使物料沿着挤出机在轴向上向前输送，不会停留，避免发生降解。这一点非常重要，因为透明度是衡量聚碳酸酯品质的一个关键性指标。

2.2.1 造粒

在聚碳酸酯的合成工艺中，通常最后一步都是采用双螺杆挤出机进行脱挥造粒，具体可以分为喂料、挤出、脱挥、过滤、造料、干燥等工序。

2.2.1.1 喂料

（1）主料喂料工艺及设备选择

由于各聚碳酸酯生产厂家上游聚合工艺的不同，聚合后的聚碳酸酯物料形态不一。常见的有如下几种。

① 第一种　聚碳酸酯经聚合后以熔体的形式喂入双螺杆挤出机，如燕山聚碳、大风江宁等公司为酯交换法工艺，聚合后的物料都是熔体形态。当原料为熔体时，聚碳酸酯原料的计量通常采用齿轮泵以体积进行计量，结合熔体的密度核算最终的流量。为避免齿轮泵的出口压力过高对螺杆造成损伤，通常挤出机与齿轮泵之间会做一些连锁保护。

② 第二种　聚碳酸酯聚合后以絮片状的形式喂入双螺杆挤出机，如LG、鲁西化工等公司一般为光气法工艺，聚合后的物料都是絮片状形态。当原料为絮片状时，由于其堆积密度非常小，絮片状尺寸较大，常规塑料生产中使用的螺杆式喂料机不适合这种物料，通常会选择皮带式的失重式喂料机。

③ 第三种　聚碳酸酯经聚合后以粉体的形式喂入双螺杆挤出机，如三菱瓦斯、帝人、万华等公司一般为光气法工艺，聚合后的物料都是粉体形态。当原料为粉体时，由于其粒径比较小，通常会选择双螺杆的失重式喂料机，同时需要考虑喂料机的防爆设计和双螺杆挤出机的螺杆尾部密封漏料的问题。

④ 第四种　聚碳酸酯经聚合后以熔体和溶剂混合物的形式喂入双螺杆挤出机，如科思创聚合后的物料就是熔体和溶剂的混合物。当原料为熔体和溶剂混合物时，喂料一般会采用齿轮泵，但由于溶剂含量较高，需考虑挤出机的防爆设计和溶剂的有效回收。

（2）助剂喂料工艺及设备选择

聚碳酸酯生产过程中采用的助剂多种多样，如抗氧剂、光稳定剂、蓝光剂、脱模剂等，也有不同的形态，如粉体（也有部分选择把助剂预混成粒状）、液体等。各生产厂家也会根据自己的工艺选择不同形态的助剂。有的厂家使用粉体助剂，这样双螺杆挤出机需要另外配置一台侧向喂料机用于粉体助剂的喂入。有的厂家会使用液体助剂，通过一个失重式的液体计量喂料机喂入双螺杆挤出机。

2.2.1.2　挤出

在聚碳酸酯生产过程中，客户一般会主要关心如下几个方面：产量、光学性能、力学性能。对于双螺杆挤出来说，对应的有如下几个工艺参数：槽深比、扭矩、螺杆转速、长径比、筒体的温控方式、筒体及螺杆的材质。

双螺杆挤出机的槽深比（也称为外内径比）是一个非常重要的参数，对设备本身的力学性能和工艺都有非常大的影响。首先，从设备本身的力学性能看，槽深比越大，螺杆内径越小，螺杆槽深越大，进而螺杆元件的内径到芯轴之间的距离就越小，螺杆元件的内壁就越薄。对应的，螺杆元件的机械强度就越低。有时，为了避免螺杆元件的机械强度下降太多，有些厂家会考虑将芯轴做细，但芯轴的机械强度就会随之下降。从工艺角度看，槽深比越大，容积越大，产量越大，但同时由于螺杆的机械强度下降，不能承担大产量负荷，两者之间存在矛盾关系，需要在两者之间寻求一个平衡。同时，槽深比越大，螺杆元件的冠部（即与筒体内孔相对应的位置）就越小，但这个位置却又承担了剪切的重任。如果剪切作用过小，会造成剪切塑化不够，或混合效果不好。反之，则会造成剪切作用过大，熔体温度过高，产品光学性能大幅下降。

双螺杆挤出机的扭矩越高，相同的螺杆转速下，物料在螺槽中的填充度就越高，物料的平均剪切率越低，最终表现为熔体温度越低，聚碳酸酯的光学性能就越好。所以，目前所有的双螺杆挤出机厂家都在不断推出更高扭矩的设备。

双螺杆挤出机的螺杆转速越低，相同产量下，物料受到的平均剪切率越低，最终表现为熔体温度越低，聚碳酸酯的光学性能就越好。

双螺杆挤出机的长径比越小，相同螺杆转速下，物料在双螺杆挤出机中的停留时间就越短，受到螺杆的剪切和筒体加热的影响就越低，最终表现为熔体温度越低，聚碳酸酯的光学性能就越好。

在选择双螺杆挤出机筒体和螺杆的材质时，通常要考虑耐磨性、耐腐蚀性等几方面的影响。

此外，为达到较高的透明等级要求，双螺杆挤出机的筒体和螺杆需采用一些特殊材质（重点是不能含铁），如在螺纹元件上使用氮化钛（TiN）涂层等。

2.2.1.3　脱挥

聚碳酸酯造粒过程中，脱挥是关键步骤之一，可有效降低溶剂或副产物（如二氯甲烷、苯酚等）以及其他单体和低聚物等在聚碳酸酯中的残留量。

如图2.2所示，脱挥的基本原理是通过扩散迁移使气体从熔融聚合物中分离开，气体从熔体的包覆中迁移到熔体的表层进而脱除的过程。同向双螺杆本身的特性是可以实现物料从一根螺杆到另一根螺杆之间的相互交换，实现了物料的表面翻新，进而加速表面迁移，实现高效脱挥。根据最终产品的需求，有时还需注入助脱挥剂来实现更高的脱挥效率，常见的助脱挥剂有水、氮气等。一般情况下，助脱挥剂的注入量为0.5%～1.5%（质量分数）。

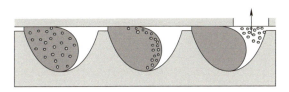

图2.2　聚合物脱挥

界面缩聚工艺中，在完成聚合反应和洗涤后得到的是聚碳酸酯溶液（聚碳酸酯溶解于溶剂中，溶剂主要为二氯甲烷、氯苯等），一般采用的方法是将该高分子溶液喂入双螺杆挤出机进行聚碳酸酯和溶剂的分离。一般情况下，进入双螺杆挤出机的溶液，聚碳酸酯含量为50%～99%（质量分数）。

熔融缩聚工艺中，虽然不需要使用溶剂，但这种工艺中双螺杆挤出机也被广泛应用于不同的工艺目的，如聚碳酸酯的稳定或残留单体的脱挥。

不论是通用级还是光学级聚碳酸酯，在双螺杆挤出机上都需要加装熔体过滤器用于熔体过滤。滤网的过滤精度取决于最终的产品质量要求，通常有10～150μm的不同规格。同时，根据滤网的过滤精度选择是否需要齿轮泵进行挤出段的建压。

在切粒系统的选择上，水下拉条切粒系统由于模头压力低、自动化程度高，已被大量应用于聚碳酸酯切粒过程。通常需调节系统中工艺水的温度以避免气孔和粉尘的产生。经切粒后，粒水混合物通过脱水装置进行干燥，再经筛分，最后输送到包装料仓进行成品包装。

2.2.2　混配

在聚碳酸酯改性与混配方面，一个比较有代表性的工艺就是将粉末或絮片状的聚碳酸酯通过双螺杆挤出机制成颗粒状态，期间添加不同种类的助剂或其他混配原料，以实现聚碳酸酯在不同性能或功能上的提升和转变。

将聚碳酸酯从粉末或絮片状原料，经添加助剂或与其他原料混配后制成颗粒的设备主要配置如图2.3所示。原料从第一节筒体喂入双螺杆挤出机，经过塑化、稳定和均化（与助剂等）后挤出造粒。真空排气室一般需要进行加热，以防止真空室内腔壁上有聚碳酸酯熔体和单体的冷凝回流。如果聚碳酸酯熔体或废料长时间粘在上面会发生热降解，然后回流至筒体中，污染筒体中的物料。也可以采用如图2.4所示的侧向排气以保证冷凝物或降解的聚碳酸酯不会回流到双螺杆挤出机的熔体中。

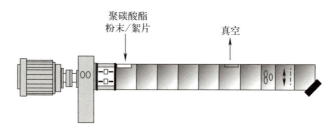

图2.3　聚碳酸酯改性与混配的设备配置

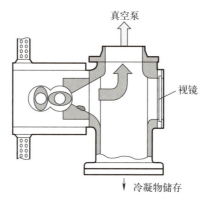

图2.4　双螺杆挤出机上使用的侧向排气

通常情况下，粉末状聚碳酸酯可采用双螺杆失重秤进行计量喂料，而絮片状聚碳酸酯可采用皮带式失重秤进行计量喂料。同时，可采用氮气保护，以避免聚碳酸酯的氧化降解。

初级形态的聚碳酸酯，为弥补自身缺陷或进一步改善性能，需根据下游厂家的差异化需求，进行进一步改性和混配。聚碳酸酯常见的改性方式有通用改性、阻燃、增韧、增强、合金化等。采用同向旋转啮合型双螺杆挤出机，将聚碳酸酯和相应的辅料、添加剂、着色剂等在挤出机筒体内熔融、混炼，挤出后经过冷却、干燥、切粒、过筛，最终得到尺寸均一、性能稳定的改性聚碳酸酯颗粒，以供下游成型厂使用。

通常情况下，由于改性后的产品型号种类较多、单一型号订单需求差异大，改性厂家一般会选择小型号、低产量的挤出机进行加工生产，以适应不同产品型号间的快速切换。

（1）通用改性

通用改性是指通过加入抗氧剂、润滑剂和光稳定剂等常用添加剂，改善聚合物的热稳定性（耐热氧化）、光稳定性（耐光老化）和加工性能（熔体黏度），防止或延缓聚合物在挤出或成型加工过程中及制品使用阶段受到热、氧、紫外线等因素影响而发生降解。此类改性通常在其他改性方式中配合使用。

（2）阻燃改性

聚碳酸酯本身具有一定的阻燃性，氧指数为25%～27%，介于自熄性和阻燃性材料之间，在1.6～3.2mm厚度下可达到UL 94标准的V-2等级。但有些应用场景要求聚碳酸酯材料具有更高的阻燃性能（如V-0等级），因此需要对聚碳酸酯进行阻燃改性，一般采用添加型阻燃剂与聚碳酸酯共混的方式。适用于聚碳酸酯的商业化阻燃剂主要有磷酸酯、磷腈、溴系、磺酸盐、有机硅等几类[1]。

① 磷酸酯 磷酸酯类阻燃剂在燃烧时会分解生成磷酸的非燃性液态膜，进一步燃烧时，磷酸可脱水生成偏磷酸，偏磷酸又进一步生成聚偏磷酸。由于聚偏磷酸是强脱水剂，可使聚合物脱水碳化，在聚合物表面形成的碳膜能阻隔空气和热，从而发挥阻燃作用。磷酸受热聚合，生成的聚偏磷酸对聚合物的脱水成碳具有很强的催化作用。研究表明，磷酸酯热分解形成的气态产物中含有PO·，它能与H·、OH·反应而抑制燃烧链式反应。因此，磷酸酯类阻燃剂有凝聚相和气相阻燃作用，但更多的是成碳作用[2]。

聚碳酸酯常用的磷酸酯类阻燃剂主要有液体的双酚A双（二苯基磷酸酯）（BDP）和固体的多聚芳基磷酸酯。BDP在常温下的黏度非常高，通常需要将其加热至80℃以上后，再用液体计量泵以侧喂的方式加入挤出机中。BDP由于具有双酚A结构，与聚碳酸酯的相容性好，加入后可以降低熔体黏度，改善加工性能（即兼具增塑功能）；缺点是会降低材料的耐热性和韧性，因此需要考虑产品的应用场景对耐热性的要求，并在配方设计时考虑增韧。

多聚芳基磷酸酯的阻燃效率与双酚 A 双（二苯基磷酸酯）相当，也会降低材料的耐热性和韧性，但相比于双酚 A 双（二苯基磷酸酯），其热稳定性和耐水解性更好。

② 磷腈　磷腈类阻燃剂不仅具有磷系阻燃剂良好的阻燃性能，还具备氮化合物阻燃增效和协同阻燃的作用，此外还具有热稳定性好、无毒、发烟量小和自熄的优点。磷腈对聚碳酸酯主要通过凝聚相发挥阻燃作用。它热分解形成的磷酸类化合物具有强脱水作用，能够促进聚碳酸酯碳化，形成一层难燃的碳层。该碳层在聚碳酸酯和磷腈分解产生的 CO_2、N_2 和 NH_3 等惰性气体的发泡作用下形成膨胀性碳层，通过隔热、隔氧及阻止聚碳酸酯分解产物的挥发而产生阻燃作用[3]。

用于聚碳酸酯时，磷腈最突出的优点是相比于磷酸酯类阻燃剂，它对聚碳酸酯耐热性和韧性的负面影响较小。但由于价格较高，目前并未广泛应用。用于聚碳酸酯的磷腈类阻燃剂中具有代表性的物质是六苯氧基环三磷腈（HPCTP）。

③ 溴系　溴系阻燃剂是最传统的一类阻燃剂，常搭配三氧化二锑（Sb_2O_3）作为阻燃协效剂复配使用。溴-锑体系的阻燃机理主要是气相阻燃，也兼具一定的凝聚相阻燃作用。溴系阻燃剂在燃烧过程中分解成溴化氢（HBr），溴化氢能与聚合物燃烧产生的高活性自由基反应，生成活性较低的溴自由基，从而减缓或终止燃烧。溴化氢能够稀释空气中的氧气并覆盖于材料表面，可降低燃烧速度。上述反应中产生的水能吸收燃烧热而被蒸发，起到隔氧作用。三氧化二锑本身不具有阻燃作用，但在燃烧过程中能与溴化氢反应生成三溴化锑或溴氧化锑，起到协同作用。

但溴系阻燃剂在应用于聚碳酸酯时，通常不使用三氧化二锑，因为三氧化二锑会催化聚碳酸酯的降解[4]。因此，溴系阻燃剂一般不单独用于聚碳酸酯的阻燃改性，而是以较低的比例与其他阻燃剂（如磺酸盐类）复配使用。

聚碳酸酯常用的溴系阻燃剂主要有溴代聚碳酸酯和溴化环氧树脂。溴代聚碳酸酯是四溴双酚 A 碳酸酯的低聚物，根据封端剂的不同，分为苯氧基封端四溴双酚 A 碳酸酯低聚物（溴含量≥52.0%）和2,4,6-三溴苯氧基封端四溴双酚 A 碳酸酯低聚物（溴含量≥58.0%），后者使用较广。溴代聚碳酸酯阻燃剂的优点是与聚碳酸酯的相容性很好，加入后对聚碳酸酯的韧性和耐热性影响小。溴化环氧树脂与聚碳酸酯的相容性一般，而与ABS的相容性较好，因此常用于PC/ABS合金的阻燃改性。

溴系阻燃剂阻燃效率高，阻燃性能稳定，但由于燃烧时产生的溴化氢等有毒气体危害人体健康和环境，其使用受到了一定的限制。

④ 磺酸盐　磺酸盐类阻燃剂的分解温度与聚碳酸酯大致匹配，其分解产生的SO_2气体可以催化聚碳酸酯的异构化和Fries重排，促进其交联成碳，从而发挥阻燃作用。磺酸盐阻燃剂的突出优点是添加量小，一般在0.10%～0.30%（质量分数），因此对于聚碳酸酯本身的透明性、力学性能和热性能影响很小。磺酸盐阻燃剂的添加含量过高，不但不能继续提升阻燃性，而且会大幅降低聚碳酸酯的透明度。由于添加量小，加工过程对阻燃剂的分散要求非常高。此外，多数磺酸盐具有一定的水溶性，暴露在空气容易受潮失效，因此在储存和使用时应特别注意做好密封防潮措施。

行业内常用的磺酸盐阻燃剂主要是3-苯磺酰基苯磺酸钾（KSS）、十二烷基二苯醚二磺酸钠盐和全氟丁基磺酸钾。其中KSS对聚碳酸酯透明性的影响最小，但其阻燃效率相对较低。全氟丁基磺酸钾不易受潮且阻燃效果突出，特别适用于玻璃纤维（玻纤）增强聚碳酸酯的阻燃改性。由于存在"烛芯效应"，玻纤的加入使得聚碳酸酯的阻燃变得困难，全氟丁基磺酸钾可以很好地克服这一技术难题。但近年来由于受到欧盟REACH法规高度关注物质（SVHC）以及全氟和多氟烷基化合物（PFAS）的困扰，全氟丁基磺酸钾的使用也开始受到一定的限制。

⑤ 有机硅　有机硅阻燃剂是近二十年发展起来的一类新颖的聚碳酸酯用阻燃剂，以硅氧烷为主，包括液体有机硅和固体有机硅，一般会引入苯基以提高与聚碳酸酯的相容性。有机硅阻燃剂具有高效、无毒或低毒、低烟、无熔滴、无污染的特点，此外还具有分散性和热稳定性好、对聚碳酸酯的自身力学性能影响小、兼具低温增韧效果的优势，符合阻燃行业的发展要求。有机硅阻燃剂的缺点是成本较高，因此目前应用不够广泛。聚碳酸酯常用的有机硅阻燃剂有八苯基环四硅氧烷、八苯基倍半硅氧烷等。

有机硅阻燃剂的阻燃机理为：有机硅阻燃剂在高温下易迁移到材料表面，形成—Si—O—或—Si—C—结构，起到隔热和阻燃的作用；此外，有机硅阻燃剂还有促进PC成碳的作用[5]。

聚碳酸酯在燃烧时容易产生熔融滴落物，发生火灾时熔滴会引起火势蔓延。另外，在UL 94塑料燃烧性能检测标准的垂直燃烧评级规则中，是否产生能够引燃指示棉花的熔滴是一个重要的影响因素。因此，聚碳酸酯在阻燃改性过程中通常需要加入抗滴落剂。抗滴落剂的核心成分是大分子量的聚四氟乙烯（PTFE），它的氧指数高达95%，是所有聚合物材料中最高的，本身属于超级阻燃性材料。在聚合物阻燃改性过程中，大分子量PTFE在螺杆剪切力作用下发生纤维化，在基体树脂中形成贯穿的网络结构。阻燃塑料试样或制件在燃烧过程中，PTFE本身受热收缩，其网络结构能够有效防止塑料熔体的滴落[6]。

商业化的抗滴落剂有纯粉型和包覆型两类。前者是纯PTFE，其表面能低，与其他树脂的相容性差，导致分散不均，产品可能存在外观不良以及力学性能降低等缺陷。后者针对纯粉型PTFE抗滴落剂的缺陷，在PTFE表面包覆一层较低分子量的、与基体树脂具有一定相容性的聚合物，然后再将其分散在聚合物基体中，这样既保持了PTFE的成纤性，又能实现较好的分散。

（3）增韧改性

聚碳酸酯本身具有良好的韧性，尤其是常温缺口冲击强度非常高，一般不需要增韧。当改性聚碳酸酯中的某些成分（比如磷酸酯阻燃剂、无机矿物等）对聚碳酸酯的韧性造成显著的恶化影响，或者制品对低温韧性有较高要求时，就需要对其进行增韧。另外，在改性PCR（消费后回收）聚碳酸酯的配方中，也常常加入适量的增韧剂，以弥补PCR聚碳酸酯原料的韧性缺陷。聚碳酸酯常用的增韧剂有ABS（丙烯腈-丁二烯-苯乙烯共聚物）高胶粉、MBS（甲基丙烯酸甲酯-丁二烯-苯乙烯共聚物）、ACR（丙烯酸酯类共聚物）、有机硅等。

① ABS高胶粉　高胶粉是橡胶（丁二烯）含量较高（一般在60%～70%）的ABS粉料，广泛应用于ABS、PC/ABS等材料的增韧。高胶粉的优点是在达到相同韧性的前提下，降低了增韧塑料的成本，因为它比MBS等增韧剂价格要低得多。

② MBS　MBS是通过乳液接枝聚合制得的、甲基丙烯酸甲酯（M）和苯乙烯（S）接枝在丁二烯（B）或聚丁二烯上的三元接枝共聚物，属于核-

壳类聚合物，核为轻度交联的丁苯橡胶，壳为甲基丙烯酸甲酯-苯乙烯共聚物。与ABS高胶粉相比，MBS具有良好的耐低温性能和抗疲劳性能。由于MBS分子中含有双键，因此耐候性较差。

③ ACR　ACR与MBS类似，也是核-壳类聚合物，核一般为交联的玻璃化转变温度较低的丙烯酸酯类橡胶（如PBA），壳为玻璃化转变温度较高的丙烯酸酯类聚合物（如PMMA）。由于ACR分子中不含双键，具有优良的耐候性，适合用于户外制品[7]。

④ 有机硅　有机硅增韧剂也具有核-壳结构，其增韧效果和耐候效果皆优于MBS和ACR。

（4）增强改性

聚碳酸酯的增强改性主要是为了提高刚性、硬度、耐疲劳强度。聚碳酸酯常用的增强材料是玻璃纤维（分为长纤和短纤）和碳纤维，其中以短切玻纤为主。短纤维一般经过计量后，使用双螺杆侧喂料机输送到挤出机中；长纤维则借助挤出机螺杆的转动，从挤出机中部入口处引入。

聚碳酸酯经过增强改性后，可以提高拉伸强度、弯曲强度、弯曲模量、压缩强度、耐热性、耐磨性，降低吸水率、蠕变和成型收缩率。与此同时，聚碳酸酯的缺口冲击强度、断裂伸长率和透明度会大幅降低，密度也随之增加。

作为聚碳酸酯最常用的增强材料，使用短切玻纤时主要考虑以下因素。

① 玻纤的性质　按玻璃中碱金属氧化物（一般指K_2O、Na_2O）的含量多少来划分，玻纤可分为无碱玻纤、低碱玻纤、中碱玻纤、高碱玻纤以及添加了特种氧化物的特种玻纤。其中，无碱玻纤（即E玻纤）的碱金属氧化物含量低于1%，具有优良的化学稳定性、电绝缘性和力学性能，常用作增强塑料的增强材料。

② 玻纤的尺寸　普通的短切玻纤呈细长的圆柱体状，有单丝直径（纤维直径）和短切长度两个尺寸参数。增强改性中常见的单丝直径为10～15μm，单丝直径越小，玻纤的强度越大，扭曲性也越好，但是制造成本越高，价格越昂贵。在玻纤增强塑料中，玻纤只有达到一定长度才能传递应力，从而起到增强的作用；而低于临界长度时，只起填料作用。另一方面，玻纤的长度又不宜太长，否则会影响玻纤在混合物料中的分散性和制品

的成型性能。

增强改性中常见的短切玻纤长度为3～5mm，经过双螺杆挤出机和熔体的机械作用及切粒后，玻纤在改性产品粒子中的长度（即保留长度）一般降低为原来短切长度的10%～20%。玻纤的保留长度与玻纤增强塑料的挤出工艺密切相关，比如，螺杆组合的剪切作用越强，玻纤在挤出机中的停留时间越长，玻纤被折断得越厉害，保留长度越短；挤出温度越高，混合物料的黏度越小，玻纤的保留长度越长。

对于薄壁制件而言，通常要求增强塑料具有更高的强度和模量，以及较小的翘曲，此时推荐使用截面为圆角矩形的扁平玻纤（长边与短边之比即异形比一般为4∶1或3∶1），但是扁平玻纤的价格要比普通玻纤贵2～3倍。

③ 玻纤的表面处理　在玻纤的制造过程中，将熔融的玻璃液拉丝、冷却之后，通常会对玻纤进行表面处理，即将事先配制好的浸润剂均匀地涂覆在玻纤表面。浸润剂是多种物质的混合物，主要包含成膜剂、偶联剂、润滑剂、抗静电剂、表面活性剂等。浸润剂主要有以下作用：一是作黏结剂，使玻纤单丝聚集成束后不易分离；二是其核心成分偶联剂可以提高玻纤和基体树脂的结合性。目前商品化的玻纤使用的偶联剂主要为硅烷类，其化学结构中一部分基团能与适用的基体树脂反应或者相互缠结，另一部分官能团能与玻纤表面的分子发生反应，从而将高分子材料和硅酸盐无机物这两种性质差异很大的材料结合在一起。玻纤自带偶联剂的种类和性质决定了该玻纤适用于何种树脂。

特别地，如果要求玻纤增强聚碳酸酯具有较高的缺口冲击强度，需要使用特殊型号的玻纤。此类玻纤加入聚碳酸酯基体中后，不与基体产生结合力，纤维与基体之间存在空隙，在冲击强度试验中，可以大大降低玻纤对于聚碳酸酯分子链运动的束缚作用，从而较大程度保留聚碳酸酯本身的高冲击强度。需要注意的是，经此类特殊玻纤增强后的聚碳酸酯，其拉伸强度反而低于纯的聚碳酸酯。

④ 玻纤加入含量　玻纤增强聚碳酸酯中玻纤的含量通常为10%～50%（质量分数）。随着玻纤含量增加，玻纤增强聚碳酸酯的熔体流动速率逐渐降低，流动性变差；弯曲强度、弯曲模量、拉伸强度逐渐提高，尤其是弯曲模量的增幅最为显著；负荷变形温度也有所提高，但幅度较小；缺口冲击强度

先大幅降低（相比于未增强的聚碳酸酯），然后小幅提高，最小值对应的玻纤含量在10%左右。玻纤含量太高，增强改性塑料的脆性过大，会导致挤出造粒时塑条运行不够稳定，并且会加剧对加工设备和产品粒子输送管道的磨损。

⑤ 玻纤的加入位置　在玻纤增强改性塑料的生产过程中，主原料树脂、添加剂、着色剂等物料在靠近挤出机马达的主喂料口加入。待混合物料在挤出机筒体加热和螺杆剪切的作用下熔融塑化后，再将玻纤在下游的侧喂料口加入，即采用后续加入的方式。这样设计的目的是防止未熔融的物料对玻纤造成过度折断，同时，玻纤被最大程度包裹在熔体内，能够有效减小玻纤对于螺杆和机筒的磨损，而且有利于玻纤在熔体中的分散和分布。

⑥ 螺杆组合和机筒配置　适用于生产玻纤增强塑料的双螺杆挤出机，其螺杆组合和机筒配置应满足以下要求：螺杆组合的剪切效果要能将纤维束分散开，使单根纤维均匀分布在基体树脂中，同时保证基体树脂不发生降解；让玻纤保留适中的长度，以达到较好的增强效果。

（5）合金化改性

聚碳酸酯虽具备优良的综合性能，但也存在一些不足。例如，熔体黏度较大，成型较为困难，制品易残留内应力，在使用时可能发生应力开裂；缺口敏感性大，低温和厚壁缺口冲击强度较低。上述问题可以通过将聚碳酸酯和其他树脂共混的方式加以改善。最常见的商业化聚碳酸酯合金有PC/ABS、PC/ASA（丙烯酸酯-苯乙烯-丙烯腈共聚物）、PC/PBT等。

① PC/ABS合金　PC/ABS合金是PC合金产品中占比最大的品种，具有优良的综合性能。PC与ABS共混，既能提高ABS的耐热性、阻燃性、冲击强度、弯曲强度和拉伸强度，又能降低PC的熔体黏度，改善加工性能，减少制品的内应力，还能降低冲击强度对厚度和温度的敏感性[8]。PC/ABS共混体系的结构和性能受原料性质、配比和共混条件等因素的影响较大。一般情况下，PC/ABS合金的密度、拉伸强度、弯曲强度、弯曲模量、硬度、负荷变形温度、维卡软化温度介于PC和ABS之间，且近似呈加和性。

需要特别注意的是，PC/ABS合金选用的ABS原料中不能残留金属粒子，因为金属粒子在高温下会催化PC降解，进而降低合金产品的力学性能。

② PC/ASA合金　PC/ASA的力学性能与PC/ABS相当。由于ASA分子结构中不含双键，耐候性优于ABS，所以PC/ASA合金常用于户外制品（如

汽车内饰)。

③PC/PBT合金　PBT(聚对苯二甲酸丁二醇酯)是一种结晶速率较快的热塑性工程塑料，熔体流动性和耐化学品性好。PC和PBT的分子结构都含有酯基和苯环，相容性较好，二者共混可降低PC的熔体黏度，提高耐化学品性。需要特别注意的是，PC和PBT的共混物在熔融状态下极易发生酯交换反应，而且PBT中残留的钛化合物催化剂会加速这种反应。酯交换反应会导致分子重排，使聚合物结构改变，降低力学性能和耐化学品性。加入能与钛催化剂络合的添加剂，消除钛催化剂的活性，可抑制酯交换反应。另外，与PC相比，PC/PBT合金的缺口冲击强度较低，通常需要添加增韧剂，如MBS。

在混配改性中，一般分为分散性混合和分布性混合两种方式。分散性混合是指把单一物质从团聚状态打散成均匀的小颗粒，例如矿粉的分散。分布性混合是指将几种不同的物质均匀混合在一起，如将沙子、石块和水泥均匀混合成混凝土。在塑料的配混改性中，两者缺一不可，但不同工艺的侧重点各有不同。例如，在玻纤增强时，更侧重于分布性混合，主要是因为需保留一定长度的玻纤以获得更好的力学性能。若过度增强玻纤的分散，玻纤长度会大幅缩短，最终产品的力学性能也会显著降低。然而，若玻纤长度过长，又会影响熔体流动性，造成后续注塑的问题。而在矿粉增强时，则更侧重于分散性混合。

参考文献

[1] 杨明山. 工程塑料改性与应用[M]. 北京: 化学工业出版社, 2017.

[2] 杨明山. 塑料改性工艺、配方与应用[M]. 第2版. 北京: 化学工业出版社, 2013.

[3] 王峰, 徐路, 苏倩, 等. 六苯氧基环三磷腈对聚碳酸酯的阻燃作用[J]. 现代塑料加工应用. 2014, 26(4): 25-28.

[4] 左建东, 罗超云, 王文广. 塑料助剂与配方设计[M]. 北京: 化学工业出版社, 2019.

[5] 彭民乐, 岑茵, 何继辉, 等. 聚碳酸酯无卤阻燃剂阻燃机理及其发展趋势[J]. 中国塑料. 2017, 31(3): 1-6.

[6] 李纯婷, 范文彬, 杜丽君. 较低分子质量SAN包裹的PTFE抗滴落剂研究[J]. 有机氟工业. 2020, (4): 1-5.

[7] 王兴为, 王玮, 刘琴. 塑料助剂与配方设计技术[M]. 北京: 化学工业出版社, 2019.

[8] 金祖铨, 吴念, 等. 聚碳酸酯树脂及应用[M]. 北京: 化学工业出版社, 2009.

CNPCA观察：

聚碳酸酯的规模化生产，以芳香族（双酚A型）占绝对主导地位。

合成技术方面，界面缩聚法是合成聚碳酸酯最早实现大规模商业化的合成技术，其反应速度快、条件温和，在产品的质量、种类以及后处理等方面更有一定优势。熔融缩聚法大规模商业化相对较晚，由于不使用光气，对地域的限制更少，在近几年被大量应用，产能已超过界面缩聚法。经过多年的发展和实际市场验证，两种工艺路线各有千秋，未来两种工艺路线依然会长期共存。

国家发展和改革委员会2017年出台的《增强制造业核心竞争力三年行动计划（2018—2020年）》之"重点领域关键技术——新材料关键技术产业化实施方案"中，首次并重地提到了"光气法"和"非光气法"的聚碳酸酯，这也从科学与更高维度上认可了这两种工艺技术路线，应当共同发展、相互促进、各展所长。

聚碳酸酯的造粒和混配过程中，挤出系统、切粒系统等也是影响最终产品质量的关键因素之一。由于聚碳酸酯自身的加工敏感性和对外观等特性的高要求，也对设备提出了更高的要求，在螺杆设计、加工精度、温度控制、设备选材等方面都显著高于普通塑料的设备选型。

目前，在聚碳酸酯的聚合生产过程中所采用的主要反应器、高产量的挤出、切粒等主要设备还都是以进口为主，国产化设备多用于改性过程。未来如何进一步提高国内设备的加工水平和精度，同时紧跟高产化、智能化等发展趋势，是国内装备企业应该重点考虑的问题。

第 **3** 章

聚碳酸酯
主要原料与助剂

3.1 酚酮原料分析

苯酚（phenol）是一种基本化工原料，其下游包括双酚A、酚醛树脂等，其终端衍生品广泛应用于电子电气、建材、板材、风电、涂料、橡胶助剂、医药农药等领域。近年来，下游领域发展速度不一。新增的苯酚装置大多配套下游双酚A投产，因此，作为核心下游产品，双酚A的消费占比增速最快，酚醛树脂的占比则受到挤压。

丙酮是一种无色透明液体，英文名是acetone，分子式为C_3H_6O（注：CH_3COCH_3是结构简式），是最简单的饱和酮。丙酮的生产主要采用异丙苯工艺，下游产品包括双酚A、MMA（丙酮氰醇法）、异丙醇（丙酮加氢法）、MIBK（甲基异厂基酮）等，其终端衍生品广泛应用于溶剂、电子清洗、医药中间体、炸药、喷漆等领域。近年来，由于下游领域发展的不均衡，核心下游双酚A、MMA的消费占比上升，溶剂的消费占比下降。此外，国内丙酮供应增速较快，与下游需求出现了时间错配的问题。

3.1.1 合成工艺

世界上酚酮（苯酚和丙酮）的工业生产以异丙苯法为主。20世纪60年代中期，开始采用异丙苯法的技术路线生产酚酮。目前，中国的酚酮企业均采用异丙苯法工艺。

从生产工艺来看，苯酚与丙酮是联产产品，生产过程的主要原料为纯苯和丙烯。每生产1吨苯酚，会副产0.62吨的丙酮。

目前，异丙苯法生产工艺已较为成熟，国内酚酮生产企业大多采用美国UOP公司、美国KBR公司、日本三井石油化学公司及美国Lummus公司等的技术。

（1）异丙苯合成

异丙苯（cumene）主要采用苯和丙烯通过烷基化反应制备，反应方程式如式（3-1）所示。异丙苯的合成方法主要有三氯化铝法、固体磷酸法和分子筛法，目前主要采用分子筛法。反应过程通常采用过量苯，以减少多异丙苯（主要是二异丙苯）的生成，通常苯和丙烯的进料摩尔比约为（2～3.5）：1。反应为放热反应，反应热约为−23.4～−26.4kcal/mol异丙苯。

$$\text{[苯环]} + CH_2\!=\!CHCH_3 \longrightarrow \text{[苯环]}\begin{matrix} CH_3 \\ | \\ C\!-\!H \\ | \\ CH_3 \end{matrix} \qquad (3\text{-}1)$$

（2）酚酮合成

酚酮合成工艺的反应过程可分为异丙苯氧化生成过氧化氢异丙苯（CHP）和CHP分解生成苯酚、丙酮的两步反应。

第一步，氧化反应，反应方程式如式（3-2）所示。通常直接采用空气与异丙苯接触，氧化生成CHP。氧化反应为放热反应，反应热约为 -31.6kcal/mol CHP。

$$\text{[苯环]}\begin{matrix} CH_3 \\ | \\ C\!-\!H \\ | \\ CH_3 \end{matrix} + O_2 \longrightarrow \text{[苯环]}\begin{matrix} CH_3 \\ | \\ C\!-\!O\!-\!OH \\ | \\ CH_3 \end{matrix} \qquad (3\text{-}2)$$

异丙苯与空气的氧化反应过程会同时伴随分解反应，降低苯酚和丙酮收率，增加副产物。CHP的生成反应和分解反应速率都随CHP浓度的提高而上升，因此CHP有一最佳浓度值，各家技术有所不同，如KBR技术中氧化反应完成后的物料中CHP浓度约为24%（质量分数）。

CHP对酸敏感，高浓CHP遇酸会发生爆炸性分解，生成苯酚和丙酮。此外，高浓度CHP遇强碱或部分金属盐也会发生剧烈的爆炸性反应。

副产物α-甲基苯乙烯（AMS）对氧化速率影响较大，氧化效率随着AMS浓度的提高而降低。

第二步，分解反应，反应方程式如式（3-3）所示。CHP的分解反应一般采用硫酸作为催化剂，通常采用两级分解工艺，分解生成苯酚和丙酮。分解反应为放热反应，反应热约为 -53.5kcal/mol 苯酚。

由于氧化反应过程中CHP的浓度控制较低，因此在分解反应前需进行提浓，分离未反应的异丙苯。

$$\text{[苯环]}\begin{matrix} CH_3 \\ | \\ C\!-\!O\!-\!OH \\ | \\ CH_3 \end{matrix} \longrightarrow \text{[苯环]}OH + CH_3\!-\!\overset{\displaystyle O}{\overset{\|}{C}}\!-\!CH_3 \qquad (3\text{-}3)$$

3.1.2　苯酚市场情况

目前苯酚行业生命周期处于成长期向成熟期转变的阶段，产品生产技术稳定。一体化发展进程中，头部企业行业集中度较高，且多数企业为央企或大型民营企业，苯酚处于供不应求向供需平衡发展阶段，随着国产供应增加，行业及产业链产品的竞争加剧，盈利空间受到挤压。行业潜在进入装置虽有规划，但投产集中度呈减弱趋势。后续在建拟建装置以大型一体化为主，部分属于原有装置的扩能、改造及空白区域的新增。究其原因主要是一体化装置具备较好的新进入吸引力和抗风险能力。

3.1.2.1 供应端详情

（1）现有产能详情

2020—2024年，全球苯酚产能增加以东北亚（主要为中国）为主，故全球产能增速、提速阶段与中国苯酚高速扩能期一致，中国在全球供应端重要性逐年上升。全球苯酚产能主要分布在东北亚、西欧和北美地区，其中东北亚产能占比最大，西欧及北美地区旗鼓相当。详见图3.1。

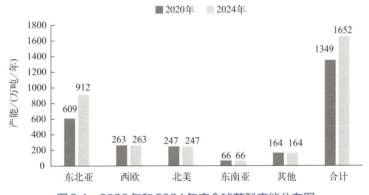

图3.1　2020年和2024年度全球苯酚产能分布图

2020—2024年，全球苯酚产能由1349万吨/年增长至1652万吨/年，产能总量增长22%，2024年主要产区东北亚、西欧和北美地区的产能分别占全球产能的55%、16%和15%。从生产占比情况来看，东北亚是全球苯酚最主要的生产地区，北美和西欧次之。2020—2024年，东北亚产能由609万吨/年增长至912万吨/年，产能增长主要来自中国。北美及西欧受当地去工业化影响，产能发展缓慢。

近五年中国苯酚供应缺口波动不大，市场供应紧缺程度减弱。从2020—2024年苯酚供需平衡情况来看，苯酚供需同步扩张，近五年总供应量及总需求量的复合增长率均为17%，五年间供应增速基本跟需求增速持平，详见图3.2。

图3.2　2020—2024年中国苯酚总供应量与总需求量

2020—2024年苯酚整体呈现供不应求向供需紧平衡过渡，具体表现为国内供应增加，进口量逐年下降，开启出口扩增之路。

近年来，中国酚酮-双酚A装置一体化发展速度较快，截至2024年中国苯酚产能垂直一体化率达到67%，较2020年提升了20多个百分点，如表3.1所示。

表3.1　2024年中国苯酚产能垂直一体化分布统计　　单位：万吨/年

企业名称	产能	双酚A产能
浙江石油化工有限公司	80	48
万华化学集团股份有限公司	47	57.6
惠州忠信化工有限公司	45	28
利华益维远化学股份有限公司	44	24
江苏瑞恒新材料科技有限公司	40	48
盛虹炼化（连云港）有限公司	40	—
恒力石化（大连）新材料科技有限公司	40	48
台化兴业（宁波）有限公司	39	32
西萨化工（上海）有限公司	35	—
长春化工（江苏）有限公司	30	40.5
上海中石化三井化工有限公司	25	12
中沙天津石化有限公司	22	24
中海壳牌石油化工有限公司	22	—

企业名称	产能	双酚A产能
黑龙江省龙江化工有限公司	22	20
实友化工（扬州）有限公司	20	—
青岛海湾化学股份有限公司	20	24
中国石化集团北京燕山石油化工有限公司	18	15
广西华谊新材料有限公司	17	20
中国石化上海高桥石油化工有限公司	15	—
中国石油天然气股份有限公司吉林石化分公司	9	—
中国蓝星哈尔滨石化有限公司	9	—
总计	639	441.1

2020—2024年，中国苯酚产量随着产能的增加而自然增长，2023年苯酚产能扩增加速，部分新产能释放量在2024年，故2023年苯酚产能增速高于产量增速，产能利用率被拉低；2024年苯酚新增产能7万吨/年，产量增速高于产能增速，年度产能利用率明显提升。

2020—2024年苯酚产量由237万吨增长至543万吨，增幅129%。产能利用率多受新装置投产及产能释放影响，从2020年的71%到2024年的85%。如图3.3所示。

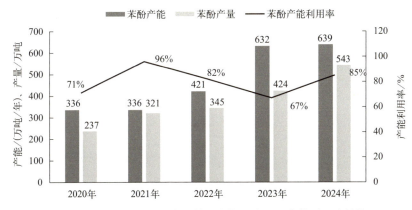

图3.3 2020—2024年中国苯酚产能、产量及产能利用率趋势图

2020—2024年国内酚酮一体化发展进程加快，一般新增投产量多的年份，产能利用率往往会被拉低，2020年和2023年就较为明显，主因部分酚

酮新产能投产时间在下半年，产能释放量远不及产能增量。2024年苯酚产能增速放缓，行业整体实现稳定产出，产量增速加快，产能利用率提升。

（2）进口详情

2020—2024年苯酚产能扩增加速，五年来的新增产能达到374万吨，年均复合增长率为17%。新装置多配套下游双酚A顺序投产，国内供应缺口收窄，对进口苯酚的依存度逐年下降，进口量从2020年的71万吨降至2024年的25万吨，降幅为65%。

2020—2024年，中国苯酚供需同步增长，国产苯酚市场影响力提升，供应缺口收窄，进口量逐年下降。由于中国苯酚产能增速领先于全球其他国家，产量增速远超海外苯酚进口量的增速，因而进口依存度连续四年下降，如图3.4所示。预计2025—2029年中国苯酚进口依存度维持在2%～3%波动。进口合约结算一般为周期内人民币折算美金计价，多存放在华西及张家港等库区，库区存储时间较国内提货周期长，且操作灵活，预计在国内供应增加的同时，可保持一定进口合约常量。

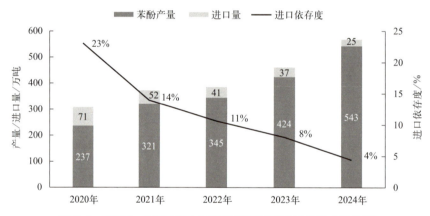

图3.4　2020—2024年中国苯酚进口量及进口依赖度趋势图

全球苯酚新增产能主要集中于中国，随着国货话语权提升，海外可用于向中国出口的潜在增量减少，未来国内苯酚进口依存度预计维持低位水平。

（3）未来投产

2025—2029年中国苯酚预计累计新增总产能235万吨，集中于华东区域，在华北、东北和华中也有部分投产。较2020—2024年周期相比，苯酚新增投产步伐放缓，如表3.2所示。

表3.2　2025—2029年中国苯酚拟在建产能统计表　　　单位：万吨/年

企业名称	工艺	产能	投产时间
中国石化宁波镇海炼化有限公司	异丙苯法	40	2025年
山东富宇化工有限公司	异丙苯法	15	
恒力石化（大连）新材料科技有限公司	异丙苯法	9	
中国石油天然气股份有限公司吉林石化分公司	异丙苯法	22	
山东睿霖高分子材料有限公司	异丙苯法	22	
2025年合计		108	
荣盛新材料（舟山）有限公司	异丙苯法	40	2026年
中国石化湖南石油化工有限公司	异丙苯法	22	
2026年合计		62	
福建中沙石化有限公司	异丙苯法	25	2027年
2027年合计		25	
江苏三木集团有限公司	异丙苯法	40	2028年
2028年合计		40	

3.1.2.2　需求端详情

2020—2024年，全球苯酚表观需求量由1082万吨增长至1250万吨，消费总量增长16%，主要消费区域集中在东北亚、北美和西欧，2024年三个地区的消费分别占全球的54%、16%和15%。

2020—2024年中国苯酚消费量呈逐年递增趋势，近五年年均复合增长率在16.6%。下游消费结构方面，双酚A是下游占比最大、增速较快的品种，承担了近年来苯酚消费端的增长，如图3.5所示。

图3.5　2020—2024年中国苯酚消费结构变化图

近五年来，苯酚下游整体高速增长，不同品种发展存在差异性。

双酚A作为核心下游，周期内占据苯酚总消费量的44%～67%，其产能在2022—2024年高速发展，占比提升超过60%。2022—2024年，双酚A新产能大部分配套酚酮装置，对苯酚的消费量增长贡献度最大。

酚醛树脂作为苯酚第二大下游，对苯酚消费量增速不及双酚A，在2020年行业扩增后的新增速度放缓，行业已然是供需平衡状态，产能扩增主要集中在龙头企业，小型企业面临被整合的风险。

2020—2024年，中国苯酚出口操作规律性不强，2021年欧美极寒天气影响下，印度苯酚转向欧美出口，导致当地苯酚供应短缺，中国苯酚借机大量出口至印度，在自然灾害利好拉动下，出口创历史新高。之后中国苯酚出口操作恢复常态，2023年中国苯酚新增装置产能211万吨/年，产能于2024年完全释放，国内供应增速加快，促进出口目的地扩增和出口增量操作，如图3.6所示。

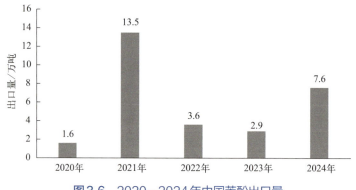

图3.6 2020—2024年中国苯酚出口量

2025—2029年周期，苯酚主要下游双酚A产能增速较2020—2024年周期放缓，新建产能累计301万吨/年，理论上对苯酚消费量增量256万吨。以产能扩增为维度，未来五年下游双酚A新投产装置多于苯酚，主因存在部分未配套苯酚装置的单产品新增，以及现有苯酚装置在后期存在配套双酚A建设的操作。以消费量增长维度，2025—2029年，双酚A预计增加对苯酚消费量170万吨，增量居首，增幅46%。除双酚A外的其他下游领域发展增速不大。

在全球范围内，印度等国家是进口依赖型国家，随着中国苯酚产能的不断释放，中国供需状况或影响全球货源流向。全球扩能依旧集中在中国地区，因此中国的出口量将保持常量或小幅增量。

从苯酚出口地来看，一直以来，中国苯酚的最主要出口地是印度，随着国际竞争加剧，泰国、沙特阿拉伯和美国均是中国的主要竞争对手。2024年韩国苯酚因行业利润亏损存在降负或停车操作，导致本土苯酚供应不足，从中国、泰国等地进口补充，以至于韩国成为年度中国苯酚第一大出口地，此操作是受经济性因素影响所致，不能作为长期判断苯酚出口地的主要依据。

2025—2029年，一方面考虑国际出口竞争关系，需从价格入手；另一方面仍需考虑经济性因素存在的可能，但持续性有待衡量，中国苯酚出口保持一定常量的概率较大，进一步增量步伐或减缓。

3.1.3　丙酮市场情况

2020—2024年丙酮行业从供不应求逐步向供需紧平衡转变。2023年新增产能集中上马，产能逐步释放，行业供应趋紧的状态得到缓解，挤压进口资源。原料纯苯处于上行周期，相关产品苯酚相对偏弱，酚酮企业长时间处于亏损状态，部分企业选择停车降负应对，下游双酚A、丙酮氰醇法MMA也有扩能，但存在时间错配的问题。后续中国丙酮产能依旧处于增长期，虽然增速有所放缓，但供应量呈现充裕的局面。双酚A、丙酮氰醇法MMA、MIBK行业继续扩能，对丙酮的需求量有所提升；异丙醇行业供应过剩，但过剩程度或随着行业内的整合及下游需求的跟进而减缓。结合产业链上下游的供需格局来看，未来丙酮产业链可能会从供应存在缺口向供需紧平衡的局面过渡。

3.1.3.1　供应端详情

（1）现有产能详情

近五年来，全球丙酮产能持续增长，主要增长点多来自中国境内的扩张。全球产能以中国产能增加为主，故全球产能增速、提速阶段与中国丙酮高速扩能期一致，中国在全球供应端的重要性逐年上升。全球丙酮产能主要分布在东北亚、西欧和北美地区，其中东北亚产能占比最大，西欧及北美地区也是全球主要的产区，如图3.7所示。

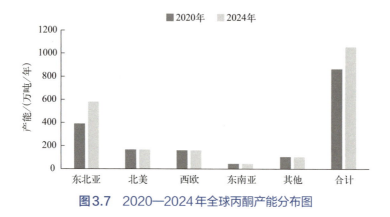

图3.7　2020—2024年全球丙酮产能分布图

2020—2024年，全球丙酮产能由865万吨/年增长至1056万吨/年，产能总量增长23%，主要产区集中在东北亚、北美和西欧等地区，2024年三个地区的产能分别占全球产能的55%、18%和15%。

丙酮产品是重要的化工中间原料产品，在双酚A、丙酮氰醇法MMA等领域有广泛的应用前景，近年来发展趋势良好。2024年东北亚扩能2套装置，全部集中于中国。整体来看，全球丙酮产品增速放缓，重点关注中国丙酮侧重于下游双酚A的配套和丙酮氰醇法MMA的发展以及MIBK行业的扩张情况。

2020—2024年，中国丙酮产量随着产能的扩张而增长，2023年丙酮新增产能集中上马，部分新产能在2024年释放，故2023年丙酮产能增速高于产量增速，产能利用率被拉低。2024年丙酮新增产能总计约6万吨，产量增速高于产能增速，年度产能利用率得以提升，如图3.8所示。

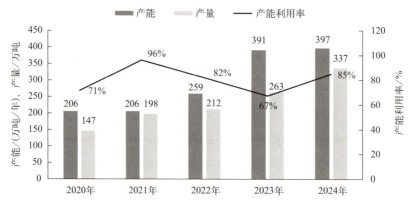

图3.8　2020—2024年度中国丙酮产能、产量及产能利用率趋势图

2020—2024年周期丙酮产量由147万吨增长至337万吨，增幅129%。产能利用率多受新装置投产及产能释放影响，从2020年的71%到2024年的85%。

近年来，中国酚酮-双酚A装置一体化发展速度较快，2024年中国丙酮产能垂直一体化率达到67%，较2020年提升20个百分点以上。如表3.3所示。

表3.3　2024年中国丙酮产能垂直一体化分布统计　　单位：万吨/年

企业	丙酮产能	双酚A产能
浙江石油化工有限公司	50	48
万华化学集团股份有限公司	31	57.6
惠州忠信化工有限公司	30	28
利华益维远化学股份有限公司	26	24
恒力石化（大连）新材料科技有限公司	25	48
江苏瑞恒新材料科技有限公司	25	48
盛虹炼化（连云港）有限公司	25	
台化兴业（宁波）有限公司	24	32
西萨化工（上海）有限公司	21	
长春化工（江苏）有限公司	18	40.5
上海中石化三井化工有限公司	15	12
中沙天津石化有限公司	13	24
中海壳牌石油化工有限公司	13	
黑龙江省龙江化工有限公司	13	20
实友化工（扬州）有限公司	12	
青岛海湾化学股份有限公司	12	24
中国石化集团北京燕山石油化工有限公司	12	15
广西华谊新材料有限公司	11	20
中国石化上海高桥石油化工有限公司	9	
中国石油天然气股份有限公司吉林石化分公司	6	
中国蓝星哈尔滨石化有限公司	6	
合计	397	441.1

2024年中国丙酮生产企业共计21家，其中有14家配套下游双酚A装置，酚酮-双酚A垂直一体化率较高，一体化装置自原料到下游产品，直接运用管输的模式，节省成本，增加抗风险能力。

2020—2024年，中国丙酮国产货源明显增加，自给率呈现逐年提升的态势。丙酮作为基础化工原料，其生产和加工能力被视为一个国家工业能力的指标之一。我国作为全球最大的工业国，丙酮生产和消费能力均位居全球首位。近五年来国内丙酮产能不断增加，国产货源供应提升的情况下，对进口货物形成冲击，进口依存度逐步下降。

2020—2024年中国丙酮自给率连续上升，波动于67%～92%，国内丙酮产量稳定增长，进口量受到挤压。

（2）进口详情

2020—2022年，丙酮进口量在62万～72万吨之间，自2023年开始丙酮进口量大幅下降，由2022年的72万吨下降至42万吨。2024年进口量继续萎缩，同比下降24%，自给率在2024年提升至92%的水平。未来丙酮产能仍有增长的预期，国际上丙酮需求量也主要依靠中国，丙酮自给率有望继续提升，如图3.9所示。

图3.9 2020—2024年中国丙酮年度行业自给率趋势图

（3）未来投产

未来2025—2029年中国丙酮新增总产能145万吨，集中于华东区域，在华北、东北和华中也有装置计划投产。较2020—2024年周期相比，丙酮扩能步伐明显放缓，如表3.4所示。

表3.4 2025—2029年中国丙酮拟在建产能统计表　单位：万吨/年

企业	工艺	产能	投产时间
中国石化宁波镇海炼化有限公司	异丙苯法	25	
山东富宇化工有限公司	异丙苯法	10	
恒力石化（大连）新材料科技有限公司	异丙苯法	6	2025年
中国石油天然气股份有限公司吉林石化分公司	异丙苯法	13	
山东睿霖高分子材料有限公司	异丙苯法	13	
2025年合计		67	

企业	工艺	产能	投产时间
荣盛新材料（舟山）有限公司	异丙苯法	25	
中国石化湖南石油化工有限公司	异丙苯法	13	2026年
2026年合计		38	
福建中沙石化有限公司	异丙苯法	15	2027年
2027年合计		15	
江苏三木集团有限公司	异丙苯法	25	2028年
2028年合计		25	

2025—2029年中国丙酮累计新建产能145万吨/年，年复合增长率预计在3.96%，较过去五年复合增长率下降13.86个百分点。总供应增速减缓，主要是未来新装置投产力度下降，限制未来丙酮整体的供应增幅，如图3.10所示。

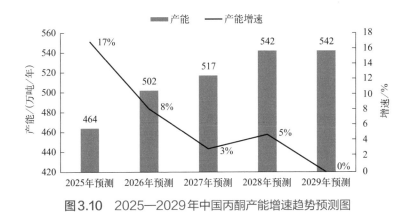

图3.10　2025—2029年中国丙酮产能增速趋势预测图

根据目前已公布的产能扩建计划统计，未来五年丙酮新增产能集中于2025—2028年，2029年增速放缓，暂无新增装置统计。

2025—2027年，预计丙酮年度产能增速在3%～17%之间，2025年因四套装置投产，一套装置技改，成为未来五年内的扩产高峰期，当年新建产能占据年度总产能的14%。

2025—2029年，中国丙酮产能扩增的同时，再度对进口货源形成冲击，进口依存度将进一步下降。从国内丙酮市场运行机制和操作手法等方面出发，预计会保持一定的进口长协比例，作为弥补国内缺口的应变手段。

2025—2029年中国丙酮进口依存度预计下降至4%～7%之间波动（图3.11）。进口长协结算一般为周期内人民币折算美金计价，多存放在江苏商业库，以华西和恒阳等库区为主，库区存储时间较国内提货周期长，且灵活方便，预计在国内供应增加的同时，也可保持一定进口长协量的补充，若套利窗口开启，点价货源也有套利行为出现。未来五年，丙酮整体进口趋势呈现缩减之势。

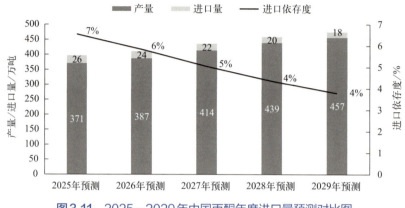

图3.11　2025—2029年中国丙酮年度进口量预测对比图

3.1.3.2　需求端详情

2020—2024年中国丙酮消费呈逐年递增趋势，近五年年均复合增长率在14.2%。下游消费结构方面，双酚A、丙酮氰醇法MMA是下游占比较大且增速较快的品种，对近年来丙酮消费端的增长做出较大贡献（图3.12）。

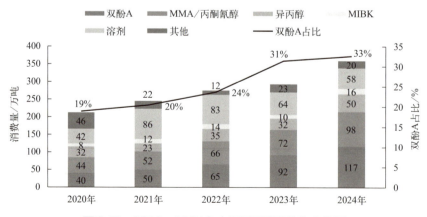

图3.12　2020—2024年中国丙酮消费结构变化图

2024年，丙酮主要深加工行业是双酚A、MMA/丙酮氰醇、丙酮加氢法异丙醇、MIBK等生产，其中双酚A、丙酮氰醇法MMA占比不断提升，近两年保持在58%以上的水平，其他消费中，有直接用于溶剂的下游，但呈现萎缩状态。近五年来，丙酮下游整体高速发展，尤其是双酚A、丙酮氰醇法MMA行业发展迅速，其他品种发展存在差异性。

双酚A作为丙酮核心下游，周期内占据丙酮总消费量的19%～33%，其产能在2022—2024年高速发展，主要是配套酚酮装置的上马。2022—2024年，双酚A新增产能大部分配套酚酮装置，对丙酮的消费量迅速增长。

丙酮氰醇法MMA也是丙酮的第二大下游，周期内占据丙酮总消费量的21%～27%，其产能在近五年内增长也较为明显，但相比双酚A来说略逊一筹，但对丙酮的需求贡献度较大。

2020—2024年中国丙酮消费呈逐年递增趋势，近五年年均复合增长率高达14.2%。截至2024年丙酮消费量达到359万吨/年，较2023年增长23%。

2020—2024年，中国丙酮出口操作规律性不强，2021年受欧美极寒天气影响，丙酮转向欧美出口，且在当年达到顶峰6.62万吨，创历史新高。2022年出口量骤减，主要是国内外市场均表现偏弱，欧美装置开工率提升，从亚洲进口的量减少，因此中国丙酮出口的路子再次被封死。2023—2024年随着国产资源的增多，除了满足内需外，有套利空间时加快出口的步伐，促进出口目的地扩增和出口增量，如图3.13所示。

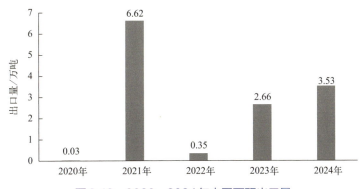

图3.13　2020—2024年中国丙酮出口量

2025—2029年周期，丙酮主要下游双酚A增速较2020—2024年周期放慢，新建产能合计301万吨，理论上对丙酮消费量增量78万吨，年均复合增长率6.76%。下游产能及对丙酮预期消费量增幅不匹配，既与下游部分品种工艺占比转变有关，也反映了不同下游行业之间竞争压力不同，产能-产量转化率存在差异，如图3.14所示。

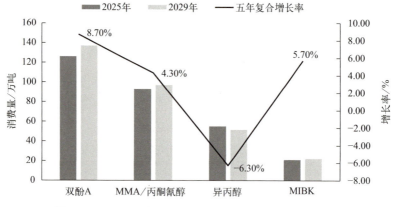

图3.14　2025年与2029年丙酮下游消费量趋势预测图

在全球范围内，南亚、欧洲的部分国家是进口依赖型国家，随着中国丙酮产能的不断投放，中国的供需状况直接影响全球的货源流向。未来全球丙酮扩能集中在中国，因此中国丙酮的出口量将逐渐拓展，呈现稳步增长态势。

未来五年，预计国内丙酮供求关系从供不应求向供需紧平衡状态过渡，进口量将呈现逐年下降的态势。随着国产货的增多，积极拓展出口市场势在必行，但国际竞争压力较大，扩增步伐之路或将维持长时间的探索。预计2025—2029年中国丙酮消费量变化依旧以国内消费为主导。

3.2　双酚A原料分析

不论是界面缩聚法还是熔融缩聚法，双酚A都是合成聚碳酸酯的最主要原料，每生产单位质量的聚碳酸酯就需消耗近0.9的双酚A单体。

3.2.1　合成工艺

双酚A是由两分子苯酚、一分子丙酮缩合而成。反应采用酸性催化剂，工业上获得应用的催化剂主要有硫酸、氯化氢和阳离子交换树脂，这些不同类型的催化剂在工业上的应用也构成了双酚A合成技术发展的不同阶段。依据不同催化剂体系，双酚A的合成技术可分为硫酸法、氯化氢法和离子交换树脂法。

（1）硫酸法

传统双酚A的生产方法采用硫酸为催化剂。但硫酸法选择性差，生成的杂质有40多种且很难分离，导致双酚A质量较差。同时，硫酸消耗量大，形成大量的废酸和含酸、含酚废水，环境污染严重。因此，硫酸法工艺路线已被淘汰。

（2）氯化氢法

美国最早利用氯化氢作催化剂生产双酚A。用过量苯酚及丙酮按摩尔比（4～10）：1与氯化氢在60～65℃和常压下反应数小时，产物蒸去苯酚，在真空条件下进一步分离副产物，在130～360Pa下蒸馏出双酚A，经重结晶精制后得到高品质双酚A，以丙酮计转化率可达95%以上。目前仍有部分双酚A生产装置采用此工艺路线。

（3）离子交换树脂法

离子交换树脂法最早由美国联碳公司于20世纪60年代初实现工业化。该工艺以强酸性阳离子交换树脂为催化剂，在75℃左右使苯酚和丙酮反应生成双酚A，反应混合物经结晶、离心分离、薄膜蒸发脱酚等工序实现双酚A的分离与精制，同时对催化反应过程中形成的杂质、异构体经高温催化裂解生成轻组分加以回收利用。反应方程式如式（3-4）所示。

$$\text{（3-4）}$$

采用阳离子交换树脂为催化剂，避免了使用强腐蚀性的酸类，无须耐腐蚀设备和特殊材质。过程中副反应少、选择性高，简化了产品精制过程，减少了操作费用。由于使用固体催化剂，反应产物与催化剂分离简单，简化了催化剂回收系统。工艺产生的废水、废渣较少，仅分别为氯化氢法的40%和80%。该法生产的产品质量高、色泽好。离子交换树脂法的不足在于催化剂一次装填量较大，费用较高，丙酮的单程转化率低，需增加丙酮回收系统，对原料苯酚要求高。

苯酚丙酮及双酚A生产工艺基本流程，如图3.15所示。

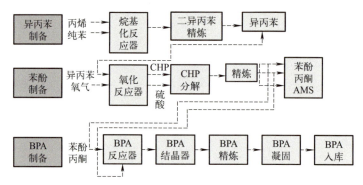

图3.15 苯酚丙酮及双酚A生产工艺流程

3.2.2 全球市场概况

从消费端分析，2019—2024年全球双酚A需求变化呈现先抑后扬趋势，近5年全球双酚A消费复合增长率为2.49%。2019—2020年，PC行业的发展，是驱动全球双酚A消费增长的主要动力。2020年受疫情影响，全球汽车销量和建筑业投资等均呈不同幅度的下降，双酚A下游聚碳酸酯和环氧树脂市场需求受此影响也呈下降趋势，致使双酚A消费量下降。2021—2023年双酚A消费恢复，主要是因为疫情之后全球经济逐步复苏，中国风电行业大发展，PC和环氧树脂新装置不断释放，现有装置的利用率提升等因素带动。

近五年来，全球双酚A消费量呈现波动增长趋势。2020—2024年，全球双酚A消费量复合增长率为2.49%，截至2024年底，总消费量达到735万吨。全球双酚A消费量和消费结构如图3.16、图3.17所示。

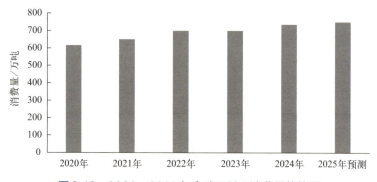

图3.16 2020—2025年全球双酚A消费量趋势图

全球双酚A消费主要集中在PC和环氧树脂领域。2024年，PC和环氧树脂的消费占比分别为68%和30%。PC依然是双酚A最大的下游消费领域，其用途广泛。伴随产能不断扩张，产品价格合理回落，其应用领域仍有进一步拓展的空间。2023—2024年，PC产能扩能速度放缓，但随着成本下降，行业经营状况得到改善，行业整体产能利用率有所提升。另一下游环氧树脂近两年新增装置不断增多，国外经济恢复好于上一年，整体消费量较上一年亦呈现小幅增长之势。

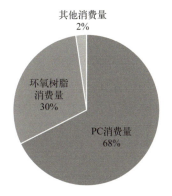

图3.17　2024年全球双酚A消费结构图

近五年，国内双酚A消费量逐年增长，2020—2024年双酚A消费量的复合增长率为22%。2024年，双酚A消费量增长至427万吨，同比增加21%。下游PC产量大幅度增长带动了对双酚A需求的增加，如图3.18所示。

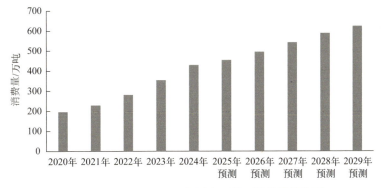

图3.18　2020—2029年国内双酚A消费量趋势图

在国内双酚A消费市场，环氧树脂和PC仍是主要消费领域，占总体需求的95%以上。近年来，二者在双酚A消费中的占比发生了明显变化，主要体现为PC消费比重逐步上升，而环氧树脂消费比重逐步下降。2024年，PC对双酚A的需求量大幅增长，消费比重进一步上升至68%左右，同比提高4个百分点；而环氧树脂的消费比重则将下降至30%左右，同比下降3个百分点。在过去五年里，PC行业产能增速较快，多数PC装置逐步配套完善了双酚A原料。2024年，随着利润空间的改善，PC国内产量大幅增长，对双酚A需求增量显著。而环氧树脂终端需求恢复缓慢，尽管行业有新增产能释放，但对双酚A的实际需求增长较为有限，如图3.19所示。

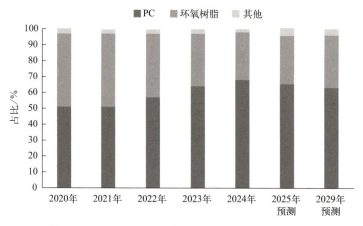

图3.19 2020—2029年国内双酚A消费结构变化

从供给端分析，截至2024年底，全球双酚A总产能达到1138.7万吨/年，同比增长9.19%。近年来产能的增加主要是归因于中国双酚A产能的扩张，而其他国家和地区的产能保持相对稳定。

从全球双酚A产能分布来看，产能主要集中在亚洲、西欧、北美、中东、东欧以及南美地区。从分布占比变化情况来看，2024年亚洲双酚A产能占比同比上升，相较于2023年提高2.3个百分点，西欧、北美、中东地区的占比同比均呈现出不同程度的下降，东欧、南美地区的产能占比较小。中国是亚洲以及全球双酚A产能最大的国家。受下游需求增长以及行业一体化发展的推动，中国双酚A产能逐年扩张，进而带动全球双酚A产能的增长。2024年全球双酚A产能情况详见表3.5。

表3.5 2024年全球双酚A产能一览表

地区	国家和地区	公司	产能/（万吨/年）
美洲	美国	SABIC	42
		Covestro	24
		Hexion	14
		Trinseo	11
		Sunoco	11
欧洲	德国	Covestro	30
		Trinseo	15

地区	国家和地区	公司	产能/(万吨/年)
欧洲	比利时	Covestro	21
	西班牙	SABIC	21
	荷兰	SABIC	34
		Hexion	16
	其他	其他	14
亚洲	中国大陆	中石化三井	12
		江苏瑞恒	48
		万华化学	48
		沧州大化	20
		鲁西化工	20
		广西华谊	20
		龙江化工	20
		海南华盛	24
		天津中沙	24
		平煤神马	13
		南通星辰	15
		燕化聚碳	15
		Covestro	55
		长春化工	40.5
		南亚塑胶	30
		利华益维远	24
		浙石化	48
		海湾化学	24
		恒力石化	48
		惠州忠信	28
	日本	三井化学	7
		三菱化学	10
		出光兴产	8.2
	韩国	锦湖	43
		乐天化学	20
		LG化学	45
		三养	15

地区	国家和地区	公司	产能/（万吨/年）
亚洲	泰国	Covestro	28
		PTT	15
	中国台湾	南亚塑胶	43
		信昌化工	8
		长春化工	27
	新加坡	英力士	16
	沙特阿拉伯	Saudi Kayan	24
合计			1138.7

3.2.3　中国市场概况

中国双酚A产能在全球保持领先地位。截至2024年底，国内双酚A总产能达到593.1万吨/年。随着产能扩张，国内双酚A生产企业数量增至20家，市场前五位产能集中度呈上升趋势。从产能区域分布看，华东、华北地区仍是产能主要集中地，华南地区产能占比有所提升。2023年，龙江化工双酚A装置投产，填补了东北地区双酚A产能的空白，使国内双酚A产能分布更广泛。2020年前，中国双酚A产能增速相对缓慢；自2021年起，产能增速明显加快。2020—2024年，中国双酚A产能年均复合增长率为31%，产能扩张态势显著。

国内双酚A产能及配套情况见表3.6。从表中可以看出，目前国内双酚A生产企业发展较为成熟，装置一体化程度相对较高。配套酚酮装置的双酚A产能占比74.4%，配套PC装置的双酚A产能占比59.6%，配套环氧树脂装置的双酚A产能占比27.6%。未来，双酚A行业一体化趋势将更加明显，新增产能多为配套产能。

表3.6　2024年国内双酚A产能及配套一览表

区域	企业	产能/（万吨/年）	地址	企业性质	装置一体化配套情况
华东	上海中石化三井	12	漕泾	合资	上游40万吨/年酚酮装置
	江苏瑞恒	48	连云港	国企	上游65万吨/年酚酮装置
	鲁西化工	20	聊城	国企	下游30万吨/年聚碳酸酯装置

区域	企业	产能/（万吨/年）	地址	企业性质	装置一体化配套情况
华东	浙石化	48	舟山	合资	上游130万吨/年酚酮装置，下游52万吨/年聚碳酸酯装置
	万华化学	57.6	烟台	国企	上游65万吨/年酚酮装置，下游60万吨/年聚碳酸酯装置
	科思创	60	漕泾	外资	下游55万吨/年聚碳酸酯装置
	南通星辰	15	南通	国企	下游16万吨/年环氧树脂装置
	长春化工	40.5	常熟	外资	上游48万吨/年酚酮装置，下游常熟10万吨/年环氧树脂装置以及盘锦5万吨/年环氧树脂装置
	海湾化学	24	青岛	国企	上游32万吨/年酚酮装置
	南亚塑胶	32	宁波	外资	上游台化兴业（宁波）48万吨/年酚酮装置，下游南亚电子材料（昆山）24.8万吨/年环氧树脂装置
	利华益维远	24	东营	民营	上游35万吨/年酚酮装置，下游13万吨/年聚碳酸酯装置
华北	燕化聚碳	15	燕山	合资	上游燕山石化26万吨/年酚酮装置，下游6万吨/年聚碳酸酯装置
	沧州大化	20	沧州	国企	下游10万吨/年聚碳酸酯装置
	中沙天津	24	天津	合资	上游35万吨/年酚酮装置，下游26万吨/年聚碳酸酯装置
华中	平煤神马	13	平顶山	国企	下游10万吨/年聚碳酸酯装置
东北	恒力石化	48	辽宁	民营	上游65万吨/年酚酮装置，下游26万吨/年聚碳酸酯装置
	龙江化工	20	黑龙江	国企	上游35万吨/年酚酮装置
华南	惠州忠信	28	惠州	外资	上游30万吨/年酚酮，下游配套环氧树脂装置（广州7万吨/年，江苏4万吨/年）
	华谊化工	20	钦州	国企	上游28万吨/年酚酮装置
	海南华盛	24	东方	民营	下游26万吨/年聚碳酸酯装置
合计		593.1			

　　近五年，中国双酚A进口量逐年减少。如图3.20所示，2020—2024年，进口量年均复合增长率为-45.88%。2024年，中国双酚A进口量大幅降至5.10万吨，同比减少70.13%。进口量减少的主要原因是中国双酚A产能持续增长，国产自给率不断提高，内外盘套利窗口基本关闭，进口货源难以进入中国市场。

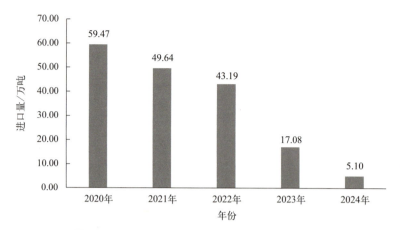

图3.20 2020—2024年中国双酚A进口量变化

根据海关数据统计，如图3.21所示，从贸易伙伴进口量占比结构的变化来看，2024年，自韩国、泰国进口双酚A的量占比与2023年相比相对稳定，分别为38%和26%；自中国台湾、新加坡、日本进口的量波动幅度较大。2024年，自中国台湾进口双酚A的量占比为33%，同比提高10个百分点；自新加坡进口的量占比0%，同比下降8个百分点；自日本进口的量占比1%，同比下降2个百分点。

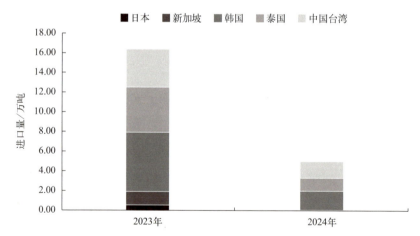

图3.21 2023—2024年中国双酚A进口量对比（按贸易伙伴）

据统计，2025—2029年中国双酚A拟在建项目合计产能399万吨/年，如表3.7所示。2025—2029年的新增项目目前大多处于建设阶段，部分新增产能处于规划阶段，具体投产时间暂未确定。

表3.7　2025—2029年国内双酚A新增产能一览表

企业名称	地区	产能/(万吨/年)	技术	预计投产时间
山东富宇化工有限公司	山东东营	18	离子交换树脂法	2025年三季度
镇海炼化	浙江宁波	24	离子交换树脂法	2025年三季度
吉林石化	吉林省吉林市	24	离子交换树脂法	2025年三季度
淄博睿霖化工有限公司	山东淄博	24	离子交换树脂法	2025年四季度
福建中沙石化	福建古雷	24	离子交换树脂法	2026年
中国石化湖南石油化工	湖南岳阳	24	离子交换树脂法	2026年
荣盛新材料（金塘）	浙江舟山	48	离子交换树脂法	2027年
中海壳牌	广东惠州	24	离子交换树脂法	2027年
海南华盛新材料科技有限公司（二期）	海南东方	24	离子交换树脂法	规划中
江苏三木集团	辽宁抚顺	50	离子交换树脂法	规划中
平煤神马聚碳材料有限公司（二期）	河南平顶山	24	离子交换树脂法	规划中
川桂能源化工有限公司	广西北海	18	离子交换树脂法	规划中
武汉金控能源集团有限公司	武汉江汉	18	离子交换树脂法	规划中
营口佳孚石油化工有限公司	辽宁营口	13	离子交换树脂法	规划中
正华科技（昆明）有限公司	云南昆明	18	离子交换树脂法	规划中
陕西榆能能化新材料有限公司	陕西榆林	24	离子交换树脂法	规划中

未来五年内，下游聚碳酸酯及环氧树脂需求仍保持增长趋势，中国双酚A行业发展将迎来新的周期，国内供应能力预期大幅提升。除此之外，伴随大型炼化一体化企业的加入，中国双酚A行业一体化的趋势将愈加明显。

3.3　碳酸二甲酯原料分析

碳酸二甲酯（DMC）是一种重要的有机合成中间体，具有低毒、环保性能优异、用途广泛等特性，广泛应用于农药、医药、涂料、塑料等行业。在聚碳酸酯的生产中，碳酸二甲酯是采用非光气法合成的重要原料。此外，碳酸二甲酯还可用作锂离子电池电解液溶剂。随着新能源汽车和储能行业的高速发展，电池级碳酸二甲酯的需求量将持续增长。

3.3.1 合成工艺

工业上，碳酸二甲酯的生产工艺主要有三种，包括甲醇氧化羰基化法、酯交换法和尿素醇解法工艺。这三种生产工艺各有优缺点，在选择时，需要综合考虑原料成本、配套条件、环保性和产品纯度等因素，从而选择最适合自身条件和市场需求的生产工艺。

以碳酸二甲酯为原料的产品广泛应用于化学工业、医药、电子等领域。由于产区分布相对集中，碳酸二甲酯主要在华东地区流通使用。

（1）光气甲醇法

光气甲醇法是DMC最早的合成方法，采用光气和甲醇为原料反应生成DMC和HCl。反应方程式如式（3-5）、式（3-6）所示。

$$COCl_2+CH_3OH \longrightarrow ClCOOCH_3+HCl \qquad (3-5)$$

$$ClCOOCH_3+CH_3OH \longrightarrow (CH_3O)_2CO+HCl \qquad (3-6)$$

光气甲醇法工艺复杂，操作周期长，副产盐酸具有腐蚀性，环境污染严重，已逐步淘汰。

（2）甲醇氧化羰基化法

甲醇氧化羰基化法主要采用甲醇、一氧化碳、氧气等为原料直接氧化羰基化合成DMC，根据实际工艺过程的不同又可细分为液相淤浆法、气相间接法和气相直接法三种工艺路线。

① 液相淤浆法　液相淤浆法以氯化亚铜（CuCl）为催化剂，在100～130℃、2～3MPa压力下，通过多级串联的淤浆反应器反应合成。反应过程通常分两步进行：第一步为氧化反应，氯化亚铜被氧化为甲氧基氯化铜，如式（3-7）所示，反应活性和选择性都较高；第二步为还原反应，甲氧基氯化铜与一氧化碳反应生成DMC和氯化亚铜，如式（3-8）所示，还原反应较难进行，需在较高的一氧化碳分压下反应。通常反应过程中甲醇和一氧化碳都需过量，而氧气的浓度必须严格控制，以防止爆炸风险。

$$2CH_3OH+1/2O_2+2CuCl \longrightarrow 2Cu(OCH_3)Cl+H_2O \qquad (3-7)$$

$$2Cu(OCH_3)Cl+CO \longrightarrow (CH_3O)_2CO+2CuCl \qquad (3-8)$$

此工艺路线的产品收率高，但甲醇的单程转化率只有30%左右，游离氯也会影响催化剂的质量和寿命，且腐蚀设备，产物中水的存在使催化剂的寿命和选择性降低，副产二氧化碳较多，容易导致DMC分解。

近年来，有通过对氯化亚铜进行螯合制备催化剂应用于该工艺路线以解决催化剂使用寿命短及设备易腐蚀等问题的技术。目前该技术已经工业化。该技术的使用可以有效提高液相淤浆法装置的连续化运行水平并明显降低设备投资。

② 气相间接法　又称为亚硝酸酯法，其制备DMC的显著特点是采用了两个气相反应分步进行。第一步以甲醇、氧气、一氧化氮为原料反应生成亚硝酸甲酯和水，如式（3-9）所示，反应较易进行且放出大量热量。第二步中亚硝酸甲酯再与一氧化碳在催化剂作用下发生羰基化反应生成DMC并放出一氧化氮气体，如式（3-10）所示。

$$2NO+2CH_3OH+1/2O_2 \longrightarrow 2CH_3ONO+H_2O \qquad (3\text{-}9)$$

$$2CH_3ONO+CO \longrightarrow CO(OCH_3)_2+2NO \qquad (3\text{-}10)$$

此工艺路线避免了"甲醇-水-DMC"之间形成共沸物而难以分离。另外，水和催化剂不直接接触，避免了水对催化剂性能的影响，保持了催化剂的活性。但第一步反应极快，且放出大量反应热，必须及时移走热量，并将反应气体组成控制在爆炸极限之外。

③ 气相直接法　与液相淤浆法的反应原理基本相同，以甲醇、一氧化碳、氧气为原料，在固定催化剂的固定床反应器中进行，如式（3-11）所示。

$$2CH_3OH+1/2O_2+CO \longrightarrow CH_3O(CO)OCH_3+H_2O \qquad (3\text{-}11)$$

此工艺路线由于是气固两相反应，既避免了液相淤浆法中催化剂分离的问题，又避免了气相间接法中有毒气体一氧化氮的使用，近年来对气相法的研究较多。

（3）酯交换法

酯交换法是由碳酸乙烯酯或碳酸丙烯酯（EC/PC）与甲醇进行酯交换反应合成DMC并副产乙二醇或1,2-丙二醇（EG/PG）。此工艺路线反应条件温和，产品收率高，但原料不易得到，因此在实际生产过程中通常从环氧乙烷（EO）或环氧丙烷（PO）开始合成。

第一步为羰基化反应，采用EO/PO与二氧化碳在高温高压和催化剂作用下进行羰基化反应生成碳酸乙烯酯或碳酸丙烯酯，如式（3-12）所示。

第二步为酯交换反应，碳酸乙烯酯或碳酸丙烯酯在催化剂作用下进行酯交换反应生成DMC，并副产乙二醇或1,2-丙二醇，如式（3-13）所示。由于此反应为可逆放热反应，需在反应过程中不断脱除反应产物使反应平衡向产物方向移动，提高转化率，一般采用反应精馏工艺。

$$C_2H_4O/C_3H_6O+CO_2 \longrightarrow C_3H_4O_3/C_4H_6O_3 \qquad （3-12）$$

$$C_3H_4O_3/C_4H_6O_3+2CH_3OH \rightleftharpoons C_3H_6O_3+C_2H_6O_2/C_3H_8O_2 \qquad （3-13）$$

（4）尿素醇解法

尿素醇解法是利用尿素和甲醇在催化剂作用下进行醇解反应合成DMC，主要有直接醇解法和间接醇解法两种工艺。

① 尿素直接醇解法　尿素直接醇解合成DMC是在高压和催化剂作用下，甲醇和尿素液相一步合成DMC，尿素直接醇解是一个微吸热反应，热力学上是不利的。DMC合成过程无水生成，避免了"甲醇-水-DMC"共沸物的形成，使后续分离提纯简化。

② 尿素间接醇解法　反应过程分两步进行：第一步中丙二醇与尿素反应合成碳酸丙烯酯，放出氨气，如式（3-14）所示；第二步中碳酸丙烯酯与甲醇反应生成DMC和丙二醇，如式（3-15）所示，丙二醇循环使用。

$$CO(NH_2)_2+C_3H_8O_2 \longrightarrow C_4H_6O_3+2NH_3 \qquad （3-14）$$

$$C_4H_6O_3+2CH_3OH \longrightarrow C_3H_6O_3+C_3H_8O_2 \qquad （3-15）$$

此工艺路线的原料价廉易得，整个工艺过程几乎不对外排放物质，是符合现代化工发展方向的清洁生产工艺。反应中无水生成，避免了上述多种工艺路线中"甲醇-水-DMC"共沸体系的分离问题，节省投资，经济性好。

（5）甲醇与二氧化碳直接合成

甲醇与二氧化碳在催化剂作用下直接反应生成DMC，如式（3-16）所示。

$$CO_2+2CH_3OH \longrightarrow (CH_3O)_2CO+H_2O \qquad （3-16）$$

此工艺路线的生产工艺简单，成本低，主要副产物是水，几乎可以实现零排放，对环境危害极小，但该工艺路线目前尚未实现大规模工业化生产。

3.3.2 市场概况

（1）主要应用

① 溶剂　DMC作为优良溶剂广泛应用于涂料等领域，因其环保低毒的特性，主要用于新型水性涂料的调配。但由于多数溶剂特性相近，在市场价格与其他类溶剂相差较大时，会出现相互替换的情况，主要变动因素是溶剂之间的价差。例如，在涂料配方中，碳酸二甲酯价格往往与醋酸乙酯、甲苯、二甲苯等溶剂价格进行比较，相互替代。随着国家对环保要求的逐渐提高，加上国内消费市场的逐步升级，市场对环保型溶剂的需求也将增加DMC的用量。

② 碳酸二苯酯原料　目前，熔融酯交换缩聚工艺合成聚碳酸酯的主要路线就是采用DMC合成DPC后，再用DPC与双酚A合成聚碳酸酯。随着国内多套采用此工艺路线的聚碳酸酯装置的投产，对原料DMC的需求也将出现显著增长。

③ 显影液　用于生产四甲基氢氧化铵（TMAH）。TMAH是P型光阻显影液，在大规模高级集成电路光刻工艺中用作光致抗蚀剂显影液。

④ 电池电解液　随着国家对新能源汽车发展的扶持，国内对电池的需求快速增长。而电池电解液主要由碳酸丙烯酯、碳酸乙烯酯、碳酸二甲酯、碳酸甲乙酯等有机溶剂构成。该行业对碳酸二甲酯的需求近几年增长很快。

⑤ 医药及日化品用途　碳酸二甲酯可用于生产环丙沙星等原料药，也可用于牙膏、沐浴乳等日化品，但该领域需要生产企业通过严格认证才可进入，存在一定门槛，相对应用比例也不大。

⑥ 调油用途　DMC可用于调油，提高汽油的辛烷值，替代甲基叔丁基醚（MTBE），但由于多数炼厂均有MTBE装置作为配套，该行业虽市场巨大，但发展限制也非常大。

（2）国内生产现状

2020—2024年中国碳酸二甲酯产能快速增长，民营大炼化企业是这一阶段的新增主力，新建产能集中于华东地区，行业集中度先增后降。生产企业不断寻求向下游产业延伸，构建产业链配套体系，以增强自身的竞争优势，这使得中国碳酸二甲酯的一体化程度逐年提高。2020—2024年，中国碳酸二甲酯新增产能呈现大型化趋势，工艺也趋向于多工艺联合生产。

2019年之前，碳酸二甲酯新增产能主要来自原有装置扩能，主要是丙二醇销售而生产碳酸二甲酯。受新能源相关政策引导推动，多套装置集中投产，且生产工艺开始向多元化发展。

2019—2023年，随着恒力石化、浙石化、盛虹炼化、卫星石化等大型联合装置的陆续投产，中国碳酸二甲酯扩能进入高速期，并在2024年达到高峰。2024年碳酸二甲酯新建产能102万吨/年，占当年总产能的28.6%，年产能增速达40.0%，如图3.22所示。

图3.22　2020—2024年中国DMC产能、产量分析

2020—2024年，碳酸二甲酯产量由44.5万吨增长至170.0万吨，增幅达282%。产能利用率在47%～57%波动，其主要原因是新产能投入过多。

2020—2024年，国内集中新建碳酸二甲酯大型装置，新建的大型炼化装置在经过开工调试期，实现稳定生产后，碳酸二甲酯产量不断升高。然而，由于新产能不断投放市场，产能利用率往往处于较低水平，拉低了整个行业产能利用率。

2024年，尽管当年产能增速放缓，但个别新产能在年底投放市场，导致2024年行业产能利用率偏低。此外，2024年碳酸二甲酯供大于求的态势凸显，部分装置处于停车状态，部分新装置也推迟投产。截至2024年国内主要企业碳酸二甲酯产能情况见表3.8。

表3.8　2024年国内主要企业碳酸二甲酯产能情况

企业	产能/（万吨/年）
安徽铜陵金泰	9
重庆东能新能源	7
中盐安徽红四方	10

企业	产能/（万吨/年）
江苏奥克化学	3
大风江宁	4
山东石大胜华	25
山东维尔斯	5.5
山东德普化工	4
山东海科新源	6
山东泰丰飞扬	3
江苏思派一期	10
江苏思派二期	10
华鲁恒升一期	30
华鲁恒升二期	30
德普化工二期	6
浙江石化	20
湖北三宁	15
山东利华益	31
山西中科惠安	5
新宙邦	10
卫星石化	10
山东卓航	12
贵州蕙黔	5
青岛碱业	5
恒力石化	30
斯尔邦石化	7
湖南中创	5
榆林宇高	10
临涣焦化	10
中沙天津	10

2025—2029年，碳酸二甲酯装置的高速扩能期在2024年基本结束，这一周期内产能扩增速度较2020—2024年周期有所放缓。由于国内消费端的增速赶不上供应的增加，市场利润持续下滑，未来新增产能预期逐渐降低。

未来产能供应增量依旧集中于华东地区，且多数新增产能会配套下游产业进行一体化延伸，如表3.9所示。

表3.9 2025—2029年中国碳酸二甲酯拟在建产能统计

企业名称	工艺	产能/（万吨/年）	预计投产时间
福建百宏化学有限公司	PO酯交换法	14	2025年
万华化学集团电池科技有限公司	PO酯交换法	15	
旭峰合源化工有限公司	甲醇氧化羰基化法	10	
广西华谊能源化工有限公司	甲醇氧化羰基化法	10	
2025年合计		49	
河南瑞柏新材料有限公司	提纯	3	2026年
四川宣汉正达凯有限公司	EO酯交换法	10	
2026年合计		13	
四川明昉新能源有限公司	待定	17	2027年
万华化学集团电池科技有限公司	甲醇氧化羰基化法	15	
2027年合计		32	
宁夏宝丰集团有限公司	EO酯交换法	13	2028年
榆林化学（二期）	甲醇氧化羰基化法	40	
2028年合计		53	
华友控股集团	待定	50	2029年
2029年合计		50	

近五年来，碳酸二甲酯下游整体高速增长，但不同品种的发展存在差异。

聚碳酸酯作为核心下游，在这一周期内，其消费占碳酸二甲酯总消费量的38%～46%。2020—2024年，聚碳酸酯的非光气法产能高速发展。2023—2024年，聚碳酸酯行业由亏损转为盈利，产能利用率大幅度走高，终端消费增量，碳酸二甲酯消费占比上升至46%。

显影液行业近年来发展较为迅速，但中国作为显影液主要生产国家，受经济环境影响，导致消费量有所下降，五年复合增长率减少了10.2个百分点。

电解液溶剂（电池级碳酸甲乙酯/碳酸二甲酯）是碳酸二甲酯的另一个主要下游领域，2023—2024年，碳酸二甲酯在该领域的消费增幅提速。其中，2024年电解液溶剂消费碳酸二甲酯63.2万吨，占总消费量的47.2%。2020年之后，新能源行业快速发展，带动了电解液溶剂的消费。2021—2024年，电解液溶剂消费增长速度加快，2024年电解液溶剂消费碳酸二甲酯消费的比例较2020年提高了15.6%（如图3.23所示）。

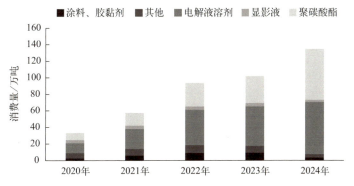

图3.23　2020—2024年中国碳酸二甲酯消费结构变化图

2025—2029年，国内碳酸二甲酯有553.5万吨/年装置计划投产。预计未来五年，碳酸二甲酯的五大下游行业新产能投产有所放缓，聚碳酸酯和碳酸甲乙酯等下游产能预计达到800万吨/年，碳酸二甲酯当量消费量有望增加约120万吨。虽然上游投产力度大于下游，但结合实际投产带来的产量和消费量增量以及现有的供需格局来看，再考虑到未统计的投产计划，预计未来碳酸二甲酯的实际供应增加量将大于理论值，下游实际消费量增量将小于理论值，供应过剩的局面将进一步加剧。

3.4　碳酸二苯酯原料分析

3.4.1　合成工艺

碳酸二苯酯（diphenyl carbonate，DPC）的合成工艺主要有光气法、酯交换法、草酸酯脱羰法等。

（1）光气法

合成DPC最初采用苯酚与光气反应。在催化作用下，苯酚和光气合成DPC，反应方程式如式（3-17）、式（3-18）所示。

$$Cl-\overset{\overset{O}{\parallel}}{C}-Cl \ + \ \text{（苯酚）} \longrightarrow Cl-\overset{\overset{O}{\parallel}}{C}-O-\text{（苯环）} \ + \ HCl \tag{3-17}$$

$$\text{（苯基）}O-\overset{\overset{\displaystyle O}{\|}}{C}-Cl \quad + \quad \text{（苯酚）}OH \quad \longrightarrow \quad \text{（苯基）}O-\overset{\overset{\displaystyle O}{\|}}{C}-O\text{（苯基）} \quad + \quad HCl \qquad (3\text{-}18)$$

也有生产工艺先将苯酚与氢氧化钠反应生成苯酚钠，苯酚钠再与光气反应生成碳酸二苯酯。

通过光气法生产的反应产物通常需要精馏或重结晶提纯，DPC纯度高。产品中除DPC外，还有少量苯酚、有机氯化物、无机氯化物等杂质。

光气法工艺流程复杂，而且光气和产生的盐酸严重腐蚀设备管道并产生大量废水，环保处理量大。

（2）酯交换法

酯交换法合成DPC通常采用碳酸二甲酯（DMC）与苯酚在催化剂作用下通过减压精馏的方式进行反应，反应分为两步进行：第一步，苯酚与DMC反应转化为甲基苯基碳酸酯（MPC），如式（3-19）；第二步，MPC歧化反应得到DPC和等摩尔的DMC，如式（3-20）。

$$H_3C-O-\overset{\overset{\displaystyle O}{\|}}{C}-O-CH_3 \quad + \quad \text{（苯酚）}OH \quad \longrightarrow \quad H_3C-O-\overset{\overset{\displaystyle O}{\|}}{C}-O\text{（苯基）} \quad + \quad CH_3OH$$

MPC 合成

$$(3\text{-}19)$$

$$2\ \text{（苯基）}O-\overset{\overset{\displaystyle O}{\|}}{C}-OCH_3 \quad \rightleftharpoons \quad \text{（苯基）}O-\overset{\overset{\displaystyle O}{\|}}{C}-O\text{（苯基）} \quad + \quad CH_3O-\overset{\overset{\displaystyle O}{\|}}{C}-OCH_3$$

歧化反应

$$(3\text{-}20)$$

酯交换法工艺流程短，易于操作且没有含酚废水及废气产生，更加安全与环保，但由于使用均相催化剂，催化剂与产品不易分离。

目前也有建设中的装置将采用新的酯交换法工艺生产DPC，新的工艺流程与传统的酯交换法类似，但其采用碳酸二乙酯（DEC）与苯酚通过非均相催化剂体系催化反应，产物为DPC与乙醇，乙醇可返回DEC合成装置循环使用，提高了整体的原料利用率；同时催化剂易与产品分离且可再生重复使用。

（3）草酸酯脱羰法

草酸酯脱羰法分两步进行：第一步，由草酸二甲酯（DMO）和苯酚反应生成草酸二苯酯（DPO），如式（3-21）所示；第二步，由草酸二苯酯（DPO）脱羰基生成DPC，如式（3-22）所示。

$$H_3CO-\overset{O}{\underset{}{C}}-\overset{O}{\underset{}{C}}-OCH_3 + 2\,C_6H_5OH \longrightarrow C_6H_5-O-\overset{O}{\underset{}{C}}-\overset{O}{\underset{}{C}}-O-C_6H_5 + 2CH_3OH \tag{3-21}$$

$$C_6H_5-O-\overset{O}{\underset{}{C}}-\overset{O}{\underset{}{C}}-O-C_6H_5 \longrightarrow C_6H_5-O-\overset{O}{\underset{}{C}}-O-C_6H_5 + CO \tag{3-22}$$

其中，第一步产生的甲醇可以用于生产草酸二甲酯（DMO），而且由于体系中其他主要组分不与甲醇形成共沸物，更有利于甲醇的分离和回收。

3.4.2　市场概况

（1）主要应用

DPC是一种重要的有机化合物，广泛应用于多个工业领域，以下是其主要的应用领域及具体说明。

① 聚碳酸酯生产　其核心用途是作为关键原料生产聚碳酸酯，通过熔融酯交换法与双酚A聚合。优势是此工艺不使用光气，所生产的聚碳酸酯广泛应用于电子、汽车、建材等领域的光学透明材料制造。

② 高分子材料改性　a.作为改性剂或共聚单体，DPC可提升聚酯与聚氨酯材料的耐热性、机械强度及加工性能；b.功能材料：用于制备具有特殊性能的工程塑料，如耐高温或抗冲击材料。

③ 电子与光学材料　a.绝缘材料：用于电子元件封装和电路板涂层，具有优异的绝缘性和耐候性；b.光学应用：间接用于制造光学镜片、光盘基材，这依赖于聚碳酸酯的高透明度和抗冲击性。

④ 医药与农药中间体　a.药物合成：作为某些药物（如抗病毒或抗癌药物）的中间体，参与酯化或碳酸酯化反应；b.农用化学品：用于合成高效低毒农药，优化生物活性。

⑤ 涂料与胶黏剂　a.高性能涂料：作为反应性稀释剂或交联剂，增强涂层的耐化学品性和附着力；b.胶黏剂改性：提升胶黏剂的耐高温性能，适用于汽车或航空领域。

⑥ 新能源领域　可用于锂电池电解液，作为潜在添加剂，可改善电解液的热稳定性和电化学性能，但目前应用尚处于研究阶段。

⑦ 化学试剂与合成　可用于有机合成，在实验室中用作碳酸基团供体，

参与酯交换、氨基甲酸酯合成等反应。

（2）国内生产现状

2024年，国内现有的DPC装置总产能约为209.8万吨/年，如表3.10所示。国内DPC的下游应用几乎全部用于合成聚碳酸酯，仅有少量（包括重庆长风化学和进口DPC，总量不足1000吨/年）用于其他用途。国内DPC装置开工率随聚碳酸酯装置开工率变化而变化。

表3.10 国内主要DPC产能情况

地区	企业名称	生产工艺	产能/（万吨/年）	装置数量
上海	科思创	光气法	47	3
浙江	大风江宁	酯交换法	10	1
浙江	浙江石化	酯交换法	44.8	2
山东	利华益维远	酯交换法	10	1
四川	四川天华	酯交换法	10	1
湖北	甘宁化工	酯交换法	8	1
河南	盛通聚源	酯交换法	13	1
重庆	长风化学	光气法	0.2	1
辽宁	恒力石化	酯交换法	22.4	1
天津	中沙天津	酯交换法	22	2
海南	海南华盛	酯交换法	22.4	1
合计			209.8	

（3）未来发展趋势

DPC的应用依然无法离开双酚A型聚碳酸酯的配套，截至2024年底，在建的聚碳酸酯装置中约有125万吨/年产能（漳州奇美、荣盛新材料、中海壳牌、福建中沙石化等）采用DPC酯交换工艺，意味着将增加约113万吨/年的DPC需求。其他类型的聚碳酸酯用DPC也有一定的发展，医药、农药也有增加，但几乎可以忽略不计。

目前在建的DPC产能达到107.6万吨/年，绝大部分都配套有下游PC装置，详见表3.11。

表3.11 国内DPC在建产能

企业名称	生产工艺	产能/（万吨/年）	进展
漳州奇美	酯交换法	18	建设项目
荣盛新材料	酯交换法	44.8	建设阶段

企业名称	生产工艺	产能/（万吨/年）	进展
中海壳牌	酯交换法	22.4	建设阶段
中沙福建	酯交换法	22.4	建设阶段
合计		107.6	

3.5 聚碳酸酯助剂体系

聚碳酸酯作为五大工程塑料之一，具有优异的力学、光学和阻燃等性能，但其本身不耐紫外线，不耐强碱。在聚碳酸酯各种不同的下游应用中对其各项性能提出了很多具体的要求，为了满足这些要求，除了对聚碳酸酯本身进行结构改变外，还可以通过加入各类助剂进行针对性改善。

3.5.1 抗氧剂

聚碳酸酯的降解和键离解能与碳酸酯键的水解和醇解相关。由于键离解能较低，分子结构中异亚丙基的甲基易受氧化形成烷基自由基，烷基自由基在空气中被氧化形成过氧自由基，过氧自由基会继续夺取聚碳酸酯中的氢形成氢过氧化物。氢过氧化物不稳定，会分解成羟基自由基和芳烷基自由基，从而使聚碳酸酯分子链断裂，分子量下降。聚碳酸酯本身聚合度和结构的不同也会导致端酚基含量不同，从而影响不同规格聚碳酸酯在高温下的色变能力。此外，聚碳酸酯在高加工成型温度，尤其是在大于300℃的加工温度下，很容易引起热氧降解，使聚碳酸酯发生黄变。

解决上述问题的方法之一是加入抗氧剂（耐热老化助剂）。对应用于聚碳酸酯的抗氧剂选择应满足以下两点：①由于聚碳酸酯的加工温度高，应选择自身热稳定性好且对加工过程保护好的抗氧剂；②需选择对聚碳酸酯长效热稳定好的抗氧剂。

抗氧剂按机理可分为：主（或初级）抗氧剂（过氧化自由基捕捉、碳自由基捕捉）、辅（或次级）抗氧剂（氢过氧化物分解）、金属钝化剂等。按分子结构可分为：受阻酚类、亚磷酸酯类、硫代类、羟胺类、受阻胺、苯并呋喃酮及金属钝化剂等。

受阻酚抗氧剂属于主抗氧剂，其主要作用机理是与塑料中因氧化产生的氧化自由基（ROO·）反应，中断活性链的增长。受阻酚抗氧剂按分子结构可分为单酚、双酚、多酚、氮杂环多酚等品种。多酚抗氧剂1010、1076、1098、3114等是当下塑料抗氧剂的主导产品。但常规的受阻酚型主抗氧剂聚碳酸酯高温加工老化时，其自身也可能产生显色醌基，导致产品轻微色变，此时也可选用半受阻酚类抗氧剂，如：245、1790等，以避免形成显色基团。

亚磷酸酯抗氧剂和含硫抗氧剂同为辅助抗氧剂。辅助抗氧剂的主要作用机理是通过自身分子中的磷或硫原子化合价的变化，把塑料中高活性的氢过氧化物分解成低活性分子。亚磷酸酯抗氧剂的代表性产品有：168、618、626、P-EPQ、PEP-36、9228等，其中，P-EPQ和PEP-36在抑制聚碳酸酯树脂多级挤出造粒导致的色变、熔体流动速率提高、抗冲击强度下降等方面表现突出。国内生产的含硫抗氧剂按分子结构可分为硫代酯抗氧剂（如：DLTDP、DSTDP等）、硫代双酚抗氧剂（如：TBM-6）和硫醚型酚三类。由于气味和对透明性的影响，硫代酯抗氧剂在聚碳酸酯中较少应用。此外，若聚碳酸酯的下游应用对高温高湿有要求时，应适当减少辅助类抗氧剂的用量，以避免辅助类抗氧剂在特殊环境下产生的酸性物质对聚碳酸酯结构的破坏，从而造成物性的下降。

羟胺类、受阻胺类与苯并呋喃酮均属于主抗氧剂，其作用机理是通过捕捉碳自由基，消除氧化降解链式反应，实现抗氧化作用。羟胺类和受阻胺类很少用于聚碳酸酯，添加苯并呋喃酮类抗氧剂到聚碳酸酯中可大大提高高温加工下的熔融稳定性。

金属钝化剂主要通过与金属离子，特别是铜离子，生成稳定的配位化合物，降低金属离子导致聚合物催化降解的可能性。适用于体系接触金属或金属离子的场合，如电缆料等。目前，金属钝化剂尚未应用在聚碳酸酯中。

聚碳酸酯中通常会同时添加主抗氧剂和辅助抗氧剂，复配使用，发挥协同效应。特别是在解决聚碳酸酯的加工色变方面，辅助抗氧剂的使用比例应高于主抗氧剂。主抗氧剂可尽量选用半受阻酚结构，以利于颜色稳定。此外，聚碳酸酯中还可选用一些新型多功能抗氧剂，如同时含有酚和亚磷酸结构的抗氧剂。主辅抗氧剂在同一结构上，不仅耐温性能优良，而且抗氧化效率更高。

3.5.2 光稳定剂

聚碳酸酯在光、氧、热等作用下会发生降解，导致制品黄变，力学性能下降。聚碳酸酯的光氧化机理一般认为有两种，第一种是芳香族发色基团吸收波长在254nm的紫外线后，聚碳酸酯分子受激，诱发CO—O键断裂，生成两个游离基，接着发生光击重排反应，生成的基团吸收可见光，使聚碳酸酯发生变色。引起光击重排反应的最有效波长为280nm，极限波长为310nm，在波长大于310nm的光激发下，直接发生O—CO—O键断裂。聚碳酸酯光老化的另一种机理与前一节中描述的异亚丙基键断裂机理相同。

为了提高聚碳酸酯的光稳定性，需要加入光稳定剂（耐光老化助剂）。光稳定剂的主要作用为：屏蔽光线、吸收并转移光能量、猝灭或捕获自由基。对应用于聚碳酸酯的光稳定剂选择应至少满足以下三点：①聚碳酸酯下游多为透明制品，需加入色污小的光稳定剂；②聚碳酸酯加工温度高，需加入热稳定性好的光稳定剂；③聚碳酸酯的敏感波长在280～310nm，需加入在此波段吸收强的光稳定剂。

光稳定剂一般按作用机理可分为紫外线吸收剂、光屏蔽剂、猝灭剂和受阻胺光稳定剂四类。

紫外线吸收型光稳定剂通称为紫外线吸收剂，这类光稳定剂是利用自身分子结构，将光能转换成热能，避免塑料发生光氧化反应而起到光稳定作用。

紫外线吸收剂由含有共轭π电子体系的结构与能够进行氢原子移动的结构组成。其分子结构内至少含有一个邻位羟基苯基取代基，这类化合物由邻位羟基与氮原子或氧原子形成螯合环，吸收紫外线后，氢键断裂发生分子异构，分子结构发生热振动，氢键破坏，螯合环打开，分子内结构发生变化，将吸收的紫外光能转换为热能散发出去，从而保护材料在受到紫外光激发时不易发生降解。在这个过程中分子内形成螯合环是其具有紫外线吸收功能的关键，打开此环的能量敏感范围正好为290～400nm的紫外线能量范围。另外，作为紫外线吸收剂还必须能在紫外光作用下不发生光化学反应，热稳定性好，挥发性小，对高分子材料的相容性好，不容易被溶剂萃取等。

聚碳酸酯中常使用紫外线吸收剂，主要是其添加量少，耐温好，对聚碳酸酯透明性和力学性能影响小。紫外线吸收剂根据分子结构不同可分为：二苯甲酮类、苯并三唑类、苯并三嗪类、苯亚甲基丙二酸酯类等。由于苯并三唑类对UV-A有效吸收效果很好，苯丙三氮唑类紫外线吸收剂的代表性产品有：UV329、UV234、UV326等，其中UV329和UV234在高温下的色污较小，而UV326在280～310nm的吸收比较强，苯亚甲基丙二酸酯类、三嗪类对短波长的UV-B效果更明显，然而由于苯并三唑类紫外吸收剂的环境持久性风险，引起了相关政府机构及非政府组织的持续关注，欧盟自2024年1月开始，把UV329、UV326列入了欧盟高关注物质清单（REACH SVHC），该类添加剂在工程塑料材料中的需尽量避免使用，如确需使用，建议控制使用量小于0.1%，以避免下游制品在欧盟市场需进行REACH登记法规限制；UV234也被欧洲相关机构列入进一步限制使用的草案清单。苯亚甲基丙二酸酯类、三嗪类紫外线吸收剂的代表性产品有：1577、3030。通过将不同分子结构的紫外吸收剂复配使用，可得到高效的耐光老化聚碳酸酯树脂。

改善聚碳酸酯耐光性的另一种方法是在聚碳酸酯表面涂覆高紫外线吸收剂含量的涂层，或直接加入高紫外线吸收剂含量的聚碳酸酯母粒与其共挤出。

光屏蔽剂主要是指炭黑、钛白粉、氧化锌等，由于价格相对低廉，在一般的塑料光老化改性上应用较多。特别是纳米技术的工业化应用，大幅提高了光屏蔽剂在塑料中的耐光和耐候性能，但由于对聚碳酸酯的透光性和力学性能影响明显，因此较少使用。

猝灭剂是通过转移光能而达到光稳定的目的，可与塑料中因光照而产生的高能量、高化学反应活性的激发态官能团发生作用，转移激发态官能团的能量。猝灭剂的工业产品是二价镍的络合物，其分子中含重金属镍，从保护环境和人体健康方面考虑，欧洲、北美洲等发达国家和地区已停止或限制使用猝灭剂。此外，镍的络合物一般呈墨绿色，会影响聚碳酸酯的成品颜色，该产品本身也不适用于聚碳酸酯。

受阻胺光稳定剂（HALS）是一类具有空间位阻效应的有机胺类化合物，因其具有分解氢过氧化物、猝灭激发态氧、捕获自由基且有效基团可循环再生的功能，是国内外用量最大的一类光稳定剂。受阻胺光稳定剂一般禁止在PC中使用，因为碱性化合物的胺类会大大加速PC中酯键的分解且容易发生酰胺化反应；在干态的光照条件下，虽然能够部分提高PC的光照老化性能，但是，使用了受阻胺的PC在高温高湿条件下，PC基材会严重发泡，其缺口冲击性能下降明显。

3.5.3 润滑剂

润滑剂体系一般可分为：脂肪酸及其盐，如硬脂酸钙；脂肪酸酯，如单甘酯、季戊四醇硬脂酸酯（PETS）、蜡酯；脂肪酰胺，如芥酸酰胺、EBS等；各类蜡，如PE蜡、PP蜡、褐煤酸蜡、蒙旦蜡等；有机硅/氟化合物等。此外，超支化聚合物的出现，也为润滑剂体系带来新的品种。

聚碳酸酯体系用润滑剂常常选用PETS，熔点为60～65℃。主要是因为PETS在高温下具有良好的热稳定性和低挥发性，良好的脱模和流动性能。PETS突出的热稳定性使它可用于聚碳酸酯体系的加工过程，不用担心发生降解（热分解温度大于300℃）。此外，在玻璃纤维增强改性的聚碳酸酯材料中使用，可明显改善浮纤现象。PETS在聚碳酸酯色母粒中使用也有极好的分散效果。

PETS按酯化度不同，一般可分为PETS-3和PETS-4，常用的是PETS-4，即由四个硬脂酸分子与一个季戊四醇分子酯化反应生成。由于季戊四醇自身缩合反应控制难度较大，目前国产PETS的凝胶物含量较高，质量参差不齐。

聚碳酸酯体系中也可使用有机硅类化合物作为润滑剂，提高加工流动性，同时，对韧性也有一定提高，但此类产品对聚碳酸酯的透明性有一定影响。此外，添加聚硅氧烷母粒除增加聚碳酸酯的加工流动外，还可提高聚碳酸酯的脱模性和阻燃性能，且聚硅氧烷母粒具有良好的稳定性和耐迁移性。

含氟类化合物主要用于防止口模积垢、鲨鱼皮等现象，可用于聚碳酸酯片材加工中。

国内近些年出现的超支化或树枝状聚合物，在聚碳酸酯上也可用作润滑和加工助剂，特别是应用到聚碳酸酯色母粒的生产中。

3.5.4 增韧剂

聚碳酸酯一般采用核壳结构的MBS或丙烯酸酯类（ACR）粉体进行增韧。其中，丙烯酸酯类增韧剂的耐候性要优于MBS类产品。具有核壳结构的有机硅增韧剂，由于增韧效果和耐候效果均优于MBS或ACR，在聚碳酸酯中也有较多应用。

近些年，通过将有机硅结构共聚到PC分子中得到的共聚PC树脂，本身具有优良的韧性。此类共聚PC也可作为增韧剂，添加到普通PC树脂中，提升韧性。不仅如此，还可以提高PC耐溶剂开裂的能力。

此外，通过添加扩链剂也可以提高聚碳酸酯的韧性。常见的扩链剂包括：环氧官能化、马来酸酐官能化、多异氰酸酯类、恶唑啉类扩链剂等，而一般用于聚碳酸酯的扩链剂是环氧官能化的扩链剂。它通过多环氧官能团与多个聚碳酸酯分子链的端基反应，提高聚碳酸酯的分子量和相关力学性能。

3.5.5 阻燃剂

阻燃剂是赋予聚合物难燃性的功能性助剂，按使用方法分为反应型阻燃剂和添加型阻燃剂。

反应型阻燃剂是作为一种单体直接参与聚合反应，使聚合物本身含有阻燃成分。添加型阻燃剂是通过机械混合方法加入聚合物中，使聚合物具有阻燃性。添加型阻燃剂主要分为有机阻燃剂和无机阻燃剂，也可根据是否含有卤素分为卤系阻燃剂和无卤阻燃剂。

（1）溴系阻燃剂

溴系阻燃剂中的十溴二苯乙烷产品较少用于聚碳酸酯中，主要是因为其严重影响聚碳酸酯制品的透明性、流动性、抗冲击强度和断裂伸长率，除非为了降低阻燃聚碳酸酯的成本考虑。

溴化环氧树脂也可用于聚碳酸酯中，但会严重影响透明性。因其与聚碳酸酯相容性一般，但与ABS有较好的相容性，目前主要用于PC/ABS合金中。

溴化聚碳酸酯低聚物是一类常见的聚碳酸酯用含溴阻燃剂，对聚碳酸酯制品的韧性、加工流动性和透明性影响最小，含溴量一般在50%以上，可用于透明阻燃制品。

此外，溴化聚苯乙烯也可用于聚碳酸酯中，其对韧性、加工流动性影响小，但也不透明。

在聚碳酸酯溴系阻燃体系中，一般不添加三氧化二锑（Sb_2O_3），除了不透明外，主要是Sb_2O_3会催化聚碳酸酯降解。

（2）含磷类阻燃剂

有机磷酸酯类阻燃剂（如：BDP、RDP）是含磷化合物用于聚碳酸酯阻燃的典型产品，添加10%～12%就能实现1.5mm V-0，价格不高，应用较为广泛。但由于对热变形温度降低明显，也在一定程度上限制了其应用。且添加量超过15%，对老化性能及冲击强度影响很大。

磷腈类阻燃剂是一类含—P＝N—结构的氮磷系阻燃剂，按结构可分为环状磷腈（如：六苯氧基环三磷腈、烷氧基环三磷腈）和线性聚磷腈。环状磷腈产品的磷含量较高（P%：13%，N%：6%），具有优异的耐热性（350℃以上）和耐水解性，熔点高（约110℃），对流动性和力学性能影响小，可用于聚碳酸酯及其合金（如PC/ABS、PC/PBT等）。

（3）磺酸盐类阻燃剂

全氟磺酸盐（perfluorosulfonate，代表产品：全氟丁基磺酸钾PPFBS）、二苯基砜磺酸盐（KSS）、2,4,5-三氯苯磺酸钠（STB）、PES、HES等盐类，由于可催化聚碳酸酯燃烧成碳，很少添加量（0.08%～0.3%）即可实现阻燃，在聚碳酸酯无卤阻燃中得到广泛应用。采用此类阻燃剂可制备无卤阻燃透明聚碳酸酯产品（STB体系不透明），其典型配比如表3.12所示。

表3.12 无卤阻燃透明聚碳酸酯典型配比 单位：%

种类	3.2mm V-0 (MI-10)	3.2mm V-0 (MI-3)	2.6mm V-0 (MI-10)	1.6mm V-0 (MI-20)
PC	99.92	99.8	99.4	95.4
PPFBS	0.08	—	—	—
KSS	—	0.2	0.4	0.6
甲基苯基硅氧烷	—	—	0.25	4.0

多年前，PPFBS就已被列入了欧盟高关注物质清单（REACH SVHC）。应尽量避免在工程塑料材料中使用该类添加剂，如确需使用，建议将使用量控制在0.1%以下。同时，PPFBS也属于非聚合物类PFAS物质之一，按欧盟PFAS法规草案建议，非聚合态类PFAS物质在制品及混合物中的限量应为小于25μg/kg。随着欧美地区对PFAS热点的持续关注，以及相关法规的持续出台，建议在聚碳酸酯材料中逐步淘汰PPFBS阻燃剂。

（4）硅系阻燃剂

硅系阻燃剂是一种新型的无卤阻燃剂，具有高效、无毒、低烟、防滴落、无污染等优点。聚碳酸酯中的硅系阻燃剂以硅树脂为主，其阻燃机理主要是迁移阻隔机理，即在燃烧过程中，硅系阻燃剂迁移至表面。

新型有机倍半硅氧烷阻燃剂，与PTFE和含氟磺酸盐等助剂复配使用，可获得薄壁阻燃聚碳酸酯产品（0.45mm V-0）。

随着欧盟对PFAS的限制，PTFE将不能在PC中使用。针对这一变化趋势，国内陆续开发出新型含硅防滴落剂，其可与其他阻燃剂配合使用，以满足薄壁PC或PC/ABS的阻燃需求。由于作用机理不同，含硅防滴落剂的添加量往往比传统的PTFE更大。

（5）新型无卤阻燃剂

目前，新出现的一款含磷-硫结构的离子液体型无卤阻燃剂，成为近期PC阻燃的一个亮点。它主要发挥气相阻燃的机理，而非凝聚相阻燃，在低添加量情况下（1.5%～5%），即可实现PC的薄壁阻燃效果，且不用添加防滴落剂。

目前，国内市场上商业化有几款离子液体阻燃剂，其中透明离子液体阻燃剂的应用数据见表3.13。

表3.13　离子液体阻燃透明聚碳酸酯对比

样品名	阻燃剂添加量	阻燃等级	雾度%	透光率%
PC	0	0.5mm V-2	0.40	88.0
阻燃PC	3%	0.5mm V-0	0.44	87.3

此类阻燃剂的特点是保证PC分子量不会被降解的同时，明显提高PC塑料的熔指，加工温度可以下调25～30℃，更方便加工成型。

3.5.6　其他助剂

（1）光扩散剂

向聚碳酸酯中添加光扩散剂可改变光线的传播方向，通过多次折射达到透过光线柔和的效果。光扩散剂主要为无机或有机球状粉体，多用于聚碳酸酯的LED照明灯管、灯罩及液晶光扩散板等领域。

球形二氧化硅、PMMA、有机硅树脂等均可用作光扩散剂，其本身的折射率与聚碳酸酯的折射率（1.59）差别较大，且自身透明度高，对透光率影响较少。目前，聚碳酸酯中的光扩散剂一般选用有机硅树脂球状微粉（折射率1.43），且一般粒径在0.5～5μm之间。有机硅树脂球形微粉光扩散剂的优势主要体现在：一方面其耐热性能好；另一方面有机硅树脂微粉的光扩散效率（指偏离垂直入射光方向70°的透过光通量所占百分比）高，对透光度影响小。

（2）抗静电剂

用聚碳酸酯制品制作电子产品时，对表面静电耗散（ESD）有一定要求，表面电阻率在10^6～$10^{12}\Omega\cdot cm$之间，这就需要添加抗静电剂。抗静电剂一般分为内添加型与外添加型，前者通过改性添加到聚碳酸酯树脂中，后者直接涂覆到聚碳酸酯制品表面。

内添加型一类为高分子永久型抗静电剂，除抗静电性能外，还具有环境湿度非依赖性、持久性、无迁移性以及着色性等特点，但只能用于透明度要求不高的产品中，且由于添加量大（10%～20%，质量分数），对冲击韧性影响严重。

另一类是含氟的离子液体型导电粉，例如日本三菱电子化成生产的EF（+）系列产品，很低用量（1%～2%，质量分数）即可实现表面电阻小于$10^9\Omega/sq$，且不影响制品的透明度。

近期，一些纳米导电粉体（如：纳米氧化锡锑、石墨烯、碳纳米管），由于添加量少（1%～3%，质量分数），粒子尺寸小，对聚碳酸酯的透明性和力学性能影响较小，也开始用作聚碳酸酯的抗静电剂。

外添加型抗静电剂主要是磺酸盐阴离子型小分子物质，常用于聚碳酸酯片材的外涂抗静电处理。其缺点是不耐洗涤，抗静电效果不持久。

（3）着色剂

通过向聚碳酸酯及其合金材料中添加各类着色剂，获得不同颜色的产品，是其重要应用之一。特别是免喷涂类聚碳酸酯产品的兴起，由于没有表面涂层处理工序，直接注射成型即可得到色彩艳丽的效果，不仅环保、低成本，而且颜色更持久。免喷涂体系也对着色助剂的选用提出了更高的要求。

聚碳酸酯用着色剂主要分为无机颜料、有机颜料、有机染料三大类。

无机颜料是传统塑料着色剂，虽然着色力差，但其耐热性、耐候性、耐迁移性优越，价格低廉。因此，尽管其通常有重金属残留问题，导致用途受限，但目前在塑料着色领域中仍占据重要地位。按化学结构，无机颜料着色剂又可进一步分为：金属氧化物（二氧化钛、氧化铁、氧化锌等），炭黑，金属硫化物（硫化锌等），铬酸盐（铬黄、铬橙等），以及其他如群青、铁蓝、锰颜料、钴颜料、钼红及钒酸铋等。

无机颜料中，增白最常用的是钛白粉，常选用金红石型钛白粉，但添加钛白粉对于聚碳酸酯的缺口冲击强度影响很大。在一些要求高韧性的应用场合，为了调整白度，还可以添加荧光增白剂、群青之类的颜料来消除黄色，提高肉眼白度。无机颜料中，着黑色通常使用色素炭黑。色素用炭黑一般根据着色能力分为三类：高色素炭黑、中色素炭黑和低色素炭黑。不同粒径的色素炭黑，着色效果也不同，经细炭黑着色会出现蓝色色调（偏蓝相），会给人黑度更高的感觉；如果炭黑颗粒粗大，则相应地呈现棕色色调（偏红相）。

有机颜料由于品种繁多、色光鲜艳、着色力高、应用性能优良，是重要的塑料着色剂。按结构类型不同，可分为：不溶性偶氮颜料、色淀类颜料、酞菁类颜料（酞菁蓝和酞菁绿）、杂环与稠环酮类、喹吖啶酮类、吡咯并吡咯二酮类颜料（简称DPP颜料）、二噁嗪颜料、异吲哚啉酮颜料等。此外，还有一些如咔唑类、芪系、喹酞酮类、蒽醌类、苯并咪唑酮类颜料等。由于有机颜料众多，各自特性不同，在对聚碳酸酯着色时，需针对性选用。

有机染料是指可溶于溶剂的有机着色剂。为了使聚碳酸酯着色制品保持原有的高透明度，通常会选用具有高溶解度的染料进行着色。透明墨色PC材料，一般选用这类染料着黑色。

着色剂一般为粉状，但由于颗粒状色母粒具有着色效果好、便于自动计量和运输、污染小等优点，在聚碳酸酯及其合金材料中被普遍应用。近年来，由于液体色母粒具有易染色、着色均匀、可对光学聚碳酸酯着色、对抗冲击强度影响小等优点，在聚碳酸酯染色产品上得到较大发展，值得关注。

CNPCA观察：

近五年来，聚碳酸酯价格冲高后持续下跌，利润空间大幅压缩，预计未来聚碳酸酯行业将长期面临这一困境。在此期间，一方面PC工厂向上游配套建设相关装置；另一方面，上游炼油化工一体化装置向下延伸产业链至PC装置。从PC行业环节来看，PC工厂配套上游原料的比例大幅提升，而上游原料装置的增加也加剧了上游产业的产能过剩。不过从PC行业整体来看，配套产业完整性的提高增强了行业的整体竞争力。

双酚A是合成PC的主要原料。近5年内，聚碳酸酯企业配套的双酚A装置纷纷投产，同时还有新建、扩建产能的情况，这使得双酚A产能增速远超需求增速，行业开工率明显下降。但对于PC行业而言，未来2~3年内，双酚A大概率仍能保障供应并维持相对稳定的价格。

由于聚碳酸酯的结构和应用特性，其助剂的选用与一般塑料不同，需认真考量。也期待随着新型结构或新作用机理的助剂出现，能进一步提升聚碳酸酯的产品性能。

第4章

聚碳酸酯
下游应用

聚碳酸酯作为一种综合性能非常优异的热塑性工程塑料，由于其突出的耐热性能、高透明度和高抗冲击的特性，本身就具有非常广泛的应用，而采用聚碳酸酯共混改性的产品更是兼具了聚碳酸酯和其他共混材料的特性，进一步拓展了聚碳酸酯的应用领域。随着性价比的优势越来越明显，聚碳酸酯的应用范围和规模得到进一步扩大。

聚碳酸酯由于拥有高抗冲和高耐热的特性，改性后大量应用于电子电气、汽车等市场；由于拥有高透明和高抗冲击性的特性，大量应用于板材、薄膜、光学、消费品等市场；由于拥有高透明和高耐热的特性，大量应用于汽车车灯、医疗等市场。

4.1 电子电气

随着工业化水平的不断提高，电子电气产品在我们的生产和生活中发挥着越来越重要的作用，包括家用电器、消费电子、办公器材、低压电器、电工设备等在内的一系列产品。在电子电气产品的各种应用场景中，塑料都发挥着举足轻重的作用，与其说是电子电气产业的快速发展为塑料带来了巨大的增长需求，不如说是塑料的出现和发展推动了电子电气产业的快速发展。

聚碳酸酯材料在较宽的温度和湿度范围内具有良好而稳定的电绝缘性，是一种优良的绝缘材料。再加上优异的抗冲击性、良好的环保阻燃性、尺寸稳定性以及满足CMF（color，material，finishing，即颜色、材料、工艺）设计要求的丰富色彩和光泽表现力，使聚碳酸酯及其合金材料成为应用于电子电气产品的理想材料。

针对电子电气领域的应用特点，通常需要对聚碳酸酯材料进行针对性的阻燃、增韧、增强、填充、耐候、耐化学品以及合金化改性（例如：PC/ABS、PC/ASA、PC/PBT、PC/PET、PC/TPU等），以满足电子电气产品的特殊应用需求。

国内市场上应用于电子电气领域的聚碳酸酯树脂在120万～130万吨/年，大量的聚碳酸酯树脂及其改性材料被广泛应用于电子电气产品的外壳、视窗、机体、支架等部件。

4.1.1 家用电器

中国是全球最大的家用电器消费市场和制造中心。随着人均可支配收入的不断提高，人们的消费理念也在不断调整，大家电消费升级，小家电逐步普及。但近年来，由于受到房地产行业低迷、中国家庭家电保有量趋于饱和的影响，家电市场表现也愈发疲软。国家统计局数据显示，2024年家电企业主营业务收入约为1.95万亿元，同比增长5.6%；利润为1737亿元，同比增长11.4%。虽然疫情影响、房地产市场萎靡，但随着各大家电厂商加快海外布局，家电市场未来增长势能较足。2024年得益于消费品以旧换新政策，以及各地政府推出的家电数码产品消费补贴活动，全国规模以上家电企业零售额突破1.03万亿元。此外，家电产业中一些新兴品类也不乏亮点和机会，人们的关注点慢慢从一些传统家电转向新兴品类家电。后疫情时代，随着人们对健康的重视度增加，一些健康家电的关注度也进一步提升。其中，消毒柜、微波炉、空气净化器、新风系统、洗碗机、除菌洗衣机、干衣机等产品在疫情过后，反而迎来消费者的更多关注。

随着家电产业的蓬勃发展，塑料已成为家电行业中用量增长最快的材料，是家电产品中使用量仅次于钢材的第二大类原材料。聚碳酸酯作为一款高耐热、高强度、高韧性并且具有高透明性的综合性能优异的工程塑料，在家电领域也得到越来越广泛的应用。聚碳酸酯的难燃性、低烟性等优异的阻燃性能，也正好契合家电行业对塑料阻燃性的高要求。

（1）电视机

电视机行业作为最为传统的黑电，近几年市场均出现不同程度的下滑。中国家用电器研究院和全国家用电器工业信息中心联合发布的《2024年家电行业全年度报告》显示，近5年来国内彩电需求一直较为疲软，销售规模呈现逐年下降的趋势，但2024年零售额却实现了大幅增长，同比上涨了15.7%，达到1271亿元。这种"量微跌额大增"的现象表明，彩电市场正在进行产品结构升级，高端产品的销售表现尤为突出。电视市场的下滑很大一部分原因是中国家庭的闲余时间越来越多地被小屏（手机等）所占据，消费者购买电视的欲望愈加减弱。不过随着电视机时尚化、个性化和智能化的发展，大屏幕仍然是时代潮流，75英寸及以上的大尺寸产品成了市场的亮点。

大屏电视的外观结构件要求更薄、稳定性更高并且要求成本更低。为了满足超薄化、窄边化及大屏幕对电视机外壳用工程塑料的要求，具有更高流动性、更高强度和刚性的聚碳酸酯改性材料受到越来越多的关注。

电视机通常用到聚碳酸酯材料的部件包括电视机的前框、后盖、底座和LED模组胶框等。据估算国内电视机市场每年消耗的聚碳酸酯总量超过10万吨。一台50英寸的电视机大约需要用6kg塑料，其中使用量最大的部件为电视机的前框和后盖。电视机类产品的应用场景要求材料具有良好的韧性、阻燃性和加工性。良好的韧性可以保证电视机外壳在受到撞击或跌落时，不会发生破碎；电视机通电工作的情况下，塑料在受热或者电接触情况下容易燃烧引起火灾，为保证其安全使用，要求所使用的材料具有阻燃性（UL 94 V-0）；电视机外壳属于大型薄壁制品，材料良好的流动性才能保证顺利充模。

最初，外壳材质以ABS和HIPS为主，其机械强度高，收缩率小，加工流动性良好；但二者都属于易燃材料，着火时燃烧速度快，还会放出大量毒气，为了能够达到阻燃要求，改性过程中必须加入适量阻燃剂，并且以有卤阻燃剂为主。随着环保意识越来越强，家电中对卤素含量的控制越来越严格，有卤阻燃ABS或HIPS的应用越来越受到限制。

无卤阻燃PC/ABS合金，既具有聚碳酸酯树脂优良的耐热性、尺寸稳定性和抗冲击性能，又具有ABS树脂优良的加工流动性，更重要的是该材料不含卤素，对环境友好，可以满足更高的使用需求。此外，玻璃纤维（GF）或矿物增强的无卤阻燃PC或PC/ABS合金在强度和模量上都有大幅提高，使电视机外壳的设计厚度从之前的3mm降低到1mm，为大尺寸和薄壁化的设计带来了巨大的便利。并随着快速冷热成型技术（RHCM）的发展和不断成熟，增强后的PC及PC/ABS合金制件的外观也能达到良好的镜面效果，解决了增强PC及PC合金材料在应用过程中的外观工艺问题。经过多年的应用和发展，电视机外壳的选材方案已经比较成熟，前框材料以玻璃纤维或矿物增强的无卤阻燃PC或PC/ABS合金为主，后盖则应用无卤阻燃PC/ABS合金较多，而电视机的底座材料，则主要采用玻璃纤维增强PC。

（2）音响

根据中国电子音响行业协会统计，全球电子音响市场产值从2019年至

2024年整体规模呈增长趋势，2024年中国电子音响行业市场产值约为4670亿元。

中国音响行业在过去30多年中取得了长足发展，目前中国已发展成为世界音响设备的生产和出口大国。自1999年开始，我国电子音响产值以平均每年超过30%的速度增长，至2006年产值已达2069亿元。但受用工成本增加、原材料价格上涨、人民币汇率波动等因素综合影响，我国主要电子音响产品产值增速从2006年开始放缓。近几年随着物联网（internet of things，IoT）的快速发展，智能音响作为IoT的主要入口之一，又迎来了良好的发展势头。据中国电子音响行业协会统计，2023年全国音响行业总产值为4451亿元，较上年同比增长4.98%。其中，无线耳机等产品增长明显，反映了全球电子音响行业"无线化""智能化"的趋势。主要产品产量约占全球的80%以上（产值与产量数据包含真无线耳机市场）。

根据音响使用场合的差异可分为多媒体音响、家庭影院、汽车音响、专业音响及扬声器等多个种类。在整个行业向着小型化、无线连接、绿色环保、外观时尚以及智能化的方向发展时，材料的选取和更迭显得十分重要。

常见音响从使用材料角度进行大致划分，可分为壳体结构、喇叭振膜、喇叭支架等几部分，如图4.1所示。在音响发展历程中，木材材质外壳是音响材料的首选，这是因为木质结构密度较塑料大，箱体振动较小，声音的还原度更高。此外，木质结构由于其特殊的纤维化结构，使得其对声音的反射

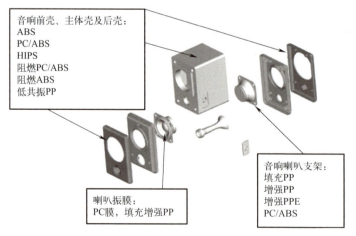

音响前壳、主体壳及后壳：
ABS
PC/ABS
HIPS
阻燃PC/ABS
阻燃ABS
低共振PP

喇叭振膜：
PC膜，填充增强PP

音响喇叭支架：
填充PP
增强PP
增强PPE
PC/ABS

图4.1 常见音响结构及使用材料示意图

更强，且木材的封闭性能也很出色，信号可有效通过箱体内空气振动传递出来。正因为木质材料的以上优点使其在音响发展过程中占据了领导地位。

随着一些多媒体音响、个人音响以及车载音响的快速发展，木质结构音响难成型、重量大、成本高的劣势与发展趋势相悖，因此很多音响生产商纷纷寻找替代材料。在众多材料中，塑料材料由于其成本低、重量轻、强度高、易成型等特点，受到众多生产商的推崇。除了在一些大型的、对音质要求极高的专业音响领域仍大量使用木质材料外，在便携的多媒体音响中使用塑料材质已逐步成为主流。

在塑料材质的音响中，不同部位使用的材料也有所差异。在音响外壳部分使用的材料有低共振PP、HIPS、ABS、PC/ABS及PC/聚酯材料，其中低端产品使用PP及HIPS较多，中高端产品使用ABS、PC/ABS及PC/聚酯材料较多。喇叭振膜框使用填充增强PP较多，也有使用ABS和PC/ABS的情况。音响喇叭支架使用填充PP、增强PP、增强PPE、增强PC以及PC/ABS材料较多。对比上述提及的几种音响中常用塑料，聚碳酸酯及聚碳酸酯类合金在强度、韧性、表面光泽度、阻燃性、耐热性能方面均具有明显优势，但其价格相对PP、HIPS和ABS较高，因此聚碳酸酯及其合金材料主要在中高端音响产品中应用较多，例如BOSE、哈曼、超声、VIZO、Sharp和TCL的音响产品中都大量使用了聚碳酸酯类材料。此外，由于聚碳酸酯具有很高的透光度，JBL公司还生产过一款颇具创造性的透明水晶音响。

随着5G通信的推广以及物联网的普及，作为连接终端重要的一环，智能音响行业也迅猛发展。2023年全球智能音响出货量约为0.9亿台，根据中商产业研究院的数据，其全球市场规模在70亿美元左右，且未来的增长点主要在亚太市场。长期来看，随着技术的进步和市场的拓展，未来有望实现稳步增长，其中亚马逊、百度、阿里巴巴企业品牌占比超60%。在选材方面，亚马逊智能音响壳体主要使用阻燃PC/ABS，材料需要高相对温度指数（RTI）和薄壁阻燃等性能。国产的小度（百度）、天猫精灵（阿里巴巴）以及小爱（小米）音响等则主要以无卤阻燃ABS和PC/ABS为主。综上，随着人民经济水平和消费能力的快速提升，对音响的消费也会越来越多，中高端市场具有很大的增长潜力，而在该部分市场对音响轻量化、薄壁化、高强度的要求越来越高。塑料材质尤其是聚碳酸酯材料的优势也日益凸显，相信未来聚碳酸酯及其合金材料会在音响领域获得更多的应用。

（3）空调

空调是使用塑料材料占比最大的家电之一，其内机外壳、底座等均是用ABS或者HIPS，电控盒外壳用阻燃ABS，内机的贯流风叶和外机的轴流风叶用SAN+GF等等。空调行业的飞速发展，也很大程度带动了为其配套的塑料行业的发展。

奥维云网（AVC）零售推总数据显示，2023年空调销售6085万台，同比增长6.5%；零售额2117亿元，同比增长7.5%。随着房地产行业的下行，空调行业预计将进入饱和期，国内的存量市场也迫使各大空调厂商积极调整销售策略，开拓海外市场。另外，根据2020年7月1日开始实行的GB 21455—2019《房间空气调节器能效限定值及能效等级》强制性国家标准，空调必须按照标准做出能效升级。面对新的空调行业大环境，对空调用塑料也提出了更低成本和更高性能的要求。随着PC的成本愈加接近ABS，而性能远优于ABS，PC及其合金材料在空调上的应用也会越来越广泛。

由于阻燃剂环保趋势的影响，空调的电控盒外壳材质逐渐采用安全性能更高的无卤阻燃PC/ABS合金来替代原有的阻燃ABS。随着空调耐热要求的提高，空调的导风板、出风格栅等部件处也有使用聚碳酸酯及其合金材料。图4.2所示制件即为PC/ABS合金成型的空调出风格栅。

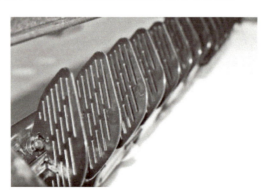

图4.2　空调出风格栅

PC/ABS合金具有优异的力学性能、耐温性能和尺寸稳定性，同时又具有优良的流动性和成型加工性，因此特别适合制作薄壁大尺寸制件。填充或增强聚碳酸酯具有高模量、抗翘曲性和尺寸稳定性，在一些高端品牌的空调导风板中也有应用，也是未来高刚高强领域选材应用的发展趋势。此外，随着空调更高性能的要求，聚碳酸酯及其合金材料的功能化也成为其在空调行业应用的一大趋势。由于市场对空调防凝露、卫生健康、低噪音的需求，应用聚碳酸酯及其合金材料具有更好的隔热、疏水、抗菌防霉、防异响等效果。

尽管空调在城市中的普及率已经很高，但是每年仍有大量用户更换新的产品，以提升自己的生活品质。随着空调行业的竞争越来越激烈，对产品的健康化、智能化、艺术化提出了更高的要求，塑料作为空调行业的重要原材料之一，对其功能性和美观性的要求也在不断升级中。

同时，随着环保要求越来越高，塑料制件表面喷漆在成本及可实施性方面均面临巨大挑战，免喷涂塑料的设计方案逐渐成了空调行业设计的主要发展趋势。免喷涂方案主要是指从塑料粒子到部件为一次成型，大幅减少了加工工序，避免了喷漆程序，是一种真正的绿色方案。聚碳酸酯及合金免喷涂材料的开发已经比较成熟，利用聚碳酸酯自身的透明性、高强度和高韧性的特点，可以实现闪烁和金属等多种效果，还能呈现喷涂无法实现的效果和质感，例如半透效果、大理石效果、木纹效果等。同时，与喷涂方案相比，该方案可大幅降低成本。因此，此类产品在空调面板、视窗等部件上应用广泛，且发展前景十分广阔。

（4）暖风机

随着人民生活品质的不断提高，在冬季使用暖风机的需求也越来越大。由于对暖风机的便携性要求越来越高，其外壳及一些支撑件也开始大量使用塑料。但暖风机作为发热电器，使用过程的安全性和稳定性十分重要。

根据暖风机行业相关标准及客户对制件性能外观的要求，该行业对材料的要求主要集中在以下几个方面。

① 阻燃方面要求1.5mm的UL 94 V-0和850℃的灼热丝燃烧指数（GWFI），澳大利亚和欧美市场甚至提出了850℃灼热丝起燃温度全程不起燃的苛刻要求，实际耐热温度一般需要100℃以上；

② 长期使用的颜色稳定性、抗跌落测试、耐湿热以及成型性能方面的要求；

③ 部分市场会对材料的表面光泽度和免喷涂等提出更高要求。

由于暖风机材料对高耐热的要求是硬性需求，因此只有通过耐热改性的通用塑料或高耐热的工程塑料才能满足要求。在满足耐热要求的工程塑料中，聚碳酸酯由于其综合性能优异，外观光泽度高，着色性能佳，且其合金化设计能达到的性能范围跨度大，具有很强的行业适用性和较高的性价比。因此聚碳酸酯类材料在该行业被广泛使用，如格力、美的、艾美特等基本选用了无卤阻燃PC/ABS合金或阻燃PC作为暖风机的外观件，并且随着暖风机朝着轻量化方向发展，聚碳酸酯在该行业的优势会更加凸显。

（5）厨房电器

《2024—2029年中国厨房家电行业重点企业发展分析及投资前景可行性评估报告》显示，2023年全球厨房家电市场规模达到3055.77亿美元，并预计在未来几年内以6.3%的复合增长率增长。其中，洗碗机将成为增长势能最大的厨房电器。2023年我国洗碗机市场销量达194万台，销售额为112亿元。厨房电器相对于其他家电而言，以金属为主，塑料用量相对较少，但是在一些装饰条和电控盒上面也会采用塑料。厨房电器往往会有较高的耐热要求，聚碳酸酯及其合金材料在这部分产品的塑料件也有较广的应用范围。

由于厨房电器特殊的油烟环境，耐油性是塑料件的第一特性要求，所以应用在厨房电器上的聚碳酸酯及其合金材料往往会经过耐油改性。除此之外随着厨房电器多功能化，一些特殊功能的改性也是厨房电器领域用塑料的一大趋势，例如抗菌防霉改性、耐紫外改性（带紫外消毒功能的厨房电器要求）。另外，聚碳酸酯及其合金材料的玻璃纤维增强塑料也是未来厨房电器领域以塑代钢选材趋势。

（6）其他传统家电

除上述应用外，聚碳酸酯树脂也被广泛应用于电冰箱、洗衣机等传统大家电领域。

电冰箱是人们日常生活中的重要家电，奥维云网（AVC）数据显示，2024年国内冰箱市场零售数量规模达到4019万台，同比增长4.9%。在电冰箱的生产中，塑料的应用非常广泛。一般来说，普通电冰箱产品中，塑料总质量能够占到部件总质量的70%左右。聚碳酸酯也是电冰箱生产中较为常见的塑料原材料，在电冰箱的灯罩、显示面板，冰箱内搁架、继电器等部件上应用较为广泛。

在洗衣机上应用较多的是ABS和PP，二者在价格和加工性方面优于聚碳酸酯。而聚碳酸酯以其透明性和优异的抗冲击性，主要在洗衣机盖板、显示板等部位应用较多。随着洗衣机的智能化、高端化，以及加工成型技术的发展，对塑料材料的要求也是越来越高，给聚碳酸酯及其改性的应用提供了更大的空间，洗衣机将是未来聚碳酸酯类材料应用的一个重要领域。

（7）新兴小家电

随着我国经济的发展，小家电产品作为高生活品质的象征，迅速进入消费者家庭，越来越受到中国消费者的喜爱。我国小家电行业正处于茁壮成长期，行业扩张速度快，产品种类多，更新换代快。特别是2020年疫情使得生活类小家电需求更加旺盛。这一行业的兴起也为塑料行业的发展带来了巨大的机遇与挑战。

目前，小家电的种类众多，主要包括电热水壶、电熨斗、电暖器、吸尘器、电风扇、电吹风、饮水机、空气加湿器、电动剃须刀等。不同类型的产品根据其使用特点，对材料的功能性、美观性提出了更高的要求，大量微创新的改性塑料产品得到了广泛应用，其中聚碳酸酯及其改性材料具有十分重要的地位。

改性聚碳酸酯根据其性能特点，在小家电行业的应用主要包括外观件、结构件和透明装饰件等。利用聚碳酸酯耐热、韧性好的特点，可以用于电吹风、电熨斗等小型电器的壳体材料；小家电上还有一些透明的装饰件，聚碳酸酯因其具有透明性和耐老化性，在这一部分也有应用，例如吸尘器、加湿器、豆浆机等设备上的透明部位制件。

对于体积较大的电器，例如电暖器、微波炉的壳体材料，可以选用玻璃纤维增强的聚碳酸酯或者聚碳酸酯合金。PC/聚酯合金在小家电领域也有应用，常见的种类有PC/PBT和PC/PET合金。PBT和PET均为结晶型热塑性树脂，合金既保持了结晶材料PBT、PET的耐化学品性及易于成型等特点，又兼备了非结晶材料聚碳酸酯的韧性和尺寸稳定性，并且最重要的是具有较高的抗高温形变能力，这些特性对体积较大的家电外壳类材料的应用具有重要的意义。而对于电暖器出风格栅、微波炉把手旋钮、料理机底座以及电水壶等结构复杂的制件，在要求抗冲击和耐热的同时，对塑料流动性的要求也很高，这些部位采用改性PC/ABS合金更能满足使用需求。

小家电上应用的塑料，常会进行一些后加工处理，包括电镀和喷涂等，既增加工序，又增加成本，因此免喷涂聚碳酸酯及其合金也是一种理想的选择，而且效果更加多样化。此外，由于聚碳酸酯优异的光学性能，特殊效果的改性聚碳酸酯应用也十分广泛，例如光扩散聚碳酸酯，其透光率高、雾度高并且耐候性好，可以使透过聚碳酸酯的光线更柔和，目前应用于高端小家电产品的灯罩材料，透光而不透明，可以隐藏光源，实现更好的用户体验。

此外，随着人们健康意识的提高，抗菌防霉材料的需求越来越多。抗菌聚碳酸酯以及聚碳酸酯合金作为新型的功能塑料，在保持自身优良性能的同时，又具有高效、长效、广谱特性，可以改善细菌感染问题，避免小家电在使用过程中存在的一些健康隐患。例如，抗菌聚碳酸酯在小家电的按钮、内部件等容易滋生细菌部位上的使用，可达到抑菌防霉的效果。此外，透明的抗菌聚碳酸酯能够同时满足透光、耐热、抗冲击、抗菌防霉等要求，为小家电的外观和功能性设计提供了更多的可能。

（8）未来发展趋势

家电行业高端化的趋势将深刻影响聚碳酸酯在家电市场的应用。

① 外观更加亮丽、环保　聚碳酸酯易着色，天生高透明，同时改性产品可实现高光多彩免喷涂，不仅在美观上具有先天优势，而且可以解决塑料制件表面喷漆带来的成本增加和环保挑战。免喷涂塑料的设计方案逐渐成了家电行业设计的主要发展趋势，利用聚碳酸酯自身的透明性、高强度和高韧性的特点，可以实现闪烁和金属等多种效果，并且还可以达到喷涂无法达到的效果和质感，例如半透效果、大理石效果以及木纹效果等，同时与喷涂方案相比又可以大大缩减成本。

② 阻燃要求持续提升　传统大家电的安全防火标准逐步升级，同时越来越多的新兴智能电器在有限的体积内要求兼容更多功能，小家电领域便携可充电也成为热门卖点，这更要求材料在阻燃的同时还要满足低烟、无卤、低毒性等要求。聚碳酸酯材料由于自身良好的阻燃性，可通过改性得到高阻燃性、低毒性的环保材料。另外，由于家电和电子的融合，智能家

电的推广升级，使得我国在参考IEC家电国际标准时，还必须考虑电子相关的要求，简单地说就是IEC 62368-1的相关要求，这就对材料的阻燃性能有了更多的约束。目前HB等级的材料还在家电外罩上普遍使用，而小家电方面由于充电功率越来越高，对插头、充电器的外壳阻燃要求越来越明显，HB等级的材料已经不能满足要求。这就给聚碳酸酯材料的发展带来了更大的机遇。

③ 轻量化　轻量化逐步由汽车过渡到家电，聚碳酸酯经改性后可得到具备一定刚性和韧性的复合材料，减薄产品壁厚的同时保障其安全性。

④ 功能化　越来越多的家用电器产品除了要求常规的外观、物理力学性能以及加工性能之外，对聚碳酸酯及其合金产品的附加功能也提出了新的要求，例如，抗菌、防霉、防蟑螂、防辐射等。

⑤ 低成本　降低成本是行业永恒的主题，随着通用聚碳酸酯的大宗化趋势，未来价格势必也将更加亲民且波动变小，其在家电上应用的比重将逐步提高。

4.1.2　消费电子

（1）手机

作为最重要的移动终端，手机在人民生活中扮演着越来越重要的作用。聚碳酸酯及其合金材料在手机终端上的典型应用包括：手机电池后盖、手机中框、手机前框以及锂电池的电池框等。

由于聚碳酸酯易着色，抗冲击性能优异，且易于成型，在手机电池后盖上得到广泛应用。手机电池后盖通常采用经过超韧改性的聚碳酸酯材料，可满足手机后盖高强度、高韧性的需求，同时具备金属或陶瓷材料所没有的简便的加工性和易装饰性。从最初的诺基亚、摩托罗拉等手机产品逐步开始使用聚碳酸酯及其合金材料作为外壳，到苹果iPhone 5C，聚碳酸酯系列材料见证了手机产品的整个发展过程。然而，聚碳酸酯材料作为手机电池后盖材料也存在一些不足，如硬度不够高、耐磨性较差以及塑料存在"廉价感"等。特别是近些年来，手机用户对于应用质感方面的需求提升，金属、陶瓷和玻璃等材料逐渐成为主流，但在功能机领域仍广泛使用聚碳酸酯材料作为外壳。

手机中框也是聚碳酸酯在手机上的主要应用之一，因对尺寸稳定性要求高，又有刚性需求，主要使用玻璃纤维增强聚碳酸酯（PC+GF）材料。改性过程不仅需要针对玻璃纤维加入后造成的韧性下降等进行优化，同时还要考虑喷涂性能和耐溶剂要求以及低温跌落性能。

手机市场方面，根据国际数据公司（IDC）公布的统计数据，全球智能手机出货量自2011年开始迅速增长，9年间从4.95亿台增长至2019年的13.71亿台，然而受疫情以及全球经济下行等影响，近几年全球智能手机出货量呈现逐渐下跌的态势。IDC统计数据显示，2020—2023年全球智能手机出货量分别为12.92亿台、13.55亿台、12.06亿台、11.7亿台，同比增长率分别为−5.76%、4.88%、−11%、−2.99%。尽管如此，手机存量市场仍然处于较高规模，换机需求依然庞大。值得注意的是，根据调研机构Omdia的统计，2024年全球智能手机出货量为12.3亿台，同比增长7.1%，显示出消费者对智能手机的需求正在逐步恢复。国内市场方面，根据工信部公布的数据，2023年中国智能手机出货量为2.89亿台；2023年全球功能机出货量约为2.16亿台，其中绝大部分在中国生产。基于当前功能机型的前框、中框、后盖等基本选择聚碳酸酯及其合金材料，而大部分的智能手机机型仍然在选择聚碳酸酯类改性材料，根据手机出货量数据，可大致估算手机行业聚碳酸酯树脂的年消费量在5万吨左右。

近年来，随着5G网络的推广与覆盖以及AI技术的应用，5G手机销量持续攀升，这也对手机材料及器件提出了更高的要求。由于5G芯片计算能力远高于4G芯片，其功耗也显著更高，因此手机需要具备更强的散热性能；此外，5G网络的高速率、低时延、广连接等特性，对手机的数据处理能力、连接能力和智能化水平提出了更高的标准，这要求手机材料还要具备优异的电磁屏蔽性能，以确保5G信号的稳定传输和AI算法的有效执行。

聚碳酸酯等塑料材料的介电常数对5G通信的信号传输速度、信号损失、信号延迟等有明显影响。研究和提升改性材料的相关性能，降低改性塑料的介电常数，对提高5G通信终端信号传输具有重大意义。改性聚碳酸酯在5G时代可用于设备的外框、键盘、后盖、中框、支架等部件，具有外壳包覆、装饰、支撑和连接等作用。

因5G所采用的MIMO（multi-input multi-output）技术使得手机中需要部署大量天线，选用金属后盖材料会对信号产生干扰。而聚碳酸酯在5G手机上的一个典型应用就是手机后盖。5G时代需要更好的信号透过，2018年起主要手机厂商就开始为5G积蓄材料储备，手机后盖去金属化趋势加快，无线信号屏蔽较少的塑料、3D玻璃和陶瓷渐渐成为主流的背板材料。其中因为成本原因，价格相对低廉的塑料重新成为中低端手机的背板首选材料。与以往的塑料注塑外壳不同，PC/PMMA这样的复合板材成为此次塑料趋势的主流选择。PMMA和PC都具有优异的透明性，其中PMMA具有较好的硬度和耐磨性但韧性较差，而聚碳酸酯具有良好的韧性但是不耐磨，将两种材料通过共挤方式制成外层为PMMA、内层为PC的复合板材，再对外层PMMA进一步进行硬化涂层处理将其表面硬度提升至4H～6H，同时具备良好的韧性及成型性能，满足手机后盖的测试要求。

PC/PMMA复合板材不仅抗冲击和耐磨等物理性能可以达到手机背板的要求，经过UV转印、镀膜、印刷、高压成型等工序可做出与3D玻璃近似的外观效果，在较低的成本下大大提升了手机背板的设计性。

此复合板目前满足包括我国在内的世界主要国家正在部署的Sub-5G（6GHz以下）通信网络，而符合毫米波频段的手机背板材料所要求的低介电等要求目前还无法满足，还有待材料改性技术的进一步创新。

基于以上思路，通过熔融共混工艺制备PC/PMMA合金，并结合分段注射成型工艺制作高硬度的手机后盖也是近几年研究的热点。

（2）笔记本电脑

笔记本电脑也是聚碳酸酯材料的一个重要应用场景，包括常规笔记本电脑的外壳、键盘、鼠标等在内的许多零部件都有用到聚碳酸酯材料。其中，笔记本电脑外壳包括四个部分，行业内根据这四个部分的外壳材料在电脑上的不同位置划分为A、B、C、D件，A件为笔记本电脑最外层部分，B件为显示面板的边框部分，C件为键盘操作部分，D件为底座部分。笔记本电脑不同部位外壳对材料的性能和外观要求也不相同：其中，A件作为笔记本电脑的外观面需要具有良好的外观质量，同时该部位作为显示屏的后盖，需具有足够的支撑保护和散热效果，是整个外壳材料中对强度、散热性能和外观质量要求最高的部分；B件是显示面板的边框，对材料的平面度和表面硬度要求较高；C件主要起支撑和保护键盘的作用，对材料的强度和外观质量有要求，但相比A件要求较低；D件是承载电脑的主要部件，其不仅需要足够的强度，还需要为CPU、电源等发热元器件提供足够的散热能力，此外D件通常还需要和A件的颜色保持一致。相比铝合金和碳纤维复合材料等，聚碳酸酯材料具有成型方便、韧性高、价格便宜等优势。

由于笔记本电脑具有结构紧凑、移动性强、使用环境多变等特点，因此要求机壳材料具备机械强度高、耐刮擦、耐高低温冲击、耐热、阻燃、轻量化、易加工成型、可电镀和造价低等特点。近年来，随着笔记本行业朝着轻薄化发展，其对材料刚性要求越来越高，传统的PC/ABS合金在注塑轻薄制件时，出现了强度低、变形大等问题，难以满足其对材料刚性的要求，必须进行增强改性，常见的增强方式有玻璃纤维、碳纤维、滑石粉、硅灰石增强等。通过加入不同含量的增强材料，材料的模量可以从纯PC/ABS材料的2400MPa，提升到12000MPa左右，同时还具有非常好的抗冲击强度、耐热性、尺寸稳定性和抗蠕变性等，并能在高负荷下也具有较好的抗形变能力，尤其适用于制作小于1.5mm的薄壁制件。

传统的笔记本材料使用较多的PC/ABS合金材料，这种材料既具有PC树脂的优良耐热耐候性、尺寸稳定性和抗冲击性能，又具有ABS树脂优良的加工流动性。所以应用在薄壁及复杂形状制品，能保持其优异的综合性能和优良的加工性能，因此在笔记本行业有着广泛的应用，比如笔记本电脑外壳的B件和C件。

与手机及其他电子设备类似，笔记本电脑外壳材料的一项重要测试指标是整机跌落测试。该测试是模拟不同的棱、角、面，在不同的高度跌落，从而了解产品受损情况，评估产品包装组件在跌落时所能承受的跌落高度及抗冲击强度。整机跌落标准的测试方法在国家标准中有明确规定，参见《环境试验　第2部分：试验方法　试验Ec：粗率操作造成的冲击（主要用于设备型样品）》（GB/T 2423.7—2018）。一角、三边、六面的整机跌落测试要求笔记本电脑外壳选择的聚碳酸酯及其合金材料具有优异的刚韧平衡性能。

笔记本电脑外壳用途的改性聚碳酸酯还需满足阻燃要求，部分制品需具有较高的硬度或较好的耐刮擦性能等。目前，每年用于笔记本电脑市场的改性聚碳酸酯（主要为阻燃PC/ABS合金）超过5万吨。

（3）电源及周边

电源及周边行业可以涵盖手机充电器、笔记本电源适配器、充电宝、开关插座、插排、不间断电源（UPS）等所有用电设备需要的供电装置的应用领域。

由于这些产品通常会带电工作，其外壳或内部绝缘部件普遍需要良好的外观性能、力学性能、电性能和耐热性能。聚碳酸酯材料由于其具有优异的抗冲击性、耐热性、光泽度、阻燃性和绝缘效果，主要应用于制件的外壳和内部绝缘件上。

当然，每个行业根据具体制件应用环境和行业需求的不同，对聚碳酸酯材料也提出更加具体的性能需求。下面将重点介绍充电器和充电宝两个细分行业中聚碳酸酯的应用，聚碳酸酯在开关插座、插排等细分行业中的应用将在后续章节中介绍。

① 电源适配器　是一种将交流电（AC）转换为直流电（DC）的设备，通常用于为电子设备提供所需的电源。电源适配器广泛应用于各种电子设备，如手机、平板电脑、数码相机、路由器、消防灯等，其中尤以手机电源适配器应用最多，手机电源适配器也称为手机充电器。

随着智能手机的快速发展，全球手机产量以较快的速度增长。通常一部手机出货即意味着需要搭配至少一个手机充电器，聚碳酸酯材料通常被用于制作电源适配器外壳，一个充电器外壳的单重在15～20g（根据不同形状重量略有不同，随着快速充电技术的发展，充电器外壳有增大趋势）。预计全球手机电源适配器对聚碳酸酯材料的年需求量大概在2万～3万吨，再加上其他电子设备的电源适配器需求，预计我国用于电源适配器的聚碳酸酯材料年度总消费量在5万吨左右。

手机作为人体直接接触的电子设备对安全性能具有很高的要求，同样，对手机充电器也有很高的安全检验要求，这就对作为充电器外壳材料的聚碳酸酯也提出了一定的要求。目前对于手机充电器产品的认证多而繁杂，主要包括CCC认证、CE安全认证、UL认证、RoHS（电气、电子设备中限制使用某些有害物质指令）等。行业内不同厂家对手机充电器的检测要求会根据具体结构和功能的不同以及对制件安全标准的不同而略有差异，表4.1为手机充电器行业内部比较通用的检测项目。

表4.1 手机充电器检测标准

测试项目	测试条件	要求
温度冲击检测	−40℃ /85℃ /各2h/15次循环	充电器正常工作
	上升及下降时间在5min以内，放在恒温3h后（电源off）	外观无异常
高温高湿工作检测	40℃，95%/48h 最大负荷AC 85～264V	充电电压：满足基本性能要求
低温工作检测	0℃ /48h 最大负荷AC 85～264V	充电电压：满足基本性能要求
跌落测试	高度：120cm降落/各面2次	无开裂现象
球压测试	125℃ /2h	$D \leqslant 2mm$
阻燃测试	UL 94	1.5mm V-0

这些检测标准中不仅包含了对内部电子元器件的安全标准，同时也对外壳材料提出了一定的要求：a.由于充电器在使用过程中存在跌落风险，测试中便对制件材料的韧性提出了一定的要求；b.由于充电器在工作过程中会有电流经过内部电子元器件，产生大量的热量，因此对材料有一定的耐热要求，行业内要求通过125℃的球压测试，球压痕最外沿直径（D）不能超过2mm，甚至部分手机终端厂商对球压痕的要求已经提高到不超过1.5mm；c.充电器外壳需要有一定的阻燃能力，目前行业内需要外壳达到UL 94 1.5mm V-0、1.0mm V-1，并且这些外壳通常需采用环保阻燃材料；d.目前市场上的手机充电器通常为镜面高光泽外观，对材料的光泽度和成型性能也提出了一定的要求；e.除了性能的要求外，在制件标示方面需要材料有良好的激光打标效果，同时在装配方面可实现超声波焊接。根据这些具体要求，充电器行业外壳材料的选材大部分都是环保阻燃聚碳酸酯材料。

基于当前智能手机的发展，快速充电技术的革新，环保法规的更新，环保意识的提升以及终端市场用户群体对充电器外观和性能要求的提高，充电器行业对外壳用聚碳酸酯材料也提出一些新的要求，如充电器的轻量化和薄壁化要求材料具有更好的薄壁阻燃等级及5V高等级阻燃要求；内部电路的集成化要求材料具有更高的耐热性能；环保法规要求材料需限制使用PFAS类物质；欧美等头部企业要求部分使用PCR（post-consumer recycled）材料提升产品的环保属性；白色充电器长期使用外观一致性要求材料具有更高的耐候效果，以及对护手霜、汗渍等化学物质具有更好的耐受性能。

② 充电宝 也被称作移动电源，是一种个人可携带的、便携式的充电

设备，可以随时随地为电子设备如手机、平板电脑、耳机等提供额外的电力供应。充电宝的主要功能是储存电能，在需要时通过输出接口转换为设备所需的电能。近年来，智能手机、平板电脑等便携移动式消费类电子产品在国内快速兴起，而由于这类数码电子产品功能的增加和电池自身体积及容量的限制，造成了其续航能力严重不足，因此衍生出了可为智能移动产品续航的充电宝。充电宝需求快速增长的同时也给相关的塑料行业带来了机会。

充电宝的主要结构包括外壳、电芯和电路板。其中，外壳是电芯和电路板的载体，对电芯和电路板起保护作用；电芯的容量大小决定电量的高低；而电路板的优劣则关系到充电宝的充放电效果和能量转化率。在充电宝中，塑料材质主要用来制作外壳和电路板骨架。其对树脂材料的要求主要集中在阻燃性、耐热性、抗跌落性和成型加工性等方面。外壳材料中，低端品牌多使用ABS，中高端品牌则多使用聚碳酸酯及其合金材料。特别是在当前充电宝朝着轻量化、快速充放、薄壁化和美观化发展的趋势下，聚碳酸酯材料的薄壁无卤阻燃、高耐热和高抗冲击性能使其受到越来越多的青睐。目前，小米、海陆通、魅族、海翼等品牌的充电宝都广泛使用聚碳酸酯及其合金材料作为外壳和内部骨架。同时，这种材料在共享充电宝品牌中同样也有广泛应用。

（4）耳机

耳机是一种精密的音频重放设备，广泛应用于各种音频设备，如手机、电脑、音乐播放器等，其核心功能是将接收到的电子音频信号转化为声波震动，通过耳塞或耳罩传递到人耳中，实现声音的还原。共研产业咨询的研究数据显示，2019—2023年，全球耳机产品整体市场规模稳步增长，2023年全球耳机零售量达4.55亿副。随着耳机产品的迭代创新，新兴产品的渗透率不断提高，创新产品呈现量价齐升的态势。预计到2028年，全球耳机产品的零售量将达到7.6亿副，年复合增长率达到8.3%。

传统耳机的结构通常包括外壳、音频驱动单元、耳垫、导线以及连接器等部分。新兴的无线蓝牙耳机则摒弃了线材连接方式所需的导线及连接器等部件，并新增了蓝牙模块、电池等组件。

耳机外壳主要由塑料制成，其中ABS、聚碳酸酯或聚碳酸酯合金（如PC/ABS、PC/PBT等）最为常用。主要基于：①材料综合性能较好，抗冲击强度较高，改性后耐化学品性能好，电性能优良；②易于加工成型，尺寸稳定性好；③与PMMA的熔接性能良好，适合双色塑件，且表面可以进行电镀和喷涂处理；④耐热性好，环保阻燃；⑤适合于制作高白度或者色彩鲜艳的产品。

综上，聚碳酸酯材料在未来消费电子市场的应用中存在很多共性需求。如移动终端产品轻薄化不断加强，对聚碳酸酯材料的流动性、强度与韧性的均衡性、耐化学品性以及抗翘曲性等提出更高的要求。移动终端产品的超薄化和多孔位设计，对于聚碳酸酯材料的残余应力消除也是一个重要挑战。因此，针对移动终端产品的特殊应用要求，对高流动改性的增韧改性聚碳酸酯、增强改性聚碳酸酯、耐化学品性改性聚碳酸酯以及聚碳酸酯合金材料等的系统性研究是聚碳酸酯材料在该领域应用研究的重要方向。

新兴技术方面，随着手机信号逐渐朝高频、超高频方向发展，低介电常数和低介质损耗的高频高速基材作为移动终端产品的外壳材料是未来的一个重要发展趋势，改性聚碳酸酯材料可以作为柔性电路板（flexible printed circuit，FPC）和金属中框手机天线的理想替代材料。随着5G时代的来临，手机后盖去金属化和陶瓷化趋势也在加快，例如PC/PMMA复合板材兼具了聚碳酸酯高强度、高耐热的特点和PMMA高光泽、高表面硬度的优势，可采用各种高压和高温的模内装饰（IMD）和模内嵌片（FIM）成型工艺，适合于制成具有各种绚丽效果的超薄外壳产品。

此外，如表4.2所示，聚碳酸酯的介电常数虽然略高于PP、PTFE等，但透波性也还算良好，成本又相对较低，易加工，且满足阻燃、耐候、轻量化等需求。因此，聚碳酸酯也成为现有Sub-5G（6GHz以下）移动电子设备产品外壳主体材料的主流选择。

表4.2　主要树脂的电性能

树脂	体积电阻率 /$\Omega \cdot m$	击穿强度 /（kV/mm）	介电常数 （1MHz）	介电损耗角正切值 （1MHz）
HDPE	10^{14}	26～28	2.2～2.4	0.05
PP	$\geqslant 10^{14}$	30	2.0～2.6	0.001
PS	$10^{12}\sim10^{15}$	24	2.5	0.005
PVC	$10^{12}\sim10^{15}$	15～25	3.2～3.6	0.04～0.08

树脂	体积电阻率 /$\Omega \cdot m$	击穿强度 /（kV/mm）	介电常数 （1MHz）	介电损耗角正切值 （1MHz）
PA6	10^{12}	22	4.1	0.01
PA66	$10^{12} \sim 10^{16}$	$15 \sim 19$	4.0	0.014
PC	10^{14}	$17 \sim 22$	3.0	0.006
PTFE	10^{16}	$25 \sim 40$	$2.0 \sim 2.2$	0.0002
PSU	10^{14}	$16 \sim 20$	$2.9 \sim 3.1$	$0.01 \sim 0.006$

随着移动互联网、物联网、人工智能等技术的进一步渗透和发展，聚碳酸酯在消费电子行业中的用量也将逐步增长。

4.1.3 办公设备

聚碳酸酯在办公设备上主要应用于打印机、复印机、投影仪、碎纸机、扫描仪等外壳部件。由于功能集中化的需求，目前打印机、复印机、扫描仪的功能已经整合到一台设备中。2020年受疫情影响，网络授课、居家办公以及视频会议等需求的快速增加也带来了办公设备需求的显著增长。

打印机是计算机的输出设备之一，用于将计算机处理结果打印在相关介质上。近年来，随着移动设备的日益普及和企业办公无纸化的发展趋势，传统打印的需求量在逐年下降。2024年全球打印设备的出货量约为7904万台，销量每年逐步降低。未来全球打印设备市场规模和全球打印设备出货量仍将继续保持小幅微跌状态。

打印设备外壳多使用塑料材质，低端应用通常采用ABS，其优良的外观和成型加工性能受到很多厂商的青睐。但ABS偏软，耐黄变和薄壁阻燃性能不足，且力学性能相对较差，在碰撞、搬运过程中易出现开裂等问题。PC/ABS由于具有高机械强度、良好的外观和优异的加工成型性能，是高端打印设备厂商首选的外壳塑料材质。

打印机用聚碳酸酯材料以阻燃PC/ABS或PC/PET为主，这类材料具有无卤高阻燃、优异的力学性能、良好的耐化学品性、高流动性以及可喷涂（电镀）等优点，可提高制品的设计自由度，满足大型制件的薄壁化要求，主要应用在面板、外壳、压盖和送纸托盘等部位，年用量在15万~20万吨。另外，打印机的一些内部件中也用到增强阻燃PC或增强阻燃PC/ABS等材料，性能上要求具备高刚性、低翘曲、较好的耐油墨溶剂性能和尺寸稳定性以及优良外观等。近年来，为满足厨房打印机和餐厅打印机等对耐溶剂性能的特殊要求，阻燃PC/聚酯的应用也越来越广泛，这类材料具备更高的耐溶剂、耐油和耐应力开裂性能。在功能性方面，对高光免喷涂、耐刮擦、抗静电类材料的关注度和需求会越来越高。打印机塑料材料选择及趋势如表4.3所示。

表4.3　打印机塑料材料选择及趋势

材料		ABS +FR	PS +FR	ABS +GF	ABS	PC +FR	PC/ABS +FR	POM	PET	趋势
外观件	前面板	●			●					耐候性，耐溶剂性
	上端盖					●				高外观要求，耐溶剂性
	右盖板						●			高外观要求，耐溶剂性
	左盖板						●			高外观要求，耐溶剂性
	主进纸托架						●			耐热性
	透明挡托板						●			耐热性
	导纸盖						●			抗静电
	分页器				●					耐热性，抗静电
	分页器托						●			耐热性
	纸盒	●			●					抗静电，高节拍
内部件	硒鼓组件 鼓盒		●							无卤，耐热蠕变
	硒鼓组件 上盖		●							耐热蠕变
	硒鼓组件 封盖		●							耐热蠕变
	加热组件 盖板								●	耐热性
	加热组件 扳手	●								耐候性，耐溶剂性
	加热组件 基座								●	耐热性

材料		ABS +FR	PS +FR	ABS +GF	ABS	PC +FR	PC/ABS +FR	POM	PET	趋势
内部件	激光扫描 上盖	●								耐热蠕变
	激光扫描 下座			●						耐热性
	拾纸组件 进纸器						●			抗静电
	拾纸组件 传感器								●	耐热性，抗静电
	拾纸组件 进纸杆								●	耐热性，抗静电
	拾纸组件 出纸杆								●	耐热性，抗静电
	拾纸组件 搓纸轮							●		耐热性，抗静电

注：FR为阻燃剂，下同。

4.1.4　低压电器

低压电器是指用于交流50Hz（或60Hz）、额定电压1000V及以下、直流额定电压1500V及以下的电路内，起通断、保护、控制或调节作用的电器元件或组件。

近些年，中国低压电器市场在房地产行业稳步增长、电网改造和新能源装机提速、5G应用配套快速攀升的刺激下呈现出勃勃生机。2017年我国低压电器市场规模在800亿元左右，2019年市场规模已达960亿元，2020年市场规模1002亿元，而2024年市场规模已达到1500亿元。

中国海关数据显示，2024年中国低压电器出口额223亿美元。2021年以后中国低压电器出口额稳中有升，之所以没能再出现像2021年前的大幅度增长的现象，一方面是受疫情后时代影响，另一方面受国际形势及环境影响。如果后续想继续实现高增长，需要提升产业创新水平，提升税费减免和信贷支持力度，进一步促进产业升级及行业标准的完善。

聚碳酸酯在低压电器产品中使用时，根据电工标准要求，大多需要在阻燃、耐应力开裂、耐电痕化指数等方面进行改性以满足电子电气产品特性的要求。本章中讨论的低压电器市场主要包括开关插座、插排、电能表等。

（1）开关插座和插排

开关插座和插排是家居装饰的功能产品，从20世纪80年代采用热固性塑料的拉线开关、按钮开关，发展到今天采用聚碳酸酯材料的智能开关，不仅体现了电工产品技术的快速升级，也反映出材料应用技术的不断进步。

材料选择方面，阻燃改性的聚碳酸酯材料是低压电器开关插座和插排外壳的理想材料，包括罗格朗、西门子、公牛、正泰等主要生产企业均大量使用阻燃聚碳酸酯材料作为墙壁开关、家用插座等产品的外壳材料。

材料性能要求方面，低压电器开关插座和插排产品不但要求所选材料具有优异的抗冲击性能，更重要的是由于这一应用环境存在长期接触电流风险，在使用过程中必须能绝对确保用电安全，对材料的阻燃（灼热丝）性能、耐热性能以及耐电痕化（CTI）性能等都有较高要求。

为了规范这部分产品的应用安全性能，国家标准陆续出台了《家用和类似用途固定式电气装置的开关　第1部分：通用要求》（GB/T 16915.1—2024）、《家用和类似用途插头插座　第1部分：通用要求》（GB/T 2099.1—2021）。在塑料领域，《塑料　家用和类似用途电气装置用阻燃聚碳酸酯专用料》（HG/T 5511—2019）作为第一个电器PC专用料的行业标准，为墙壁开关、电源插座等应用领域的聚碳酸酯系列材料性能，包括阻燃聚碳酸酯、玻璃纤维增强聚碳酸酯等提供了材料规范。

未来插座、开关将不断向"智能化"升级，电子领域的国际电工标准（IEC 62368-1）渐渐成为插头插座也必须遵守的规范要求。由于V-1、V-0等级的材料，不但能基本满足灼热丝燃烧要求，还能符合IEC 62368-1的阻燃防火要求，为降低风险，知名的国内外企业纷纷倾向选用V-1、V-0等级材料。

开关插座和插排用聚碳酸酯材料存在应力开裂的风险，成品在装配、运输、储存和使用过程往往会出现开裂现象，特别是在卡扣、自攻螺钉的柱台周边等应力集中区域发生频率最高。因此，需在产品设计和生产，尤其是材料配方中对聚碳酸酯的耐应力开裂缺陷进行改善。对于产品设计而言，需要在产品设计中避免造成应力集中结构，在生产过程中要尽量射速均匀，充填均衡，在装配过程中也应避免过度过盈配合而引起应力集中。此外，聚碳酸酯接触的化学品种类对诱发开裂的风险也很高，如：润滑脂、防锈油、充油橡胶垫片等，主要是由于此类化学品对于聚碳酸酯有溶胀或溶解作用，诱发装配产品受力部位发生开裂。开关插座和插排用各种竞争材料性能对比见表4.4。

表4.4　开关插座和插排用各种竞争材料性能对比

材料品种	密度/（g/cm³）	耐开裂	长期尺寸稳定性	耐候性	灼热丝/℃	潮湿条件下的电器绝缘性	耐热球压温度/℃
ABS	1.06	好	好	差	650	好	70
ABS+FR	1.18	好	好	差	850	好	70
PC/ABS	1.15	一般	好	一般	750	好	110
PC/ABS+FR	1.19	一般	好	一般	800	好	95
PC+FR+UV	1.20	差	好	好	850	好	125
PP+矿物+FR	1.00	好	差	好	850	好	125
PA+GF+FR	1.30	好	差	差	850	差	125
PBT+GF+FR	1.50	好	差	中	850	好	125

市场容量方面，最近几年，随着城市化、新农村建设的推动，房地产市场持续高增长，开关插座和插排的需求增长迅速。根据中研网的调查报告，2017年后，我国插排市场规模已超200亿元，且每年保持4%～5%的幅度增长，2023年已经增长至260亿元。根据开关插座及插排的材料使用情况估算，用于插排市场的改性聚碳酸酯用量已经达20多万吨。开关插座和插排市场情况见表4.5。

表4.5　2023年开关插座和插排市场情况

项目	开关插座	插排
应用方式	注塑	注塑
使用部位	开关面板、中板、后座	插排外壳、后座
应用特点	利用聚碳酸酯良好电绝缘性、耐高温性、阻燃性、染色性、刚性和韧性平衡	
市场情况	开关插座国内生产企业2000余家，主要分布在华东、华南，聚碳酸酯用量约17.7万吨/年	插排国内生产企业1500余家，主要分布于华东、华南，聚碳酸酯用量约1.95万吨/年
使用材料比例	约90%为PC，其余10%为PA、ABS、PVC、PBT、POM等	非铜件接触插排外壳：ABS 30%；PP 55%；PC约15%；铜件接触插排外壳和后座：PC和PC/ABS约80%，其他如PA、PP约20%

我国开关插座和插排生产主要集中在华东和华南地区。如图4.3所示，华东地区是主要的生产加工基地，约占30%，生产企业包括公牛、正泰、德力西、飞雕、鸿雁、泰力、西蒙等；华南地区约占20%，主要生产企业包括

美的、罗格朗、福田、狮盾、欧普、佛照
等。中国开关插座和插排行业不仅满足国
内消费需求，还有大量产品出口到欧洲、
美洲、东南亚等地区。

由于多方面因素的综合影响，目前国
内生产的开关插座和插排中，高端产品以
全新合成聚碳酸酯染色改性为主，中低端
产品则以再生聚碳酸酯改性为主。改性聚
碳酸酯的质量水平与改性厂的原料渠道、

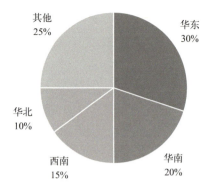

图4.3 国内开关插座和插排
生产分布

配方设计、生产装备、品控体系等直接相关。随着生态环境部等四部门2018
年4月19日发布《关于调整〈进口废物管理目录〉的公告》，将工业来源废
塑料等16个品种固体废物，从《限制进口类可用作原料的固体废物目录》
调入《禁止进口固体废物目录》，自2018年12月31日起执行。这一举措有
效遏制了我国废塑料的无序进口，以及低质量"水口料"冲击原生料质量
的情况。自GB/T 40006.7—2021《塑料　再生塑料　第7部分：聚碳酸酯
（PC）材料》标准颁布后，逐步允许符合该标准的再生聚碳酸酯材料的进口，
再生聚碳酸酯原料质量得到了有效控制。与此同时，国内原生的聚碳酸酯合
成产能出现爆发式增长，再生料和全新料的性价比差距逐渐缩小。当前，国
内墙壁开关用聚碳酸酯改性材料中，新料所占比例已远超再生料，整体开关
插座和插排类产品质量也在不断提升。

在未来发展趋势方面，改性塑料企业逐步转变经营理念，以向客户提供
材料的整体解决方案为目标，结合下游客户的市场定位、模具设计针对性
地开发改性材料，从而实现材料的最高性价比。例如，后疫情时代流行的抗
菌墙壁开关PC、抗紫外消毒或耐UV-C辐照消毒特种墙壁开关PC等。随着
工业自动化技术的发展，开关插座和插排的生产企业纷纷引进先进的加工生
产流水线，对材料的稳定性要求也日益提高。例如，注塑模具采用热流道技
术，可减少浇口浪费；采用一模多腔以及自动机械手辅助等，大大提高了生
产效率。

此外，多元化需求促使开关插座和插排在外观设计方面更多地体现个性
化需求，喷漆产品已形成了较大的市场规模。而免喷涂聚碳酸酯开关插座专

用料可免去喷漆环节，既节能环保，也成为改性聚碳酸酯的一个新方向。

（2）电表

智能电表是智能电网的智能终端，除了具备传统电能表基本的用电计量功能外，为了适应智能电网和新能源的使用，还具有用电信息存储、双向多种费率计量、用户端控制、多种数据传输模式的双向数据通信、防窃电等智能化功能。智能电表代表着未来节能型智能电网最终用户智能化终端的发展方向。我国智能电表产销量连续多年稳居世界第一，出口全球近150个国家和地区，主要集中在亚洲、欧洲和非洲。根据海关总署统计，2023年我国智能电表出口6851万只，出口金额14.62亿美元。2024年1—9月智能电表出口增长超过10%。电表行业处于高速增长期。

随着中国智能电网进入全面建设阶段，智能电表的市场需求迅速膨胀，而作为智能电表外壳的改性树脂材料的需求量也在逐年激增。同时随着国家电网的智能化改造升级和个人家庭生活用电量的激增，国家电网对于智能电表外壳用树脂材料的性能要求也在不断提升。

智能电表外壳目前主要使用玻璃纤维增强聚碳酸酯和耐候改性聚碳酸酯材料，是聚碳酸酯在电子电气行业的一个典型应用。聚碳酸酯经玻璃纤维增强改性后，可提高其疲劳强度、拉伸强度、弯曲强度、弹性模量等力学性能，显著改善其耐应力开裂性能，较大幅度提高耐热性能，降低成型收缩率，电性能、耐化学品性能仍维持相同水平，但抗冲击强度有所下降。玻璃纤维含量对增强聚碳酸酯的性能影响很大，一般当玻璃纤维含量小于10%时，材料的力学强度增强效果不显著，但弯曲模量等刚性数据可提升30%～40%；当玻璃纤维含量大于40%时，制品脆性太大，而且熔融流动性差，给成型加工带来困难，所以目前玻璃纤维增强聚碳酸酯中的玻璃纤维含量大多控制在10%～40%。

国家电网公司企业标准Q/GDW 1355—2013中明确要求智能电表的表座、表盖采用PC+（10%±2%）GF材料，不允许使用回收料；材料需耐腐蚀、抗老化、有足够的硬度，上紧螺丝后不变形。透明视窗采用透明度好、阻燃、防紫外线的聚碳酸酯，同样不允许使用回收料，与上盖无缝紧密结合。电表端子国内大多数选用PBT+30%GF和PC+20%GF两种材料，而国外基本采用PC+20%GF。相比传统电表外壳用的ABS、PC/ABS等材料，PC+GF的耐温、耐候性能等都有明显改善，其优良的阻燃性能对智能电表的安全性也起到了一定的保障作用。

2009年国家电网开始招投标安装智能电表，至2020年已经安装5.7亿只，使用改性聚碳酸酯材料约33万吨。《2023—2028年全球及中国智能电表行业市场现状调研及发展前景》分析报告指出，国家电网规划预计到2025年接入终端设备将超过10亿只。随着国家对地产调控以及房地产市场降温，未来几年，智能电表市场增速可能会放缓。根据当前国家电网、南方电网的电表招投标量，改性聚碳酸酯的需求量约4万吨/年。

随着国内电表市场逐渐趋于饱和，电表企业纷纷开始开拓海外市场，中国智能电表已出口到全球132个以上的国家和地区，非洲、欧洲、南美洲、东南亚等地区已成为中国电表出口的主要目的地。而随着国内聚碳酸酯改性技术的不断成熟，在满足电表基本技术要求的前提下，之前电表用PC+10%GF材料中70%以上的聚碳酸酯可以采用回收料生产，具有很强的市场竞争力。2020年电表出口企业需满足IR46法规要求，此标准要求，电表寿命由8年提高到16年，对PC材料耐黄变和长期湿热老化提出了新要求，预计未来三年，出口电表需要改性聚碳酸酯约10万吨/年，年均增长15%以上。

国内电表生产企业主要集中在江苏（林洋等）、浙江（华立、炬华、海兴、正泰、三星等）、广东（科陆、威盛、银河等）、河南（许继等）和山东（威斯顿等）等地，其中以华东为主，占总量的一半以上，如图4.4所示。

未来智能电表材料的发展趋势主要有以下两方面。

① 当前电表外壳材料以PC+10%GF为主，随着合金技术的不断进步，PC/聚酯合金密度低，耐开裂更好，性价比更高，具有较大竞争优势。

② 耐候方面除了要求抗紫外线，还需满足高湿热环境下的使用要求，需要材料具有更高的耐水解性能，满足85%相对湿度和85℃温度下长期1000h测试将是电表用料一个技术研究方向。

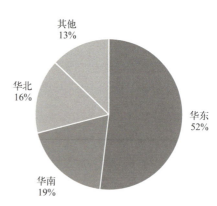

图4.4 国内电表生产企业分布

4.1.5 电动工具

电动工具是以电动机或电磁铁为动力，通过传动机构驱动工作头的机械化工具，具有携带方便、操作简单、功能多样等特点。电动工具随处可见，如电钻、电锯、切割机、割草机等。电动工具应用范围非常广泛，是生产生活中的重要设备，对社会经济发展起着不可或缺的作用。

20世纪50年代，随着世界经济的增长和电动工具技术的进步，电动工具开始在美国和欧洲快速兴起。自20世纪90年代以来，全球电动工具制造逐步转移至中国大陆地区。根据华经产业研究院数据，近年来我国电动工具产量在全球电动工具总产量中的占比一直保持在60%以上。2024年我国电动工具产量达到2.7亿台。我国已成为全球电动工具产品的加工制造中心，而北美和欧洲则是全球最主要的电动工具消费市场。

可以用作电动工具外壳的材料很多，涵盖不同种类的金属和塑料等。其中，塑料凭借良好的电绝缘性、易于加工成型以及低成本等优势，已成为电动工具外壳的主流选材。热塑性塑料中，玻璃纤维增强PA、PC、ABS、PP等均有应用。

聚碳酸酯类产品由于具有良好的强度、韧性、阻燃、绝缘性、着色性和耐热性等，受到众多电动工具厂商的青睐。改性聚碳酸酯因其韧性好、耐候性优异，一般应用于外壳部件。应用于电动工具外壳部件的改性聚碳酸酯主要以增韧/增强聚碳酸酯和PC/ABS合金为主，此外也有部分采用PC/聚酯合金以改善其耐溶剂性能。

增强聚碳酸酯因其强度高，尺寸稳定性远优于PA和PP，在一些精密部件，如砂掌机打磨片、砂轮护罩等上面有广泛应用，主要以玻璃纤维增强为主，其玻璃纤维添加量从10%至40%不等，可根据部件对材料刚性和稳定性要求选择不同玻璃纤维含量的增强聚碳酸酯。在众多电动工具品牌中，使用聚碳酸酯较多的电动工具品牌包括牧田、博世、泉峰、百得、TTI等。

4.2 汽车

据中国汽车工业协会统计，2024年汽车产销累计完成3128.2万辆和3143.6万辆，同比分别增长3.7%和4.5%，产销量再创新高，继续保持在

3000万辆以上规模，连续16年稳居全球第一。其中，新能源汽车继续快速增长，年产销首次突破1000万辆，销量占比超过40%，迎来高质量发展新阶段。汽车出口再上新台阶，为全球消费者提供了多样化消费选择。

随着汽车保有量逐年增加，汽车能源消耗与尾气排放问题越来越突出，全球约20%的石油被用于汽车燃油消耗，约25%的二氧化碳排放来自公路交通，因此在汽车制造与使用过程中节能减排的要求也越来越迫切。汽车轻量化是提高燃油效率、降低尾气排放的重要方式之一，只要车重减轻10%，燃油消耗便可降低约5%；而车辆每减重100kg，二氧化碳排放便可减少约5g/km。塑料具有轻质、环保、易加工成型等特性，增加塑料的使用量是汽车轻量化最有效的措施之一。

汽车领域是聚碳酸酯主要的下游应用市场之一，主要应用在汽车照明系统和汽车内外饰中。

4.2.1 汽车照明

汽车照明系统是聚碳酸酯极具代表性的一个下游应用市场。由于聚碳酸酯具有高耐热、高抗冲、高透明三大显著特性，进一步结合其低密度（相比玻璃）、良好的尺寸稳定性和易加工成型的特点，能够满足现代汽车制造在安全、环保、节能、轻质和美观等方面的要求。用聚碳酸酯制成的汽车零部件具有重量轻、抗冲击、韧性好、成本低、造型美观等优点，还有助于节能和环保。因此，聚碳酸酯被广泛应用于汽车前大灯、雾灯、刹车灯、阅读灯、氛围灯等灯具的灯罩、配光镜、导光条、饰圈、透镜等部件。

聚碳酸酯系列材料在汽车前大灯所用塑料类材料中占比达到50%左右（重量比），其中汽车前大灯灯罩是聚碳酸酯在汽车上获得广泛应用的最大单一部件，相比传统的玻璃材料，聚碳酸酯具有更低的重量和更加灵活的设计自由度，替代玻璃用于汽车前大灯灯罩后彻底改变了汽车的外观设计。但因为耐刮擦性较差，所以车灯灯罩量产使用聚碳酸酯时，都会在其表面进行硬化涂层处理。

根据中国产业信息网统计，2024年，全球汽车车灯市场的规模为372.3亿美元（约合人民币1880亿元），同期，中国汽车车灯市场规模为1298亿元。其中，LED大灯的市场占比迅速扩大，2024年国内LED大灯的市场渗透率约达70%。不论车灯的光源是LED灯、卤素灯还是氙灯，其灯罩、透镜、导光条等部件均可大量采用聚碳酸酯材料。初步估计，国内每年在汽车车灯上的聚碳酸酯用量超过15万吨。

聚碳酸酯在汽车车灯上应用的主要竞争材料是PMMA，聚碳酸酯和PMMA都具有高透明度和良好的加工特性，但两者在具体的性能上有显著区别。聚碳酸酯的耐热性和抗冲击性能显著优于PMMA，在耐热温度上，聚碳酸酯一般可以达到130℃，部分耐高温规格的耐热性能可达200℃，而PMMA只有100℃左右；另外，聚碳酸酯的抗冲击强度是同等厚度PMMA的30倍，PMMA受撞击易碎。PMMA则具有比聚碳酸酯更好的透光性、耐候性、耐刮擦性和着色性。因此，两者在汽车车灯上的应用也有较大不同。一般情况下，前大灯的灯罩均采用聚碳酸酯。这主要是由于前大灯功率高，发热量大，且处于整车前方，易受冲击，需考虑车辆的碰撞安全要求，特别是行人保护标准。所以，需选用既耐热又能抗冲击的聚碳酸酯。后尾灯的灯罩在耐热和抗冲击性能上要求相对较低，但后尾灯一般都是各种信号灯的组合体，需要红色和透明双色相间，所以一般都会选择流动性更好、耐刮擦性更优的PMMA。在当前新能源车的造型趋势下，对于厚壁导光件的应用，韧性更强的聚碳酸酯更符合于此类零件的生产工艺和安装要求。

汽车车灯主要应用于新车配套和维修改装两大市场，新车配套市场的需求量与新车产量直接相关。新车配套市场占据着整个车灯市场的绝大部分份额。汽车市场的繁荣，也带动了汽车配件市场的快速发展。业界认为，未来我国汽车市场仍将保持比较稳定的发展态势，对汽车车灯的需求也将同步增长。

未来的车灯行业发展趋势是电子化和智能化。汽车光源经历了从白炽灯到卤素灯和氙灯再到LED灯的变化趋势，甚至激光光源目前也已开始在高端车型上使用。随着自动驾驶技术的发展，包括自适应前照灯系统等新型照明技术开始蓬勃发展，未来必然会对车灯材料提出更高的要求，以下三点可能是车灯材料在未来需要加强和突破的重点：①透镜材料要求更高的透光率和折光率，更低的色散；②车灯的耐候性从3年逐步过渡到5年，要求材料（涂层）要具备更优异的耐候性和耐温性；③透波材料满足传感器集成的需求。

4.2.2 汽车车窗

汽车车窗是未来聚碳酸酯材料在汽车上的又一大新应用。面对国内每年近3100万辆的庞大汽车市场，聚碳酸酯一旦能够广泛进入车窗材料的选用范围，将意味着巨大的市场潜力。

汽车车窗玻璃属于安全性部件，是国家3C产品，安全性能尤为重要。随着中国相关法规标准的不断成熟，这类应用对聚碳酸酯的需求也将逐步提升。

无机玻璃具有良好的透光率以及优异的耐磨、抗刮擦和耐候性，一直是汽车安全玻璃的首选材料。传统车窗玻璃就是由玻璃原片二次加工而成，主要有钢化安全玻璃、夹层安全玻璃、塑玻复合、安全中空玻璃等。汽车前风窗玻璃通常采用夹层安全玻璃，前风窗以外的玻璃则一般采用钢化玻璃。然而，无机玻璃一个显著的缺点是易碎，一旦发生事故，碎玻璃往往带有尖锐的棱角，易对人体造成直接伤害。虽然夹层玻璃解决了碎裂的问题，可有效保护乘员的安全，但在设计自由度、力学性能等方面仍有欠缺。

此外，考虑到环保能效的问题，全球领先的汽车制造企业也一直在寻找集"安全性""高透明""不易碎""可减重""设计风格时尚"于一体的车窗材料，正因此，车窗玻璃的塑料化也演变成一个重要的发展趋势。

得益于聚碳酸酯强大的抗冲击性、高透明性和宽泛的设计自由度，以及比传统玻璃可减重一半等诸多优势，欧洲、美国、日本等地的相关企业从20世纪末就开始了聚碳酸酯车窗技术的研发，概念车型层出不穷。采用减重一半的聚碳酸酯车窗替代传统玻璃，往往可以带来几千克的轻量化效果，若替换的车窗面积尺寸更大，如全景天窗，则会有十几千克的减重效果，这不但可以有效提升燃油效率，还能提高操控性和行驶里程。

目前，聚碳酸酯车窗已经在不少高端主流品牌车型上获得了应用。德国保时捷卡雷拉赛车特别版的后窗、梅赛德斯-奔驰C级运动轿跑的透明车身面板、Smart Fortwo的后窗、Smart Forfour的全景天窗和后窗；法国标志208 Hybrid FE的车窗（非门窗）、雪铁龙DS5的后方窗；意大利布加迪威龙16.4 Grand Sport跑车的全景天窗；日本丰田汽车86 GRMN运动汽车特别版的后方窗、本田汽车多款思域汽车的后窗、日本电动汽车制造商GLM公司的

Tommykaira ZZ电动跑车的无A柱前风窗；美国通用汽车的新一代别克GL8的后侧固定车窗等，都采用了新型抗冲击聚碳酸酯材料。同时，为了解决聚碳酸酯树脂车窗和金属车体安装结合时，聚碳酸酯车窗不耐车窗黏合剂化学溶剂的问题，常采用聚碳酸酯/聚酯合金作车窗玻璃框体。通过双色注塑工艺将框体与车窗结合，再将其整体黏合在车体上。

国内汽车安全车窗的法规要求以及聚碳酸酯本身模量上的不足，导致汽车前风窗玻璃和可移动车窗玻璃（前侧窗）还不能使用聚碳酸酯材料。目前，聚碳酸酯材料多使用在后三角窗、固定侧窗、后挡风车窗、天窗和全景天窗以及车身上有深色调的玻璃质感的配件中。当然，在警用车方面，出于特殊的安全要求（防弹、抗冲击），聚碳酸酯也可以用在前风窗上。

国外的车窗安全玻璃标准已在修改中，原先仅适用于玻璃的Tabor耐磨测试将会被三个替代试验所取代。届时，经过硬质涂层处理过的聚碳酸酯将同样能满足前风窗的耐磨要求。不仅国外，中国的法规标准也在不断修订和完善中（参见第7章聚碳酸酯行业相关法规及政策之汽车行业相关标准）。因此，硬质塑料车窗在汽车车窗市场拥有巨大商机，前景十分广阔。随着国内外低空经济的热度不断攀升，"飞行汽车"尤其是电动垂直起降飞行器（eVOLT）的蓬勃发展，带动了诸多新材料的开发与应用。特别是轻量化方案成为技术发展的重中之重，聚碳酸酯替换无机玻璃将是大势所趋。而且，由于飞行汽车在外观设计、空气动力学需求、安全法规要求和应用场景等方面与传统汽车存在差异，聚碳酸酯车窗更能满足造型多样化、工艺复杂性和质量轻质化的要求，未来商机无限，前景十分光明。

4.2.3　汽车内外饰

不同于在汽车照明系统，特别是汽车前大灯灯罩上的集中应用，聚碳酸酯在汽车内外饰中的应用多种多样。

（1）汽车内饰

① 仪表板　汽车仪表板是汽车上的重要功能件与装饰件，是一种薄壁、大体积、上面开有很多安装仪表用孔和洞、形状复杂的零部件。在强度上，要求能承受各种仪表和音响设备以及管线接头的负荷，并能耐受前挡风玻璃透过来的太阳光辐射热和发动机散热引起的高温；在安全性上，要求仪表板

具有吸收冲击能、防眩和难燃等性能。

仪表板是集安全性、功能性、舒适性和装饰性于一体的零部件，需要材料具有足够的刚性和抗冲击、耐高低温、耐老化磨损等性能。通常，硬仪表板主要采用PP、PC、ABS、PC/ABS等材料一次注射成型，常用于轻、小型货车和大货车、客车上。软质仪表板由表皮、骨架、缓冲层等构成，一般采用PVC/ABS或PVC表皮+ABS或PP骨架+发泡缓冲层。

随着智能化需求的提升，仪表板也不断朝着智能化的方向发展。例如，很多主机厂的新车都会包含抬头显示系统（HUD），而此部件主要使用聚碳酸酯类材料制成，要求尺寸稳定性、力学性能、耐热性好等特点，不易被其他材料取代。另外，仪表系统也有很强的智能化趋势，很多主机厂将内饰设计成智能表面，通过IMD（in-mold decoration，模内装饰技术）/INS（film insert molding，薄膜嵌件成型技术）等工艺将薄膜与塑件结合。其中，塑件大多为PC类材料，而薄膜层也有PC材料的应用。

② 排挡　排挡主要包括排挡面板、中央扶手及杯托等部件。由于这些部件处于前挡风玻璃的直射区域，所以零部件选材对耐热性要求较高。对于中央扶手及杯托，一般选择PC/ABS等高耐热材料，这类材料不仅耐热性好，而且韧性也较好。对于排挡面板，由于钥匙等尖锐物件可能会刮花其表面，因此需要对材料表面进行喷漆或后加工处理。目前，PC/ABS喷涂高光黑涂料便成为时下主流的排挡面板选材方式。高光黑涂料可以提升汽车内饰的质感，在局部区域搭配电镀饰条更显高级。

③ 立柱装饰板　一般轿车车身单侧有3个立柱，前挡风玻璃和前车门之间的斜立柱为A柱（又称前柱），前车门和后车门之间的立柱为B柱（又称中柱），后车门和后挡风玻璃之间的斜立柱为C柱（又称后柱）。A、B、C柱不仅是撑起驾驶舱车顶的柱子，而且对驾驶舱内的人员有重要的保护作用，在车辆发生翻滚或倾覆时，A、B、C柱能够有效避免驾驶舱被挤压变形。例如，一些高档车的A、B、C柱是和车身包括车架一体化的，安全性大大提高。另一个方面，A、B、C柱也是一些装置的"必经之路"，比如部分电器线路、安全带（B柱）、照明音响装置等，甚至安全气囊都可以安置在上面。A、B、C柱的立柱装饰板一般为PP材料，部分高端车型考虑到更高的安全要求（如立柱内安装安全气囊）会采用PC/ABS材料。

④ 门护板　门护板的主要功能是包覆金属门板，提供优美外观，满足人机工程、舒适性、功能性和方便性，在侧碰时提供适当的能量吸收保护，对车外噪声提供屏蔽作用。简单的门护板一般在经济型轿车和货车中较常见，由本体和必要的功能件如扶手面板、车窗升降开关等组成。这类门护板本体通常采用注射成型。较为复杂的门护板分为上门护板本体、下门护板本体、装饰条、内扣手、缓冲吸能块等。下门护板本体通常采用注塑工艺，需要有足够的刚度和强度，以保持门护板总成的形状，安装点要均匀分布。上门护板本体又分为硬质和软质，硬质通常也采用注塑工艺，软质上门护板本体通常由表皮（针织面料、革或真皮）、发泡层、骨架组成。目前门护板装饰条、内门拉手及开关控制面板等主要选用电镀PC/ABS、PC/ABS、耐热ABS等。在降低噪声方面，车辆经老化测试后易产生"吱吱"异响，而低噪声PC/ABS可完美解决该问题，顾客的体验感进一步优化，此类低噪声材料也将会更多用于内饰零件。

（2）汽车外饰

① 格栅　格栅作为汽车的关键部件，不仅具有实现散热的要求，还要求表面流畅、美观大方。不同主机厂对格栅的外观设计和选材都有自己独特的要求，但优异的耐候性、耐刮擦性，平衡的耐热、韧性和加工性能是其不会改变的共同要求。

根据不同应用方式可分为电镀类、喷漆类、皮纹类及高光类格栅。电镀类格栅基材选用ABS或PC/ABS，电镀后具有极佳的金属外观效果及优异的耐候性和耐刮擦性。电镀件的缺点在于成本高，不环保。喷漆类基材选用ABS、PC/ABS或PC/PET，喷高亮漆或哑光漆后，赋予制件优异的耐候性能和耐刮性能，其中以高亮漆居多。喷漆件的缺点主要是成本高、不环保。皮纹类基材选用耐候性能优异的ASA（丙烯腈-苯乙烯-丙烯酸酯共聚物）或AES（丙烯腈-三元乙丙橡胶-苯乙烯共聚物），配合细皮纹的模具，省去成本高且不环保的电镀或喷漆工艺，低调的黑色亚光效果给人一种强烈的运动感。高光类基材选用耐候性能优异的经特殊设计的高光ASA、高光PMMA合金和高光PC，配合高度抛光的高光模具，可在满足耐候、耐刮擦、保证韧性的前提下，实现高光黑又亮的炫目感，非常符合当下对外观、环保和时尚的要求。主要高光免喷涂材料的性能对比如表4.6所示。

表4.6 高光免喷涂材料性能对比

性能	高光ASA	高光PMMA合金	高光PC
光泽度	++	++++	++++
黑度	+	++++	+++
冲击韧性	++	--	+++++
加工性能	+++	+++	--
耐候性能	++	++++	--

注:"+"表示正向程度,越多说明该性能越好。"-"表示反向程度,越多说明该性能越差。

② 保险杠 保险杠是汽车上较大的外覆盖件之一,作为一个独立的总成安装在汽车上,它对车辆的安全防护、造型效果、空气动力性等有着较大的影响。PP/EPDM共混料由于其价格低廉、易加工成型和优良的柔韧性在汽车保险杠中应用最广,PC/PBT合金因其吸能效果更佳也被用于部分高端汽车的保险杠部件。

③ 扰流板 扰流板即汽车尾翼,安装在汽车尾部,可减少轿车在高速行驶时的空气阻力。汽车在行驶过程中会遇到空气阻力,由于车速与空气阻力的平方成正比,车速越快,空气阻力就越大,扰流板可以降低高速行驶汽车的空气阻力,提升汽车的抓地力,降低汽车的能耗。根据成型方式的不同,目前扰流板主要有吹塑和注塑两种类型。吹塑扰流板目前主要是采用吹塑ABS成型。吹塑ABS价格便宜、吹塑成本较低,被广泛应用在中低端车型尾翼上。但吹塑扰流板结构相对简单,难以成型结构或造型较为复杂的尾翼。对于一些造型复杂、设计精度要求较高的扰流板,一般会选择注射成型。注塑扰流板一般分两层(内外板)或三层(内外板及骨架)结构。目前,主流的多层扰流板选材有以下几种:第一种,上下板同材质,均为PC/PET+MD15(15%矿物填料),上下板采用穿刺焊接或胶水粘接的方式;第二种,上板选择PC/ABS,下板选择ASA或者PC/ASA免喷,上下板之间采用穿刺焊接或者螺钉连接。当然,扰流板的选材不是唯一的,目前所有的选材方案都是经过多轮验证,综合成本、选材习惯及使用场合等多因素后确定的。随着越来越多的汽车将尾翼设计成主动升降式造型,对扰流板材料提出了更高的要求。高刚性、高尺寸稳定性、轻量化、低蠕变是未来材料在这一领域应用的主要发展趋势。

④ 行李支架　汽车行李架指安装在车顶便于携带大件物品的支架，因此需保证行李架在各种复杂受力的使用情况下不被破坏。按尺寸大小和特点，汽车行李架可分为单层行李架、双层行李架、澳式行李架、豪华行李架等。行李架尺寸较大、安装于车身顶部的水平面上，处于外饰耐热要求最高的区域。要求制作材料有足够的耐疲劳强度，以确保汽车在快速行驶和紧急刹车时，行李架不会出现严重的疲劳损伤。由于零件较长，在经历高低温循环后零件的尺寸变化较大，为了满足零件高尺寸稳定性的要求，目前行李架材料优先选择低线膨胀系数的材料。其中，低线膨胀系数的 PC/ABS+MD 及 PC/PET+MD 材料成为当前行李架的主流选择。

⑤ 后视镜　汽车后视镜属于重要安全件，其质量及安装都有相应的行业标准，不能随意更改。后视镜镜体主要由壳体、镜面和固定盖板等部分组成，由于后视镜安装在汽车外，长期日晒雨淋，气候条件恶劣，汽车行驶过程中要经受颠簸冲击，因此后视镜的材料选用要综合考虑温度、湿度、强度与冲击、弯曲性能等方面的要求，同时还要求材料不易老化、耐腐蚀、注塑性能和喷漆性能好等。后视镜目前多选择耐热 ABS、PC/ABS、PC/ASA、ASA、PBT+GF 等材料。

（3）其他应用

实际应用中，上述每个饰件均有多个替代材料可供选择，各主机厂除了有自己的选材偏好外，针对不同款车型也常会选用不同的材料，而选用原则主要还是根据材料本身的性能是否满足设计和使用要求，并综合考虑性价比等。因此，下面再从汽车内外饰中主要使用的聚碳酸酯合金材料角度进一步介绍其已有和潜在的应用。

① PC/ABS 合金　PC 与 ABS 共混可以综合 PC 和 ABS 的优良性能，提高 ABS 的耐热性、抗冲击和拉伸强度，降低聚碳酸酯的生产成本和熔体黏度，改善加工性能，减少制品内应力以及冲击强度对制品厚度的敏感性。

根据车内各个部件的不同应用和后加工需求，车内常用 PC/ABS 通常包括：电镀级 PC/ABS、中等耐热级 PC/ABS、高耐热级 PC/ABS。分别通过后续电镀工艺和喷涂工艺处理后制作各种具有亮丽外观的汽车内外饰。

PC/ABS 合金的热变形温度在 90～135℃（0.45MPa），完全可以满足热带国家炎热的夏天中午汽车在室外停放的受热要求，主机厂一般根据不同的应用场合及部件选择不同耐热等级的材料。PC/ABS合金非常适用于汽车内饰件材料，多用于仪表罩、仪表板骨架、除雾格栅、空调出风口、副仪表板、手套箱等部件。

② PC/ASA（AES）合金　PC/ASA合金以及PC/AES综合了PC的高耐热、高强度、高韧性和ASA、AES材料的耐候性、耐化学品性和加工性，相比于PC/ABS合金可显著提高材料的耐候水平，适合在户外直接使用。目前多用于汽车除雾格栅、行李架等。免喷涂PC/ASA可用于汽车后视镜等。

③ PC/聚酯合金　PC/聚酯合金包括PC/PBT、PC/PET。PBT、PET具有优异的力学性能、耐化学腐蚀性和易加工成型等优点，将聚酯与PC共混制得合金材料可以提高PC流动性，改善其加工性能和耐化学腐蚀性。由于PBT、PET是结晶聚合物，与PC共混时易发生相分离，界面黏结不好，冲击韧性不理想，通常需加入一定量弹性体以提高共混物的抗冲击强度。目前常规PC/聚酯合金产品主要用于汽车保险杠、门扣手等，也有在汽车外门把手、扰流板等部件上的应用。

4.2.4　新能源汽车

随着全球能源和环境问题的不断突显，发展新能源汽车已经成为世界各国的共识，我国更是将其列入七大战略性新兴产业之中。国家针对新能源汽车的发展陆续出台了各种扶持培育政策，营造了良好的政策环境，新能源汽车的发展也步入了快车道。根据中国汽车工业协会发布的2024年汽车工业产销情况，中国作为全球最大的新能源汽车消费市场，新能源汽车继续快速增长，年产销首次突破1000万辆，新车销量占汽车新车总销量的比例超过40%，迎来高质量发展新阶段。

新能源汽车内外饰选材和传统汽车基本相同，与传统汽车选材的区别主要体现在电池及充电桩这两个新的零部件方面。

（1）动力电池

不同于传统汽车的发动机，新能源汽车的动力系统来源于电池组。新能源汽车电池组由多个电池串联而成，而这些电池组作为高压系统，每次需要对电池组进行充放电。涉及高压充放电（部分充电电压高达800V），需要考虑电池材料的阻燃性能和电绝缘性能。阻燃PC/ABS是动力电池模组常见的选材，主要用于电池模组支架及外壳。

宁德时代作为国内最大的动力电池供应商，参与并制定了一系列新能源动力电池标准。与内外饰用PC及PC/ABS材料的标准不同，新能源汽车电池用材料需要满足UL阻燃要求，具体指标如下。

阻燃等级：1.5mm V-0

体积电阻率≥$10^{13}\Omega \cdot cm$

常温及高低温施加2700V DC后漏电电流＜1mA

由于汽车电池所处的环境较为恶劣，对材料的湿热老化性能提出了管控要求，要求材料在85℃、85%RH条件下老化1000h后性能衰减小于50%。

目前，新能源电池技术也在不断发展迭代过程中，对于电池材料的要求也在不断提升。包括软包电池、无模组电池以及全固体电池等电池技术的发展日新月异。但无论怎么发展，对材料的要求会越来越高，耐烧蚀、可回收、高导热及高CTI等指标均是未来电池材料的发展方向，同时材料的迭代可能会推动技术的升级。聚碳酸酯及其合金材料在新能源电池的应用会越来越广泛，功能化、高性能化的聚碳酸酯合金也是未来改性行业的一大机遇。

（2）充电桩/枪外壳

目前限制新能源汽车快速发展的一个重要问题在于充电桩等基础设施建设不完善。根据国家发展改革委颁布的《电动汽车充电基础设施发展指南（2015—2020年）》，到2020年，我国需要建成480万个电动汽车充电桩以满足国内新能源交通的充电需求。据国家能源局统计，截至2024年底，全国充电桩数量1282万个，同比增加49%，但依然无法满足电动汽车发展的需求，未来增长潜力巨大。

国内相关企业也在积极参与制定相关的行业标准和技术规范，以促进新能源汽车充电系统材料的选用。具体包括中国质量认证中心牵头起草的《电动汽车充电设备外壳用非金属材料技术规范》（CQC 1305—2016），中国电器科学研究院牵头起草的《工业用插头插座和耦合器》（GB/T 11918系列）以及中国汽车技术研究中心牵头起草的《电动汽车传导充电用连接装置》（GB/T 20234系列）等。这些标准和技术规范都对各部件的通用性能提出了要求：

① 机械强度

a.插拔力：交流充电接口，小于100N；直流充电接口，小于140N；

b. 车辆碾压：插头用P225/75R15或同等负载的传统汽车轮胎以（5000±250)N的压力，以（8±2)km/h的速度进行车辆碾压试验后，防护等级、爬电距离、电气间隙和穿透密封胶距离、介电强度需符合要求且不得出现损坏迹象；

c. 低温冲击：(−30±2)℃冷冻至少16h后进行冲击试验，冲击能量2J（注：不会危及防触电保护或防潮保护的小碎片、裂痕和凹陷均忽略不计）；

d. 使用寿命：插拔循环10000次。

② 耐温性能

a. 耐老化性能：(80±2)℃/168h后无裂痕，无发黏变腻；

b. 耐热：(100±5)℃/1h；

c. 球压痕温度：(125±5)℃。

③ 电性能

a. 绝缘电阻：用约500V直流（DC）电压测量，绝缘电阻不得小于5MΩ；

b. 耐电痕化：漏电起痕指数CTI 175V；

c. 介电强度：在试验电压下不得出现击穿，如表4.7所示。

表4.7　充电接口试验电压

充电接口的额定电压 U/V	试验电压/V
$U \leqslant 50$	500
$50 < U \leqslant 500$	2000
$U > 500$	$2U+1000$

④ 阻燃特性

a. 阻燃等级：UL 94 V-0（1.5mm）；

b. 灼热丝可燃性指数（GWFI）：850℃。

新能源汽车充电桩产业的发展为聚碳酸酯材料的应用提供了巨大的发展空间。由于充电桩的特殊使用环境要求（日晒雨淋、高低温变化、腐蚀性物质接触等），对应用于充电桩上的工程塑料提出了许多新的要求，需要材料具有良好的力学性能、环保阻燃性、长期耐候性、良好的绝缘性、耐高低温冲击性、良好的着色性等特点。由于聚碳酸酯及其合金材料良好的刚韧平衡性和优异的电器性能，经过阻燃改性的聚碳酸酯和聚碳酸酯合金材料是充电桩壳体和枪壳体的主要选择。

材料的长期耐候性和耐高低温冲击性能的优劣直接影响到充电桩的应用性能和使用寿命。经耐低温和阻燃改性的聚碳酸酯材料被广泛应用于充电枪壳体，而经阻燃改性的PC/ABS、PC/ASA、PC/PBT等合金材料被认为是替代现有大部分钣金外壳的理想材料。充电桩外壳产品以塑代钢的应用，将为该产品提供更加灵活的设计自由度，并大幅降低生产成本。

4.2.5 客车

客车内外饰零部件也大量使用塑料，传统的材料以ABS为主，但近年来随着一些新标准的颁布及执行，ABS已经无法满足要求，取而代之的是更高性能的PC/ABS材料。此类材料除了满足基本的力学性能外，在燃烧性能方面也有了显著提高，为了公共安全，国家发布了标准JT/T 1095—2022《营运客车内饰材料阻燃特性》，并强制执行，主要对客车内饰材料的阻燃性提出了更高要求。其中关于PC/ABS材料的要求提升，变更为氧指数≥24%，同时要求烟密度在70以下。

客车零部件除传统注射成型外，由于制件尺寸往往较大，更多采用板材吸塑的成型方式。目前PC/ABS材料已经在客车的门板、顶篷、座椅等零部件上大量使用。

4.3 板材/薄膜

4.3.1 板材

聚碳酸酯具有良好的透光性、抗冲击性、阻燃性、耐候性和尺寸稳定性，以其为原料，通过熔融挤出工艺生产的聚碳酸酯板材分为PC中空板（又称阳光板）和PC实心板（又称耐力板）。

PC中空板按照层数分类，一般为至少2层的多层中空结构，内部腔体以矩形或者X型结构为主；按照外型结构，PC中空板又分为多层平板、锁扣型、飞翼型、插接型、瓦楞型等；PC中空板表面通常需要共挤UV涂层，以延长PC中空板在户外的使用寿命。

PC实心板按照结构分类，分为单层平板结构、U型结构、Z型结构、波浪型结构，其中单层平板结构是最常见的结构类型，一般通过挤出成型，表面通常需要共挤UV涂层，以满足户外长期使用的需求。

PC中空板具有出色的透光性、抗冰雹性能、结构刚性、阻燃性和耐候性，同时具有更低的传热系数和更轻的重量，是建筑采光的最佳材料之一。PC实心板具有更优异的抗冲击性能、隔声性能、阻燃性能、耐候性，更是以塑代玻的最佳材料选择，广泛应用于建筑、交通、汽车等领域。经压制或挤出方法制得的聚碳酸酯板材，密度是无机玻璃的50%，隔热性能比无机玻璃提高25%，冲击强度是普通玻璃的250倍，在世界建筑业上占据重要地位，约有1/3用于窗玻璃和商业橱窗等。

聚碳酸酯板材是交通运输业、广告照明业、工业制品、安全防护等诸多行业理想的塑料板材，近年来在轨道交通、汽车玻璃、建筑幕墙、智能机械等行业的使用也逐步成熟。目前已广泛应用在大型公共设施、屋顶采光、商业建筑、隔声屏障、电子电气、机械挡板、灯箱导向牌及其他工业配套等领域。

（1）建筑[1]

建筑行业是聚碳酸酯板材的主要应用领域之一，其主要应用于大型公共建筑、屋顶采光板、建筑幕墙等。

大型公共建筑的应用，主要是得益于聚碳酸酯板材优异的力学性能、防火性能、耐候性、色彩和尺寸的设计自由度，这能为设计师提供宽广的设计空间。同时，该板材在轻量化和节能方面，表现更为优异。

屋顶采光板方面：例如，雄安高铁站的屋顶采光材料，全部采用了特殊定制的30mm九层PC飞翼板，其具有出色的采光性能、防眩光性、耐候性、阻燃性和隔热保温性能。通过板材飞翼的独特设计，大幅度提升了屋顶材料的防水性能。采用高耐候的涂层技术，其设计使用寿命不低于20年。又如，由于PC飞翼板具备独特的性能优势，上海南站升级改造工程的顶部采光材料全部采用30mm PC飞翼板，这不仅提高了耐候性要求，更通过结构尺寸的优化，将结构强度提升了50%，设计使用寿命不低于25年，能承受15级以上台风的冲击。

聚碳酸酯板材在建筑幕墙中被广泛使用，作为传统玻璃幕墙的替代材料，它解决了玻璃重量大、自爆率高、成型困难等问题。比如，上海龙华航空服务中心的裙楼全部采用15mm玻璃青PC实心板取代了传统的玻璃幕墙，这不仅解决了玻璃自爆的问题，同时使重量减少50%、还能加工成复杂的双曲面、复杂的锐角等形状，成为以塑代玻的典型案例。

公共建筑设施、厂房的幕墙可采用PC插接板。PC插接板一般为榫卯结构，安装时直接将两片板材无缝拼接，通过内部的T型紧固件固定在龙骨架上，具有非常出色的视觉效果。PC插接板具有优异的透光性、防眩光性和隔热保温性，透光率50%，表面可做防眩光涂层，传热系数低至1.0W/（℃·m²），作为可透光的幕墙材料，具有良好的美学效果，深受建筑设计师喜爱。

聚碳酸酯板材在建筑上的应用，主要从安全性、加工性、设计性和节能环保等几个方面体现了其在建筑行业的主要用途和性能特点。

① 安全性　聚碳酸酯是热塑性工程塑料中抗冲击性最佳的一种，6mm厚的聚碳酸酯中空板和4mm厚的聚碳酸酯实心板的抗冲击强度分别约为普通玻璃的80倍和200倍、安全玻璃的16倍和40倍以上，具有打不破、敲不碎的特点，用3kg落锤从2m坠下冲击也毫无裂痕。并且，聚碳酸酯板不会像钢化玻璃那样易发生自爆，使用安全性更高。

此外，聚碳酸酯的密度为1.20g/cm³，只有玻璃密度的一半不到，质量轻，施工、安装方便，可节省运输、搬卸、安装以及支撑框架的成本，而且支撑龙骨小巧美观，可避免大量笨重结构杆件产生的凌乱线条和阴影，因此聚碳酸酯中空板和实心板特别适合于制作大型公共建筑中大跨度的屋顶、悬吊罩棚和幕墙等。可插接的多层板更适合于大面积有隐框要求的幕墙铺装。

聚碳酸酯板材已成功应用在很多国际大型体育场馆的建设中，建成的看台罩棚和外墙具有高透明度，可确保充足的日光照射。同时，由于可以最大程度地减少支撑结构，可为体育场馆营造出非同寻常的屋面和面墙造型。

② 加工性　聚碳酸酯板加工性强，可手工切割、钻孔、铣槽，不易断裂，施工简便，可冷弯或热弯，最小弯曲半径小（如16mm厚的三层加强型聚碳酸酯板的最小弯曲半径仅为2800mm）。因此，可按设计图在工地现场采用冷弯方式，安装成拱形、半圆形等多种不同曲线结构。

③ 设计性　聚碳酸酯板材易加工，可设计成各种复杂形状。同时，由

于其颜色的选择性丰富，可根据需要选用不同颜色、不同透明度的产品。也可根据板材自身的结构，在中空板与实心板中做针对性选择，甚至可对板材表面的纹路进行设计，如PC磨砂板、PC颗粒板、PC棱镜纹板等。

④ 节能环保　现代建筑的设计越来越重视环保、绿色和可持续性，注重材料的生态功能。从生态原理出发，运用技术手段关注材料的生态功能，塑造新型高技术建筑空间，在设计中贯入生态理念和生态精神，通过技术将材料和空间结合。围护结构不仅能起到划分空间的作用，同时也是建筑内外能量交换的媒介，立面设计和节能概念最终体现在围护结构的采暖、降温设计及太阳能的利用上。聚碳酸酯板材料的热导率低，中空板的中空结构使其隔热性远优于其他实心建材，甚至优于中空玻璃，可减少取暖和制冷成本，提高能源利用率，是一种出色的节能材料。

聚碳酸酯板重量轻、抗冲击强度高、安全性高、安装简便，赋予了现代建筑物更大的设计空间。将聚碳酸酯的中空结构与智能化设计相结合，使光线选择性透过，可在获得更多可见光的同时，在高温季节减少热量进入，在低温季节减少热量散发，达到出色的节能效果，使工业和住宅建筑实现智能化和节能化解决方案成为可能。

此外，聚碳酸酯板材是完全可回收再利用的材料，可重复加工成型，废品和边角余料也能回收利用，不会造成环境污染，可以达到环保要求。因此，聚碳酸酯板材及其构件应用在建筑的屋顶和外墙等领域，能充分发挥其时尚、透光等特点，不仅能满足人们对现代建筑物艺术表现力的需求，而且可大幅降低二氧化碳排放，降低能源消耗，是一个可持续发展的解决方案。

（2）现代农业

目前中国传统的温室主要还是使用玻璃、双层薄膜等作为温室培育的覆盖材料。经过多年实际应用发现，采用这些材料建成的温室存在能耗较高，遇冰雹、大雪等自然灾害时抵御能力较差，甚至大面积出现划破和粉碎等问题，使温室养殖、种植遭受损失。

聚碳酸酯温室专用阳光板从根本上改变了传统温室的这种现状，常见的阳光板分双层或多层结构，20世纪70年代在欧洲就已经被广泛应用在农业温室建设。聚碳酸酯温室专用阳光板的优势主要包括：重量轻、安装便捷、透光率高，表面的抗UV材质不仅能防止板材老化，还能隔绝紫外线照射，充分满足植物的光合作用需要，高抗冲击性能可有效抵御冰雹、风雪等自然灾害。能耗方面比玻璃温室节能40%以上，使用期长，再加上良好的隔热、耐候、防结露、阻燃以及隔声和便于复合式加工等性能，使其逐渐成为现代温室建造的首选材料。

目前我国阳光板温室应用发展较快的地区主要集中在北方。在建造方面，有全部使用阳光板作为装饰材料的温室，也有侧墙和山墙使用阳光板建造的温室。在功能方面，有以花卉种植交易为主的商业型温室，也有以生产为主的生产型温室，还有以农业观光为主的综合型温室、生态餐厅以及以科研为主的温室。上述温室中全部或部分使用聚碳酸酯阳光板，使温室的生态环境进一步得到改善。

近几年随着我国农业与能源的不断发展，兴起了光伏农业的热潮。作为一种新型的温室，光伏太阳能温室拥有传统温室所没有的优点。经过相关从业者多年的研究与推广，光伏太阳能温室已经在我国的很多省份获得推广与应用，很多地区也正在计划推广光伏太阳能温室。光伏太阳能温室按结构不同可分为两种：一种是传统的光伏太阳能温室，类似于传统的日光温室，拥有良好的保温性能和墙体；另一种类似于传统的连栋温室，屋顶的向阳面上安装有光伏太阳能电池板，墙体透明，通常以薄膜、玻璃或聚碳酸酯阳光板为主要墙体材料。

（3）交通运输隔声

随着高速公路、城市高架路和轻轨等的高速发展以及汽车的不断增多，城市噪声污染成为困扰周边居民的难题，降低和去除噪声成为当下及未来社会发展需要解决的重要问题。为解决这一问题，声屏障应运而生，在铁路和公路边上总能看到竖立着一种隔离屏障，即为声屏障。

可用于制作声屏障的材料很多，目前市场上主要倾向于使用环保阻燃型聚碳酸酯实心板。一般声屏障按结构可分为：直列式、半封闭和全封闭等，被广泛应用于高速公路、高架复合道路、城市轻轨地铁等交通市政设施中，也可用于工厂和其他噪声源的隔声降噪。声屏障的透明隔声板主要采用PC实心板和PMMA板，PC实心板主要应用于全封闭声屏障顶部，加筋型PC实心板也可以用于立式声屏障侧面屏体。

使用PC实心板制作声屏障的主要优势如下。

① 隔声性　PC实心板具有很高的隔声性能，计权隔声量≥26dB，比传统的玻璃和PMMA高。

② 高耐候性　声屏障专用的PC板，表面需具有80μm以上的UV涂层厚度，需满足户外15年以上使用后，透光率衰减不超过10%，黄变不超过10%。

③ 阻燃性　满足B1级建筑防火要求，属于难燃材料，离火自熄，不会产生火焰的蔓延，可以减少因火灾导致的安全事故。

④ 高抗冲击性能　PC实心板具有良好的韧性和抗冲击性能，可方便冷弯安装，同时不会产生因为开裂导致的安全隐患。

⑤ 轻量化和加工便利性　可采用更小的厚度，在弯曲半径不低于200倍情况下，无须热加工，即可直接安装使用，减少钢结构承重的要求，提高安装效率。

⑥ 环保性能　表面可做防眩光UV层，光泽度不高于35，减小光污染的不良影响。内部可通过挤出方式嵌入防鸟撞筋条，防止鸟类的侵入伤害。

（4）城市亮化

聚碳酸酯板材优异的透光性、耐候性、尺寸稳定性和阻燃性，使其成为广告灯箱、广告标识行业的主要选材之一。广告灯箱和标识行业，常使用透明PC实心板或光扩散PC实心板，一般厚度在2～6mm。PC实心板满足建筑B1防火阻燃要求，同时户外使用年限一般为10年，基本能满足广告标识行业的需求。

扩散板（光扩散PC实心板）是在普通PC板基础上添加特殊的表面纹理和光扩散剂，光线透过时在纳米颗粒和树脂间不断折射、反射和散射，形成均匀的扩散效果。通用型聚碳酸酯乳白板能穿透LED光源，而光扩散聚碳酸酯板能充分散射LED光源，达到透光不漏灯珠的效果。光扩散聚碳酸酯板透光率一般为25%、50%、75%三个等级，不同的应用场景对颜色和透光率的要求不同。

相比此领域的另外一个主选材料——PMMA板材，聚碳酸酯板材除了具有更高的抗冲击强度以外，其阻燃性能和尺寸稳定性也明显优于PMMA板，因此特别适合在地铁等封闭和半封闭空间使用。

（5）轨道交通

在轨道交通领域，目前大量应用PC板材替代原有的玻璃、玻璃钢制品，以满足环保、轻量化、低VOC排放和可回收的要求。

在轨道交通领域，PC板材的主要应用场景包括挡风屏、行李架、广告框、墙板、座椅、速度显示牌、灯条等部位。

轨道交通领域所应用的PC板材，需要满足严格的防火阻燃、耐刮擦以及高强度高韧性等要求。

例如，高铁的行李架大多采用阻燃PC实心板，其模量高达3100MPa，冲击强度>11kJ/m²，氧指数不低于32%。用其替代原有的玻璃材料，避免了玻璃碎裂带来的风险，同时重量减轻一半，且颜色更加美观。

地铁的挡风板大多采用高表面耐磨性能的透明PC硬化板，要求PC板表面具备玻璃板相当的耐磨性能，且能经受日常清洗化学品的侵蚀。

（6）安全防护

在安全防护领域，聚碳酸酯板材常用于制作安全头盔、安防盾牌、安全防护板、摩托车挡风板等。在2020年疫情中，医疗物资短缺，0.8~2mm厚的板材在经过防雾处理后，被加工成护目镜以及防护面罩，广泛应用于抗疫前线，发挥了举足轻重的作用。

聚碳酸酯抗冲击性强、折射率高，是目前应用最为广泛的护目镜片材质。近年来，世界眼镜业聚碳酸酯消费量年均增长率一直保持在10%以上。除市场上绝大多数注射成型的护目镜镜片以外，部分款式护目镜也用聚碳酸酯板材后期加工成型，同样起到安全防护的作用。同时，目前市场上大多数医用防护面罩，以及其他类别的安全防护透明体，也皆采用聚碳酸酯板材。

（7）其他

除上述行业外，聚碳酸酯板材在其他领域也有广泛应用。在军工领域，聚碳酸酯板常被加工成盾牌，用于替代防弹玻璃使用。在文体领域，常用于制作观光缆车幕墙、篮球架的篮板等。在工业领域，常用于制作设备的透明视窗等。

4.3.2　薄膜

聚碳酸酯由于熔融黏度高，常规的注射成型等加工方法无法生产大尺寸薄壁产品，聚碳酸酯薄膜的出现很好地解决了这一难题。聚碳酸酯具有高力学强度和优异的光学性能，用其制成的薄壁产品可满足特殊性能要求，被用于诸多行业。

聚碳酸酯为非晶材料，熔体强度高，不适合吹膜和双向拉伸，其薄膜加工方式多为挤出压延或流延工艺。压延时可利用双辊对薄膜进行抛光、压花等，使其表面呈现镜面、拉丝或多种特殊纹理效果，以适应不同用途。聚碳酸酯比一般热塑性材料的阻燃性能好，更有利于制备成高阻燃高透明薄膜，也可添加其他功能性助剂制备抗静电、导电、荧光、扩散、抗菌等多种功能薄膜。聚碳酸酯薄膜厚度最薄可以做到0.025mm，能充分满足电子电气、汽车、交通、证件卡照等行业大型化、薄壁化、轻量化的要求。聚碳酸酯薄膜具有优良的透光性、抗冲击性、抗蠕变性、电绝缘性、耐候性的同时，耐高低温性能优异，可在较宽的温度范围内具有稳定的力学性能、电性能和阻燃性能，且尺寸稳定，易于后加工成各种形状、各种外观。

（1）分类

聚碳酸酯薄膜根据产品的阻燃性要求不同，可分为通用类、阻燃类和特殊光学类。通用类产品在生产过程中不添加阻燃剂，主要利用聚碳酸酯的透明性、高抗冲击性和可热成型性，广泛应用在照明的光学膜、安全眼镜、汽车内饰件、户外反光标签、道路反光标识、证件卡照等行业；环保阻燃类产品又分为无卤阻燃和有卤环保阻燃，通过添加无卤阻燃剂或有卤环保阻燃剂，达到UL 94 V-0级阻燃，主要应用在电子电气、汽车等行业，充当内部隔热、绝缘、阻燃和遮蔽的作用。

① 通用类　通用类薄膜产品具有优越的表面印刷性能和拉伸成型易加工性能，包含众多可供选择的标准材质和高性能材质，并且可提供各种表面处理和纹理处理。

通用类薄膜可采用抛光辊或带纹理的压花辊对表面进行处理，经表面印刷制作成汽车内饰与配件、家电和消费类电子产品的模内装饰、电器标签、空调视窗面板、铭牌、遥控器面板、各种薄膜开关，还可以将其透明型薄膜产品通过成型加工，用于制造头盔、防护面罩和太阳镜等。

箱包外壳用聚碳酸酯薄膜是通用类薄膜中的一种，通常是在薄膜的反面印刷各种花纹，然后与基础板材热压，通过吸塑制得各种箱包。这种复合板材兼具两种材料的优点，材料轻、表面硬度高、碰撞后不易发白、花纹不易脱落，同时生产过程损耗小，解决了普通印花工艺的缺点，箱包的使用寿命也大大延长。

② 阻燃类　阻燃类聚碳酸酯薄膜根据添加阻燃剂的不同，分为有卤环保阻燃和无卤阻燃两种。

a. 有卤环保阻燃　有卤环保阻燃聚碳酸酯薄膜通常采用环保溴素阻燃剂，满足RoHS等环保要求，产品具有优良的阻燃性、耐热性、耐折性和绝缘性。通过模切、冲压、折边、吸塑、印刷等方式，主要应用在各种绝缘片和垫片、标牌、铭牌等。此外，SABIC还推出了用溴化聚碳酸酯共聚物生产的有卤阻燃PC薄膜，可达到高阻燃高透明，阻燃性能可达到0.25mm UL 94 V-0并保持高耐温性。

b. 无卤阻燃　无卤阻燃聚碳酸酯薄膜使用对环境无害的无溴无氯阻燃剂，符合RoHS和废弃电气和电子设备指令（WEEE）。除具有优异的阻燃性外，还具有密度低、高温收缩率小、拉伸强度高以及抗穿刺性和绝缘性好的优点，能够在不牺牲性能的情况下，用更薄更轻的产品代替较厚的阻燃PP薄膜或更重的有卤阻燃聚碳酸酯薄膜，减少所需材料重量，降低整体成本。

通常聚碳酸酯的RTI（relative thermal index，相对热指数）温度可达到80～110℃，新型无卤阻燃聚碳酸酯薄膜RTI可以做到和溴系阻燃聚碳酸酯薄膜一样的130℃，可实现更高的耐热温度和更长的使用寿命。

无卤阻燃聚碳酸酯薄膜可以使用热成型、压花、清晰边缘模切、折边、吸塑、胶合和弯曲等工艺加工，主要应用包括印刷电路的绝缘部件、印刷电路板、键盘、电源适配器、垫片、标牌、液晶电视/显示器、新能源汽车充电桩和动力锂电池模组系统、各种功率的电源适配器、喇叭网、LED吸顶灯和白色家用电器等内部电源线路板中。

③ 特殊光学类　在OLED显示领域，由于液晶显示器内部液晶材料存在位相差，需要使用减反射补偿膜（位相差膜）。该膜能起到提升液晶显示器的对比度、观看视角、校色等作用，通过放置具有减反射作用的位相差膜来阻隔外界光的反射，以确保屏幕保持较高的对比度。同时，在LCD显示领域也可以利用PC位相差膜，提升显示效果，如图4.5所示。

IPS-LCD补偿膜（位相差膜）主要应用于IPS制式的LCD显示面板，以解决IPS屏幕存在的视角、漏光和反射等问题，提升显示效果。

VA-LCD补偿膜（位相差膜）主要针对VA制式的LCD显示面板，可扩大VA面板的视角，使观看者在偏离正视线较大的角度依然能获得很好的观看效果。可以利用聚碳酸酯补偿膜，替代目前VA领域主要应用的、由日本瑞翁独家垄断的COP薄膜。

制造聚碳酸酯位相差膜有拉伸和涂布两种工艺。其中，拉伸工艺是在聚碳酸酯薄膜制造工艺的后道工序中，进行双向或斜向拉伸，改变聚碳酸酯薄膜分子的排列方式和光轴方向，消除液晶层的位相差值或减少外部光线的反射，从而增大视角，获得更佳的视觉效果。

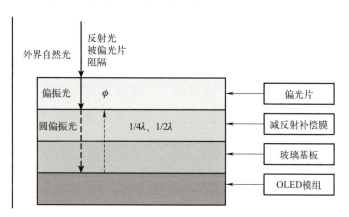

图4.5　OLED偏光片减反射补偿膜作用机理

不仅仅在显示领域，聚碳酸酯位相差膜还广泛应用于3D眼镜、偏光眼镜等其他光学用途。

（2）国内市场概况

2024年，国内聚碳酸酯薄膜和板材的消费量在87万吨左右，其中薄膜的消费量在14万～17万吨，阻燃级和通用级的市场用量比约为1：4。国内聚碳酸酯薄膜的应用主要集中在华东、华南地区以及西南地区，华南地区的用量略高于华东地区。这些地区也是主要的箱包、包装、笔记本电脑、液晶显示面板、电源适配器和新能源汽车动力电池生产厂家集中的地方。在产品类型上，华东地区由于存在大量的箱包和印刷生产厂家，大量使用通用级聚碳酸酯薄膜，阻燃级产品应用相对少一些。华南地区由于是家电、3C产品的主要产地，阻燃级产品应用相对更多。

（3）未来发展趋势

目前聚碳酸酯薄膜的应用市场愈趋成熟，笔记本电脑和液晶电视行业正朝着轻薄化、大型化的方向发展，使得阻燃聚碳酸酯薄膜特别是符合环保和无卤要求的无卤阻燃聚碳酸酯薄膜的应用范围逐渐扩大。同时，随着近年来新能源汽车行业的蓬勃发展，其电池电管系统和配套的充电桩系统日渐成熟，对材料绝缘阻燃有了更高的要求，也为高RTI的无卤阻燃聚碳酸酯薄膜产品的应用提供了一个更为广阔的市场。随着手持电子产品应用越来越广泛，对这些产品的轻量化、高模量以及环保要求也越来越高，超薄的聚碳酸酯薄膜可以和高模量的碳纤维或玻璃纤维复合，热压成超薄高模量阻燃级复合材料取代金属材料或热固性复合材料也是一个很大的趋势。

另外，由于国家对交通反光要求的提高以及国内加工技术的进步，越来越多的交通反光条、交通号牌、证件卡照等开始使用聚碳酸薄膜。利用聚碳酸薄膜的光学性、力学性能及耐候性，用于最高反光要求的棱镜结构反光薄膜、证件卡护照等领域，可摒弃传统PVC或PETG薄膜。

随着5G的到来，为保证高频的通信讯号，减少手机外壳对电磁信号的屏蔽，一种新型PC与PMMA共挤薄膜应运而生。这种薄膜兼具PC的高模量、高韧性，以及PMMA淋涂加硬后优秀的耐刮擦性和耐黄变性，同时，由于这两种材料优异的光学透明性，通过后续加工可以制得拥有炫酷外观的手机后盖和外壳。这些独特的性能将为PC+PMMA共挤薄膜带来爆发式的增长。

4.4 光学

聚碳酸酯由于其良好的透光率（接近90%）、高折射率以及双折射等特性，在光学市场有着广泛应用。目前主要用于LED照明外壳、光学透镜、光学镜片、光盘等用途。

4.4.1 照明

（1）市场概况

LED照明产品已成为家居照明、户外照明、工业照明、商业照明、景观亮化、背光显示等应用领域的主流应用，LED照明产品替代传统照明产品的市场渗透率不断提升，市场需求持续增长。全球各个国家和地区纷纷颁布各项LED照明产品鼓励政策，进一步加速了白炽灯向光效更高的LED光源的转化。

目前，我国LED产业约占全球的三分之二，LED技术处于世界领先水平。根据中研产业研究院发布的数据，2024年全球LED照明市场规模达到1676亿美元。从消费区域看，全球LED照明市场已经形成了以北美、欧洲和中国为主的三大照明市场。根据中国照明电器协会统计，2024年欧洲的LED照明市场占比达到27.6%，为全球最大市场，其次为北美和中国。我国不仅是LED照明的消费大国，也是全球最大的LED照明产品生产国及出口国，出口占比超过国内总产量的50%。中国照明电器协会的统计显示，2023年中国照明行业全行业营收6059亿元，产品外销出口额达582亿美元，其中LED照明产品出口额约269亿美元。

随着LED的光效不断提高，成本不断下降，逐步取代传统照明，尤其在商业照明，如公共设施、酒店、零售、餐饮等应用场所。并且越来越多的企业也开始重视通过光影环境的营造来提升品牌形象，展现产品特点，这对照明效果提出了更高的专业化要求，对其智慧控制以及光品质的要求也逐步提高，预计未来几年渗透率将持续增长。

此外，景观照明和户外照明也是中国LED照明重要的高增长领域。近年来受惠于国家相关政策的实施和行业大规模推广应用，城市景观亮化工程和智慧灯杆项目开始逐步提上日程，这为LED照明产业带来了更多机遇。

相比于传统照明产品，LED照明产品具有发光效率和能效比高、稳定耐用、可调光、更易于智能控制等特点。除在室内照明、户外照明等领域正大规模应用之外，自2020年疫情暴发之后，LED植物照明、UV LED等新兴领域的应用都处于快速拓展阶段。

（2）应用现状

由于LED单位面积发光强度过高，直视会产生刺眼等视觉不适，所以需要一种光扩散材料将点光源转化成面光源。光扩散材料根据作用机理的不同，可分为面扩散材料和体扩散材料。面扩散主要通过打磨、涂层、喷砂或刻痕等手段，利用粗糙表面产生光扩散效果；体扩散则是通过在透明基体中添加无机或有机光扩散剂的方法来实现。

传统材料以磨砂玻璃为主，但这类材料易碎，而且透光率较低。光扩散材料的出现不仅解决了材料易碎的问题，而且在透光率和雾度之间能取得更好的平衡，目前应用较广泛的光扩散材料主要有PC、PMMA、PS、丙烯腈-苯乙烯共聚物（AS）、甲基丙烯酸甲酯-苯乙烯共聚物（MS）、PP等，其中以PC作为基材的光扩散产品应用最为广泛。主要灯罩材料的性能对比如表4.8所示。

表4.8　主要灯罩材料性能对比

项目	PC	PMMA	PS
光折射率	1.59	1.49	1.59
透光率	89	92	90
雾度	很好	很好	很好
阻燃性能（UL 94）	V-0/V-2	NR	NR
密度 /（g/cm^3）	1.2	1.2	1.05
弯曲强度/MPa	95	70	50
热变形温度/℃	125	100	70

聚碳酸酯性能稳定，得益于其分子结构中化学键的特点，它的抗冲击性非常优异。PC光扩散材料的抗冲击性是玻璃的250倍、PMMA/PS的50倍。作为综合性能优异的工程塑料，聚碳酸酯已逐渐成为照明用塑料的首选材料。聚碳酸酯氧指数高，本身就是B1级工程材料，生产出来的PC光扩散材料可达到V-2阻燃等级，起到不助燃的作用，性能优于助燃的PMMA/PS光扩散材料。通过在原材料聚碳酸酯中添加复合阻燃剂进行改性处理，可实现0.8～2.0mm厚度的V-0级阻燃特性，提高了PC光扩散材料的应用范围，为LED照明产品实现更高的安全性提供助力，满足了越来越多客户的需求。聚碳酸酯在照明领域的应用主要利用了基材本身高透明性和高耐热性的特点，功能化改性的聚碳酸酯解决了传统玻璃易破碎、加工困难等问题，可通过注射成型或挤出成型制备各种规格的灯座、球泡、灯管等。

聚碳酸酯在LED照明领域的应用主要可分为三种形式：透明PC、光扩散PC和遮光PC，其中以光扩散PC为主。

光扩散PC应用领域非常广泛，包括家庭照明、商业照明、车辆内饰等均有应用。要实现光扩散效果主要有两种途径：

① 添加光扩散剂　这种方法已经较为成熟，应用也非常广泛，常用的光扩散剂主要可分为无机和有机两类：无机类光扩散剂主要为纳米硫酸钙、

碳酸钙、二氧化硅等，加入这些颗粒可使光进行多次折射达到光扩散的作用，但该方法光扩散效果不明显，通常会对材料的透光性造成一定影响；有机类光扩散剂主要为丙烯酸酯类、苯乙烯类和有机硅类等，对保持材料的透光性、雾度和色相具有较大优势。

② 表面磨砂　实现表面磨砂效果可通过特殊的模具来制备，也可以通过在树脂中添加磨砂剂来制备，该方法的弊端是会严重降低灯罩的光线透过率。

国家标准《LED灯罩用光扩散聚碳酸酯》（GB/T 35516—2017）对LED灯管用的改性聚碳酸酯的技术要求、试验方法、检验规则、标志、包装、运输和储存等内容进行了规范。

光扩散PC是聚碳酸酯在照明领域的主要应用形式，目前光扩散PC的用量在10万～15万吨/年。

遮光聚碳酸酯材料（含高反射聚碳酸酯）是一种具有优良的光反射属性和光屏蔽性能的聚碳酸酯改性材料，一般通过添加钛白粉来实现高反射和高遮光效果。应用于LED灯后盖的遮光改性聚碳酸酯可以与光扩散聚碳酸酯通过共挤出的方式制备LED灯管。

（3）未来发展趋势

聚碳酸酯在照明市场的应用主要有以下两大发展趋势。

① 通用照明市场　追求低成本和高性能。透光率和雾度方向，通过不断开发高透光率、高雾度的聚碳酸酯产品，可在获得相同照明效果的前提下，减少LED灯珠使用数量，降低整灯成本。在超薄阻燃材料应用方向上，通过在更薄的制品上实现更优阻燃性能，可同时实现整灯重量和成本的降低。

② 特殊照明市场　差异化需求越来越突出。户外照明领域，对耐候、耐高温高湿等性能要求进一步提高，使用年限要求8～10年甚至更长。商业智能照明领域，要求提升光质量与节能控制。健康照明领域对蓝光的关注度越来越高，通过对聚碳酸酯材料进行性能改善，能有效过滤消除LED灯所产生的蓝光，减轻眼疲劳，使眼睛免受蓝光伤害。未来有机会可扩展至学校教育场所，健全照明市场发展。

4.4.2　光学透镜

聚碳酸酯由于具有高透光率、高折射率、高抗冲击性、高尺寸稳定性和易加工成型等优点，在光学透镜用途上占有极其重要的位置。使用光学级聚碳酸酯，可以制造光学透镜、手机摄像头、车载摄像机、监控摄像机、照相机、显微镜、望远镜、光学测量仪器等光学透镜以及各种棱镜、多角镜等。另外，它还大量用于办公设备中，例如投影仪镜头、复印机镜头、红外线自动对焦投影仪和激光打印机镜头。

在透镜领域，与传统的玻璃材质相比，聚碳酸酯的最大优势是可以通过注塑等加工方式很容易地做出各种形状的非球面以及其他特殊形状的透镜。最近，通过改变聚碳酸酯的链段分子结构，制造出了具有各种不同折射率和阿贝数的透镜，设计人员可以比以往任何时候都更加自由地进行光学设计，以满足各种光学应用需求。而且，注射成型的加工方法在生产效率上也远远优于传统的玻璃透镜制造方法。

聚碳酸酯在透镜领域的主要竞争材料是PMMA。两者同为塑料材料，相对于玻璃都有生产效率高（注塑加工）和可制作异型透镜等优势。但聚碳酸酯在阻燃性能（PC可达UL 94 V-2～5VA级，PMMA只有HB等级）、耐热性能（PC热变形温度在120℃以上，PMMA只有100℃左右）和抗冲击性能（PC是PMMA的10倍以上）上都远好于PMMA，在涂层性能（真空蒸涂防反射膜）等方面也优于PMMA。此外，PC在高折射率和低阿贝数的区域具有更多的产品类型，因此光学设计也会更多地选择PC。

未来，随着户外透镜类应用市场的持续发展，对聚碳酸酯材料的性能要求将更苛刻。在保持优异光学性能的同时，该材料需要兼具更高的老化稳定性（长周期老化后透光率、底色的稳定性以及功能与环境可靠性）。另外，随着特殊领域透镜壁厚的增加，市场对高透PC的需求逐渐上升，这也给聚碳酸酯材料带来更大的机遇与挑战。

4.4.3 光学镜片

由于聚碳酸酯具有高折射率、低密度、高抗冲等优点，多用于制作太阳镜、泳镜、儿童和成人眼科眼镜、安全防护镜的镜片。初步估算国内目前每年用于光学镜片的聚碳酸酯在25万吨以上。基于聚碳酸酯的镜片主要有以下三大优势：①重量轻，是目前镜片材料中最轻的，比普通树脂镜片轻35%左右；②安全性好，是有史以来最牢固的镜片，比普通树脂镜片的抗冲击性能强12倍左右；③镜片薄，利用抗冲击性能优异的特点，可以把镜片设计得更薄。

太阳镜是聚碳酸酯镜片的主要应用领域，占聚碳酸酯镜片整体市场80%以上。普通太阳镜仅通过在聚碳酸酯材料中添加紫外线吸收剂和染料就可以制成，而偏光太阳镜是通过将偏光片插入成型制造而成。由于太阳镜需要对成品进行染色处理，因此通常对产品的质量要求并不是特别高，市场上也很少有专门针对太阳镜的聚碳酸酯牌号，生产企业通常直接使用抗紫外线等级的通用聚碳酸酯牌号，甚至一些企业外购通用级产品自行添加紫外线吸收剂进行改性以降低成本。2024年上半年，欧盟最新出台REACH法规，将太阳镜用聚碳酸酯材料中最为常用的紫外线吸收剂UV329、UV326列入了重点关注物质清单，随时具有被禁用的风险。目前，在太阳镜领域，掀起一阵紫外线吸收剂变革的浪潮，研发出既具有良好的400nm波长光阻隔性能，又具有稳定热加工性能的抗UV体系成为破局的关键。

儿童和成人眼科眼镜方面，不同于欧美市场（美国法律规定中小学生佩戴眼镜必须是树脂镜片，且极力推荐聚碳酸酯镜片，其份额已占到美国儿童眼镜市场的50%），国内聚碳酸酯镜片所占市场份额较低，在总的树脂镜片中所占份额不足10%。但眼科眼镜对聚碳酸酯的质量要求非常高，除了有380nm紫外线阻隔等强制要求外，还对产品的纯净度、光学畸变等有严格要求。国内眼科眼镜市场主要为热固性树脂镜片，热固性树脂透镜不仅切削加工性优于聚碳酸酯透镜，而且折射率更高，阿贝数适中，即使再高度数的镜片也不会出现色彩模糊的情况。

4.4.4 光盘

光盘是以光信息作为存储的载体并用来存储数据的一种物品，分不可擦写光盘，如CD-ROM、DVD-ROM等；可擦写光盘，如CD-RW、DVD-RW、DVD-RAM等。在光盘的制作过程中，需要将数字信息记录在光盘表面的凹槽中，然后通过激光束读取这些信息。聚碳酸酯具有优异的透明度和低色散性，能够确保光束的稳定传输和准确读取信息，这使得它成为制作光盘的理想材料。

生产光盘用聚碳酸酯性能要求如下：

① 高流动　常见的CD光盘非常薄，只有1.2mm厚，但其直径可达

120mm，因此注射成型时对流动性要求极高；

② 高温稳定性　光盘注射温度极高，可达330～360℃；

③ 尺寸稳定性　光盘变形会影响读取速率和播放质量，因此需控制注塑时横径向翘曲变形差值。

随着新型存储媒介的兴起和存储习惯的改变，光盘作为传统存储介质的用量已大幅萎缩，直接导致用于制作光盘的聚碳酸酯的需求用量迅速下降，从最高时约占聚碳酸酯总用量的20%下跌至目前不到1%。预计在未来几年中，光盘级聚碳酸酯的消费量还将不断萎缩。

由于光盘级聚碳酸酯需要产品具有非常高的流动性和洁净度，各生产厂家通常会单独建设生产线，但随着需求量的迅速减少，多个生产厂家纷纷对原有光盘级生产线进行改造，转为生产其他注塑或挤出级产品。

4.5　医疗/包装

4.5.1　医疗

（1）市场概况

聚碳酸酯不仅广泛应用于工农业等传统行业，在医疗行中也有广泛的应用。医疗级聚碳酸酯具有玻璃般的高透明度，设计自由度高，坚韧牢固，符合生物相容性要求，可经受多种灭菌方法如高温蒸汽、消毒剂、电子束消毒或伽马辐射消毒，且能保持颜色和物理性能稳定等特性，被广泛应用于人工肾血液透析器、输血输液部件、面罩以及其他需要在高透明、直观条件下操作并需反复消毒的医疗设备中，如微创手术工具消毒盒、医疗信息系统产品和监控仪、呼吸机和呼吸面罩，以及诊断器械和医疗健康相关的家用和个人可穿戴产品。

目前，全球每年医用领域消耗的聚碳酸酯类树脂超过40万吨，包括聚碳酸酯纯树脂和改性聚碳酸酯树脂，占全球总聚碳酸酯消费量的3%～4%，预计未来几年，全球医用聚碳酸酯的消费量还将以年均8%～12%的速度增长。中国目前每年的医用聚碳酸酯消费量预计超过6万吨，消费占比仍明显低于全球平均水平。在疫情暴发期间，聚碳酸酯在护目镜、呼吸面罩、呼吸机和测温枪壳体等医疗防护领域的应用呈现爆发式增长。未来，随着人口老龄化对医疗护理产生的巨大需求以及医疗保健制度的日渐完善，医疗级聚碳酸酯的消费也将得到较快发展。

随着社会发展，人们更注重养生，转"医"为"疗"，可穿戴医疗、可穿戴健康检测设备蓬勃发展。专业化的医疗设备进入普通家庭，要求仪器设备具备小型化、功能化的特点，同时还要求材料具有更高的卫生等级，具有自清洁和抑菌抗菌性能，同时因接触皮肤而必须考虑耐汗液侵蚀和满足生物相容性。聚碳酸酯卓越的力学性能和良好的加工性能能够很好地满足以上要求。

（2）性能要求

① 相关法规标准的要求　国内法规要求，必须通过《医用输液、输血、注射及其他医疗器械用聚碳酸酯专用料》（YY/T 0806—2010）测试，且生物相容性评价需通过GB/T 16886.1—2022所述测试。国外须达到美国药典塑料Ⅵ级材料要求，生物相容性测试需通过ISO 10993第一部分"医疗器械的生物学评价"的相关要求。

生物相容性评价是医疗器械安全性评价中不可缺失的一环。ISO 10993系列标准及其等同转化的国家推荐标准GB/T 16886是对器械进行生物安全性评价的重要指导原则。ISO 10993标准几经改版，从最初的侧重生物相容性测试，到最新发布的2018版改为优先通过物理/化学分析，再根据毒理学评价和体外测试的方法进行评价，不仅可以使得实验动物数量最小化，更重要的是可以定量揭示器械使用中的风险，尤其是长期使用风险。

对于呼吸面罩、气管插管等涉及呼吸气体通路的医疗器械，目前通用型设备更加专业化，国际上同样需要生物相容性评估，可依照ISO 18562进行。该标准由4个系列标准组成，分别是依据风险管理过程的评估和测试、颗粒物测试、VOC和冷凝可沥滤物测试。其基本指导原则与ISO 10993是一致的，也是以化学分析方法作为起点，通过毒理学评价的方法，对此类医疗器械进行生物安全性评价。

② 耐多种灭菌方式要求　医疗器械灭菌是保证产品质量的一种方法。对于用聚碳酸酯生产的医疗器械和手术设备，如吸附器和静脉输注接入设备等，需要能够承受高温蒸汽和伽马辐射灭菌过程。目前，为满足这些特殊需

求，市场上已成功采用耐高温可高达143℃、耐超热灭菌方法的医疗级高温聚碳酸酯材料。消毒剂的使用日益广泛，可重复消毒的材料在医院和个人医疗器械也十分重要。医疗器械行业应该逐步增加对原材料生物相容性的强制要求从而降低风险。

2020年疫情中，由于酒精等醇类溶液对该病毒具有非常好的灭杀效果，因此，酒精擦拭成了很多医疗设备的消毒必选方法。所以，医院和医疗器械生产商，对能耐受酒精擦拭的医疗器械外壳材料更为青睐。聚碳酸酯恰好是这类材料，其耐受酒精类溶剂侵蚀的能力非常好，在这方面比聚酯类材料要更为适合。同时，该病毒并不耐受高温，出于同样目的，耐高温材料特别是能耐高温消毒（蒸汽）的聚碳酸酯，也是非常好的选择。特别是耐温达143℃的材料，可以在高温蒸煮下持续更长时间，而保持良好的材料性能。

③ 高强度和高流动性要求　医用聚碳酸酯在加工过程中应具有良好的机械强度和流动性，能充分满足产品薄壁应用的需求，同时，高的流动性能也能提高厂家的产量。近几年出现了超高流动性易脱模耐辐照的医疗级聚碳酸酯新产品，可缩短生产周期，降低加工成本。不过，在使用添加剂提升强度、流动性和脱模性时，有必要对最终混配好的树脂牌号完成生物相容性认证，而不能停留在只考虑每个添加剂单独的生物相容性。这样做，才能真正实现完整的生物相容性验证。

④ 高透明度要求　采用医用聚碳酸酯材料制成的医疗设备部件往往会利用聚碳酸酯高透明的特点，实现医疗过程中目视监控功能，包括：观察流体的流动，如静脉组件、输液泵、透析器等；观察所装物质，如消毒盘、输药系统等。同时高透明产品也增加了产品的美观性。

⑤ 阻燃要求　医疗器械，既包括了普通无电力驱动的仪器设备（无源），也包括用电的医疗器械（有源）。在有源医疗器械方面，对于产品的防火是必须考虑的一个环节，IEC国际标准对材料的防火等级要求也十分严苛。一方面，像对一般电器设备的防火要求一样，对材料耐受灼热丝燃烧的温度要求较高，对阻燃要求也不断向UL 94 V-0等级靠近；而且，对负载电流的电控盒，一样提升到了UL 94 5VA等级的要求；另一方面，同样考虑添加剂的无卤化、低卤化，对环境友好。

（3）典型应用

① 人工透析器和膜式氧合器（ECMO） 用作人工透析器和膜式氧合器的聚碳酸酯树脂应满足以下要求：高透明，良好的润湿性，既能耐环氧乙烷（EO）灭菌，又能耐消毒蒸汽的热量或伽马射线辐照，在伽马射线照射下保持颜色稳定且不降低它的透明性和力学性能。由此开发的耐伽马射线的新型聚碳酸酯树脂，可用于电子射线灭菌的透明医疗器具。经过伽马射线灭菌后的器械具有更清洁、更安全、无残留且灭菌时间短等优势。膜式氧合器在疫情期间的应用非常广，在白肺病人的抢救上起到重要作用。ECMO的核心部件就是透明耐辐照PC做的观察通道，这在抢救过程中是非常重要和直观的一个窗口，可以看到血液氧合之后的颜色变化。

② 输血、输液注射器 聚碳酸酯还可以应用到注射器、吸入器和微型给药泵等新型医疗设备中。其中，如采用符合生物相容性要求的医疗级聚碳酸酯材料制成的新型胰岛素注射器，在不到1s的时间内，将药物在高压下通过微细的聚碳酸酯药瓶孔口作皮下注射，患者几乎没有痛感。产品具备了良好的伽马辐射灭菌耐受性和耐油脂性，而且依然能够保持颜色稳定性和力学性能。

③ 手术器械 眼科微钳和微剪、内窥镜和微创手术手柄、人工膝盖平衡仪、穿刺器等医疗器材中用到医疗级聚碳酸酯。因其使用的特殊性，这些手术类器械往往非常精密而且需要高强度医疗级材料。为保证产品不被污染，高增强医疗级聚碳酸酯便能取代金属，制造一次性使用而且符合人体工学设计的微创手术手柄，成本效益比金属研磨可能更高。多用强烈的消毒剂来杀菌消毒，因此手术电子设备外壳需要能够抵抗消毒剂，所以该类医疗级聚碳酸酯原料增加了抗强化学腐蚀性能要求。

④ 呼吸/或麻醉面罩 广义的呼吸（麻醉）面罩包含整个面罩族，涵盖了雾化面罩、急救面罩、文丘里面罩、普通吸氧面罩等呼吸面罩的分支。呼吸（麻醉）面罩领域中最常见的材料为聚碳酸酯、PVC、硅胶，其中聚碳酸酯在呼吸面罩上盖中的使用最为广泛。疫情中呼吸（麻醉）类医疗器械的需求非常大，2024年呼吸类产品的聚碳酸酯用量超过2000吨。

⑤ 医疗隔离眼罩 在疫情发生前医疗隔离眼罩的市场占有率不高，受关注度也不高，但在疫情期间与口罩、医用隔离服等一起成为疫情防护物资

中非常重要的产品。医用隔离眼罩通常有两种结构，一种是常见的PVC底座加聚碳酸酯镜片，这种结构的优点是结构简单成本低，缺点是佩戴舒适性差，整体密封性也不好。另外一种是底座和镜片聚碳酸酯一体成型，然后在聚碳酸酯底座下方加上密封材料，这种眼镜的成本较高，但是佩戴舒适度非常高。

⑥ 呼吸机、额温枪等壳体　疫情期间，呼吸机和额温枪的需求也大大增加，这些医疗器械产品的壳体主要是PC或者PC/ABS，在疫情初期所有企业的复工都要求配备额温枪，所有的小区、餐厅、超市等几乎我们能够涉及的所有场所都会见到额温枪的使用，额温枪的需求一度供不应求，这些对PC的需求带动作用巨大。

⑦ 其他医疗设备　医疗级聚碳酸酯类材料，包括纯PC、PC+GF、PC/ABS、PC/PET、PC/PBT合金等，具有稳定性好、流动性高、易于加工等特点，适合薄壁成型。同时兼具耐水解和良好的耐化学品性能，通过生物相容性测试，符合RoHS要求等优点，还可应用于便携式制氧机、可穿戴监护仪、注射泵、核磁（MR）或CT、胰岛素注射泵大型医疗设备。

（4）应用注意事项

医用聚碳酸酯因优越的综合性能，尤其是突出的冲击韧性和耐热耐伽马射线辐射消毒性而在医疗领域得到广泛应用，但聚碳酸酯在成型加工中易产生内应力，容易发生应力开裂现象，给其应用带来不少问题。

医用聚碳酸酯注塑件内应力检测方法，至今没有一种统一理想的定量检测法，目前比较普遍采用的方法有两种：偏振光检验法和溶剂浸渍法。

偏振光检验法适用于各种透明塑料制件的检验，利用制件的透明性，把制件置于偏振光镜片之间，从镜上观察制件表面彩色光带面积的大小来确定内应力发生的范围大小，光带面积越大，内应力范围越大。

溶剂浸渍法是将制件浸在某些溶剂（如苯、四氯化碳、环己烷、乙醇、甲醇）内，按照制件发生龟裂破坏的时间来判断应力大小，时间愈长应力愈小。一般如果浸渍5～15s开裂，说明内应力很大；如果浸渍1～2min还未见开裂，说明内应力较小，使用过程中不大会发生问题。该方法在做相对性比较时具有一定价值，但很容易被误用为对材料可靠性评估的方法，造成误会。

由于聚碳酸酯的结构特征和注塑工艺条件限制，完全避免内应力几乎不可能，只能尽量减小内应力或尽量使内应力在制品内分布均匀。主要方法如下。

① 注射温度对制品内应力大小影响很大，应适当提高注塑机机筒温度，保证物料塑化良好，使组分均匀以降低收缩率，减小内应力，提高模具温度，使制品冷却缓慢，以松弛取向分子，降低内应力。

② 过高的注射压力可使塑料中分子取向作用增大而产生较大的剪切力，使分子有序排列，制品取向应力增大，因此，要尽量采用较低的注射压力；若保压时间太长，模内压力由于保压作用而提高，熔料产生较高的受挤压效应，分子取向程度提高，使制品内应力增大，因此保压时间不宜太长。

③ 通过合理设定注射速率也可以调节注塑件的内应力。可采用变速注射，即快速充模，当模腔填充满后改用低速。变速注射一方面充模过程快、减少熔接痕，另一方面低速保压可减少分子取向。

④ 合理设计浇口位置，扁平制品最好采用缝形、扇形浇口，顶出装置应设计成大面积顶出，脱模斜度要大。

⑤ 原料必须充分干燥，尽可能使用较好的料，不用浇口料。在树脂不发生分解的前提下，宜用较高料温，提高熔体流动性。

⑥ 制品带有金属嵌件时，嵌件材料需预先加热，以防止金属材料与塑料材料线性膨胀系数不一致而产生内应力，过渡处需圆弧处理。

⑦ 产品脱模后可用热处理方法消除内应力。热处理温度在120℃左右，时间2h左右，通常随制件形状与壁厚调整参数。其实质是使塑料分子中的链段、链节有一定的活动能力，冻结的弹性变形得到松弛，取向的分子回到无规状态。

⑧ 最好不用脱模剂，否则易引发内应力，造成制品不透明、斑纹或开裂，同时也会影响生物性能指标。

（5）未来发展方向

① 开发耐多种化学溶剂的医用聚碳酸酯　聚碳酸酯以其性价比高的优势，成为医疗器械领域增长最快的高分子材料之一，目前各大聚碳酸酯生产商已陆续开发出耐高温型、耐辐射型、易脱模型、耐油型、抗冲击型医用聚

碳酸酯树脂，拓宽了聚碳酸酯在医疗领域的应用范围。

虽然医用聚碳酸酯应用领域覆盖范围很广，但还有很大的可开发空间，如癌症治疗所用器械很难使用塑料制品。因肿瘤治疗所采用的强性能溶剂，如苯甲醇和二甲基乙酰胺等，会造成连接器开裂，存在泄漏或破碎风险。因此开发出具有更好的耐多种化学溶剂的医用聚碳酸酯将是其未来发展的一个方向。

② 适用于薄壁制品的更高流动性聚碳酸酯　对于一些细长结构、薄壁结构、复杂结构设计制品，比如细长结构的穿刺器，目前的聚碳酸酯材料在流动性和力学性能的平衡上，似乎遇到了瓶颈。未来可以从聚碳酸酯分子设计本身进行突破，在保证材料力学强度的前提下，进一步提升聚碳酸酯的加工性，从而拓宽产品的设计和加工窗口。

③ 生物可降解医用聚碳酸酯　近几十年来，随着生物可降解医用高分子材料在生物系统疾病的诊断、治疗以及生物体组织器官的修复或替换等领域表现出了广泛的应用前景，其研究也越来越受到人们重视。目前，生物可降解医用高分子材料主要包括胶原、明胶、甲壳素等天然高分子以及聚碳酸酯、果酸（α-羟基酸）、聚磷酸酯等合成高分子材料。

传统的双酚A型聚碳酸酯是聚碳酸酯类高分子中最早应用于医疗领域的，可加工成一次性耗材，亦可以加工成永久替代物如人工肾或颅骨等，但这类材料不能生物降解，只能作体内永久替代物。与双酚A型聚碳酸酯相比，脂肪族聚碳酸酯是一种可生物降解的高分子材料，但其特殊的化学结构导致力学性能低，限制了它在工程塑料领域的应用。近几十年，随着生物医学技术的不断发展和生物医用材料研究的日益活跃，通过改变其化学结构，引入功能化基团或与其他单体共聚可使脂肪族聚碳酸酯具有更出色的物理、化学和生物学性能，以满足不同医学需要。

可生物降解聚碳酸酯作为生物医用材料，不需二次手术移出，特别适用于一些需暂时性存入的植入场合。据文献报道，它在手术缝合线、骨固定材料、药物控制释放、组织工程等领域都已得到了一定的应用。可降解型聚碳酸酯因其特有的性能特点，使其在生物医用材料领域得到越来越广泛的关注。同时也为医用聚碳酸酯指明了未来发展方向。

众所周知，医疗行业对产品应用具有苛刻的要求，而聚碳酸酯具有耐高温、抗冲击以及透明美观的外观，脂肪族聚碳酸酯则表现出良好的生物相容性、生物降解性和机械加工性能，而且通过功能化、共聚和共混等手段可调节和改变聚碳酸酯的性能，以满足不同需求。聚碳酸酯已成为多样化医疗应用领域的首选材料之一，在该领域有广阔的应用前景。

④ 更多品种聚碳酸酯合金的开发　为了改善聚碳酸酯本身的不足或进一步提升其某方面的性能，比如加工性、耐化学品性、刚性和强度，使用高分子合金是目前通行的一种技术路线，常见的聚碳酸酯合金有PC/ABS、PC/PET、PC/PBT、PC+GF等。

进一步寻求新的合金品种，或针对某一特定应用需求的合金化，会随着更多现有医疗器械和医疗设备的去金属化以及新型产品的开发，得到更广泛的应用。

4.5.2　包装

聚碳酸酯具有极高的力学强度，尤其突出的是抗冲击强度高；使用温度范围广，可承受110℃下高温消毒灭菌20~30min；具有极好的透明性和很高的折光率。这些特点都让聚碳酸酯成为5加仑饮用水包装材料的首选材料。聚碳酸酯具有良好的抗冲击性、透明性和耐热性，在食品包装产品上有广泛应用，其中主要用于5加仑饮水桶。

市场方面，全国5加仑饮水桶的保有量预计在1.2亿~1.5亿个以上，每年消费量在1.3亿个，用于满足新增市场需求和更换旧桶。虽然受瓶装水、直饮水、净水机等新型饮水方式的冲击，但饮水桶市场增长趋势并未放缓，近五年的复合增长率依旧达到10%左右。

近两年，随着电商销售模式的推广，一些水桶厂家开发研制不同口径、不同容量的异形水桶以满足用户的个性化需求，主要用于户外车载水箱、茶台、存储容器等需求，市场需求量与日俱增。

质量方面，首先，5加仑聚碳酸酯饮水桶通常采用吹塑工艺生产，对聚碳酸酯的流动性要求较高。其次，对制品的外观要求较高，特别是对黑点、晶点、气泡等有较为严格的控制，对外观颜色也有一定要求。第三，对制品的抗冲击性要求较高，通常会对饮水桶注满水后进行高处自由跌落测试，确保无破损。

此外，聚碳酸酯在其他食品包装产品上也有广泛应用，如太空杯、白酒瓶盖、酒店用品、食品容器等。

4.6 新应用

4.6.1 5G

（1）5G技术简介

2019年6月6日，中国工信部正式向中国电信、中国移动、中国联通、中国广电发放了5G商用牌照。这意味着，比较之前计划的2020年5G商用表，中国5G的商用时间整整提早了一年，中国成为自韩国、美国、瑞士、英国之后，全球第五个开通5G服务的国家。

5G，即第五代通信技术。在这新一代移动通信技术的支持下，包括手机、平板电脑、汽车、家电以及工厂生产设施在内的万物互联将得以实现，形成物联网。同时，5G将成为建设移动型互联社会的基础，也是在生活和经济各领域实现数字化的关键技术。

5G其中一个重要的关键指标是传输速率：按照通信行业的预期，5G应当实现比4G快10倍以上的传输速率，即5G的传输速率可实现1GB/s。这就意味着用5G传输一部1GB大小的高清电影仅仅需要1s。如此高的传输速度也会带来一些其他的应用，比如云端游戏、虚拟和增强现实等。除了高速的传输速度之外，另外两项5G技术带来的优势是传输容量和数据延迟等方面的飞跃。受益于技术上的这些推动，导致基于这些创新相关的领域也必将迎来爆发，其中包含了物联网、无人驾驶、智能城市、远程医疗等下游行业。

如今，移动网络支持着我们生活的方方面面，不断增加着世界的互联互通，而这仅仅是个开始，5G搭台的全球智能时代即将来临。

（2）聚碳酸酯应用

2019年被称为"5G商用元年"，无论是手机、汽车、物联网还是基站等硬件设备在5G通信时代都对材料提出了更多的需求和更高的要求。

5G信号虽传播速度极快，但穿透力较差，需要大量室内外设备铺设，因此基站数量有望增加10倍以上。由于频率的提升，特别是5G毫米波频段，信号较 4G 频段更易衰减损耗，从而对 5G 频段材料的选择提出了更高的要求。

从基站天线罩、网络设备到终端产品，高频信号穿透和稳定的信号穿透性能将至关重要。

另一方面，5G 时代，有源天线（AAU）将代替无源天线成为基站天线的主流，散热以及减重已然成为各家讨论的热点。巨额基建投入和仍在探索中的下游应用，使得运营商与设备厂商都非常关注 5G 的财务回报。因此，采用优质的材料减少反复修复或更换设备造成的损失，是提高运营效益、助力 5G 大面积推广的重要一环。

天线罩作为 5G 基站中大尺寸塑料部件，在保护 5G 信号系统耐受各种恶劣气候和工作环境的同时，不可避免因反射/介质损耗、波束畸变、器件材料老化变形等影响 5G 信号穿透和波束赋形。一个优异的 5G 天线罩材料，从技术角度需具有如下几个特性。

① 材料介电性能优异，满足天线罩低界面反射和低介质吸收损耗；

② 材料微观不同组分分布均匀，相态稳定，避免材料不均性导致波束畸变；

③ 长期耐受太阳紫外线、热、氧、雨水等化学老化影响；

④ 长期耐受风、冰雹、极寒极热收缩膨胀和材料脆韧转变等力学冲击；

⑤ 材料的阻燃、氧指数等安规指标，满足设备符合如美国等市场准入标准的要求。

面对塑料材料性能平衡性的极限挑战，材料方案百花齐放，相较 PP+LGF 方案，聚碳酸酯虽然在拉伸模量和成本上不具有优势，但突出优点在于韧性、尺寸稳定性、长期耐候、环保 V-0 阻燃，以及优良的外观，因此成为一些国际电信设备商的首选方案。

在 5G 通信时代，由于传输速度的大幅提升，设备的能量损耗也急剧增加，发热量也变得更多，因此，对于设备的散热性能要求也更高。散热成为 5G 设备亟须解决的一大问题。常见的散热器件是金属压铸散热件，但金属质重且不绝缘，工艺复杂，加工精度要求高，抗腐蚀性较差。出于减重降本的目的，对于散热材料的要求更高，需要密度更低、导热更好、抗腐蚀性强的材料。为解决设备散热问题，以塑代钢、以塑代铝等散热材料解决方案应运而生，导热塑料受到关注。导热PC作为导热塑料家族的重要一员，具有散热均匀、重量轻、成型加工方便、产品设计自由度高等优点，未来将在5G通信设备及消费类电子设备的散热部件上有较大应用需求。

5G也将影响智能手机的设计。5G技术的天线需要更多的空间和更好的信号穿透，因此，5G手机的金属背盖在未来将被陶瓷、玻璃或塑料所取代。PC/PMMA薄膜解决方案，作为一种新的制造工艺，是通过PC与PMMA两种材料共挤而成，可分为PC与PMMA两层。模量高、韧性好的PC层在内，为手机后盖产品提供了足够的刚性与抗冲击性；PMMA层在外，赋予产品后续通过淋涂等工艺提高耐刮擦性能的可能性。与此同时，由于其光学特性、高透明度，呈现出良好的玻璃般视觉体验，但比玻璃更坚固，耐摔，更可以实现复杂的3D造型设计。

在5G移动通信技术和基础设施平台的驱动下，越来越多的AI（人工智能）和物联网硬件设备如多功能网络设备、智能音箱、商用与家用机器人、智能家电等新潮物件在市场上出现。这些智能设备对CMF提出了更高的要求。聚碳酸酯作为市场上广泛使用的工程塑料，其具有易加工成形、设计自由度高及优异的着色性能等特点，在满足产品功能的同时又能兼顾美观和多彩的效果，成为众多智能硬件设备的外壳材料选择。

总体来说，相比较市场上其他材料解决方案，聚碳酸酯材料不仅具有良好的信号穿透性，还拥有足够的尺寸稳定性、阻燃性，且易于加工成型，并兼顾设计美观。作为综合性能较佳的材料，聚碳酸酯成为5G基站、网络设备及终端产品市场上广泛应用的外壳和内部件材料解决方案。

（3）未来展望

5G正式商用后，速度更快、容量更高的6G研发也已加速启动。目前全球6G技术研究仍处于探索起步阶段，技术路线尚不明确，关键指标和应用场景还未有统一的定义。从历史看，大约每十年移动通信就会更新换代，如今我们已进入5G时代，预计6G将在2030年左右商用。

每一代移动通信技术的诞生和发展，都对其硬件设备使用的材料提出了更高的要求和挑战。聚碳酸酯作为各项综合性能都非常优异的工程塑料，相信会在不断发展的通信技术领域中，继续发挥自身的特点，在越来越多的下游行业中获得应用。

4.6.2 卫星通信

卫星通信是利用人造卫星作为中继站，在地球任意两点之间传递信息的一种通信方式。它具有覆盖范围广、不受地形限制等优点，在电视广播、导航定位、气象观测、军事通信等领域发挥着重要作用。

卫星通信所使用的频率范围较广，常用频率包括：

- C频段（4～8GHz）
- Ku频段（12～18GHz）
- Ka频段（26.5～40GHz）
- L频段（1～2GHz，主要用于移动通信）

不同频段的特性，如传播损耗、雨衰等不同，适用于不同的应用场景。

根据轨道高度，卫星可分为地球同步轨道卫星（GEO）、中地球轨道卫星（MEO）和低地球轨道卫星（LEO）三大类。GEO位于约36000公里的轨道上，以与地球自转同步的速度运行，提供广泛的覆盖范围，但信号传输延迟较大。MEO位于GEO和LEO之间，轨道高度约8000～20000公里，提供中等延迟和带宽，适用于全球覆盖，特别在导航和广播领域有广泛应用。LEO的轨道高度通常在数百至数千公里之间，具有低延迟、高带宽的特点，能够提供全球覆盖，为偏远地区、海洋等网络盲区提供通信服务，尤其适合实时通信需求，如在线游戏和视频通话。LEO轨道高度低，具有发射成本低、终端能耗低等优势，是未来卫星互联网的重要组成部分。LEO技术是当前卫星通信领域的重要发展方向。

聚碳酸酯是一种具有优异综合性能的热塑性聚合物，其特性包括高强度、高透明度、高耐热性、良好的透光性以及阻燃性等。这些特性使得聚碳酸酯成为卫星通信领域中的理想材料之一。聚碳酸酯在卫星通信中的潜在应用包括卫星外壳与结构部件、太阳能电池板覆盖层、光学仪器与通信设备以及轻量化设计等方面。

随着技术的不断进步，卫星通信行业正朝着低轨化、高通量、小型化方向发展。此外，随着卫星通信市场规模的持续扩大，产业链也将不断完善。从卫星制造、发射到运营、应用等各个环节都将形成完整的产业链条，为产业的持续发展提供有力保障。

4.7　其他

除上述主要应用市场外，聚碳酸酯还在诸多市场有着大量应用。在轨道交通、航空航天等重大项目和装备领域，在家庭用具、玩具、文具、运动器械等日常生活用品领域，在无人机、VR（虚拟现实）等先进智能终端设备领域等都能看到聚碳酸酯的身影。

聚碳酸酯具有良好的化学稳定性、尺寸稳定性、低密度、高抗冲、高透明等优点，在家庭用具领域，被广泛用于凳子、椅子、茶几、窗帘配件等家居用品。聚碳酸酯易加工和染色，款式多样，也是追求个性化生活的不二选择。聚碳酸酯具有良好的强度和韧性，被窗帘配件厂用来制成透明的百叶窗窗帘配件，广泛用于家居和办公环境中。聚碳酸酯还可以用于生产透明卷帘门，既美观又具有艺术感。

在办公文具领域，聚碳酸酯常被用于生产笔帽、卷笔刀配件、装订机配件、印章盒盖等。采用聚碳酸酯制备的笔帽不仅能长时间不发生蠕变，确保每一次的笔芯插入都在准确位置且不会受到磨损，而且在自由跌落、踩压和频繁插拔下不易破碎。

在有线网络时代，有线网和有线电视以及电话线的水晶接头都是使用聚碳酸酯生产的。由于水晶头弹片需要180°的角度弯折15次以上的测试，使得高韧性的聚碳酸酯几乎成为水晶头的唯一材料选择。随着5G时代的来临，无线通信及物联网的发展，目前对水晶头的要求越来越高，而水晶头的使用市场则逐渐缩小。

在轨道交通领域，目前轨道交通正朝着高速、安全、舒适的方向快速发展，列车内饰产品对材料的要求也越来越高，要求材料在具有无卤阻燃、低烟低毒、耐高温的同时，具备良好的电气绝缘性能和力学性能。聚碳酸酯树脂经改性后，氧指数可达到36%以上，同时烟密度低于150，烟气毒性低至0.2，符合最高安全等级要求。但由于聚碳酸酯价格相对较高，目前还主要用于列车内饰小型制件，如封口格栅、灯罩、把手等，出口到欧盟的列车更是要满足表4.9所列EN 45545-2标准中HL2等级要求。

表4.9 EN 45545-2危险等级标准

要求简称 （适用部分）	参考测试方法	参数单位	定义要求	HL1	HL2	HL3
R22 （IN16；EL2； EL6A；EL7A； M2）	T01 EN ISO 4589-2 OI	氧含量/%	最小	28	28	32
	T10.03 EN ISO 5659-2 25kW/m²	D_s(max) 无量纲	最大	600	300	150
	T12 NF X70-100-1 及 -2 600℃	CIT_{NLP} 无量纲	最大	1.2	0.9	0.75
R23 （EX12；EL2； EL5；EL6B； EL7B；M3）	T01 EN ISO 4589-2 OI	氧含量/%	最小	28	28	32
	T10.03 EN ISO 5659-2 25kW/m²	D_s(max) 无量纲	最大	—	600	300
	T12 NF X70-100-1 及 -2 600℃	CIT_{NLP} 无量纲	最大	—	1.8	1.5

此外，由于聚碳酸酯具有优异的低温韧性和耐疲劳性，也普遍使用在滑雪运动器材等领域。

聚碳酸酯在几乎各个行业都有非常广泛的应用。在农用及纺织领域，聚碳酸酯可以用来生产农用机械料斗以及纺织纱管；在军事方面，聚碳酸酯可以生产子弹夹、防刺服、防毒面具；在生活消费品领域，聚碳酸酯可以生产水晶鞋头、化妆品盒、拔罐器、人体模特等；在无人机领域，由于对其壳体有较高的高低温抗跌落要求，也普遍使用聚碳酸酯及其合金材料；在VR和AR（增强现实）等智能穿戴领域，聚碳酸酯由于其强度、韧性以及漂亮外观，同样被普遍地使用。由于在低温下的韧性和抗疲劳性，也普遍使用在滑雪运动器材等领域。

参考文献

[1] 顾书英, 许乾慰, 张懿. 聚碳酸酯板的特性及其在建筑领域的应用[J]. 工程塑料应用, 2013, 41(1): 105-108.

CNPCA观察:

聚碳酸酯拥有良好的加工性能、优异的力学性能、天生的阻燃性能,以及高透明、易着色、尺寸稳定等特性,在电子电气、汽车、建筑、照明、医疗器械、航空航天、光学、安全防护、食品包装、3D打印等领域都有广泛应用。而随着聚碳酸酯改性技术的发展,使得这一优异材料在发挥上述特性的同时,更在特殊效果设计、超薄电子产品开发、可穿戴设备应用、低空经济、人形机器人、5G应用等领域表现出优于传统材料的优势。

应用领域多种多样一直是聚碳酸酯行业引以为傲的方面。从大的市场划分看,电子电器和电气设备,毫无疑问是最大的下游应用,板材建筑、汽车应用也构成了重要的应用市场份额。但仔细分析会发现,以电子电器、电气设备为例,主要应用竟有几十种,对应了几十种截然不同的上下游产业链,技术指标要求也各异,其市场分化之烦琐、技术要求之差异可见一斑。

因此,聚碳酸酯下游市场将天然地向两极分化:大宗商品料服务于通用指标市场,以典型标准化牌号满足;特定专用商品料因需要更多的技术附加服务,受限于特定的高利润高附加值应用领域。

未来,随着人类社会大趋势的发展,聚碳酸酯类材料的下游市场还应重点关注5G应用、人形机器人、低空经济、大健康、大交通、新农业、新能源和智能化相关应用领域,特别是在提升资源效率、实现智能化社会等方面。除功能性外,关注产品的设计性也是创造聚碳酸酯创新应用的重要途径。聚碳酸酯优异的透明性与着色性,为设计创造了无限可能。CMF的理念,将会给聚碳酸酯插上腾飞的翅膀。

第 5 章

特种聚碳酸酯

特种聚碳酸酯通常指共聚聚碳酸酯，是一类通过共聚方法引入不同的功能性单体来调控聚碳酸酯主链结构和性能的高分子材料。与通用聚碳酸酯相比，共聚聚碳酸酯可以通过改变共聚单体的种类、含量和分布来调控材料的物理化学性质，从而在光学、耐热性、耐候性、动态流变性能、表面性能、力学性能以及阻燃性等方面表现出独特的优势。

近年来，随着我国聚碳酸酯行业的高速发展，为了在激烈的市场环境下脱颖而出，现有不少厂家开始将目光瞄准特种PC领域，以求通过技术创新和差异化竞争，获得新的业务增长点。

5.1 概述

聚碳酸酯分子主链中含有—O—R—O—C(O)—链节，根据R基种类的不同，可以将聚碳酸酯分为脂肪族聚碳酸酯、芳香族聚碳酸酯和脂肪-芳香族聚碳酸酯等。从原料成本、制品性能及成型加工条件等诸多方面考量，只有芳香族聚碳酸酯才有工业价值，其中双酚A型聚碳酸酯公认是产量最大、用途最广的结构类型。

5.1.1 双酚A型共聚聚碳酸酯

双酚A型共聚聚碳酸酯的基本重复单元结构如图5.1所示。在该结构中，主要的化学特征包括：碳酸酯基团、双酚A桥连基团以及端基，进一步细化结构为甲基、苯基、醚键、羰基、酯基以及不同种类的端基[1]。

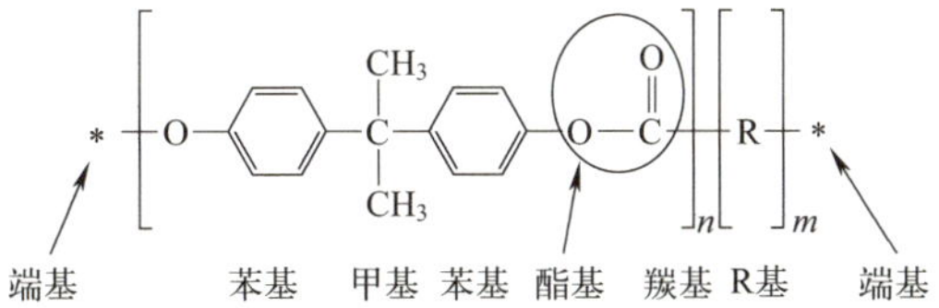

图5.1 双酚A型聚碳酸酯的基本重复单元结构

其中，两个对称甲基的存在有利于降低碳结构旋转的阻碍，同时由于甲基空间位阻的存在，使得双酚A的两个苯环不在同一个平面，增加了苯环规整排列的难度，所以PC不易结晶，处于无定形态，并且存在大量的微小自由体积。苯基作为共轭的芳香环状体，提高了分子链的刚性，赋予聚合物机械强度、耐热性、耐化学品性、耐候性等特点。苯环的存在提高了分子链热运动的起始温度，故双酚A型PC有较高的玻璃化转变温度。链的刚性又使高聚物在受力下有较小的形变，使其制品尺寸较为稳定，同时又可以减少聚合物在有机溶剂中的溶解性和吸水性。刚性和相邻分子间的作用力，使高分子链彼此缠结，分子间相对滑动困难，因此熔融温度较高，并阻碍大分子的取向和结晶，当受力强迫取向后，又不易松弛，使制品中的残余应力较难自消，所以双酚A型PC制品易出现较明显的应力开裂现象。

与苯环相反，分子链中的—O—的存在使链的柔曲性增大，链段容易绕基团两端单键发生内旋转，使高聚物有相当的韧性，同时在有机溶剂中的溶解度增大。分子链中的羰基是极性较大的基团，它可增加分子链间的作用力，增大空间位阻效应，使分子间的刚性增强。羰基与—O—结合而成的羧基是分子链中较易水解、较易溶于极性有机溶剂的部分，也是它的电绝缘性不及非极性的甚至更弱极性的聚合物的原因。

由于亚苯基和羰基的作用超过氧基的相反作用，因此聚碳酸酯的刚性很大，使其具有高的 T_g 和 T_f，又使聚合物不易变形，尺寸稳定，不易取向和结晶，同时—O—的存在又使聚合物具有相当的韧性。其综合效应使得双酚A型PC呈现了较为出色的力学性能。

另一方面，高分子链的端基的性质，对高聚物的热稳定性有较大的影响。未完全封端的聚碳酸酯，链末端为羟基和苯氧基（酯交换法）或羟基和酰氯基（水解后为羧基，光气法）。在高温下，羟基会引起醇解，羧基会促使酸性水解，并将进一步促进聚碳酸酯的游离基连锁降解[2]。在聚碳酸酯的分子结构中引入适当的链终止剂或封端剂，可以改善其热稳定性。

共聚聚碳酸酯中最为重要的一部分为R基，决定着化学改性后共聚聚碳酸酯的重要性质，将在后面详细介绍。

5.1.2　共聚聚碳酸酯的优势

作为一种综合性能优良的热塑性工程塑料，聚碳酸酯具有广泛的应用范围，但同时也存在一些缺点和局限性，主要表现为流动性较差、易出现应力集中导致应力开裂、耐溶剂性较差、易老化、表面不耐刮擦等。这些不足之处可以通过物理或化学改性方法来解决和弥补。其中，物理改性通过添加相应助剂或与其他材料共混以得到性能更加优异的聚碳酸酯材料。通过不断提升物理改性技术，目前能够满足现有市场和一些新兴领域的需求（图5.2），然而这种改性材料存在着一定的局限性，主要依赖现有的材料组合，难以从根本上创造出全新的性能和结构。例如，不同聚合物之间的相容性可能较差，需要添加相容剂来提高共混物的稳定性，但相容剂的选择和使用可能会增加成本和工艺的复杂性；如果共混比例不当或者共混工艺不合理，可能会导致某些性能下降，如强度、透明度等。目前，国内树脂生产商较少介入此类产品的生产，大多由下游改性厂完成。化学改性则需要在聚碳酸酯的分子链段上进行改良，如为提高耐低温性能，通常引入含硅氧烷的分子链段；为提高耐热性能通常加入分子量更大的含苯环双酚结构与双酚A进行不同比例的共聚；为提升在高剪切作用下的熔体强度，通常会引入三官能团或四官能团物质共聚为支化结构；为提高聚碳酸酯的折射率，则通常需摒弃双酚A结构，而采用其他的双酚或双醇进行共聚等。

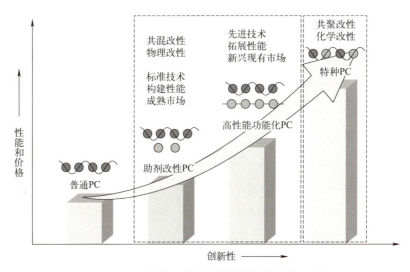

图5.2 不同改性PC创新性与性能价格的相对关系

相较于物理改性，化学改性（共聚改性）的优势在于：

① 性能改善更显著 化学改性能够从分子层面改变聚碳酸酯的结构和性能，因此对材料性能的提升更为显著和持久。而物理改性主要是通过添加填料、共混等方式来改变材料的性能，性能改善程度相对较小。

② 可定制性更强 化学改性可以根据具体的需求设计和合成具有特定

功能的聚碳酸酯材料，具有更高的可定制性。物理改性则受到原材料性能和共混相容性等因素的限制，可定制性相对较弱。

③ 稳定性更高　化学改性形成的化学键合或交联结构使材料的性能更加稳定，不易受到外界环境的影响。而物理改性的效果可能会受到温度、湿度等因素的影响而发生变化。

然而，化学改性也存在一些缺点，如研发难度较大，过程相对复杂、需要使用化学试剂和特殊的设备、成本较高等。

5.1.3　共聚聚碳酸酯的结构设计要素

对于共聚聚碳酸酯的研究和开发而言，其目的是适应不断扩大的市场应用需要，寻求在某些性能上更为优异的新品种。相应的设计原则包括如下几方面。

（1）明确改性目标

首先要确定具体的改性目标，这可能包括提高聚碳酸酯的特定性能，如提升强度、提高耐热性、改善阻燃性、增加耐化学腐蚀性等；或者赋予其新的功能，如导电性、抗紫外线性能、生物相容性等。明确的目标将为后续的改性设计指明方向。

（2）探究聚碳酸酯结构与性能关系

① 熟悉聚碳酸酯的分子结构特点，包括其主链结构、侧链基团、分子量及分布等。例如，聚碳酸酯的主链由碳酸酯键连接而成，这种结构决定了它具有一定的刚性和透明性。

② 掌握结构与性能之间的关系。例如，分子链的规整性会影响材料的结晶性，进而影响其力学性能和光学性能；侧链基团的性质可以影响材料的溶解性、亲水性/疏水性等。

（3）选择合适的改性方法和试剂

① 改性方法应与目标性能相匹配。常见的化学改性方法有共聚、接枝、交联等。例如，为提高耐热性可采用共聚的方法引入耐热性基团；为增加阻燃性可进行接枝阻燃剂的改性。

② 选择合适的改性试剂。试剂应具有反应活性高、选择性好、对环境友好等特点。同时，要考虑试剂与聚碳酸酯的相容性，避免因不相容而导致性能下降。

③ 考虑改性试剂的来源和成本。选择易于获取且成本合理的试剂，以确保改性过程的经济可行性。

（4）保持或优化其他性能

在进行化学改性时，要尽量保持聚碳酸酯原有的优良性能，如透明度、机械强度、电绝缘性等。同时，要避免因改性而引入不良性能，如降低材料的稳定性、增加毒性等。如果无法完全保持原有性能，则应在不同性能之间进行平衡和优化，以满足实际应用的需求。

（5）考虑加工性能和工艺可行性

① 改性后的聚碳酸酯应具有良好的加工性能，能够适应现有的加工工艺，如注塑、挤出、吹塑等。否则，即使性能得到一定程度提升，但无法进行有效的加工，也难以实现实际应用。

② 考虑改性过程的工艺可行性。包括反应条件的温和性、反应时间、产率等因素。选择工艺简单、易于控制的改性方法，以提高生产效率和降低成本。

（6）进行性能测试和验证

① 在设计改性方案后，应进行充分的性能测试，包括加工性能、力学性能、热性能、光学性能、阻燃性能等。通过测试结果来综合评估改性效果是否达到预期目标。

② 对改性后的聚碳酸酯进行稳定性测试，包括热稳定性、化学稳定性、光稳定性等，以确保材料在使用过程中性能稳定可靠。

③ 如果可能，进行实际应用测试，验证材料在实际应用场景中的性能表现，尤其是长期可靠性。

（7）环境友好和可持续性

① 选择环境友好的改性试剂和方法，尽量减少对环境的污染和危害。例如，避免使用有毒有害的试剂，优选可降解或可再生的材料进行改性。

② 考虑改性后的聚碳酸酯的可回收性和再利用性，以符合可持续发展的要求。

5.1.4 共聚聚碳酸酯的分子设计与性能影响

（1）苯环结构上氢原子的取代

如图5.3所示，苯环结构上氢原子被其他原子取代，会影响分子链间的相互作用力和分子链的空间活动：当非极性基团取代时，可以减小分子间相互作用力，降低分子间的刚性；当极性基团取代时，可以增加分子间相互作用力，使分子链排列更紧密，增大分子间的刚性。例如，在二羟基化合物的苯环上引入卤素取代基制得的卤代双酚共聚碳酸酯，能提高其耐火性、玻璃化转变温度和熔融温度。通常引入的卤素为氯或溴，例如将双酚A卤化，可制成四氯代或四溴代双酚。但是，由它们制得的卤代聚碳酸酯，由于空间位阻效应，较难获得高分子量的聚合物，而且由于这些聚合物的熔融温度过高，成型加工较为困难，故常将其与双酚A型PC组成共聚物。共聚物的制法有两种：一是将卤代双酚与双酚A按比例混合，再与光气反应，以制得共聚物；二是先制得双酚A型聚碳酸酯低聚物，然后与卤代双酚反应，制得共聚物。共聚物的耐燃性和耐热性随卤代双酚组分的增加而提高。

表5.1列出了几种苯环结构上氢原子的取代结构单体及相应的共聚聚碳酸酯性能。表5.2列出了四氯代共聚聚碳酸酯共聚组分与耐热性和耐燃性的关系。

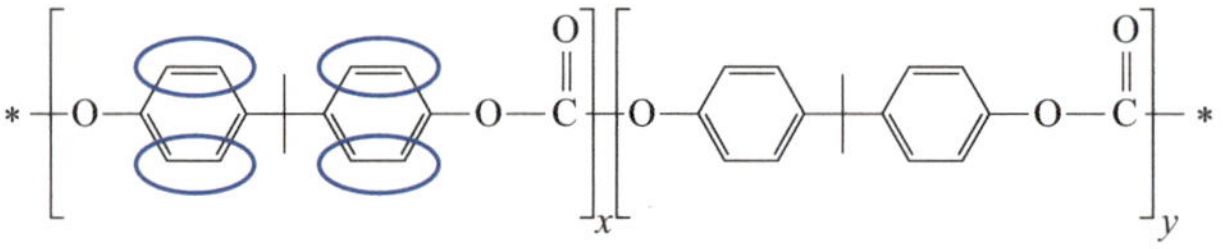

图5.3 苯环结构上氢原子的取代结构单体相应的共聚聚碳酸酯结构

表5.1 苯环结构上氢原子的取代结构单体及相应共聚聚碳酸酯性能

序号	共聚单体结构	$T_g/℃$	共聚聚碳酸酯特性
1	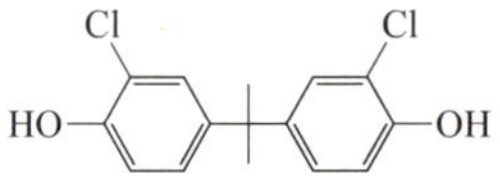	147	耐燃、阻气
2	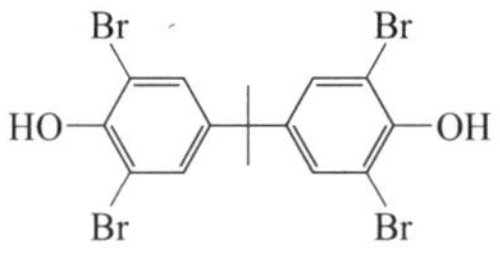	157	耐燃
3	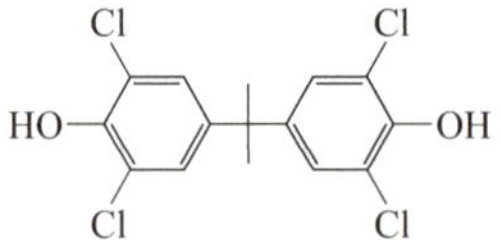	180	阻燃、高耐热，可作为纤维使用
4	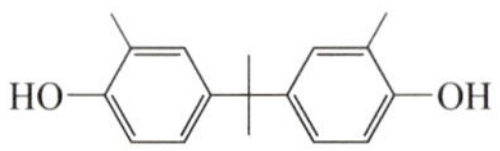	128	高硬度

序号	共聚单体结构	T_g/℃	共聚聚碳酸酯特性
5	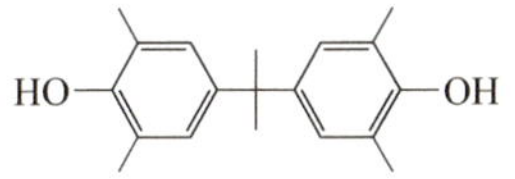 HO—◯—C—◯—OH	185	耐水解、高硬度、高耐热

表5.2 四氯代共聚聚碳酸酯共聚组分与耐热性和耐燃性的关系

双酚A：四氯双酚A（摩尔比）	热变形温度/℃	熔融温度/℃	可燃性
100：0	145	215~225	自熄性
75：25	160	225~235	↓
50：50	172	235~245	↓
25：75	187	245~255	↓
0：100	225	255~285	非燃性

（2）主链上的R基团的取代

如图5.4所示，对应主链上R基被取代的共聚聚碳酸酯结构分析如下：当R基中心原子两旁侧基不对称时，会破坏分子的规整性，致使聚合物不易结晶；当R基为烷基时，随中心碳原子两旁侧基体积和刚性的增大，一方面，大分子刚性增大，位阻增大，导致T_f、T_g、静强度提高；另一方面，链间距离增大，相互作用减弱，又会使T_f、T_g、静强度降低，二者相互矛盾，前者略占优势。当R基为—O—、—S—、—SO$_2$—等杂原子或原子基团时，所得聚碳酸酯均为特殊共聚聚碳酸酯。表5.3列出了多种主链上R基的取代结构单体及相应共聚聚碳酸酯性能。

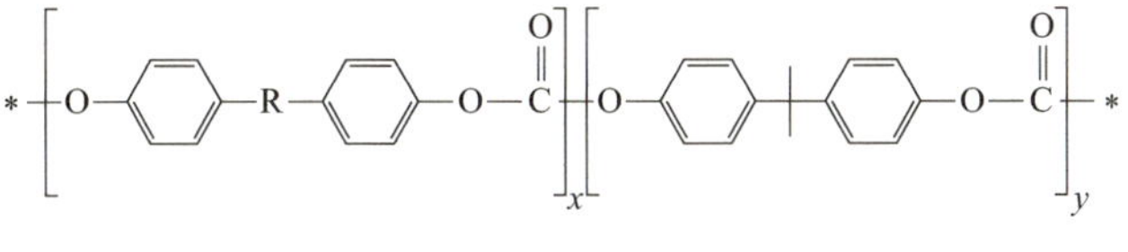

图5.4 主链上的R基被取代的共聚聚碳酸酯结构

表5.3 主链上R基的取代结构单体及相应共聚聚碳酸酯性能

序号	R基	T_g/℃	共聚聚碳酸酯特性
1	 ⬡	179	高热变形温度
2	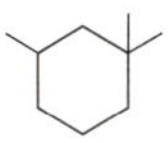 ⬡	230	高耐热

序号	R基	T_g/℃	共聚聚碳酸酯特性
3	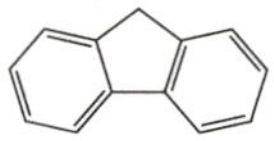	275	耐热、耐久、透光
4	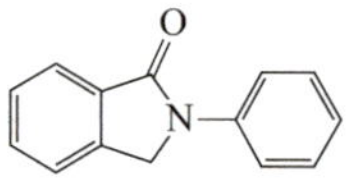	250	耐热、阻燃
5	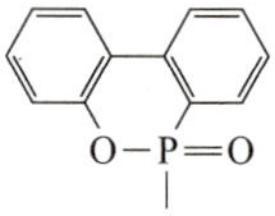	270	阻燃
6	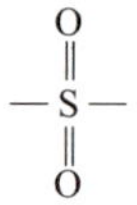	180	阻燃、耐化学腐蚀、光学应用

（3）不同分子结构单体的共聚

如图5.5所示，引入二元、三元甚至多元不同结构的共聚单体，可以获得不同功能和高性能的共聚聚碳酸酯。表5.4列出了由不同分子结构单体组成的共聚聚碳酸酯结构及其特性。

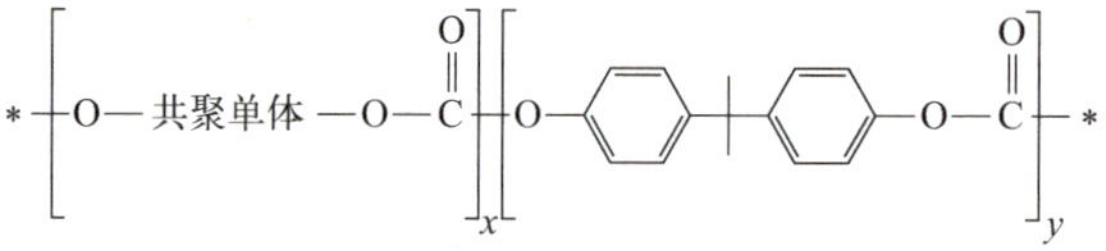

图5.5 不同分子结构单体相应的共聚聚碳酸酯结构

表5.4 不同分子结构单体及相应共聚聚碳酸酯性能

序号	共聚单体结构	T_g/℃	共聚聚碳酸酯特性
1	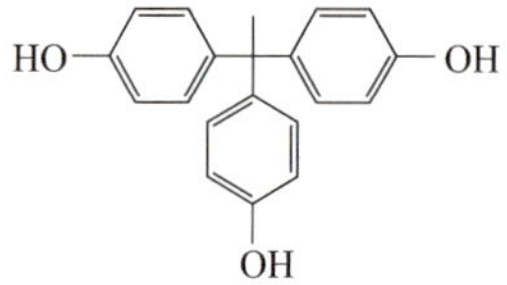	150	熔体强度高
2	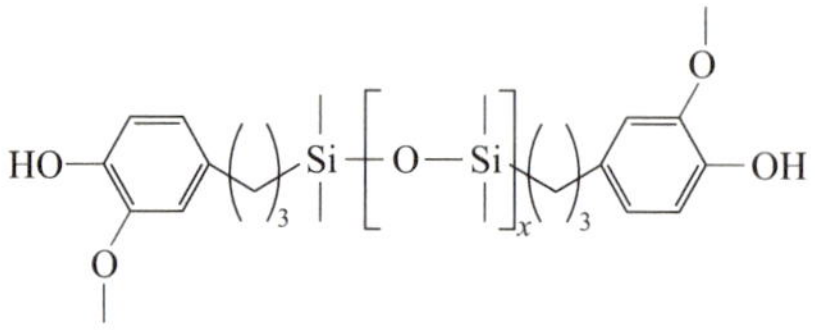	140～150	低温抗冲击

序号	共聚单体结构	$T_g/℃$	共聚聚碳酸酯特性
3	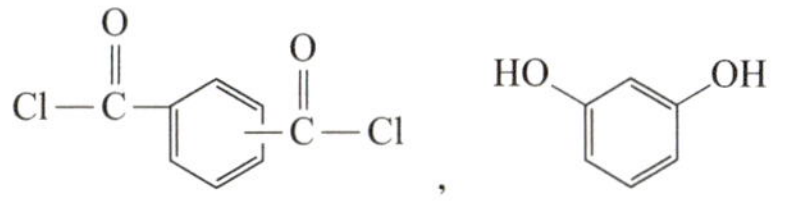	180	耐候、耐刮、高抗冲、耐化学腐蚀
4	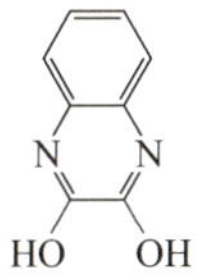	145～150	耐高温、高折射率、低双折射率
5	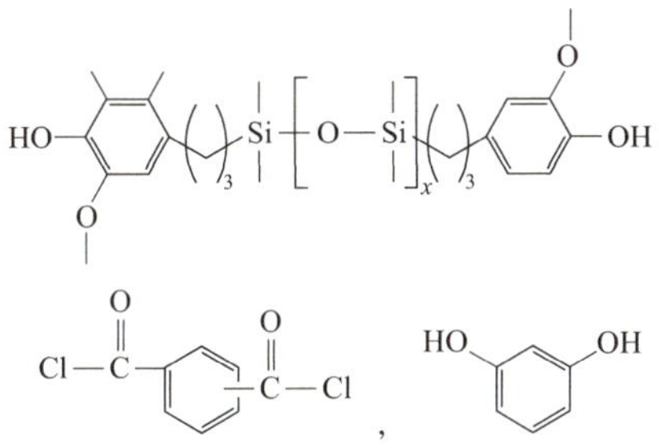	220	阻燃、低烟雾、低毒
6	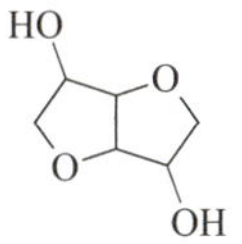	130～150	生物基、耐刮磨、耐候
7	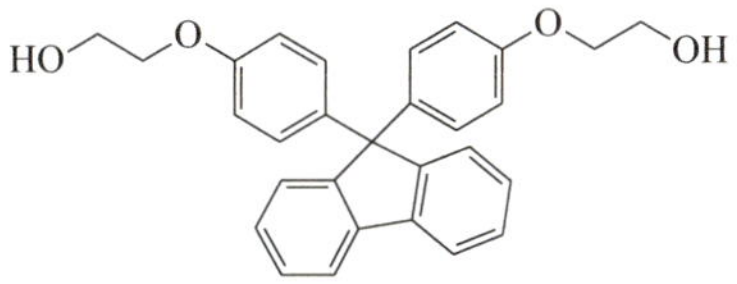	143～156	折射率高、双折射率低、高耐热、高流动
8	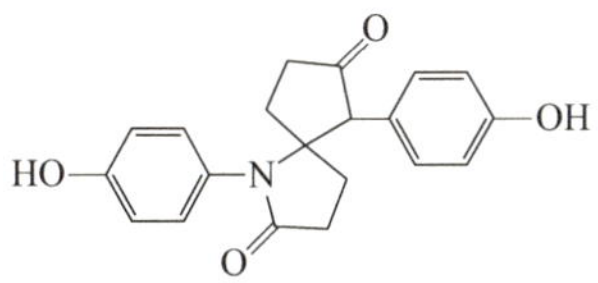	230	耐热、阻燃

（4）酯基的取代

如图5.6所示，二元羧酸可以是含脂肪酸、杂原子、苯环和芳香杂环的二元羧酸，结构的不同导致性能存在差异。目前研究最多的是癸二酸共聚聚碳酸酯，该共聚PC包含双酚A碳酸酯单元和癸二酸酯单元，具有超高流动性、高韧性和较高的透明度，并且模内应力较低，从而避免了双折射缺陷（彩虹纹效应），能够实现快速成型，缩短了成型周期。

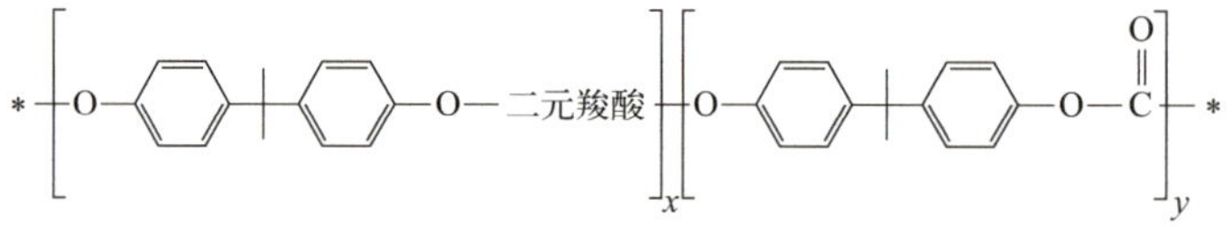

图5.6 酯基的取代结构单体相应的共聚聚碳酸酯结构

此外，关于特种PC的研究还包括通过双酚A与光气和甲基磷酸二芳酯聚合反应，制得含磷共聚聚碳酸酯，这种材料可显著提高热氧化稳定性和耐燃性；含有聚氨酯链段的共聚聚碳酸酯能够改善耐应力开裂性能；由2,2-双（4-羟基苯基）六氟丙烷或2,2-双（4-羟基苯基）-1,1,3,3-四氟-1,3-二氯丙烷制得的聚碳酸酯，均有较高的热稳定性和较低的透湿性；在聚碳酸酯链中引入对苯二甲酸二乙酯，可提升其结晶度，共聚物的软化温度、弹性模量、屈服强度和拉伸强度均有所提高。

5.1.5 共聚聚碳酸酯领域已商品化情况

长期以来，聚碳酸酯行业的头部企业致力于新型共聚物的研究与开发。通过对共聚链段结构设计和聚合工艺的优选，获得具有不同的功能和高性能的共聚聚碳酸酯。这类共聚物往往具有独特的性能表现和较高的附加值。表5.5列出了目前已在市场上销售的各类共聚聚碳酸酯的特殊性能及相关的生产厂商。

表5.5 共聚聚碳酸酯的共聚链段、性能以及生产厂商

链段结构	性能	合成方法	厂商
含阻燃链段	良好阻燃性能	光气法	沧州大化、万华、SABIC
含硅链段	低温抗冲击	光气法 半光气 酯交换	沧州大化、万华、聚银、出光、Covestro、SABIC、Samyang
含特殊脂肪、芳香杂环	耐高温	光气法 半光气 酯交换	钟渊、联合碳化、塞拉尼斯、SABIC、Covestro、Unitika、Dupont、Isovolta
含柔性链段	高流动、高韧性	光气法	SABIC
含特殊芳香杂环和含硅链段	阻燃、低烟和低毒性能	光气法	SABIC
含吸收紫外线链段	优异耐候性	光气法	SABIC
含特殊芳香杂环	优异耐刮擦性能	光气法	SABIC

5.2　硅氧烷共聚聚碳酸酯

自20世纪60年代起，通用电气塑料（现SABIC）、拜耳（现科思创）等公司便开始了硅氧烷共聚PC的研发。2000年以后，基于硅氧烷共聚PC良好的市场前景，日本的出光兴产、帝人以及韩国的三养、LG等工程塑料巨头也先后推出了各自的硅氧烷共聚PC产品。2017年，甘肃银光化学工业集团有限公司建成国内首套硅氧烷共聚PC生产装置，并实现了连续稳定运行。2021年7月，沧州大化股份有限公司宣布硅氧烷共聚PC产品一次投料试车成功，成为国内第一家采用连续生产法生产硅氧烷共聚PC的企业。2022年4月，万华化学宣布其特种共聚PC项目顺利投产，首款高硅含量（20%）硅氧烷共聚PC产品正式上市。

硅氧烷共聚PC主要是通过共聚的方式将PC的分子链接入聚硅氧烷短链中，如图5.7所示。聚硅氧烷具有良好的耐低温性能以及化学惰性，其引入后能够提升PC在低温下的力学性能和耐化学品性。

图5.7　常规PC分子链示意图（左）和硅氧烷共聚PC分子链示意图（右）

从分子结构考虑，聚二甲基硅氧烷具有键能高、键角大的特性，这使得其分子链柔顺性好、自由体积大、耐低温性能好。在合成PC的过程中，通过共聚的方式引入聚硅氧烷链段，可赋予材料优异的低温冲击性能。具体表现为，硅氧烷共聚PC在低温下能保持良好的韧性；厚壁时，其抗冲击强度也不会降低；尤为重要的是，在经历冷热反复循环后，其抗开裂性能与冲击强度依然保持稳定。硅氧烷共聚PC在−60℃下具有良好的抗低温冲击性能和延展性，能耐长期室温暴露和极端温度波动（−40～40℃），不会产生尺寸形变，也不会变脆。这些优势使其在包装、汽车、航空等诸多领域具有广泛应用潜力。

此外，将二甲基硅氧烷引入聚碳酸酯的结构中，可降低聚碳酸酯的软化温度，提高其延伸率，并可使加工温度和分解温度范围加宽。该共聚物除保留聚碳酸酯的物理力学性能外，还增加了弹性，而且对玻璃表面具有粘接力。它对氧的透过率比双酚A型PC提高10倍。因此，将这种共聚物用于宇宙飞船的供氧系统、潜艇和水下实验室的呼吸系统、人工心肺机以及无机玻璃的耐冲击防护层等方面，都有重要的作用。

目前，PC的生产方式主要有界面缩聚法和熔融酯交换法。熔融酯交换法虽然是比较环保的生产方式，但其生产过程需要在高温高真空的环境下进行。生产共聚PC时，对原料的要求更高，增加了可控聚合的难度和成本。此外，酯交换法只能生产粒料，不能生产粉料，这也对酯交换法的生产造成了一定的限制。界面缩聚法工艺比较成熟，能够适应多种反应条件，反应活性高、速度快，更适合用于合成硅氧烷共聚PC。

硅氧烷共聚PC合成所使用的硅油结构可分为硅氧链和封端两部分。硅氧链即由二甲基硅氧烷组成的长链；封端部分主要有两种结构：邻烯丙基苯酚和丁香酚。通过端基为—Si—H的有机硅氧烷低聚物与封端剂在氯铂酸的催化下反应，得到端基为酚端基的聚硅氧烷。将上述聚硅氧烷、双酚A与光气进行界面缩聚反应，即可制得硅氧烷共聚PC。随着聚硅氧烷含量的不断增加，硅氧烷共聚PC的T_g可降至-35℃以下。通常，使用硅油的硅氧链链节重复单元根据需求的不同可以在10到100之间变化。

在硅氧烷共聚PC分子中引入带乙烯基的聚硅氧烷和碳酸酯重复单元，再将这种共聚PC和其他聚合物反应，能够制得交联的硅氧烷共聚PC。该交联产物可用于光电照相的光感受器，也可用于导电胶辊涂覆材料、薄膜和片材，展现出良好的耐磨性和耐污性。在硅氧烷共聚PC分子中，硅氧烷链上引入带烯基的亚甲氧重复单元而制得的硅氧烷共聚PC，可用于电子照相光感受器的光敏层或表面保护层，具有良好的润滑性和耐划痕性。

5.2.1 硅氧烷共聚聚碳酸酯的特性

硅氧烷共聚PC属于非晶态热塑性工程塑料，具有独特的化学结构和优异的物理性能，兼具聚硅氧烷和聚碳酸酯的特性，在多个领域有广泛应用于。其主要特性如下。

① 优异的力学性能　基本的力学性能基本与普通PC相当，具有较高的

拉伸强度、冲击强度和耐疲劳性，能够承受较大的机械应力。

②良好的光学性能　透光率高，且在不同温度下保持稳定。

③优异的耐低温性能　在低温下能保持良好的力学性能，如图5.8所示。

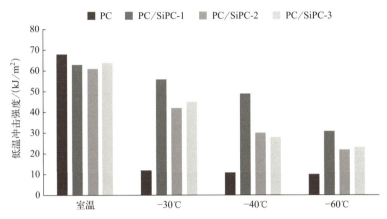

图5.8　不同类型硅氧烷共聚PC共混材料低温冲击强度对比

由图5.8可以看出，所有含硅氧烷共聚PC的共混材料在低温下的冲击性能均显著优于普通PC，能够满足更加极端和苛刻的环境使用要求。

④出色的电学性能　绝缘性能优异，介电常数低，适合应用于电子电气领域。

⑤优越的热性能　耐热性好，能在较高的使用温度下保持稳定的性能，同时具有较好的低温延展性。

⑥良好的生物相容性　硅氧烷共聚PC具有良好的生物相容性，适用于医疗设备、植入物等相关领域。

⑦优异的加工性能　在注塑加工中，硅氧烷共聚PC的流动性优于普通PC，并具有优异的脱模性能。从表5.6的数据可以看出，硅氧烷共聚PC的螺旋流动长度较普通PC高30%以上。

表5.6　螺旋流动长度对比

测试项目	MFR/(g/10min)	螺旋流动长度/cm	
		100MPa	150MPa
PC	10	18	26
6%硅含量共聚PC	11	24	34

5.2.2 硅氧烷共聚聚碳酸酯的应用领域

① 电子电气领域 硅氧烷共聚PC在电子电气领域的应用十分广泛。由于其出色的电绝缘性和耐高温性能，被广泛应用于电器外壳、插座、连接器、开关等部件的制造。此外，随着5G通信技术的发展，硅氧烷共聚PC在5G基站建设中的需求也在不断增加，如用于基站天线罩、散热片等部件中。例如，硅氧烷共聚PC适合作为5G天线罩材料进行使用，归因于天线罩长期处于户外环境，对材料的耐低温性能提出了较高要求。

② 汽车工业 在汽车工业中，硅氧烷共聚PC的应用主要集中在轻量化、耐高温和耐候性要求较高的部件上。例如，它可以用于制造汽车前灯、尾灯、车窗、仪表盘等部件，不仅能够提高汽车的安全性和美观性，还能有效减轻车身重量，降低油耗。

③ 光伏产业 光伏连接器是硅氧烷共聚PC在光伏产业中的典型应用。光伏组件的设计寿命通常是20～25年，这也对材料的可靠使用性能提出了较高挑战，显然在聚合端进行改性的硅氧烷共聚PC要比普通改性材料在性能上更有优势也更加稳定。由于其优异的耐候性和耐紫外线性能，硅氧烷共聚PC被广泛应用于光伏电池板与接线盒之间连接器的制造，确保光伏系统的长期可靠稳定运行。

④ 医疗器械 在医疗器械领域，硅氧烷共聚PC凭借其良好的生物相容性和加工性能，被用于制造一些高端医疗器械的部件。例如，它可以与聚氨酯等材料以共聚方式结合，制成具有优异耐久性和抗血栓性能的心脏瓣膜，为患者提供更好的治疗选择。

⑤ 其他领域 此外，硅氧烷共聚PC还在航空航天、建筑、体育用品等多个领域有着广泛的应用。在航空航天领域，它可用于制造飞机窗框、座椅等部件；在建筑领域，则可用于制造隔声隔热材料、装饰材料等；在体育用品方面，硅氧烷共聚PC可用于制造高性能的运动器材和防护装备。

5.2.3 硅氧烷共聚聚碳酸酯具体应用案例和国产化分析

① 电动汽车充电枪 国内新能源汽车产业发展如火如荼，也带动了相关配套产业的发展，如充电桩和充电枪，而硅氧烷共聚PC因其优异的耐候

性、耐化学腐蚀性和良好的加工性能，无疑是充电桩和充电枪这类产品理想的外壳材料选择之一。充电枪外壳采用硅氧烷共聚PC制成，不仅美观耐用，还能有效保护内部电路不受外界环境的影响。

② 智能手机外壳　在智能手机领域，硅氧烷共聚PC也发挥着重要作用。部分高端智能手机采用硅氧烷共聚PC作为外壳材料，不仅提高了手机的抗摔性能，还赋予了手机更好的手感和质感。此外，硅氧烷共聚PC的透光性也使其在手机屏幕保护方面有着广泛的应用前景。

如前所述，我国硅氧烷共聚PC产业化相对较晚，但是在技术层面，硅氧烷共聚PC目前在国内已经实现大规模量产取代了进口，是特种PC大规模生产和广泛使用的主要品种。

受良好的性能特点、相对较低的生产成本（包括单体PDMS价格、设备费用等）等因素影响，硅氧烷共聚PC的价格一直较为坚挺，典型改性牌号如SABIC EXL9330市场价格大约是普通双酚A型PC价格的2～3倍，也正是由于价格方面的原因，使得硅氧烷共聚PC当前消费主要集中在5G基站和光伏这两大领域。

在此还需要强调的是，在聚硅氧烷和PC共聚体系中，硅氧烷链段的重复单元数、硅氧烷在共聚物中的含量对于最终聚合物的聚集态结构和性能有极大的影响。研究表明，低温抗冲等性能与硅氧烷含量直接相关，但硅氧烷的含量超过20%后容易分相，硅氧烷的链段越小越容易得到均相共聚物，硅氧烷链段过长、用量太高则会对制品外观有影响。因此，在下游实际应用中，往往需要对高硅含量的硅氧烷共聚PC进行改性以降低硅含量，从而达到综合使用要求。

国内硅氧烷共聚PC的最新进展是沧州大化20%硅含量共聚PC产品一次投料试车成功，这一成果不仅巩固了沧州大化作为国内首家采用管式连续工艺法生产该产品的企业地位，还成功填补了国内相关领域的空白。万华化学依托自身成熟的聚碳酸酯界面缩聚法生产工艺和在有机硅领域的前瞻布局，已成为全球唯一一家具有完整产业链的硅氧烷共聚PC供应商，并针对聚合单体聚二甲基硅氧烷合成、硅氧烷共聚PC合成工艺、改性硅氧烷共聚PC及下游应用等方面，多方入手展开相关工作。

综上所述，硅氧烷共聚PC凭借其优异的性能在多个领域得到了广泛的应用。随着科技的不断进步和人们对高性能材料需求的不断增加，硅氧烷共聚PC的市场前景将更加广阔。未来，随着制备技术的不断革新和应用领域的不断拓展，硅氧烷共聚PC必将在更多领域展现出其独特的魅力和价值。

5.3 其他特种聚碳酸酯

除硅共聚聚碳酸酯外，其他已实现市场化应用的特种聚碳酸酯主要包括以下几类：第一，基于双酚A及其他碳酸酯单元的共聚聚碳酸酯；第二，基于双酚A及其他非碳酸酯单元的共聚聚碳酸酯；第三，基于非双酚A类碳酸酯单元的均聚或共聚聚碳酸酯。

引入特殊共聚单元后，聚碳酸酯的分子链段上具有不同于传统双酚A型聚碳酸酯的特殊化学结构。不同化学结构的存在能够改善传统双酚A型聚碳酸酯的某些性能，除上文重点讨论的低温冲击性能外，还包括耐化学品性、高耐热性、阻燃、流动性以及特殊的光学性能等。这些有别于传统聚碳酸酯的特性，让特种聚碳酸酯树脂及其衍生的改性产品具备高端化、定制化、附加值高等特点。

5.3.1 基于双酚A及其他碳酸酯单元的共聚聚碳酸酯

5.3.1.1 耐高温共聚聚碳酸酯

传统的双酚A型聚碳酸酯的玻璃化转变温度为140～150℃，热变形温度为120～140℃（1.8MPa），这表明在高温环境下，特别是140℃以上时，由传统聚碳酸酯及其改性产品加工成型的样件会出现软化及尺寸变化的情况。但在一些应用场景中，客户对聚碳酸酯的热变形温度有更高的要求。

例如，在汽车工业、电子产品制造及航空航天等领域，在一些极端高温环境下，客户需要产品具备比传统聚碳酸酯更好的耐高温性能，要求其在高温环境下，仍然可以保持良好的力学性能、光学性能及尺寸的稳定性。

又如，一些塑料制品的成型工艺需要对制品进行二次高温加工：如表面涂层、表面改性、包裹成型、固化以及材料制品成型后的二次加热步骤。更高的软化温度能够确保塑料制品在这些二次高温加工过程中，仍然可以保持尺寸及光学性能的稳定。

再如，在医疗行业，对于需要重复使用的医疗器材，常常需要多次高温杀毒，这也需要其所使用的塑料材料在多次高温杀毒过程中，能够保持尺寸及光学性能的稳定。

为了在保持聚碳酸酯本身特性（如透明性、延展性等）的同时，提升传统聚碳酸酯的耐高温性能，可以在聚合过程中加入具有更大苯环结构的单体，从而在高分子链段上引入更大苯环结构的碳酸酯单元，有效地提高聚碳酸酯的玻璃化转变温度和热变形温度，进而获得耐高温的共聚聚碳酸酯。

目前市场上，已经实现工业化生产及市场化应用的耐高温共聚聚碳酸酯主要包括SABIC牌号为"LEXAN™ COPOLYMER XHT"和"LEXAN™ COPOLYMER CXT"的系列产品，以及科思创牌号为"Apec®"（中文名为"雅霸®"）的系列产品。

SABIC的XHT与CXT系列产品是基于双酚A（BPA）和2-芳基-3,3-双（4-羟基芳基）苯并吡咯酮（PPPBP）（图5.9）这两种二羟基单体，与光气聚合制得的共聚聚碳酸酯。

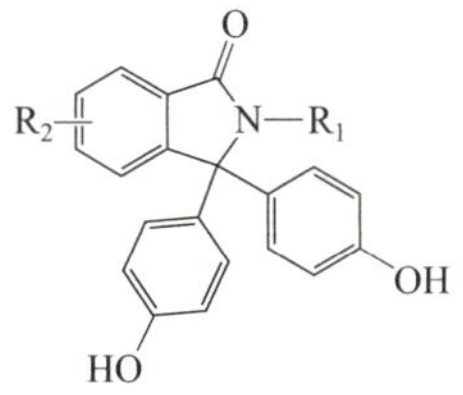

图5.9 SABIC共聚聚碳酸酯结构图

其中，XHT系列产品热变形温度（HDT）为145～185℃（0.45MPa，ISO 75/Bf）、132～170℃（1.80MPa，ISO 75/Af），维卡软化温度（B/120，ISO 306）为152～190℃，详见表5.7。在共聚聚碳酸酯的高分子链段上，随着PPPBP结构含量的增加，树脂本身的玻璃化转变温度变高，热变形温度增加，但树脂的流动性会下降。根据SABIC官网公布的LEXAN™ COPOLYMER XHT的技术数据手册，在XHT系列产品中，XHT1141与XHT1171的热变形温度最低。其中，XHT1141的HDT（1.80MPa）为132℃，XHT1171的HDT（1.80MPa）为138℃。同时，这两款产品在XHT系列产品中流动性最好，XHT1141的熔体流动速率（体积，MVR）（330℃ /2.16kg）

为70cm³/10min；XHT1171的MVR（330℃/2.16kg）为85cm³/10min。在XHT系列产品中，XHT5141和XHT5146的热变形温度最高，HDT（1.80MPa）均为170℃，但其流动性最差，MVR（330℃/2.16kg）均为15cm³/10min。

表5.7　XHT系列产品性能对比

XHT牌号	热变形温度（ISO 75/Af）/℃	维卡软化温度（ISO 306）/℃	熔体流动速率（体积，330℃/2.16kg，ISO 1133）/（cm³/10min）	性能
XHT1141	132	152	70	
XHT1171	138	158	85	高流动
XHT2141	142	162	43	
XHT2143	142	162	43	耐UV
XHT2146	142	162	43	脱模性能好
XHT3141	152	170	30	
XHT3143	152	170	30	耐UV
XHT3146	152	170	30	脱模性能好
XHT3171	154	175	38	高流动
XHT4141	162	181	24	
XHT4143	162	181	24	耐UV
XHT5141	170	190	15	
XHT5146	170	190	15	脱模性能好

2018年，SABIC推出了LEXAN™ COPOLYMER CXT树脂，包括CXT17系列及CXT19系列。CXT树脂具有高透明度、高热变形温度、可注射成型和可挤出成型的性能。CXT树脂的玻璃化转变温度可以达到195℃，维卡软化温度（Vicat，B120）可以达到190℃[3]。

相比于XHT系列，CXT树脂不仅具有更优的耐高温性能，还具有更好的光学性能。其折射率可超过1.6，透明度高（厚度为1mm的样品在可见光和红外光谱中透过率大于89%）。CXT树脂可以在极端成型条件下，实现耐高温、高流动性和优异颜色稳定性的独特平衡，同时具备高折射率[3]。详见图5.10。

已商业化的CXT树脂包括两个耐热等级，对应不同的牌号(如通用，UV稳定和挤出型)

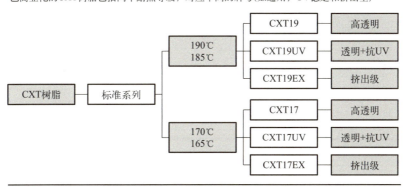

图5.10 部分CXT产品性能对比

除了SABIC的XHT及CXT系列，科思创牌号为"Apec®"（中文名为"雅霸®"）的系列产品，也是通过在聚碳酸酯高分子链中引入带有更大苯环结构的共聚单元，得到具有更高玻璃化转变温度的共聚聚碳酸酯，进而提升耐高温性能。

雅霸®树脂是基于双酚A和4,4′-(3,3,5-三甲基环己烷-1,1-二基)二苯酚[4,4′-(3,3,5-trimethylcyclohexane-1,1-diyl)diphenol]（bisphenol TMC，如图5.11所示）这两种二羟基单体，与光气聚合得到共聚聚碳酸酯。

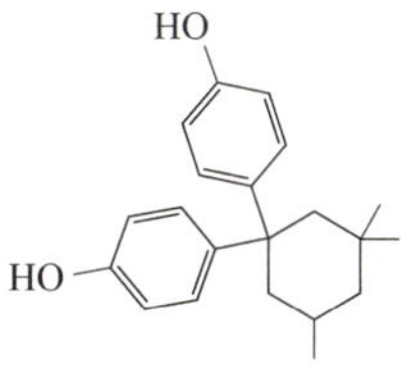

图5.11 科思创共聚聚碳酸酯结构图

雅霸®系列产品的热变形温度（1.80MPa，ISO 75/Af）为138~173℃，维卡软化点（B/120，ISO 306）为158~203℃。在共聚聚碳酸酯的高分子链段中，随着bisphenol TMC含量的增加，树脂本身玻璃化转变温度会升高，热变形温度也会相应提高，但产品流动性会变差。例如，在雅霸®系列产品，Apec® 1695的热变形温度最低，HDT (1.80MPa)为138℃，但其流动性最优，MVR（330℃/2.16kg）为45cm³/10min；Apec® 2095的热变形温度最高，HDT（1.80MPa）为173℃，但流动性最差，MVR（330℃/2.16kg）为

8cm³/10min[4]。详见表5.8。

表5.8 部分雅霸®产品性能对比

牌号	维卡软化温度/℃	熔体流动速率（体积）/（cm³/10min）	UV稳定性	易脱模
高流动级				
1695	158	45		√
1697	157	45	√	√
1795	173	30		√
1797	172	30	√	√
1895	183	18		√
1897	182	18	√	√
2095	203	8		√
2097	202	8	√	√
高黏度级				
1603	159	25	√	
1703	171	17	√	
1803	184	10	√	
医疗级				
1745	170	17		√
阻燃级				
DP1-9354	185	12		
FR1892	183	18		√
反光白色等级				
RW1697	157	45	√	√

与SABIC的XHT及CXT系列产品类似，雅霸®树脂也具有耐高温性能，在高温下拥有优异的尺寸稳定性、光学及力学性能稳定性，还具有低吸水性、低注塑收缩率以及良好的加工性能等特点。

和CXT产品相似，雅霸®系列产品都具有优异的光学透明性，可用于制造透明产品。

耐高温共聚聚碳酸酯的典型及潜在应用如下。

① 照明领域　在照明应用领域，为提高生产效率，需要对LED灯的部分塑料部件进行高温下的直接金属化二次加工，比如对塑料制品表面进行金属的物理化学沉积。这就要求这些塑料部件在高温二次加工过程中，保持尺寸稳定性以及自身力学和光学性能的稳定。普通聚碳酸酯的玻璃化转变温度及热变形温度无法满足此类高温二次加工的要求，而耐高温聚碳酸酯由于具有较高的软化温度（XHT及CXT的维卡软化温度最高可达190℃，Apec®最高可达203℃），在此类应用中得以发挥作用。同时，由于LED灯在使用过程中会大量放热，一些塑料部件长期处于高温环境，因此需要这些部件在长期高温使用过程中，仍能保持尺寸稳定以及优秀的光学和力学性能。相比于普通聚碳酸酯，耐高温聚碳酸酯在此类应用中能提供更好的性能表现。

② 汽车领域　在车灯应用中，当普通聚碳酸酯无法满足产品的耐温要求时，耐高温共聚聚碳酸酯凭借其优异的特性，可应用于车灯内透镜产品，确保车灯透镜等部件在长期高温使用环境中，依然能保持出色的光学和力学性能。

③ 光学器件领域　在精细尺寸透镜应用上，如闪光灯透镜及传感器透镜，需要透镜材料能在高温二次加工过程中保持光学性能及尺寸稳定性，例如透镜在PCB板上的焊接操作。因此，具有优异光学性能的耐高温聚碳酸酯CXT及雅霸®产品，凭借其高折射率、高透光性及在高温下的光学性能和尺寸稳定性，在精细尺寸透镜领域得到广泛应用。

④ 膜材应用领域　耐高温聚碳酸酯不仅可以进行注塑加工，还能进行膜材挤出。由于它不仅具有普通聚碳酸酯的延展性及优异的电学性能，还具有耐高温性，适用于高温二次加工，因此在膜材领域，耐高温聚碳酸酯可用于制造柔性电子膜及耐高温膜。

⑤ 医疗保健领域　由于共聚聚碳酸酯具有出色的耐高温性能，且CXT和雅霸®产品具备优秀的光学性能，它们可以在医疗保健领域用于需要二次加工或需要高温杀毒的透明产品，例如用于需要硅橡胶包裹的透明面罩。雅霸®产品系列中的特定牌号Apec®1745可专门应用于医疗行业，符合美国药典要求，适用于143℃以下的高温蒸汽消毒，可应用于呼吸辅助安全阀、医疗包装膜、医疗容器、医疗用透镜等。

⑥ 阻燃应用领域　科思创推出的阻燃规格耐高温聚碳酸酯Apec®

FR1892可通过EN 443：2008消防头盔CE验证，具有高透明度及高耐温性能，可用于制造消防员头盔面罩。

5.3.1.2　耐刮擦共聚聚碳酸酯

基于双酚A及1,1-双(4-羟基-3-甲基苯基)环己烷（DMBPC）两种二羟基单体与光气聚合得到的共聚聚碳酸酯，也是一种已实现工业生产及市场应用的特种聚碳酸酯。SABIC牌号为"LEXAN™ COPOLYMER DMX"及"LNP™ ELCRES™ DMX"的系列产品，便是衍生于此类共聚聚碳酸酯的树脂及改性产品。

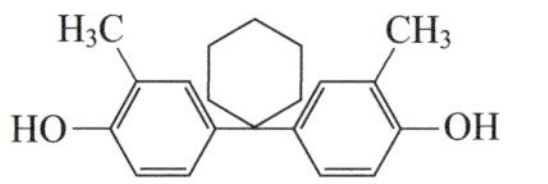

图5.12　DMBPC的化学结构图

DMBPC的化学结构虽然与用于聚合雅霸®系列耐高温聚碳酸酯的bisphenol TMC的结构类似（图5.12），有趣的是，细小的化学结构差别却导致了基于两者的不同共聚聚碳酸酯在性能上存在显著区别。

相比于普通双酚A型聚碳酸酯，引入bisphenol TMC单元，可以提高共聚聚碳酸酯的玻璃化转变温度，100%的bisphenol TMC结构均聚聚碳酸酯的玻璃化转变温度可达238℃；而引入DMBPC单元，会降低玻璃化转变温度，100% DMBPC结构的均聚聚碳酸酯的玻璃化转变温度仅为137℃。

虽然DMBPC单元的引入降低了聚碳酸酯的玻璃化转变温度，但也带来了一些特殊的性能。首先，DMBPC结构可以提高材料硬度，提升材料表面的耐刮擦性能。普通聚碳酸酯的铅笔硬度一般为2B，随着共聚聚碳酸酯结构中DMBPC单元的引入，共聚聚碳酸酯材料铅笔硬度明显增加。当共聚单元中DMBPC含量与BPA含量为1：1时，共聚物的铅笔硬度可以达到H级别；当DMBPC含量与BPA含量为9：1时，共聚物的铅笔硬度可以达到2H级别。通过在材料表面用6N的恒定负荷去拖拉记录针并测量刮擦深度，可以判断材料的耐刮擦性能。如表5.9所示，普通聚碳酸酯刮擦深度为25μm；当DMBPC单元含量为50%时，刮擦深度减少到14μm；当DMBPC单元含量为90%时，刮擦深度进一步减少到9.5μm[5]。

表5.9 DMBPC含量对聚碳酸酯耐刮擦性能的影响

实施例	在6N的深度/μm	在1kgf的铅笔硬度值
对比例6(BPA-PC)	25.0	2B
实施例9(45%DMBPC)	14.5	F
实施例10(50%DMBPC)	14.0	H
实施例11(90%DMBPC)	9.5	2H

其次，DMBPC单元的引入可以提高聚碳酸酯的耐化学品性，特别是对碱性溶剂的耐受性。在CN101208372B的测试中，普通聚碳酸酯暴露在10%的氨溶液1天后，分子量会发生10%以上的降低，同时材料外观从透明变为不透明、呈白色，且表面发黏。而当共聚聚碳酸酯含有50%的DMBPC结构单元时，同样的耐化学品性测试条件下，材料分子量降低约为5%，且材料外观没有肉眼可见的改变，仍保持透明清澈[5]。

最后，DMBPC单元的引入可以有效改善材料的介电性能，降低材料的介质损耗因数（dissipation factor，DF）。例如SABIC牌号为DMX1435的产品，在测试频率1.1～10GHz的高频范围内，DF均小于0.0024。

虽然DMBPC单元的引入可以提高共聚聚碳酸酯表面的耐刮擦性、耐化学品性和介电性能，同时保持聚碳酸酯的透明性，但值得注意的是，与普通聚碳酸酯材料相比，含有DMBPC单元的共聚聚碳酸酯的抗冲击性能及延展性会明显下降。普通聚碳酸酯在室温下为韧性材料，缺口悬臂梁冲击（notched Izod impact，ISO 180）结果一般大于60kJ/m^2，断裂伸长率（ISO 527）一般大于100%；而含有DMBPC单元的共聚聚碳酸酯在室温下的缺口悬臂梁冲击结果一般在5kJ/m²左右，拉伸断裂率（ISO 527）小于50%。

由于基于DMBPC单元的共聚聚碳酸酯具有特殊性能，此类产品的应用主要包括：需要高耐刮擦性的光学屏幕、免喷涂的汽车内饰件、需要耐刮擦及低DF的5G相关设备等。

5.3.2 基于双酚A及其他非碳酸酯单元的共聚聚碳酸酯

5.3.2.1 高流动性共聚聚碳酸酯

聚碳酸酯共聚物还可包含非碳酸酯结构的重复单元，例如包含重复酯单元的聚酯-碳酸酯，聚酯单元结构可以是脂肪族酯类或芳香族酯类。

聚酯-碳酸酯共聚物可通过反应挤出、界面聚合或熔融聚合的方法制得。在聚合过程中，二羧酸单体或其反应性衍生物与二羟基单体发生缩合反应形成酯，进而与光气或碳酸二苯酯形成碳酸酯。

当酯单元为长链脂肪族时，这种聚脂肪族酯-碳酸酯共聚物相较于普通聚碳酸酯，具有更好的流动性及延展性。

SABIC牌号为"LEXAN™ COPOLYMER HFD"的系列产品是基于含双酚A碳酸酯单元和癸二酸酯单元的共聚物。详见图5.13。

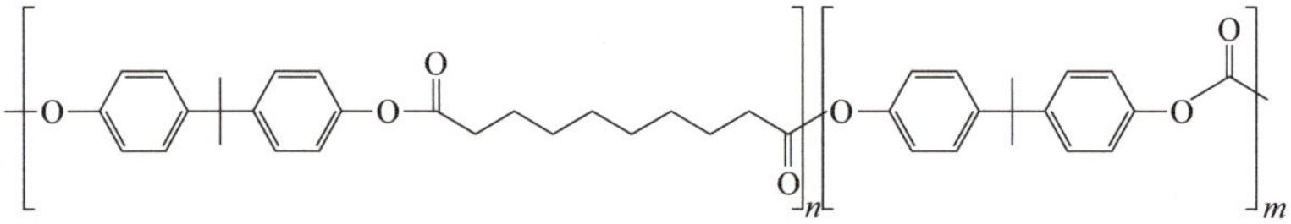

图5.13 SABIC HFD系列产品的化学结构式

在电子电气行业，随着便携式电子装置超薄化和减重化的趋势，对于用于电子装置的材料及配套材料有了更多超薄化的要求；同时，在电视及电脑屏幕行业，也有超薄化及屏幕大型化的市场趋势。这些趋势都要求所用材料能提供更好的加工性能和更高的流动性以方便成型超薄化部件。客户需要材料在制品厚度降低的同时，仍然可以保持力学性能不受到损失，比如超薄化部件仍然可以保持良好的抗冲击性能。

普通聚碳酸酯可以通过使用低分子量聚碳酸酯树脂的方式来提高材料的流动性能，但随着聚碳酸酯分子量的降低，材料的冲击性及延展性都会有很大损失，从而不能满足最终制件的要求。而通过在传统聚碳酸酯链段上引入长链脂肪族链段，比如SABIC的HFD系列产品所采用的癸二酸酯链段，可以在保持聚碳酸酯的冲击性及延展性的同时，有效地提高产品的流动性[6]。详见图5.14。

用于产品直接加工或改性的普通聚碳酸酯的分子量一般大于20000，其室温缺口冲击测试为韧性断裂。降低聚碳酸酯分子量，比如降低到重均分子量在20000以下时，聚碳酸酯虽然流动性增加，但树脂的室温缺口冲击已不完全为韧性断裂，大部分测试样条呈现脆性破坏。而当引入癸二酸酯的链段后，聚脂肪族酯-碳酸酯共聚物的流动性可以与低分子量聚碳酸酯相匹敌，同时室温下缺口冲击仍然可以保持韧性断裂[6]。

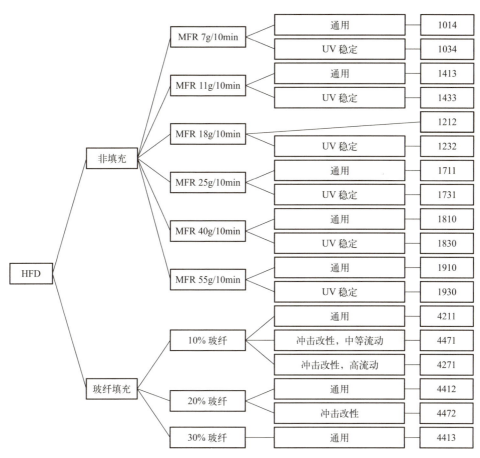

图5.14 SABIC HFD产品系列

需要特别指出的是，由于聚脂肪族酯-碳酸酯树脂的高流动性，在注塑加工过程中可以有效减少模内应力，从而避免双折射缺陷。因此与普通聚碳酸酯相比，使用聚脂肪族酯-碳酸酯树脂可以减少产品的彩虹纹效应[7]。

基于聚脂肪族酯-碳酸酯树脂的这些特点，此类树脂的主要目标应用包括：

① 手机壳、电池壳、手机框体；

② 光屏蔽壳体，IMD、模内镶件注塑（IML）工艺，用于双色成型；

③ 偏光眼镜片、特种薄膜、遮阳板（片）；

④ 家电设备外壳、薄壁大尺寸壳体等。

5.3.2.2　耐候性共聚聚碳酸酯

除了长链脂肪族酯单元，共聚聚碳酸酯还可以包含重复的芳香族酯单元。比 如，SABIC 的 牌 号 为"LEXAN™ COPOLYMER SLX""LNP™ ELCRES™ SLX"及"LNP™ ELCRIN™ SLX"的系列产品，就是基于含双酚A碳酸酯单元及间苯二酚间苯二甲酸酯/对苯二甲酸酯单元（isophthaloyl/ tertphthaloyl resorcinol，ITR）的共聚物ITR-PC（图5.15）。

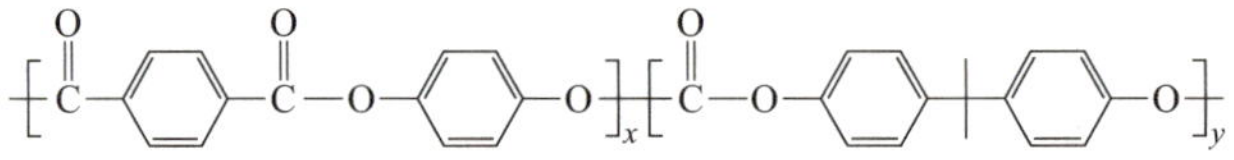

图5.15 共聚物ITR-PC化学结构式

普通聚碳酸酯树脂在紫外线辐射下的长期颜色稳定性一般，材料在长期辐射下会发生变黄、透明度下降以及材料表面光泽度下降等问题。聚碳酸酯改性材料常用的抗紫外线方法主要是加入紫外吸收剂，但这种方法存在缺点：大部分适用于聚碳酸酯的紫外吸收剂为小分子，为避免聚碳酸酯本身力学性能及耐温性能受损，紫外吸收剂的添加量不能过高，一般需要小于1%。同时需要注意，近期几种聚碳酸酯常用的紫外吸收剂（UV329、UV326）已被欧洲化学品管理局（ECHA）正式列入高度关注物质候选清单"Substance of Very High Concern"（SVHC），这些紫外吸收剂及使用它们的塑料制品在欧盟的销售将受到限制。

另一种抑制聚碳酸酯材料黄变的方法是在聚合物链段上引入新的化学基团，以此提高材料的耐候性，减少紫外线辐射引起的降解及光学性能的损失。通过引入含有ITR结构的聚酯-碳酸酯（ITR-PC），能够有效提升材料的长期耐紫外性能及耐化学品性，同时ITR-PC共聚物及其改性产品仍然可以具有聚碳酸酯本身的耐温性能及高延展性。

鉴于ITR-PC的特性，其主要应用于户外制品及配件。因为户外制品在实际使用中会面临许多环境压力，户外环境对材料的侵蚀可能来源于紫外线辐射、暴露于高温、潮湿和碎片冲击等。引入ITR结构的聚酯-碳酸酯产品可以在保持聚碳酸酯本身耐温性能及高延展性优势的同时，提高长期耐紫外线性能，因此在相关户外应用中，仍然可以保持较高的表面光学性能、美学及力学性能。

通过对ITR-PC产品的进一步改性，可以增强其耐刮擦性能，使其作为免喷涂材料应用于汽车内外饰产品。与传统喷涂工艺相比，免喷涂材料具有减少二次工序、降低生产成本的优势；而与其他免喷涂材料相比，基于ITR-PC的改性材料具有更好的耐候性、更好的初始光泽及光泽保留率、更好的耐热性、更好的抗冲击性能，适用于制作深黑色产品等优点[8]，详见图5.16。

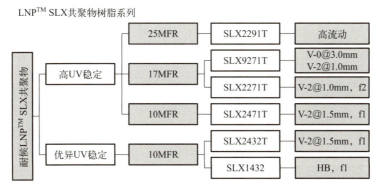

图5.16 SABIC ITR-PC相关产品性能

除汽车内外饰外，凭借ITR的特殊性能优势，基于ITR-PC的改性材料还可应用于既需保持传统聚碳酸酯性能，又需长期耐紫外线、耐化学性改善的领域，比如电动汽车供电设备，LED照明，消费电子领域等。

5.3.2.3 具有抑烟特性的共聚聚碳酸酯

在ITR-PC共聚物分子链段结构基础上，可进一步引入低聚硅氧烷链段，进而得到聚酯-碳酸酯-硅氧烷共聚物ITR-PC-Si。低聚硅氧烷链段的引入可以进一步降低材料的烟密度及最大平均热释放率。

SABIC牌号为"LNP™ ELCRES™ FST"和"LEXAN™ COPOLYMER FST"的系列产品，就是基于ITR-PC-Si的共聚物树脂及其改性产品。

在大规模运输（飞机、火车和船舶）以及建筑物的应用中[9]，对于燃烧过程中产生的火焰弥散、热释放和烟雾浓度的阻燃特征标准越来越严格。比如，欧盟已批准引入用于铁轨应用的火焰标准EN 45545，以取代之前各成员国实行的不同标准。该标准中烟密度（Ds-4）是根据ISO 5659-2测定的4min之后的烟密度；热释放是根据ISO 5660-1测定的最大平均热释放率（MAHRE）。而根据Federal Aviation Regulation（FAR）的要求，用于航空器内部的塑料组件的具体阻燃性质要求应包括低放热率（参考OSU 65/65标准）、低烟雾浓度和燃烧产物的低毒性[10]。在着火情况下，具备以上阻燃性质的材料制成的部件能够增加乘客逃生时间，在着火时提供更好的可见度，并且减少释放物的毒性。

相比于普通聚碳酸酯，芳香族（芳香族脂或大苯环碳酸酯）结构的引入可以大幅度地降低烟密度及MAHRE值[9,11]。普通聚碳酸酯树脂的烟密度约为900，而含有大苯环结构PPPBP的PPPBP/BPA-PC共聚聚碳酸酯烟密度可下降为600，含有芳香族聚酯的共聚物ITR-PC烟密度更低，仅约为200。

在聚碳酸酯改性产品中引入硅氧烷结构可进一步降低烟密度及MAHRE值。引入硅氧烷结构有不同的技术方法。第一种方法是直接加入均聚聚硅氧烷，与聚碳酸酯进行物理共混得到改性产品。第二种方法是加入聚硅氧烷聚碳酸酯共聚物Si-PC，与聚碳酸酯及共聚聚碳酸酯进行物理共混得到改性材料[10, 11]。这两种方法都可以降低材料的烟密度及MAHRE值，但硅氧烷链段，特别是大尺寸聚硅氧烷链段的加入，会影响聚碳酸酯及共聚聚碳酸酯ITR-PC的光学性能：降低透光度，增加雾度。第三种引入硅氧烷链段的方法是通过化学聚合，得到聚酯-碳酸酯-硅氧烷共聚物ITR-PC-Si。在聚合过程中，通过控制硅氧烷链段长度及比例，可以在保持共聚物光学性能的同时，有效降低树脂本身的烟密度及MAHRE值。

当材料不包含磷系阻燃剂时，普通聚碳酸酯的烟密度为900，MAHRE值约为230kW/m²；ITR-PC共聚物烟密度约为200，MAHRE值为135kW/m²；在ITR-PC共聚物链段上进一步引入硅氧烷结构，ITR-PC-Si共聚物的烟密度约为100，MAHRE值约为100kW/m²。加入磷系阻燃剂后，ITR-PC及ITR-PC-Si改性材料的MAHRE值会进一步降低。比如，当磷系阻燃剂双酚A-双（二苯基磷酸酯）（BDP）的含量为7.5%时，阻燃普通聚碳酸酯的烟密度并未下降，反而升高50%，其MAHRE值相比于非阻燃树脂略有下降，但仅下降10%左右（约为200kW/m²）。同样条件下，阻燃ITR-PC及ITR-PC-Si的烟密度约为120，同时其MAHRE值相比于非阻燃树脂都有明显降低：阻燃ITR-PC的MAHRE降低到80kW/m²，而阻燃ITR-PC-Si的MAHRE值降低到56kW/m²[9]。

由于ITR-PC-Si树脂及其改性产品出色的抑烟性，可应用于大规模运输（飞机、火车和船舶）以及建筑物领域[12]。SABIC部分产品性能对比见表5.10。

表5.10 SABIC部分产品性能对比

| SABIC特殊共聚&共混材料
（LNP™、NORYL™、ULTEM™树脂） | | | 根据EN 45545-2进行分类 | | | |
| | | | 覆层（侧板、隔墙） | 照明（灯罩、光扩散） | 座椅（靠背&底座） | 电气应用（连接器、断路器） |
产品	牌号	厚度/mm	R1	R4	R6	R22内（R23外）
LNP EXL Copolymer	EXL9330	1.5～3				R22-HL2
ELCRIN EXL（30%PCR）	EXL9233RCC	1.5～3				R22-HL3
LNP EXL Copolymer	EXL5689（9%GF）	1.5～3				R22-HL3
ELCRIN EXL（30%PCR）	EXL3439RCC（9%GF）	1.5～3				R22-HL3
LNP FST Copolymer	FST2432	2～4			R6-HL2	
LNP FST Copolymer	FST2732E	2～4			R6-HL2	
LNP FST Copolymer	FST3403	3	R1-HL3		R6-HL3	
LNP FST Copolymer	FST3403T	1～4	R1-HL3	R4-HL3	R6-HL3	
LNP FST Copolymer	FST2734E	2～4	R1-HL2		R6-HL2	
LNP FST Copolymer	FST2733E	2～4	R1-HL3		R6-HL3	
LNP ELCRES™ Resin	SLX2471MT	3～4		R4-HL3		
LNP THERMOCOMP™ Compound	UX06032（30%GF）	1.6				R22-HL3
LNP THERMOCOMP™ Compound	LX97024（15%GF）	0.8～1.5				R22-HL1

SABIC 特殊共聚&共混材料（LNP™、NORYL™、ULTEM™ 树脂）			根据 EN 45545-2 进行分类			
			覆层（侧板、隔墙）	照明（灯罩、光扩散）	座椅（靠背&底座）	电气应用（连接器、断路器）
产品	牌号	厚度/mm	R1	R4	R6	R22 内（R23 外）
LNP THERMOCOMP™ Compound	DC0041XX5（20%CF）	2～4			R6-HL3	
LNP THERMOCOMP™ Compound	DC0041XA51*（20%CF）LFAM	2	R1-HL3			

*应要求提供证书。

5.3.2.4　耐高温共聚聚酯–碳酸酯

在聚芳香族脂-碳酸酯共聚物中，除了 ITR-PC 共聚物，还有一种已实现工业化生产的聚芳香族酯-碳酸酯共聚物：基于双酚 A 碳酸酯单元和间苯二甲酸酯/对苯二甲酸酯-双酚 A 酯单元的共聚物，通常称为（聚邻苯二甲酸酯-碳酸酯）（polyphthalate carbonate，PPC），见图 5.17。

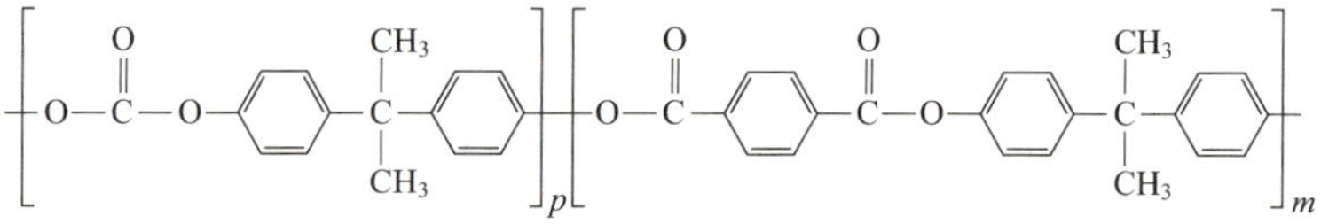

图 5.17　PPC 共聚物化学结构式

相比于普通双酚 A 型聚碳酸酯，PPC 具有更高的玻璃化转变温度和热变形温度。但相比于基于双酚 A 与其他大苯环尺寸碳酸酯单元的耐高温共聚聚碳酸酯（XHT 产品或雅霸®产品），当 PPC 树脂具有与上述产品相似水平的热变形温度时，PPC 树脂的流动性要差于 XHT 或雅霸®产品。比如在专利 US2014000001 中的比较例[13]，当 PPC 树脂热变形温度 HDT/A（1.80MPa）约为 150℃时，其 MVR（330℃/2.16kg）约为 15cm³/10min。而具有类似热变形温度水平的 XHT 产品 XHT3141 及雅霸®产品 Apec®1795 的 MVR（330℃/2.16kg）

均约为30cm³/10min。较差的流动性能，使基于PPC树脂的改性产品在市场应用上，表现远不及XHT系列产品及雅霸®系列产品。

5.3.3　基于非双酚A型碳酸酯单元的均聚或共聚聚碳酸酯

照相机、摄像机、一体化成像等各种成像设备的光学系统所使用的光学元件材料可以选用光学玻璃或者光学用透明树脂。

光学玻璃具有优异的耐热性、透明性、尺寸稳定性、耐化学品性等，有具有各种折射率（η_D）或阿贝数（ν_D）的多种材料可供选择。但其缺点是材料成本高、成型加工性差以及生产率低，特别是在加工用于像差修正的非球面透镜时，需要极高的技术且成本高昂。

由光学用透明树脂，特别是热塑性透明树脂构成的光学透镜，具有能够注射成型大量生产、容易制造非球面透镜的优点，可用于照相机镜头。光学用透明树脂包括双酚A型聚碳酸酯、聚苯乙烯、聚-4-甲基-1-戊烯、聚甲基丙烯酸甲酯或者非晶质聚烯烃等。然而，将光学用透明树脂用作光学透镜时，除了需要满足高折射率和低阿贝数的要求外，还要求材料同时具备透明性、耐热性、低双折射率等性能。由于上述光学用透明树脂自身的特性与缺陷，限制了其在光学元件不同部件上的适用性。例如，聚苯乙烯的耐热性低而双折射率大，聚-4-甲基-1-戊烯的耐热性差，聚甲基丙烯酸甲酯的玻璃化转变温度低、耐热性差且折射率小，因此使用部位受限；而双酚A型聚碳酸酯也存在双折射率大等缺点，使其使用部位受限[14]。

采用一些具有特殊化学结构的二羟基单体与光气聚合，得到非双酚A型的均聚聚碳酸酯或共聚聚碳酸酯，能够有效改善传统双酚A型聚碳酸酯双折射率大的缺点，同时增加材料的折射率。对于曲面透镜，材料折射率越高，透镜厚度就可以做得越薄。

日本三菱瓦斯化学（Mitsubishi Gas Chemical，MGC）牌号为"Iupizeta™ EP"的产品是基于9,9-双[4-(2-羟基乙氧基)苯基]芴（BPEF）与光气进行聚合得到的特种聚碳酸酯（图5.18）。相比于普通双酚A型聚碳酸酯，Iupizeta™ EP产品的双折射率显著降低；同时，折射率约为1.63～1.64，相比双酚A型聚碳酸酯1.586的折射率有明显增加。由于其优异的光学特性（高折射率、低双折射率）、透明性、耐热性及加工性能，Iupizeta™ EP产品可以被用作智能手机、数码相机、车载摄像头以及各种光学设备的高功能精密镜头材料[15]。特种光学树脂与普通PC的性能对比见表5.11。

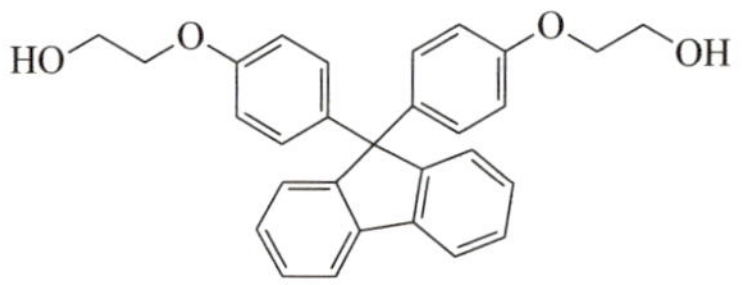

图5.18　特种聚碳酸酯（BPEF）化学结构式

表5.11　特种光学树脂与普通PC性能对比

项目	聚碳酸酯（光盘级）	光学树脂聚合物 Iupizeta™EP	
		EP-5000	EP-6000
平面内双折射率am（厚度1/32）	230	5	6
折射率η_D	1.586	1.634	1.64
阿贝数v_D	30	23.9	23.5
总透光率（厚度3mm）/%	91	89	89
玻璃化转变温度/℃	143	145	145

日本帝人（Teijin）牌号为"Panlite® SP"的产品也是基于9,9-双[4-(2-羟基乙氧基)苯基]芴（BPEF）及其他特殊二羟基单体［比如，专利CN111511799B中使用的9,9-双(2-羟基-1,1-二甲基乙基)-2,4,8,10-四氧杂螺(5.5)十一烷（SPG），及4,4′-(3,3,5-三甲基环己烷-1,1-二基)二酚（Bisphenol TMC）或其他类似结构二羟基单体］与光气聚合得到的均聚或共聚聚碳酸酯[16]，见图5.19。

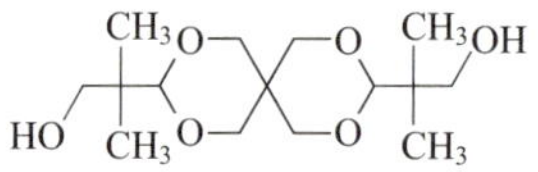

图5.19　日本帝人Panlite® SP相关聚碳酸酯化学结构式

与Iupizeta™ EP产品相似，Panlite® SP产品具有高折射率和低双折射率，适配相机小型薄壁化、高性能化的发展趋势。同时该产品还具有高耐热性，非常适合对长期可靠性有要求的应用场景。同时不同的Panlite® SP的产品系列具有不同的折射率和阿贝指数，适用于不同的镜片要求[17]。SP产品系列规格、特性和主要用途见表5.12与表5.13。

表5.12 SP产品系列规格指标

特性	特殊规格			普通光学用规格
	SP-3810	SP-1516	SP-5590	SP-5590
全光线透光率/%	89	90	90	91
折射率	1.639	1.614	1.588	1.584
阿贝数	23	26	28	30
双折射率 (双折射的交叉尼科尔法)				
玻璃化转变温度/℃	150	156	143	145
MVR (280℃/2.16kg)/ (cm^3/10min)	42	9	49	58

表5.13 SP产品系列的特性和主要用途

分类	规格名称	优点	主要用途
光学(透镜)用途	SP-3810	·高折射率 ·超低双折射率 ·高耐热性 ·高流动性	·智能手机相机用镜片 ·车载摄像头镜头 ·监控摄像头用镜片 ·光学传感器 ·VR/AR ·工业用透镜 ·光学薄膜
	SP-1516	·高折射率 ·低双折射率 ·高耐热性	·智能手机相机用镜片 ·车载摄像头镜头 ·监控摄像头用镜片
	SP-5590	·中折射率 ·低双折射率 ·高耐热性 ·高流动性	·智能手机相机用镜片(高画质) ·VR/AR
光学用途	AD-5503	·耐热性 ·高流动性	·CD、DVD ·车载摄像头镜头
Binder用途	TS-20**	·耐摩擦性 ·耐高温性	·复印机硒鼓 ·打印机硒鼓

5.4 结语与展望

随着5G通信、新能源汽车、半导体、医疗、航天航空以及能源等诸多行业的蓬勃发展，特种高分子材料在这些领域正逐步展现出其独特的优势，对传统材料的替代进程进一步加快。在高端制造业不断演进的进程中，对高性能新型工程材料的需求呈现出持续增强的态势[18]。

就特种PC领域而言，当前国内相关企业在多个方面与国外企业依然存在较大差距。国外企业在相关聚合领域具有多年的技术积累，为持续的技术创新提供坚实的依托；在整体产能规模方面，凭借长期的发展和布局，具备大规模、稳定的生产能力，且产品质量管控体系完善。从合成工艺的角度来看，国外企业掌握着更为先进、成熟的合成技术，能够精准控制反应条件和工艺参数，从而确保产品的高质量和高性能。国内企业在这方面尚处于追赶阶段，聚合工艺的稳定性、流程控制的精确性和高效性仍有待提高。在产品性能方面，国外特种聚碳酸酯产品在耐热性、耐化学性、长期稳定性以及力学性能等关键指标上表现更为出色，能够适应更为苛刻的使用环境。在应用开发领域，国外企业已深入到各个细分市场，根据不同行业的特殊需求开发出针对性产品，而国内企业在应用开发的深度和广度上均显不足。尽管国内特种PC材料已有少量品种问世，但不可忽视的是，这些产品以仿制国外产品为主，在原始技术创新方面仍需付出更多努力。

近年来国内PC行业发展速度迅猛，然而关键技术大多依赖引进，这导致在发展过程中缺乏足够的技术积累，对技术细节的理解也不够深入。只有全面掌握现有通用PC整个流程中的关键技术，实现系统化、精细化的操作管理，才能确保产品质量的稳定性和一致性。而夯实这一基础，是涉足特种PC领域的必要前提。

在新型特种PC的研究开发过程中，不能孤立看待这一工作，需紧密依托现有的PC产业链本身。在分子结构设计方面，应基于现有的PC分子结构进行调节。其中，在PC分子结构上引入Si、N、S、P等杂原子和杂环结构，一直是备受关注的研究主题。这是因为，这些特殊原子和化学结构的引入，能够显著改变聚碳酸酯的物理化学性质，赋予其特殊性能，以满足不同应用需求。同时，在分子结构设计过程中，性价比是首要考虑的因素。这一因素将直接决定产品在市场中的竞争力，因为只有性价比高的产品才能被广大客户所接受，进而决定市场的规模大小。

从整个行业的发展趋势来看，通用PC优秀企业的产业链集成化是未来发展的重要方向。在竞争激烈的市场环境中，"人无我有，人有我优"是各个行业企业所追求的目标。就如同建造高楼大厦需要稳固的基础一样，PC企业的产业链集成化能够提升企业的综合竞争力，从原材料供应、生产制造到产品销售和售后服务等各个环节进行优化整合，从而在市场竞争中占据有利地位。

参考文献

[1] 金祖铨，吴念. 聚碳酸酯树脂及应用[M]. 北京：化学工业出版社，2009.

[2] Koizumi, K., Okabe, A., Kimukai, H., Sato, H., Taguchi, H., Nishimura, M., Kwon, B.G. and Saido, K. Novel decomposition of polycarbonate and effect for marine ecosystem[J]. RSC Advances. 2023, 13(42):29668-29674.

[3] CXT resins – New Generation of High Heat Copolymer [EB/OL]. https://www.sabic.com.

[4] Apec®[EB/OL]. https://www.covestro.com.

[5] CN 101208372 B.

[6] CN 105026495 A.

[7] CN 102272196 B.

[8] AUTOMOTIVE EXTERIORS Paint-free Molded-in-Color with LNP™ SLX COPOLYMER RESINS [EB/OL]. https://www.sabic.com.

[9] CN 104136535 B.

[10] CN 101522805 B.

[11] CN 105431486 B.

[12] SABIC'S SPECIALTIES BUSINESS SOLUTIONS FOR RAILWAY LUGGAGE RACKS[EB/OL]. https://www.sabic.com.

[13] US 2014000001.

[14] CN 110461942 B.

[15] 光学树脂聚合物 Iupizeta™ EP[EB/OL]. https://www.mgctrading.co.jp.

[16] CN 111511799 B.

[17] 特殊聚碳酸酯（PC）树脂"Panlite®"[EB/OL]. https://www.teijin-resin.cn.

[18] 蒋琴瑶，贾雨耀，杨绍哲，等. 改性聚碳酸酯耐高温性能研究进展[J]. 中国塑料，2024，38(6):125-130.

CNPCA观察：

特种PC通常指共聚聚碳酸酯，它是通过共聚方法引入不同的功能性单体，来调节聚碳酸酯的主链结构和性能的高分子材料。虽然通用PC已具备优异的综合性能，但也存在一些缺点和局限性，主要表现为流动性较差、易出现应力集中并导致应力开裂、耐溶剂性较差、易老化、表面不耐刮擦等。特种PC可以通过改变共聚单体的种类、含量和分布，在光学性能、耐热性能、耐候性能、动态流变性能、表面性能、力学性能和阻燃性能等方面表现得更加优异。这为聚碳酸酯材料拓宽了应用领域，使其成为中高端及特定领域应用的重要组成部分。

未来，随着5G通信、新能源汽车、半导体、医疗、航天航空以及能源等诸多行业的蓬勃发展，特种高分子材料在这些领域正逐步展现出其独特的优势，对传统材料的替代进程进一步加快。特种PC具备多元化性能的调节能力，以适用于各个高端、前沿领域。通过不断提升特种PC的研发和应用，它未来必将成为特种高分子材料中的重要一员。

第6章

聚碳酸酯
可持续发展

6.1 再生塑料行业政策与标准

6.1.1 政策

塑料再生已经不是单纯的降低成本。如果不对废旧塑料进行有效回收并循环再利用，将会对我国的生态环境造成巨大的污染与破坏，同时也会加大我国的能源消耗。*Nature*期刊数据显示，1950—2021年间全球共生产110亿吨塑料制品，其中只有11%被回收利用，大量的废塑料被焚烧处理或弃于环境中，造成了严重的陆地及海洋生态污染[1]。废塑料回收再利用在节约资源、减轻环境污染的同时，也提供了大量就业和创业机会，为我国经济发展起到了至关重要的作用。众多利好政策为我国废塑料循环利用产业提供广阔发展空间，再生塑料行业正是"可持续发展"的践行者。

（1）再生行业相关支持性政策

为推动废塑料的循环利用，近年来我国政府陆续发布了一系列行业政策（表6.1），各省市也积极响应国家号召，推动再生塑料行业的发展[2]（表6.2）。

表6.1 我国再生塑料行业相关政策

序号	发布时间	发布部门	政策名称	主要内容
1	2023年2月	国家发展改革委等部门	《关于统筹节能降碳和回收利用加快重点领域产品设备更新改造的指导意见》	使废旧产品设备回收利用更加规范畅通，形成一批可复制、可推广的回收利用先进模式，推动废钢铁、废有色金属、废塑料等主要再生资源循环利用量达到4.5亿吨
2	2023年7月	工业和信息化部、国家发展改革委、商务部	《轻工业稳增长工作方案（2023—2024年）》	扩大特种工程塑料、高端光学膜、电池隔膜等在国防军工、航空航天、新能源、电子信息、交通等方面的应用。推广新型抗菌材料等医用塑料，在医疗器械、耗材及药品包装等方面发挥塑料制品优势。加快塑料节水器材、长寿命功能性农用薄膜、保温隔热板、特种管材、塑料门窗异型材等生产与应用。开展加厚高强度地膜、全生物降解地膜达标行动，提升高质量农膜供应保障能力

序号	发布时间	发布部门	政策名称	主要内容
3	2023年10月	国家发展改革委等部门	《关于促进炼油行业绿色创新高质量发展的指导意见》	鼓励资源循环利用。鼓励有条件的企业探索废塑料、废润滑油、废弃油脂、废弃生化污泥等废弃有机物与原油耦合加工。鼓励重点开发废塑料低能耗热解与净化预处理技术，开发低碳排放的废塑料油深加工成套技术，加快废塑料化学循环工程试点示范
4	2024年1月	商务部等9部门	《关于健全废旧家电家具等再生资源回收体系的通知》	规范拆解废旧家电，提高废旧家电中钢铁、塑料、玻璃等再生资源循环利用水平
5	2024年3月	国务院	《推动大规模设备更新和消费品以旧换新行动方案》	支持建设一批废钢铁、废有色金属、废塑料等再生资源精深加工产业集群。积极有序发展以废弃油脂、非粮生物质为主要原料的生物质液体燃料。探索建设符合国际标准的再生塑料、再生金属等再生材料使用情况信息化追溯系统
6	2024年3月	市场监管总局等部门	《贯彻实施〈国家标准化发展纲要〉行动计划（2024—2025年)》	持续健全碳达峰碳中和标准体系。加快健全重点行业企业碳排放核算和报告标准，加快研制产品碳足迹核算基础通用国家标准，制修订碳排放核查程序、人员和机构标准，推动钢铁、铝、塑料、动力电池等重点产品碳排放强度、碳足迹等基础共性标准研制
7	2024年3月	市场监管总局等7部门	《以标准提升牵引设备更新和消费品以旧换新行动方案》	完善再生材料质量和使用标准。制修订再生金属、再生塑料等再生料质量标准，统筹推进再生塑料全链条标准体系建设，推动建立再生塑料认证体系。探索在家电、汽车、电子产品标准中增加再生塑料、再生金属的使用要求，助力材料使用形成闭环

表6.2 部分地方省市再生塑料行业相关政策

序号	发布时间	省市	政策名称	主要内容
1	2023年1月	江苏省	《关于加快推进城镇环境基础设施建设的实施意见》	持续推进塑料污染治理。深入贯彻关于进一步加强塑料污染治理的实施意见（苏发改资环发〔2020〕910号），科学稳妥推进塑料污染源头治理。规范废旧塑料再生利用行业管理，严格落实塑料制品生产和销售环节禁限要求，加强监督管理和执法检查

序号	发布时间	省市	政策名称	主要内容
2	2023年2月	上海市	《上海市"无废城市"建设工作方案》	推动多源固废协同利用处置。提升废塑料、废玻璃等固废利用企业服务能级，培育固废分类回收与粗加工平台型企业
3	2023年9月	重庆市	《重庆市商务委员会关于推动美丽重庆建设促进绿色商务发展的实施意见》	打造绿色消费场所。开展绿色商场、绿色市场示范创建，推动商场、商品交易市场等场所应用绿色低碳技术和设备设施进行节能改造，实施绿色回收，禁止使用不可降解塑料袋，建立规范高效的绿色低碳运营管理流程和机制
4	2023年9月	天津市	《天津市持续深入打好污染防治攻坚战三年行动方案》	研究制定制药、橡胶、塑料等重点行业和市政设施恶臭污染防治技术指南
5	2024年4月	广东省	《广东省加快构建废弃物循环利用体系行动方案》	加强再生资源高效利用。推进废钢铁、废有色金属、废塑料等再生资源精深加工产业集群建设，鼓励产业链合理延伸，支持现有企业和项目绿色化、机械化、智能化提质改造
6	2024年4月	江西省	《江西省推动大规模设备更新和消费品以旧换新实施方案》	推进危险废物全过程监控和信息化追溯，参与建设国家再生塑料、再生金属等再生材料使用情况信息化追溯系统
7	2024年4月	河北省	《河北省推动大规模设备更新和消费品以旧换新实施方案》	推进再生资源高效利用。开展"城市矿产"示范基地升级行动，抓好石家庄、唐山、保定废旧物资循环利用重点城市建设，推动产业集聚发展。鼓励废钢铁、废铜铝、废纸、废塑料等再生资源加工产业链合理延伸，推动企业绿色化、机械化、智能化改造，建设一批再生资源精深加工产业集群
8	2024年4月	北京市	《北京市绿色低碳发展国民教育体系建设实施方案》	积极开展生活垃圾分类、反食品浪费和塑料污染治理等专项行动
9	2024年4月	浙江省	《浙江省推动大规模设备更新和消费品以旧换新若干举措》	率先建设符合国际标准的再生塑料使用信息化追溯系统，推广海洋塑料治理"蓝色循环"模式
10	2024年5月	云南省	《推动大规模设备更新和消费品以旧换新实施方案》	加快再生塑料、再生金属等全链条标准体系建设

（2）再生行业发展规范性政策

再生塑料行业已经不再是简单的收旧利废、加工处理行业，而是嵌进整个社会大循环，成为实施绿色、低碳、循环发展的重要内容，关系着城乡环境治理，全社会绿色生产生活方式的打造。因此，行业企业不应再走以前粗放式扩张的老路，要以绿色发展的眼光审视产业布局。如何与环保、环卫企业及相关机构深入合作，形成涵盖环卫、再生资源、物流的完整产业链，是行业企业未来创新发展的方向。为强化再生行业发展的规范性，国家适时地推出规范再生行业的规定和政策。

①《废塑料综合利用行业规范条件》 工业和信息化部2015年12月21日发布。

旨在规范废塑料资源综合利用行业发展秩序，促进企业优化升级，加强环境保护，提高资源综合利用技术和管理水平，引导行业健康持续发展。

②《工业和信息化部办公厅关于做好已公告再生资源规范企业事中事后监管的通知》 工业和信息化部2017年8月1日发布。

旨在加强已公告再生资源企业事中事后监管，促进企业规范经营，引导产业持续健康发展。

③《固体废物鉴别标准　通则》（GB 34330—2017）、《含多氯联苯废物污染控制标准》（GB 13015—2017） 环境保护部、国家质量监督检验检疫总局2017年9月1日联合发布。

批准《固体废物鉴别标准　通则》为国家固体废物污染环境防治技术标准，批准《含多氯联苯废物污染控制标准》为国家污染物排放（控制）标准。

④《工业和信息化部办公厅关于做好长江经济带固体废物大排查行动的通知》 工业和信息化部办公厅2018年3月15日发布。

⑤《工业固体废物资源综合利用评价管理暂行办法》《国家工业固体废物资源综合利用产品目录》 工业和信息化部2018年5月25日发布。

⑥《关于坚决遏制固体废物非法转移和倾倒　进一步加强危险废物全过程监管的通知》 生态环境部办公厅2018年5月10日发布。

⑦《生态环境监测条例（草案征求意见稿）》 生态环境部办公厅2019年10月发布。

加强资源回收利用源头管理，鼓励生产企业开展生态设计和制造，加快淘汰不利于回收利用的生产工艺和装备，提高产品可回收性，易拆解性，即使提供拆解手册，组织开展拆解培训。加强废旧汽车、家电和消费电子产品拆解产物流向监管。

⑧《国家发展改革委　生态环境部关于进一步加强塑料污染治理的意见》发展改革委、生态环境部2020年1月16日联合发布。

主要目标：到2020年，率先在部分地区、部分领域禁止、限制部分塑料制品的生产、销售和使用。到2022年，一次性塑料制品消费量明显减少，替代产品得到推广，塑料废弃物资源化能源化利用比例大幅提升；在塑料污染问题突出领域和电商、快递、外卖等新兴领域，形成一批可复制、可推广的塑料减量和绿色物流模式。到2025年，塑料制品生产、流通、消费和回收处置等环节的管理制度基本建立，多元共治体系基本形成，替代产品开发应用水平进一步提升，重点城市塑料垃圾填埋量大幅降低，塑料污染得到有效控制。

⑨《中华人民共和国固体废物污染环境防治法》2020年4月29日第十三届全国人民代表大会常务委员会第十七次会议第二次修订。

为了保护和改善生态环境，防治固体废物污染环境，保障公众健康，维护生态安全，推进生态文明建设，促进经济社会可持续发展，制定本法。本法自2020年9月1日起实施。

⑩《商务领域一次性塑料制品使用、回收报告办法（试行）》商务部2020年11月发布。

国家鼓励和引导减少使用、积极回收塑料袋等一次性塑料制品，推广应用可循环、易回收、可降解的替代产品。

⑪《再生资源绿色分拣中心建设管理规范》商务部2021年5月发布。

标准使用范围更为明确，增加了引言，废弃大件家具的术语，分拣中心的分类、基本要求、部分环保要求、安全要求、产品质量要求、管理要求和绩效指标等内容，加强了生活垃圾分类后再生资源的处理功能，提升了分拣中心对城市综合环境治理的服务能力。

（3）禁止废塑料进口

近年来，进口废塑料走私造成的环境危害已日益严重。为阻断初级加工废塑料污染向国内转移，国务院频频出台政策组合拳，禁止洋垃圾入境，禁止相关种类固体废物（主指四大类：生活源废塑料、钒渣、未分类废纸和废纺织品）进口，以有序规范国内废塑料产业链发展。

首先，提高固体废物进口门槛。国办发〔2017〕70号文件《国务院办公厅关于印发禁止洋垃圾入境推进固体废物进口管理制度改革实施方案的通知》实施发布，提到：2017年7月底前，调整进口固体废物管理目录；2017年年底前，禁止进口生活来源废塑料、未经分拣的废纸以及纺织废料、钒渣等品种。进一步加严标准，修订《进口可用作原料的固体废物环境保护控制标准》，加严夹带物控制指标，减少固体废物进口口岸数量，增加固体废物鉴别单位数量，解决鉴别难等突出问题。2018年4月13日，生态环境部、商务部、国家发展和改革委员会、海关总署联合发布了《关于调整〈进口废物管理目录〉的公告》，将工业来源废塑料（指在塑料生产及塑料制品加工过程中产生的热塑性下脚料、边角料和残次品）调入《禁止进口的固体废物目录》，自2018年12月31日起执行。海关总署接连开展"蓝天2018"和"蓝天2019"专项行动，对"洋垃圾"形成了高压打击态势。2020年1月19日，发展改革委、生态环境部发布了新版限塑令——《国家发展改革委 生态环境部关于进一步加强塑料污染治理的意见》，全面禁止废塑料进口。

其次，适时修订《中华人民共和国固体废物污染环境防治法》等法律法规，提高对走私洋垃圾、非法进口固体废物等行为的处罚标准。严厉查处走私危险废物、医疗废物、电子废物、废塑料等违法行为；重点打击走私，以及非法进口利用废塑料、废纸、生活垃圾、电子废物、废旧服装等固体废物的各类违法行为，对废塑料进口及加工利用企业开展联合专项稽查，重点查处倒卖证件、倒卖货物、企业资质不符等问题。

第三，加大全过程监管力度。从严审查进口固体废物申请，减量审批固体废物进口许可证，控制许可进口总量。进一步加大进口固体废物查验力度，严格落实"三个100%"（已配备集装箱检查设备的100%过机，没有配备集装箱检查设备的100%开箱，以及100%过磅）查验要求。加强对重点风险监管企业的现场检查，严厉查处倒卖、非法加工利用进口固体废物以及其他环境违法行为。

第四，建立国际合作机制。推动与越南等东盟国家建立洋垃圾反走私合作机制，适时发起区域性联合执法行动。利用国际执法合作渠道，强化洋垃圾境外源头地的情报研判，加强与世界海关组织、国际刑警组织、联合国环境规划署等机构的合作，建立完善走私洋垃圾退运国际合作机制。

6.1.2 标准

由于我国政策调整，禁止废塑料进口，同时，国内企业纷纷走出国门去东南亚等地新建再生料加工工厂，使再生料满足国家要求后再进入国内，再生塑料颗粒进口量出现明显增加。但这种再生塑料颗粒进口货物尚无产品标准，其"废物/产品"属性不明确，使得口岸积压大量再生塑料颗粒货物无法完成进口，大致估算2017年聚碳酸酯再生料进口至少减少了三分之一。国内再生聚碳酸酯（简称再生PC）产品质量良莠不齐，该领域的标准也处于缺失状态，行业内无标准可依。因此，制定再生PC的产品标准，为促进国内再生PC行业高质量发展提供技术支撑。

根据国家标准化管理委员会、生态环境部和海关总署等部署，为加强对塑料可再生资源的回收利用与管理，防控塑料废弃物对环境造成的危害，规范再生塑料的生产和贸易，促进行业高质量发展，由全国塑料标准化技术委员会归口，启动了再生塑料系列国家标准项目研制工作。根据2019年第三批国家标准制修订计划，再生塑料系列国家标准共立项8项，由全国塑料标准化技术委员会（SAC/TC 15）技术归口，其中和再生PC产品相关的《塑料 再生塑料 第7部分：聚碳酸酯（PC）材料》项目编号为2019100241，由上海奥塞尔材料科技有限公司牵头起草。国内外再生塑料相关标准见表6.3。

表6.3 国内外再生塑料相关标准

序号	标准号	标准名称	标准内容
1	ISO 15270：2008	塑料 废塑料回收和再利用指南	本标准为基础标准，为塑料废弃物回收（包括再循环）标准和规范的制定提供了指南，为塑料废弃物的回收提供了多种方式
2	ASTM D7209—06	减少废物、资源回收和使用回收聚合物材料和产品的标准指南	本标准为基础标准，提供了有关塑料回收和其他减少废物和资源回收方法的标准（指南、术语、试验方法或规范）的制定信息。包括：总体目标、修订标准、术语和定义、性能标准的使用、可回收性的设计、质量保证、塑料主体鉴定、分离和隔离、污染物、填料、重组产品、能量回收、含有再生塑料的产品的百分比认证、标签、材料和产品制造商的责任
3	EN 15347	塑料 回收塑料 废塑料的表征	本标准为基础标准，规定了一种表征废塑料的方法

序号	标准号	标准名称	标准内容
4	GB 16487.12—2017（已废止）	进口可用作原料的固体废物环境保护控制标准 废塑料	本标准为国家强制标准，规定了进口废塑料的环境保护控制要求。 主要规定了放射性限量、不能混有废弃炸弹、炮弹等爆炸性武器弹药及其他腐蚀性、毒性、易燃性、反应性等危险废物
5	GB/T 37821—2019	废塑料再生利用技术规范	本标准规定了废塑料的破碎要求、清洗要求、干燥要求、分选要求、造粒和改性要求、资源综合利用及能耗要求、环境保护要求。本标准适用于包括聚乙烯（PE）塑料、聚丙烯（PP）塑料、聚苯乙烯（PS）塑料、丙烯腈-丁二烯-苯乙烯（ABS）塑料、聚氯乙烯（PVC）塑料以及聚对苯二甲酸乙二醇酯（PET）塑料在内的废塑料再生利用过程。其他废塑料品种可参考本标准。 本标准不适用于列入国家危险废物名录的废塑料的再生利用
6	GB/T 40006.1—2021	塑料 再生塑料 第1部分：通则	本文件规定了再生塑料的术语和定义、分类和命名、要求、试验方法、可追溯性文件。本文件适用于以废弃的热塑性塑料为原料，经筛选、分类、清洗、熔融挤出造粒（包含拉条、热切和/或水切等造粒工艺）等工艺制成的再生塑料颗粒。 本文件不适用于来自医疗废物、农药包装等危险废物和放射性废物的再生塑料
7	GB/T 40006.7—2021	塑料 再生塑料 第7部分：聚碳酸酯材料	本文件规定了聚碳酸酯再生塑料的分类与命名、要求、试验方法、检验规则、标志、包装、运输和贮存等。本文件适用于以废弃的聚碳酸酯塑料为原料，经筛选、分类，清洗，熔融挤出造粒等工艺制成的聚碳酸酯再生塑料颗粒，该聚碳酸酯再生塑料的基体为GB/T 35513.1规定的含碳酸和芳香族二酚化合物的热塑性聚酯，聚酯可以是均聚物、共聚物或二者的混合物。 本文件不适用于来自医疗废物，农药包装等危险废物和放射性废物的聚碳酸酯再生塑料。本文件不适用于聚碳酸酯和其他树脂材料的混合再生塑料
8	GB/T 30102—2024	塑料废弃物的回收和再利用指南	本标准修改，与原2013版相比，同采用国际标准ISO 15270：2008，在保持原有内容的基础上，本项目将原有标准名称"塑料 塑料废弃物的回收和再循环指南"改为"塑料 塑料废弃物的回收和再利用指南"以明确再利用塑料的定义，并修改相应回收料的要求，增加了一般要求、性能要求、卫生要求等，以满足国内当前塑料回收利用的标准指南的普适性

序号	标准号	标准名称	标准内容
9	SN/T 2740—2010	进口再生塑料原料中污染物的分离与鉴定方法	本标准规定了进口再生塑料原料中水分、初始产品残渣、多相塑料、金属、纸、玻璃、黏合剂和木屑等污染物的分离与鉴定方法。本标准适用于进口再生塑料污染物的分离与鉴定
10	SN/T 2928.1—2011	废旧高分子材料种类的判定方法：第一部分 废旧塑料	本标准为出入境检验检疫行业标准，是方法标准，规定了废旧塑料的定义与外观、燃烧、溶解性、密度、元素和红外光谱等废旧塑料判定方法
11	SN/T 3095—2012	初级形状塑料树脂与再生塑料树脂的鉴别方法	本标准为出入境检验检疫行业标准，是方法标准，规定了初级形状塑料树脂与再生塑料树脂的定义、技术要求、鉴别方法
12	SN/T 5414—2022	再生塑料中33种禁限用物质的测定 裂解气相色谱-质谱筛选法	本文件描述了再生塑料中邻苯二甲酸酯、溴系阻燃剂、磷系阻燃剂、紫外吸收剂和双酚A等33种禁限用物质的裂解气相色谱-质谱筛选法。本文件适用于再生塑料中邻苯二甲酸酯、溴系阻燃剂、磷系阻燃剂、紫外吸收剂和双酚A等33种禁限用物质的快速定性筛选
13	HJ/T 364—2007	废塑料回收与再生利用污染控制技术规范（试行）	本标准规定了废塑料回收、贮存、运输、预处理、再生利用等过程的污染控制和环境保护监督管理的要求。本标准适用于包括进口废塑料在内的各种废塑料的回收与再生利用，不适用于属于医疗废物和危险废物的废塑料
14	HJ/T 231—2006	环境标志产品技术要求 再生塑料制品	本技术要求规定了再生塑料制品环境标志产品的基本要求、技术内容及其检验方法。本技术要求适用于以废塑料为主要原料生产的各类再生塑料制品
15	QB/T 4881—2015	再生和回收塑料制品安全技术条件	本标准为轻工行业标准，规定了再生和回收塑料制品中有害物质控制的安全技术要求、取样和样品制备方法、试验方法和判定规则。本标准适用于再生和回收塑料用量在50%以上的塑料制品。本标准不适用于食品接触、医用产品、玩具、文具及超出相关法律法规限定的制品

6.1.3 认证

随着消费者环保意识日益增强，环保产品相较于普通商品通常具备更为可观的溢价空间。部分企业为追逐这一市场趋势带来的利益，不惜采用"漂绿"等手段，规范行业发展及保持行业透明性，来谋取竞争优势。

为有效遏制此类不良现象，针对回收塑料建立一套完善的第三方认证机制显得尤为必要。通过第三方认证，能够对回收塑料的回收成分真实性、合规性以及环保属性展开独立且专业的验证。这不仅有助于提升回收塑料在市场中的信任度，还能确保企业生产活动中满足相关法规要求以及客户的严格标准。

在展开介绍各类第三方认证体系之前，我们有必要先了解国际标准化组织（ISO）发布的一项重要标准——ISO 14021。该标准全称为《环境标志和声明——自我环境声明（Ⅱ型环境标志）》，它详细规定了企业在自我环境声明方面应遵循的概念、性质、特点、具体内容以及审核方式。ISO 14021明确了哪些类型的环境声明可以采用自我声明标签的形式，例如"可回收""含有回收材料""不含有害物质"等，为企业提供了进行自我环境声明的规范框架。

值得注意的是，尽管ISO 14021原本是针对企业自我环境声明制定的要求，但在实际商业环境中，企业若想让自身的环境声明获得更多客户和外界的广泛认可，通常会寻求第三方机构进行验证。这是因为第三方认证能够为企业环境声明的真实性和可信度提供有力背书。同时ISO 14021所确立的原则和方法论，也为目前市场上大多数第三方认证提供了坚实的理论支撑和操作指南。

目前与塑料再生相关的第三方认证主要有GRS、UL 2809、TUV和SCS翠鸟认证。这些认证在认证主体、标准内容、适用范围等方面存在不同，以下是详细比较：

（1）认证主体与标准性质

① GRS　由纺织品交易所授权第三方认证机构进行认证，是自愿性、国际化且针对完整产品的标准，对供应链厂商在产品回收、监管链管控、再生成分、社会责任和环境规范以及化学品限制执行等方面有要求。

② UL 2809　是UL Solutions的回收认证标准，目前只有UL官方才可进行认证，专注于产品中再生成分含量验证。

③ TUV　作为国际知名的第三方检测和认证机构，根据国际标准为企业提供再生材料评估服务，颁发认证证书。

④ 翠鸟认证（RC）　由美国SCS推出，是世界上第一个回收成分认证体系，依据相关标准对产品中的回收成分进行认证。

⑤ ISCC PLUS认证　是一个自愿性的第三方认证体系，基于质量平衡的方法，适用于各类材料，包括过去无法通过传统机械过程回收的、需要经

过化学过程来回收转换的混合塑料废弃物等。

（2）标准内容与侧重点

① GRS 要求产品回收成分含量达到20%，还需满足社会责任、环境规范和化学使用的相关要求，侧重于整个供应链的环保与社会责任。

② UL 2809 专注于产品中回收料含量的认证，可对产品中的消费前再生料含量、消费后再生料含量、闭环回收再生料含量、再生料总含量以及趋海塑料含量等进行第三方验证。

③ TUV 通过对产品中的再生材料成分含量进行工厂验厂审计以及供应链的追溯验证，证明产品符合环保要求。

④ 翠鸟认证（RC） 全面监控回收产品生产程序，有效区分回收产品与一般原生产品，确定产品中回收成分的含量，进而提升企业在不同市场的要求和回收比例声明的信誉。

⑤ ISCC PLUS认证 不仅适用于各类需要化学过程回收转换的材料，也适用于基于不同生物质来源（例如厨余油脂）所转换生产的生物基材料，确保测量系统满足测量准确性的要求。

（3）适用行业

① GRS 最初适用于纺织、服装、包装、家居等行业，后因塑料再生领域发展，也用于相关产品认证。

② UL 2809 由于阻燃性能标准UL 94在电子电气行业已获得广泛认可，UL 2809最初多用于在电子电气行业。后因汽车特别是新能源汽车塑料回收需求的增加，也开始导入汽车来源的相关认证。例如，2025年5月，奥塞尔获得UL Solutions颁发的UL 2809全球首张废弃汽车车灯回收材料再生料含量验证证书。

③ TUV 在再生材料领域拥有丰富经验，其再生材料验证服务已获得ICT（信息通信技术）、家电、轻工以及整车等行业的广泛认可。

④ 翠鸟认证（RC） 适用于广泛的行业，特别是那些在产品制造过程中使用回收材料的行业，如塑料制品行业、包装材料行业、珠宝和金属行业、服装和纺织品行业、造纸和木材行业等。

⑤ ISCC PLUS认证 适用于食品、饲料、化学品、塑料、包装、纺织品和源自可再生能源过程的可再生原料的生物经济和循环经济，包括各种基

于生物质、废物和残留物、非生物类可再生和回收碳材料。

由此可见，这些国际知名的认证机构，一开始在他们自己擅长的服务领域内，利用自己的品牌优势，自然地拓展到回收和循环认证业务，但是也逐渐不满足于这个局限，开始尝试跨界，进入其他行业中去提供认证服务。从客户端来说，他们也可以有自己的自主权，选择更能够代表自己品牌定位和价值理念的认证供应商。这个趋势也给中国的认证机构提供了很好的启示和借鉴意义。

6.2 再生聚碳酸酯产业链

6.2.1 产业链图

全球塑料产量概况：2023年全球塑料生产总量超过4.14亿吨，同比增长约1300万吨，从分布情况来看，其中90.6%为化石基塑料，8.9%来自机械循环回收，0.5%来自生物基塑料，而化学回收和碳捕捉技术占比都不到0.1%[3]。

从世界各地区塑料生产情况来看，中国是最大的塑料生产国，产量占到了全球的32%，其次是北美和欧盟产量占比分别是17%和14%。此外，亚洲是生物基塑料和消费后再生塑料（机械和化学回收）的主要生产区，中国消费后再生塑料产量占全球的24%。

图6.1显示了塑料的生产、利用和回收的周期图。图中表明：约27%～30%的塑料管理不善（乱扔或处置不当）。塑料因处置不当而泄漏到环境中，包

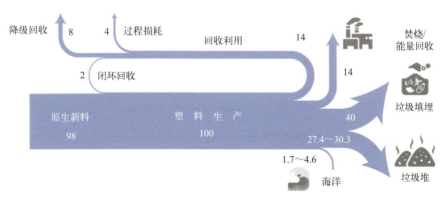

图6.1 塑料的生命周期图[4]

括从收集点运输到中央设施以及从固体废物设施泄漏到环境中。2%~5%的塑料是通过河道进入海洋的。海洋作为地球循环的终极汇集，任何塑料垃圾都有可能最终进入海洋。在环境中，塑料会慢慢降解为直径小于5mm的塑料碎片，称为"微塑料"。最近，人们甚至在对流层中发现了微塑料。发达国家的垃圾填埋场通常有厚厚的塑料覆盖层，以防止塑料泄漏到环境中；而欠发达国家通常都是开放的垃圾填埋场，塑料很容易泄漏到环境中。14%的塑料被焚烧用于能量回收，虽然这不会造成固体废物问题，但会产生温室气体。只有大约14%的塑料被回收，其中8%的塑料被"降级回收"到低质量的材料中，只有2%的塑料被用于闭环回收。各国塑料回收率各不相同，美国回收率为10%，欧盟回收率为31%[4]。

图6.2显示了当前和未来塑料回收技术的基础设施。塑料回收的第一步是通过材料回收设施（material recycle facility，MRF）将塑料废物分类到不同的流中。对玻璃、金属、纸板和塑料进行分类打包，然后卖给下游的回收商。塑料废物可分为四个领域：后工业废物（post industrial waste，PIW）、后消费废物（post consumer waste，PCW）、城市固体废物（municipal solid waste，MSW）中的塑料，以及海洋塑料（ocean plastics，OP）。与其他类型的塑料废物相比，PIW通常具有更均匀的成分和更低的污染物含量。工业生产通常会闭环回收PIW，但PIW通常含有多层复合薄膜，由于材料不兼容且难以分离，不能通过机械回收。同时MRF不收集柔性薄膜或纺织品，因为这会堵塞设备。目前还没有对海洋塑料垃圾进行大规模收集。MSW主要被送到垃圾填埋场[4]。

再生聚碳酸酯的来源是聚碳酸酯应用产品的废弃物（废旧PC），目前主要来源不包括聚碳酸酯和其他塑料的共混塑料，分为消费前回收和消费后回收。再生PC消费前回收，指的是制造过程中（包括聚碳酸酯合成、聚碳酸酯改性和聚碳酸酯制品加工）产生的不合格品和废弃物。再生PC消费后回收指的是聚碳酸酯制品经过终端用户使用，制品已完成其全生命周期不能再使用后回收的聚碳酸酯（包括从流通链中返回的材料）。废旧聚碳酸酯经过回收点收集后，交给回收散户或企业分类（包括拆解）、分拣、破碎、清洗、干燥等环节，得到比较纯净的聚碳酸酯碎片，然后通过熔融再生得到的再生PC颗粒。根据再生PC的应用领域可对其进行针对性的改性，最终制成制品到达终端用户手中；或者通过化学循环，利用化学方法降解得到化学单体或小

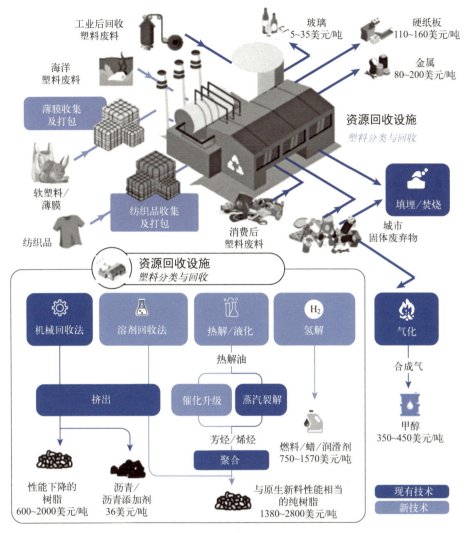

图6.2　废塑料管理体系[4]

分子物质，回到合成厂合成新的PC材料，应用到适合的领域。这是聚碳酸酯从聚合新生、再生到再利用的完整流程，详见图6.3。其中，可以由一个企业操作多个环节，也可以一个环节由多个企业完成，具体根据实施方式而定。

6.2.2　构建高价值利用产业链

塑料循环再利用主要有三个方面的难点。首先，再生塑料的回收成本高使得回收企业难以盈利。由于2018年国家实行禁止进口国外废弃塑料政策

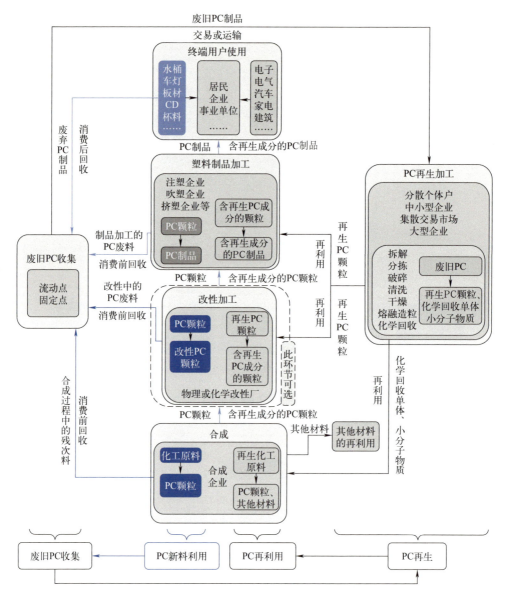

图6.3　聚碳酸酯产业循环链图

使回收再生塑料行业重点转向国内回收，加上劳动力成本上涨，导致再生塑料成本居高不下，市场价格也水涨船高；而原油价格的持续走低和化工行业产能的不断增加，竞争加剧，又令原生塑料的市场价格屡创新低。再生塑料和原生塑料的价格倒置，导致再生塑料产业失去利润空间[5]。其次，PC新料在应用中的产品制造和使用环节给塑料回收带来很大困难。很多产品为满足功能性需求，由多种材料复合而成，使回收分离的工作很困难[5]。再次，塑料的应用领域广泛，并且形状各异，大小不一来源不可追溯，回收经营分散，集约化程度低，造成塑料回收过程中处理水平和损耗各异，进一步增加了塑料的回收难度及回收成本。所以塑料循环再生是一个全产业链都要参与的问题，单从各个环节，例如上游生产端或者下游回收端发力，都不能解决问题。所以，如何构建一个新的价值链是塑料循环的关键问题。

聚碳酸酯作为主要的工程塑料之一，上游、中游、下游各环节的先行企业已经开始着手进行产业链联动，很多产品从设计环节就考虑后端再生利用的问题，推进闭环回收，探索实现聚碳酸酯的高价值回收路径。

2020年1月10日，材料制造商科思创与农夫山泉和再生PC企业上海奥塞尔（Ausell）在杭州签署了一项19升聚碳酸酯水桶回收增值再利用三方合作协议。根据协议，如图6.4所示，农夫山泉负责收集回收不再使用的19升聚碳酸酯水桶，年回收量约100万只。上海奥塞尔负责对回收水桶进行切碎、清洗和再造粒。科思创对经处理的塑料粒子进行进一步加工，制成含再生PC成分的高性能塑料，并应用于电子电气、家电及汽车等行业。这将进一步优化水桶回收效率，提高回收过程的可追溯性与回收品质。

图6.4 水桶闭环回收利用项目产业链流程图

2024年11月，由德国国际合作机构（GIZ）发起，提供140万欧元经费支持报废汽车与电子废弃物高价值塑料循环项目开展试点工程及能力建设。该项目由格林美（武汉）城市矿山产业集团有限公司、上海奥塞尔材料科技有限公司、科思创（上海）投资有限公司、上海蔚来汽车有限公司、大众汽车集团（中国）投资有限公司、TÜV莱茵技术监督服务（广东）有限公司、中国汽车技术研究中心有限公司多家公司联合参与。中印报废汽车与电子废弃物高价值塑料循环项目正式启动。

该项目以报废汽车零部件回收为试点进行PC闭环回收再利用，流程如图6.5所示，拆解商格林美（武汉）城市矿山产业集团有限公司负责对报废汽车进行初步拆解，将报废车灯运输到塑料回收商上海奥塞尔材料科技有限公司，上海奥塞尔材料科技有限公司将车灯拆解后得到透明车罩，采用高效精细化物理回收后变成再生PC粒子；之后，运输到塑料改性商科思创（上海）投资有限公司，科思创（上海）投资有限公司负责将再生PC粒子改性；再将改性后的材料运输到汽车制造商大众汽车集团（中国）投资有限公司和上海蔚来汽车有限公司，这两家汽车制造商进行产品的实验室检测、质量和性能控制的评估；TÜV莱茵技术监督服务（广东）有限公司进行PCR核查和环境分析（包括碳足迹）；中国汽车技术研究中心有限公司进行经济分析，提出标准和政策建议。项目形成一个完整的闭环体系，是上下游产业链合作再生循环的经典案例。

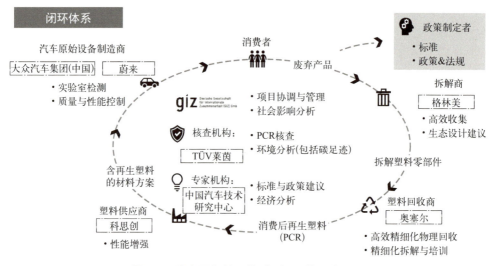

图6.5 汽车零部件回收利用闭环体系流程图

聚碳酸酯循环再利用持续发展离不开各环节的协同联动，只有真正地从新生就考虑再生，从回收追溯到源头，聚碳酸酯的产业链条才是一个完整的生命周期，绿色循环才能实现高价值回收。

6.3 循环利用方法与技术

废旧聚碳酸酯的再循环方法主要有物理再循环、化学再循环、能量回收三种方法，通常所说的聚碳酸酯再生或聚碳酸酯循环再利用主要指前两者。企业根据自身具体情况和市场需求，选择合适的回收方式。

6.3.1 物理再循环

物理再循环目前分为两类，包括机械循环回收（或称机械回收）和溶解循环回收（或称溶解回收）。

6.3.1.1 机械循环回收

机械循环回收（mechanical recycling）是指将塑料废弃物转换为二次原材料或产品的加工，在这一过程中材料的化学结构没有发生显著变化。机械循环回收的优势在于其相对于化学再循环，流程简单，成本低廉，是目前主流的回收方式。用于机械循环回收的废旧聚碳酸酯主要来源是光盘、水桶、车灯、板材、水杯料等，经过使用后会有不同程度的杂质或混杂其他的物料，需要经过一系列加工得到纯净的碎片，才可再次进入其他生产循环，达到"白色污染"资源化的目的。废旧聚碳酸酯机械再循环通常包括以下过程：

收集──→鉴别──→分选──→破碎──→清洗──→干燥──→造粒

（1）鉴别

在聚碳酸酯回收和废旧聚碳酸酯采购过程中，聚碳酸酯的鉴别是非常重要的，可以通过眼睛看、手触摸、听声音（摔打敲击）、点火烧、比重量（测密度）等一些简单快速的方法进行经验定性判断，使用时可结合仪器分析法进一步准确鉴别。聚碳酸酯为无味、淡蓝色、浅黄色或琥珀色透明固体，使用后回收会因为添加成分不同呈现不同的颜色和透光率；手感较硬，弯曲时张力大；摔或相互击打声音较响；遇火缓慢燃烧，呈亮黄色火焰，离火自熄，有花果臭味，燃烧过程中塑料软化、熔融、碳化；聚碳酸酯（双酚A型）的密度约为1.20g/cm³，可利用其密度（单位体积感知重量差别）来鉴别，但该法很少单独用于鉴别，一般和其他方法结合使用[6]。红外光谱法是目前比较常见的仪器检测法，结合测量玻璃化转变温度等手段可以进行主体材料定性。另外还有对二甲氨基苯甲醛显色反应，有吉布斯靛酚显色法、拉曼光谱、核磁共振、紫外光谱、热解气相色谱等很多种表征方法。各种鉴别方法均有其优点和局限性，各企业会根据自己的情况及目的选择适合自己的方法。

（2）分选

一般废旧聚碳酸酯消费前回收在加工过程中会进行分类。废旧聚碳酸酯消费后来源情况比较复杂，常常混入金属、沙子、橡胶等杂质，有时也会有其他的杂质混杂在一起，这不仅会对废旧聚碳酸酯的回收加工造成困难，也会很大程度上影响制品的质量，尤其是当混入金属杂质或石子时会严重地损伤加工设备。因此在聚碳酸酯再生利用前，一定要把其杂质去掉，把混杂的其他塑料分开，因此分选是必不可少的环节。废旧聚碳酸酯最常用的是手工分选、浮沉分选、磁选、电磁感应分选等。

① 手工分选　虽然耗费人工，需要一定的经验，但是不需要投入太多的设备成本，是灵活性最高的一种方法，是中小企业，尤其是小企业首选的方法。主要有以下情况：手工拆解制件进行归类；回收制品有透明和不透明的，蓝、红、绿、黑必须分开；镀膜和非镀膜的分开，例如碟片、灯头含镀膜的；按制件的种类进行归类；将明显的橡胶、纸片、混杂塑料以及杂色碎片挑出等。

② 浮沉分选　是将废旧塑料放入水或其他分离液中，比溶液密度小的塑料浮起、比溶液密度大的下沉而进行分选的过程。废旧聚碳酸酯浮沉分选适用于分离与聚碳酸酯密度差别较大的物质。产业化生产中常用的分离液有水、饱和氯化钠溶液（密度 $1.19g/cm^3$）、饱和氯化钙溶液（密度 $1.5g/cm^3$）等。当使用水作为分离液时候，废旧聚碳酸酯及其杂质的形状和表面活性不同，有时候会带着气泡浮在水面上，影响分离效果，此时需要用表面活性剂进行预处理，使之充分浸润。

③ 磁选　主要是去除混入废旧聚碳酸酯中的细碎铁屑杂质，因细碎铁屑较难用手工分选的方法除去，企业常用数根磁铁棒（一般是强磁力棒，1万高斯以上的磁力）以一定的排布形式组合成磁力架，可以放在任何一个加工环节进行铁屑的清除，比如破碎前、破碎后、造粒前、造粒后等。同样也可以放在任何一个环节来检查铁屑是否清除干净。

④ 电磁感应分选　金属分离器应用电磁感原理来探测金属，通常金属分离器由两部分组成，即金属探测器与自动剔除装置，其中探测器为核心部分。所有金属包括铁和非铁都有很高的探测灵敏度，企业可以根据具体应用情况选择不同的灵敏度。铁磁类金属进入探测区域将影响探测区域的磁力线分布，进而影响固定范围的磁通。非铁磁类金属进入探测区域将产生涡流效应，也会使探测区域的磁场分布发生变化，此时就会产生报警信号（检测到金属杂质）。系统可以利用该报警信号驱动自动剔除装置等，从而把金属杂质排除生产线以外。常用的自动去除装置，有翻板方式剔除，也有气动将物料击打剔除。

废旧塑料的分选方法还有很多种，比如风力分选、水力旋流分选等。目前，随着废旧塑料再生利用技术的发展，材质分选（如近红外光学分选，利用不同材料都会选择性地吸收不同波长的光线，通过分析材料表面反射近红外光来识别和分类）和颜色分选（采用两种光学分色传感器配合高效的数字分选软件实现分色功能）越来越多地应用在废旧塑料的分选领域，可根据具体的原材料和分选目标选择合适的分选方式。相信随着新技术和新装备的发展以及废旧塑料行业的进步，废旧聚碳酸酯分拣过程利用自动化程度会越来越高。

（3）破碎

废旧聚碳酸酯大小不一，形状多样，尤其是一些体积较大的回收制品，必须对其进行破碎，将其破碎成一定大小的碎片或小块物料，然后进行再生加工或进一步模塑成型各种再生制品。破碎分为粗破碎（将物料破碎到10mm以上）、中破碎（破碎至50μm～10mm）及细破碎（即研磨至50μm以下）。常规提到的粗破碎也就是利用切割机将大型的废旧塑料制品（如水桶、车灯、板材）等切割成可以放入破碎机的过程。

破碎有压碎、击碎、磨碎和剪切四种基本形式。聚碳酸酯属于硬而韧的材料，具有较好延展性，一般采用剪切式粉碎机。剪切式粉碎机有高速旋转式剪切粉碎机、低速旋转式剪切粉碎机和往复式剪切粉碎机。剪切式粉碎机具体实施过程中，可以根据具体的制件和需要粉碎的程度选择不同种类和型号的粉碎机；根据具体的粒径要求，选择直接破碎还是先进行粗破碎，然后再根据具体要求进一步破碎。破碎过程可根据具体情况选择带水破碎还是不带水破碎，破碎机出口处根据具体要求选择合适的滤网，保证破碎片的大小满足要求。

（4）清洗

一般聚碳酸酯板材等以纯聚碳酸酯制成的产品较易回收，而很多带有功能层（例如镀层或涂料等）的聚碳酸酯制品则需先除去多余的功能层部分才能获得较纯净的聚碳酸酯。去除功能层的方法主要有5种：化学法、熔体过滤法、机械分离法、超声波法和沉淀法。被去除的功能层还可用来回收金属和染料等。

① 化学法　主要利用功能层与强碱或强酸的化学反应。典型的过程是采用30m长的碱槽，里面放有38℃的20%（质量分数）氢氧化钠溶液，然后将废旧聚碳酸酯浸入其中，通过碱槽，所获得的较纯净的聚碳酸酯与聚碳酸酯新料有相近的力学性能，通常其性能变化小于5%。化学法虽然成本低廉，但由于使用了强碱或其他带有腐蚀性的溶剂，对环境污染严重，社会成本高昂。

② 熔体过滤法　首先将废旧聚碳酸酯制品进行破碎处理，然后采用熔体过滤的方法去除原制品中的杂质。该方法的缺点是过滤中聚碳酸酯要经受高温加热，而聚碳酸酯材料往往在受热后不能保留足够的力学和光学性能，影响回收价值。

③ 机械分离法　整片或整块废旧聚碳酸酯的机械分离是一种安全、高效、简单的方法。主要通过转动刷去除功能层，在去除过程中，废旧聚碳酸酯表面可用压缩空气或水蒸气冷却，以防止废旧聚碳酸酯因摩擦生热而熔融。机械分类法处理后的废旧聚碳酸酯再经造粒得到质量较高的再生聚碳酸酯颗粒。

④ 超声波法　在特定反应装置内将废旧聚碳酸酯置入含有表面活性剂的溶液中，聚碳酸酯基体上的保护层在超声波作用下与基体分离，溶液经过滤后循环使用，干净的聚碳酸酯可作为新的聚碳酸酯生产原料或工程塑料原料。其生产过程无二次污染。

⑤ 沉淀法　利用聚合物在良溶剂和不良溶剂中的溶解性差异，可将废旧聚碳酸酯从不良溶剂中沉淀分离。沉淀法主要可分为四步。第一步，将废旧聚碳酸酯在合适的温度下溶于氯代烃中（如二氯甲烷、氯仿、1,2-二氯乙烷、氯苯和邻二氯苯等）。第二步，将不溶性物质从聚碳酸酯溶液中去除，

可通过过滤或离心等常规操作实现。第三步，将溶液与能吸收其他可溶解于氯代烃的杂质（如染料等）的固体接触（如活性炭或交联树脂等）。第四步，向溶液中添加聚碳酸酯的不良溶剂（如正己烷、正庚烷、石油醚、甲苯和二甲苯等），将聚碳酸酯从溶液中沉淀出来，最后洗涤、过滤并真空干燥后即可获得纯净的聚碳酸酯。采用此方法回收的聚碳酸酯基本没有降解。

⑥ 水洗法　即采用清水对废旧聚碳酸酯进行清洗，主要应用于没有功能层的聚碳酸酯制品回收。一般废旧聚碳酸酯比较纯净，没有镀层、涂层或油污，只混杂沙子、石子、铁块或密度差别较大的标签纸等时，可采用水洗法，并可顺带用浮沉分选法去除杂质。

（5）干燥

干燥是废旧聚碳酸酯再生过程中不可忽视的环节。聚碳酸酯含有酯基，在高温高压的加工环境下，水分易导致聚碳酸酯降解，影响产品质量。干燥的主要目的是将废旧聚碳酸酯中所含的水分汽化去除。干燥的方式有很多，可根据材料的加工工序、形态、干燥需求等选择合适的干燥装置和干燥条件。

可选择的干燥机包括：真空干燥机、热风干燥机、离心干燥机、红外线干燥机等。离心干燥机快速便捷，可快速脱去绝大部分水分，是最常用的干燥装置。再生利用前，废旧聚碳酸酯一般要经过物料水分检测后再进行下一步加工，如水分不达标需进行再次干燥。

（6）造粒

随着废塑料的禁止进口和再生材料相关国家标准制定工作的推进，聚碳酸酯碎片已被禁止进口，只能作为生产过程中自收自用，市场上流通的再生聚碳酸酯以2～5mm的颗粒形式为主。聚碳酸酯的机械循环回收法，主要通过熔融造粒实现再生，即经过预处理的废旧聚碳酸酯碎片经单螺杆或双螺杆挤出机熔融、拉条、干燥、切粒等环节，得到粒径2～5mm的再生聚碳酸酯颗粒。其过程主要涉及两个关键环节：①均质化，要求原材料来源尽量单一，对废旧聚碳酸酯碎片进行批混，挤出机造粒后再进行批混。②去金属杂质，主要使用金属分离器、磁力架，以及在挤出机混炼过程中使用滤网。

（7）应用

机械循环回收法得到的再生聚碳酸酯经过一定的光、氧、热等历程，性能和外观上或多或少会有一定程度降低。行业内企业均投入大量精力，尽可能降低再生聚碳酸酯材料对最终产品性能的影响。总体来讲，再生聚碳酸酯粒子原料选择、再生粒子的质量管控、改性配方及生产工艺的优化是制备高端再生聚碳酸酯产品的关键，也是实现再生聚碳酸酯材料高值化利用的核心。有报道[7]系统对比研究了高端再生聚碳酸酯（R-PC）材料和原生聚碳酸酯（V-PC）材料的化学结构、杂质元素、流变性能，并分析了热老化（120℃）和湿热老化（80℃，相对湿度80%）对材料光学性能和力学性能的影响。结果表明，虽然R-PC材料含再生聚碳酸酯材料的质量分数为50%，但该材料仍表现出良好的力学性能、光学性能以及热老化和湿热老化稳定性。

聚碳酸酯机械循环回收过程技术门槛不高，也面临工艺选择及流程自动化的挑战，同时相关环保要求越来越严，各企业必须合规经营，一些不满足要求的企业可能会面临环保压力，目前上规模的企业不是很多。机械循环回收过程中，降本和高价值应用齐头并进，才能提升盈利水平，保证企业良性运营。降本方面，企业要从人工、设备、工艺上不断地提升改进；高价值应用方面，要特别重视高端客户对产品外观、杂质和性能上的严格要求，尤其是对杂质的严苛要求，用显微镜、红外光谱、分子量及其分布、热重分析仪（TGA）等各种手段监控其产品的杂质，不断提升回收产品质量。

受益于全球循环经济政策的推进、下游应用领域的拓展以及消费者环保意识的提升，近年来再生聚碳酸酯材料市场需求显著增长，聚碳酸酯标杆企业纷纷布局并推出再生聚碳酸酯材料产品，例如沙伯基础工业公司等推出一系列含再生聚碳酸酯原料的产品，包括基础规格、阻燃规格、增强规格、PC/ABS共混规格等，再生聚碳酸酯含量最高超90%（质量分数）。

① 传统机械循环回收的限制　传统的机械循环回收方法在塑料回收方面存在很大的局限性。在当前塑料工业应用中，塑料采用天然色（不添加着色剂）且不与其他物质如金属、皮革、涂料、纤维和其他塑料结合的情况实在少之又少。而机械循环回收方法要求将塑料与报废产品（如家电、电视和电脑等）中的着色剂和其他材料进行分离，这对塑料回收行业来说实在是一个很大的挑战。这也解释了为什么只有一小部分塑料能够通过机械循环回收由于超过50%的原生聚碳酸酯需经过改性后用于下游应用，目前聚碳酸酯回收来源集中在少数几个领域。除了回收的数量以外，机械循环回收技术的

另一个挑战是回收树脂的质量。聚碳酸酯回收面临着颜色、杂质数量、光泽度、机械强度、耐热性及长期使用上相对于原生材料的质量差异。

② 设备制造商的回收痛点　目前，各国都有各种法规要求设备制造商在产品报废后从市场上回收产品，如家电、电视和电脑，也有强烈的呼声要求将类别扩展到其他产品，如汽车、打印机、手机等。然而，对于这些设备制造商来说，将报废设备拆解成不同的部件就是一个问题，目前整个拆解过程还属于劳动密集型产业，需要耗费非常多的劳动力。因此，很大一部分报废设备仍然放在车库或仓库里等待处理。设备制造商目前迫切需要找到一种经济且有效的方式来拆卸设备，然后他们才可以回收部件，特别是贵金属和电子部件。

6.3.1.2　溶解循环回收

溶解循环回收是一种新兴的塑料回收方法，它通过将废塑料溶解在特定溶剂中，分离出杂质和添加剂，从而生产出高质量的再生塑料。溶解循环回收过程不会将塑料高分子分解，而是保留了其完整性。通过选择合适的溶剂混合物，可以实现对不同塑料种类的选择性溶解和分离，简化了回收前对不同塑料类型的精细分选工序。与传统的机械循环回收相比，溶解回收技术具有处理范围广、再生塑料质量高、环境影响小、回收效率高、灵活性强等显著优势。

PureCycle Technologies公司采用宝洁公司开发的专有技术，利用溶剂净化废弃聚丙烯，生产出与原生塑料品质相当的材料。PureCycle是该领域领先的商业规模供应商[8]。盛禧奥已成功将这种回收技术用于含有PC和ABS的报废产品。在溶解过程中，首先会从报废产品（包括汽车或消费品、建筑材料或包装物品）中收集废料。这些废料只需经过基本的预处理，然后将其放入溶剂中，提取PC聚合物，并将其用于其他回收目的。该工艺的独特之处在于，溶剂可以将聚合物与其他材料分离，而无需对报废产品进行繁重的预处理，也无须排除因涂层或薄膜、涂漆、印刷或着色而被视为受污染的废物流。由于该回收工艺不涉及粉碎或研磨，因此非目标聚合物的材料可以保持完整，通过其他方法回收。溶解技术可提取相对纯净的聚合物以生成再生PC或再生ABS，可用于复合成新材料。

通过溶解法所得的再生PC是透明的，可用于高端需求应用，例如超白色材料或需要高纯度原料的材料，从而为产品设计师提供灵活性和使用再生材料的设计选择，而再生ABS可用于消费品和汽车应用，以及一些医疗设备。PC的溶解工艺流程图见图6.6。

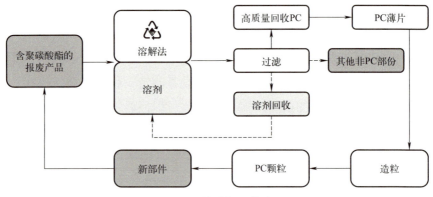

图6.6　PC的溶解工艺流程图

为了使该过程真正实现循环，还可以在溶解过程之后回收使用过的溶剂，并在回收系统内循环使用，这更具成本效益，并且可能比传统的工业级原始材料生产方法更便宜。与原始材料和机械循环回收的PC聚合物相比，该技术显著降低了产品的碳足迹，从而有助于用户实现可持续发展目标。溶解循环回收法还可以实现闭环计划，轻松处理报废产品。此外，溶解循环回收无须复杂的设置即可快速投入市场。

【示例1】

在本示例中（如图6.7所示），聚碳酸酯树脂与金属部件包覆成型，目前没有合适的方法通过机械回收技术回收这种废料。过去，这种废料只能送去焚烧，会对环境造成污染。通过溶解循环回收技术，聚碳酸酯树脂可以与金属部件完全分离，之后聚碳酸酯树脂和金属都可以单独回收。

图6.7　PC与金属的溶解示意图

【示例2】

图6.8是使用过的带有硬涂层且污染严重的头灯。目前的机械循环回收技术需要化学处理以去除硬涂层，并且只能获得低质量的聚碳酸酯回收树脂。通过溶解循环回收技术，聚碳酸酯树脂可以与硬涂层完全分离，然后可以进行多次过滤以去除杂质，从而获得高质量的回收树脂。PC透明度和清洗次数参考详见图6.9。

图6.8　车灯PC溶解回收示意图

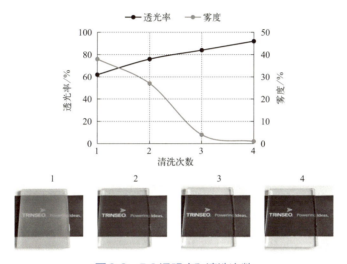

图6.9　PC透明度和清洗次数

6.3.2　化学再循环

物理再循环由于废旧塑料收集来源的不一致性，造成回收的最终产品在性能上对回收来源的品质依赖性很大，简单的机械破碎和共混改性不能从根本上完全解决这个问题。特别是近年来消费者和产业界对最终产品中再生塑料比例的要求一再提高，有些甚至要求高达70%～90%，而目前高品质可物理再循环的原料来源非常有限，主要集中在水桶料、光盘料、车灯料、阳光板料等。对PC/ABS、PC/PBT、PC/PET等共混料，以及含多种添加剂或阻燃剂的混配料，利用普通的物理再循环处理，难以获取与原生料性能一致的再生料。废旧塑料的化学再循环另辟蹊径，提供了一种全新的解决思路。

ISO 15270:2008《塑料制品：塑料废物回收及再生利用指南》中将原料化学再循环定义为：利用通过裂解、气化或解聚改变塑料废物化学结构转化为单体或生产新原料的，不包括能量回收和焚烧。

废旧聚碳酸酯的化学再循环是指聚碳酸酯材料在热或化学试剂的作用下发生解聚反应，产生相应的单体或低分子量的产物，产物经过分离、纯化后可重新作为聚碳酸酯的单体或合成其他化工产品的原料，从而实现资源的循环利用。

利用这种分子级再生过程而制备的聚碳酸酯，与经过普通化石原料合成的聚碳酸酯在特性、纯度等方面可做到完全一致，满足各种高端要求。大型化工企业甚至利用现有装置即可参与塑料的再生循环过程，将大大降低整个塑料再生过程的成本。

图6.10归纳了聚碳酸酯的几种循环回收模式。聚碳酸酯化学再循环可以是将废旧聚碳酸酯降解到双酚A，然后重新聚合成聚碳酸酯；也可以采用前沿技术将废旧聚碳酸酯降解到苯酚或者苯级别，再进入成熟的聚碳酸酯合成路线；或者是通过高温分解、加氢处理等工艺，重新进入裂解炉，进行更加彻底的化学循环。

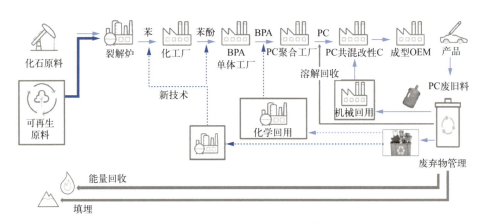

图6.10　聚碳酸酯的几种化学再循环模式示意图

具体到聚碳酸酯的化学再循环工艺路线如图6.11所示。框架层面，从聚碳酸酯到聚碳酸酯，或从聚碳酸酯到双酚A，抑或从聚碳酸酯到苯酚，甚至从聚碳酸酯经过裂解到C_n小分子，都是可行的工艺路线。具体选择哪一条工艺路线，需要进行具体的技术及经济可行性研究分析。根据废旧聚碳酸酯的来源、稳定性、一致性、规模效益，做出综合评估和优化选择。

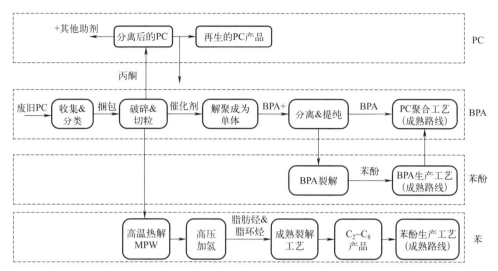

图6.11 废旧聚碳酸酯的化学再循环过程示意图

从聚碳酸酯的回收工艺路线的生命周期评价（life cycle assessment，LCA）来讲，不同工艺路线得到的理论效率也是不同的。不同化学再循环单体的理论效率如图6.12所示，从聚碳酸酯到聚碳酸酯理论上100%可循环，从聚碳酸酯到BPA就只有89%的循环效率，从聚碳酸酯到苯酚是74%。这个效率指标，在进行可循环认证的过程中，对于原材料的溯源分析而言，是一个相当重要的评估参数。

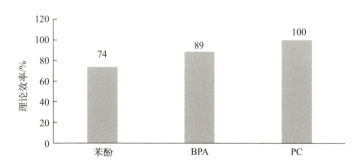

图6.12 不同化学再循环单体的理论效率

聚碳酸酯到聚碳酸酯的溶剂萃取纯化反应，以及聚碳酸酯到BPA的催化解聚反应，一般都是在条件相对温和的溶剂（比如丙酮）中进行。在可以检索到的专利文献中，美国 Vartega 公司、Owl Electrics Recycling 公司、德国 Fraunhofer 研究所、中国青岛科技大学在聚碳酸酯的溶剂萃取提纯方面做了很多有意义的探索工作。聚碳酸酯到 BPA 的催化解聚反应，研究工作比较成熟，根据所涉及的原材料的不同，可以分为水解（hydrolysis）、（甲）醇解（methanolysis）、（乙）醇解（alcoholysis）、酚解（phenolysis）和氨解（ammonolysis）等多种，并可相应得到 DMC、DEC（碳酸二乙酯）、DPC、尿素等副产物。对催化解聚研究较多的以跨国公司为主，如三菱、旭化成、SABIC 等，还有韩国全罗北道大学等。

聚碳酸酯到苯酚甚至是更加简单的多碳 C_n 小分子，则必须要用到高温裂解以及加氢工艺，能耗比较大，与此相关的研究工作刚刚起步，新的技术和工艺还处于初期的概念验证评估阶段。

在 2021 年推出经认证的循环聚碳酸酯——业内首款基于高级循环回收技术的聚碳酸酯产品。借助高温热解工艺，将难以通过传统机械回收方式处理的消费后混合塑料分解成"热裂解油"的液体，进而以热裂解油作为原料生产聚碳酸酯[9]。

2023 年 8 月，科思创宣布已成功开发一项创新的聚碳酸酯回收工艺[10]。在该工艺中，聚碳酸酯塑料被转换回单体（即塑料的一种前体），后者作为替代性原材料被再次用于生产过程。科思创（上海）投资有限公司已在其德国勒沃库森总部启动该化学回收工艺的技术实施中试。该工艺仍需不断优化和进一步开发才能实现工业化应用。在该项目中，科思创（上海）投资有限公司通过稳健的化学分解工艺，可以回收聚碳酸酯含量超过 50% 的废塑料，并将其转换回单体，从而形成闭环回收。经回收的单体可直接用于生产对纯度要求很高的聚碳酸酯。经回收而来的用于合成聚碳酸酯的单体无须进一步加工，便可通过质量平衡（mass balance）法直接用于生产新的聚碳酸酯。

化学回收技术，包括热解、气化、加氢裂化和解聚，可以减少对化石基原料的依赖。为了促进快速有效地将化学回收原料与化石基原料一起纳入当前的基础设施中，实施质量平衡法变得十分必要[11]。质量平衡法允许在现有使用化石基原料的大型工业塑料生产装置中使用化学回收的原料[11]。

在塑料生产的复杂大型装置中，实现两种不同原料的物理分离是不可能的。使用质量平衡法避免了为化学回收塑料建立单独的生产设施和价值链所涉及的成本和时间延迟，从而可以快速扩大化学回收能力[11]。这里所指的质量平衡法是一种监管链模型，用于在生产系统中追溯替代性原料的投入（如可再生的或循环利用的原料）。这种方法允许制造商将这些替代性材料对应到其最终产品的特定部分，即使替代性材料和传统材料（如化石基原料）在同一生产系统中一同加工。质量平衡法能够应对替代性原材料整合到现有生产流程中所产生的复杂性，同时还能让企业从含有替代性原材料份额的产品优势中获益。

质量平衡法设定了规则，以确保通过整个价值链评估回收成分，并以可审计和透明的方式对应到产品上。为了确保整个过程的完整性，所有材料和产品都需通过第三方认证计划，例如 ISCC PLUS（国际可持续发展和碳认证）或 REDcert 进行认证（图 6.13）[11]。

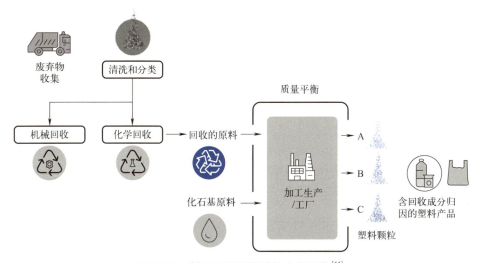

图6.13　基于质量平衡法的化学回收[11]

2024年1月，日本三菱化学集团（Mitsubishi Chemical Group，MCG）官网宣布，于2024年1月起对日本关东地区报废汽车前照灯中的聚碳酸酯树脂回收计划进行验证测试[12]，以期实现PC树脂化学回收的全球首次商业化。MCG集团的目标不仅是致力于建立生产高质量再生PC树脂的化学回收技术，还致力于构建废旧PC树脂的回收系统。为此，该集团目前正在与产品中使用PC树脂的公司合作，探索从各种报废产品中回收废旧PC树脂的方法，以实现PC树脂回收系统在社会层面的实施。按照日本三菱化学公司此前的规划，到2030年，该公司将形成拥有年加工1万吨的PC树脂回收料的能力，以实现PC树脂化学回收的商业化。

上述所说的化学再循环，重点在于通过化学的方法使废旧聚碳酸酯转化为小分子，进而再次制成聚碳酸酯，即从废旧PC回到新PC。而且化学回收的概念更加宽泛，其原料并不一定是来自废旧PC，业界已经在研发从其他消费后的原料通过化学回收的方法重新生产聚碳酸酯。例如，在2024年ChinaPlas展期间，沙特基础工业公司展出了与微软合作的Thunderbolt™ 4 Dock扩展坞。该扩展坞产品由SABIC基于先进回收技术制造的聚碳酸酯材料生产，其上游废塑料来源是趋海塑料。SABIC凭借该款材料获得2024年美国"爱迪生发明奖"金奖[13]。科思创（上海）投资有限公司全球首发含化学回收原材料份额的高纯度聚碳酸酯[14]。芬兰耐思特油业集团、北欧化工公司和科思创（上海）投资有限公司宣布达成协议[14]，开展一项将废弃轮胎回收利用制成高品质塑料，用于汽车应用的项目。该合作旨在推动塑料价值链和汽车行业实现全面循环。轮胎在使用寿命结束后，可通过化学回收将其液化，加工为基础化学品，并进一步制成高纯度聚碳酸酯。这些材料随后可用于大灯部件和格栅等多种汽车应用。在该合作中，芬兰耐思特油业集团负责将液化的废弃轮胎转化为用于生产聚合物和化工品的高品质原材料，并供应给北欧化工公司；后者再将其加工成基础化学品苯酚和丙酮，供应给科思创（上海）投资有限公司，用于生产聚碳酸酯。其中各阶段产品，包括最终产品所含的回收原料份额，由经ISCC PLUS认证的质量平衡法进行分配[11]。

综上所述，目前对于塑料循环经济的研究尚且处在初始阶段，许多问题正在被提出和研究中，主要可以归纳为三个方面的挑战。

① 废旧塑料的数量和质量（一致性和可靠性），主要是要建立完善一整套废旧塑料的回收、分选和处理体系，通过积极推广环保意识和认知来提高和改变消费者的行为方式。

② 法律法规和相关的支持体系，主要是要建立完善一整套全方位的法规体系，从生产源头、使用过程和最终产品端来规范和倡导废旧塑料的回收再利用。

③ 产业链的整合和合作，主要是要建立完善循环产业链以推动各项新技术的开发和快速市场化，突破小而全的作坊模式，大力鼓励分工合作，精耕细作产业链的各个环节，认可质量平衡法，降低化学回收的成本，大家合

力把市场做大做强。

总体而言，聚碳酸酯的循环可回收再利用，特别是化学再循环的实施，将会是对于聚碳酸酯物理再循环的一个坚强有力的补充和替代。通过化学回收方法生产的聚碳酸酯，可处理传统机械回收方式难以回收的聚碳酸酯和其他废弃物，进一步减少废弃物，拓展了循环利用的可能性，是实现更高水平循环利用的不可或缺的方案。聚碳酸酯生产企业和下游应用端，在采用机械回收的基础上，应进一步关注和尝试化学回收，以实现更高水平的循环利用，在环保领域获得差异化价值。同时，基于质量平衡方法生产的产品，技术上可以获得和石油基产品完全一致的性能，拥有同样的技术数据表单（technical data sheet，TDS）、UL黄卡等，这样可以使得客户无须任何额外测试，就可以顺利从石油基解决方案升级到更加可持续和低碳的解决方案，将客户的升级时间和成本降至最低，具有整体成本和效率优势。

6.3.3 能量回收

废旧塑料的能量回收是指焚烧固体垃圾和工业垃圾，尤其是焚烧其中的废旧塑料，获取高热能并加以有效利用的过程。废弃物的焚烧可以减少其80%的质量和90%以上的体积，使可燃废料成为惰性残渣再进行填埋处理。废弃物燃烧产生的热量可以综合利用。在许多注重环保的国家，废物填埋是被禁止的。由于这些国家能量回收的设备和技术先进，燃烧效率高，对排出污染物控制较好，能量回收已达到大规模的商业应用水平，成为一种重要的回收方法。

未经处理的城市固体垃圾的热值在9295.2～13942.8kJ/kg（工业煤的热值约为28000kJ/kg），而纯废旧塑料燃烧的热值则是前者的2～4倍。燃烧热的回收利用可以用于供暖、发电，也可作为替代燃料。

对于一些成分复杂的聚碳酸酯制品回收，当物理再循环和化学再循环实施意义不大时，可以进行能量回收。

6.3.4 使用基于循环生物质的替代性原料技术

基于循环生物质（bio-circular）的聚碳酸酯，其主要原料来源于废弃的生物质原料（例如动植物残渣和废弃油脂），这是一种既能替代传统化石原料，又不会与食物链竞争的原料。通过质量平衡法，并经过ISCC PLUS认证，将原料中的可持续份额分配到最终的聚碳酸酯产品当中。通过此方法，产品指标可与原生石油基产品完全相同，同时减少产品的碳足迹。由于此方法为即用型方案，和前面所讲的基于质量平衡的化学回收方法一样，下游客户不必对生产线进行额外投入或改变工艺流程，就可以获得减碳的实际效果。例如，沙特基础工业公司推出了经ISCC PLUS认证的生物可再生聚碳酸酯材料，不仅包括常规的BPA型聚碳酸酯材料，也包括聚碳酸酯共聚物材料。其中，每生产1kg LNP^{TM}生物可再生聚碳酸酯共聚物，可帮助减少2kg二氧化碳排放量[15]。科思创（上海）投资有限公司已经实现可常态化供应可持续份额高达89%的模克隆$^®$RE规格聚碳酸酯，帝人也于2022年初宣布其取得ISCC PLUS相关认证，开始生物质度约75%的Panlite$^®$品牌的基于循环生物质的聚碳酸酯商业化生产。

6.4 未来发展趋势

再生聚碳酸酯塑料未来发展趋势主要表现在以下几方面。

（1）市场规模持续增长

需求推动：随着全球对环境保护的关注度不断提高，各行业对可持续材料的需求日益增长。再生聚碳酸酯作为一种可回收利用的工程塑料，能够满足企业降低环境影响的需求，因此在电子电气、汽车、建筑、包装等领域的应用需求将不断增加。例如，汽车行业对再生聚碳酸酯的需求可能会随着汽车轻量化和环保要求的提高而增加，用于制造汽车零部件、内饰件等。

政策支持：2025年3月5日，十四届全国人大三次会议上，国务院总理李强在政府工作报告中介绍2025年政府工作任务时提出，协同推进降碳、减污、扩绿、增长，加快经济社会发展全面绿色转型。进一步深化生态文明体制改革，统筹产业结构调整、污染治理、生态保护、应对气候变化，推进生态优先、节约集约、绿色低碳发展。大力推广再生材料使用，健全绿色消费激励机制，推动形成绿色低碳的生产方式和生活方式。

2025年4月27日，《中华人民共和国生态环境法典（草案）》首次提请全国人大常委会会议审议。草案中，关于促进废弃物循环利用方面，国家鼓励和引导使用有利于生态环境保护的产品和再生产品，减少废弃物的产生，促进废弃物循环利用。国家建立重点种类产品强制使用再生材料制度，强制使用再生材料的产品范围、再生材料种类和强制使用比例的具体办法，由国务院发展改革部门会同国务院有关部门制定。国家建立健全政府绿色采购制度，鼓励和支持将再生材料、产品纳入政府绿色采购范围。同时完善产品碳足迹核算方法和标准体系，建立产品碳足迹评价、认证和信息披露制度，积极参与国际规则和标准制定，推动碳足迹等规则衔接互认。

另外，各国政府纷纷出台相关政策，鼓励和推动塑料回收与再生利用。这将为再生聚碳酸酯的发展提供有利的政策环境，促进市场规模的进一步扩大。比如，欧盟《车辆循环设计要求与报废车辆管理提案》的法规中对再生塑料的使用设定了严格要求：法规生效的72个月，应确保至少25%的用于制造车辆的塑料是消费后再生塑料（post consumer recycle，PCR），且其中25%来自回收的报废汽车。这将促使汽车行业更多地采用再生聚碳酸酯等材料。

（2）技术不断进步

回收技术改进：未来，再生聚碳酸酯的回收技术将不断改进和创新。一方面，物理回收技术将更加高效，能够更好地分离和提纯废旧聚碳酸酯材料，提高回收材料的质量和性能。例如，通过先进的分选设备和工艺，可以更准确地分离不同类型的聚碳酸酯废料，减少杂质的混入。另一方面，化学回收技术的发展将为再生聚碳酸酯提供新的途径。化学回收可以将废旧聚碳酸酯分解为原始的单体或其他有用的化学物质，实现资源的更高效利用，并且能够处理一些难以通过物理回收的废旧聚碳酸酯。

改性技术提升：为了满足不同应用领域对再生聚碳酸酯性能的要求，改性技术将不断提升。通过添加助剂、共混等方式，可以改善再生聚碳酸酯的力学性能、耐热性、耐候性等，使其能够更好地应用于高端领域。例如，在电子电气领域，对再生聚碳酸酯的阻燃性能、电气性能等要求较高，通过改性技术可以提高其相关性能，满足行业标准。

（3）应用领域拓展

新兴领域应用：除了传统的电子电气、汽车、建筑等领域，再生聚碳酸酯将在新兴领域得到应用。例如，在5G通信领域，再生聚碳酸酯可用于制造基站外壳、天线罩等部件；在医疗领域，可用于制造不涉及生物相容性的相关医疗设备的壳体等，随着技术的不断进步和成本的降低，再生聚碳酸酯在这些新兴领域的应用前景广阔。

高端应用增加：随着改性技术的提升，再生聚碳酸酯的性能将不断提高，逐渐向高端应用领域拓展。例如，在机器人领域，高性能的再生聚碳酸酯可以用来制造相应的视窗等功能件上，减轻机器人重量，提高电池使用效率。

（4）产业链协同加强

上下游合作紧密：再生聚碳酸酯产业链的上下游企业将加强合作，共同推动行业的发展。上游的废旧塑料回收企业将与下游的再生聚碳酸酯生产企业建立更紧密的合作关系，确保回收材料的稳定供应和质量。同时，下游的应用企业也将积极参与到再生聚碳酸酯的研发和生产过程中，提出具体的性能要求和应用需求，促进产品的优化和升级。

产业集群形成：在一些地区，将形成再生聚碳酸酯的产业集群，集回收、生产、加工、应用于一体，实现资源的高效利用和产业的协同发展。产业集群的形成将有助于提高企业的竞争力，降低生产成本，推动再生聚碳酸酯行业的快速发展。

参考文献

[1] Kwon, D. Three Ways to Solve the Plastics Pollution Crisis[J]. Nature, 2023, 616: 234-237.

[2] 我国及部分省市再生塑料行业相关政策 [EB/OL]. (2024-07-11). https://www.chinabaogao.com / detail/ 716848.html.

[3] 2023欧洲塑料行业数据报告 [EB/OL]. https: //xueqiu.com/2826618037/281703860.

[4] Li, H., et al., Expanding Plastics Recycling Technologies: Chemical Aspects, Technology Status and Challenges[J]. The Royal Society of Chemistry, 2022, 24: 8899-9002.

[5] 中国对塑料垃圾再出重拳："禁限一批、替代循环一批、规范一批"[N]. 人民日报海外版，2020-02-25. http: //www.xcctv.cn/news/guonei/2020/0225/227498.html.

[6] 赵明，杨明山. 实用塑料回收：配方.工艺.实例 [M]. 北京：化学工业出版社，2019, 1: 7-15.

[7] 付强，席莺. 高端再生聚碳酸酯与原生聚碳酸酯材料性能对比[J]. 工程塑料应用，2024, 52(6): 63–69.

[8] 溶解回收技术：塑料回收领域的新希望与挑战 [EB/OL]. (2025-01-21). https: //baijiahao.baidu. com/ s?id=1821843710436622916&wfr=spider&for=pc.

[9] SABIC在业内率先推出经认证的基于高级回收技术、以消费后混合废塑料为原料的循环聚碳酸酯 [EB/OL]. (2021-08-05). https://www.sabic.com/zh/news/30235-sabic-first-in-industry-to-launch-circular-polycarbonate-produced-from-post-consumer-mixed-plastic.

[10] 科思创宣布达成聚碳酸酯化学回收的重要里程碑 [EB/OL]. (2023-08-17). https://www.covestro.

com/press/zh-chs/chemical-recycling-of-polycarbonates-reaches-a-major-milestone-cn.

[11] 欧洲塑料协会: 化学回收和质量平衡方法的角色[EB/OL]. https: //plasticseurope.org/knowledge-hub/chemical-recycling-mass-balance-explained/.

[12] 三菱化学集团: 三菱化学开展验证试验以实现全球首次商业化的聚碳酸酯树脂回收[EB/OL]. (2024-01-26). https://www.mcgc.com/english/news_release/01825.html.

[13] SABIC连续第四年斩获 "爱迪生发明奖" [EB/OL](2024-05-01). https://www.sabic.com/zh/news/43071-sabic-announces-q1-2024-financial-results.

[14] 从废旧轮胎到全新汽车部件: 科思创联手耐思特与北欧化工打造汽车行业回收闭环[EB/OL]. (2024-06-11). https: //www.covestro.com/press/zh-chs/from-old-tires-to-new-car-parts-covestro-neste-and-borealis-aim-at-closing-loop-for-automotive-industry-cn/.

[15] SABIC推出全新ISCC+认证生物基LNP™ ELCRIN™共聚物树脂, 助力消费电子行业实现零碳目标[EB/OL].(2022-01-21).https://www.sabic.com/zh/news/31628-sabic-new-bio-based-lnp-elcrin-copolymer-resin-helps-achieve-net-zero-carbon-emission-goals.

CNPCA观察:

聚碳酸酯属于耐用型热塑性工程塑料, 制品既可以多次重复使用, 也完全可回收, 满足可持续发展要求, 也符合塑料回收 "3R" 原则。

国内的物理回收应在各类应用端分别构建可操作的循环闭环, 提高物理回收的总比例。另一方面, 物理回收难以解决共混材料分离的难题, 需要加快化学回收技术的落地实施, 以进一步提升回收的总体占比。

目前国内的高纯聚碳酸酯再生料存在来源单一(主要为水桶料、车灯料、阳光板料)、高纯废料来源不足、高纯聚碳酸酯再生料价格偏高。而普通再生聚碳酸酯料又存在色差波动大、难满足有害组分限制要求等, 极大影响了普通再生聚碳酸酯料后端产品的品质。整个聚碳酸酯的再生行业, 后续需要进一步拓宽高纯聚碳酸酯再生料的原料来源, 规范普通再生聚碳酸酯料的品质, 开展聚碳酸酯共混料闭路循环的产业链协同探索, 积极鼓励更多相关方参与到聚碳酸酯的机械回收及化学回收过程中。

针对以上现状及难点, 中国合成树脂协会聚碳酸酯分会于2023年6月成立循环经济工作组, 对废料供应与价格、处理方式与流程、应用需求情况、产业概况和规模等方面展开深入调研与讨论, 促进聚碳酸酯行业的可持续发展。相关调研报告预计于2025年8月发布。

第7章

聚碳酸酯行业
相关法规及政策

与聚碳酸酯相关的法规和政策主要涉及生产工艺路线、环境保护、下游应用三大方面。对于环境保护问题，虽然各个外资、合资、内资企业的技术已经相对成熟，但在如废水处理等方面仍有提升空间。进一步打造更加可持续的环保工艺，促进行业整体发展，仍是不容忽视的环节。下游应用领域的法规各有不同，聚碳酸酯材料立足材料性能优势，与下游应用紧密结合的各种创新性应用，可以为下游各行各业提供更多的材料选择，开拓出更多的市场和机会。

自2018年起，中国的塑料行业大环境出现了非常大的变化——禁止废塑料进口政策的实施，直接影响了全球的废塑料贸易。在2019年重新修订的《巴塞尔公约》（Basel Convention），对塑料全产业链产生了极为深远的影响。

自2023年起，国产聚碳酸酯树脂的出口产量逐步增加。各相关企业需关注相关出口国关于聚碳酸酯及双酚A的法规限制和要求，积极采取应对措施，提高聚碳酸酯树脂产业的国际化合规能力。

7.1 塑料行业宏观法规及政策趋势影响

聚碳酸酯作为五大通用工程塑料中消费量增速最快的品种，因其集合"轻、强、透、靓"诸多优点于一身，加之适用于多种加工方式以及较为宽泛的加工窗口，消费量年年递增，成为生产量和消费量仅次于尼龙的第二大热塑性工程塑料。塑料大行业的一些政策、问题，势必会影响聚碳酸酯行业的健康、有序前行。因而有必要在此，简单梳理并厘清相关事实，至少将热塑性工程塑料与通常提到的"白色污染"做区分，从而正本清源，避免"谈塑色变"，还原蓬勃发展的聚碳酸酯行业的本来模样。

（1）"白色污染"、回收措施对塑料行业的影响

近些年来，公众对于整个塑料行业颇有微词，甚至"恐慌惧怕"，一方面因为"白色污染""垃圾填埋""百年不分解""随意丢弃""海洋垃圾岛"造成的环境破坏触目惊心，引发公众、学术界以及产业界的极大反思；另一方面，"焚烧产生二噁英""塑料增塑剂""微塑料无处不在"等等敏感话题直接关系到老百姓的日常生活与卫生健康，让不明真相的消费者"谈塑色变"。

早在2008年，国务院办公厅就下发了《关于限制生产销售使用塑料购物袋的通知》，被媒体称之为第一代"禁塑令"，在行业各方的争议与协调下，被换而称之为"限塑令"。该政令的颁布，真实目的在于减少能源资源浪费和环境污染，遵循"抓住主要矛盾和主要矛盾的主要方面"（"抓大放小"）的管理原则，因此，塑料购物袋被标靶为"罪魁祸首"并不算冤枉。该通知一出，自2008年6月1日起，全国范围内都禁止生产、销售、使用厚度小于0.025mm的塑料购物袋（以下简称超薄塑料购物袋）。同时，在超市、商场、集贸市场等场所实行塑料购物袋有偿使用制度。这场运动的执行效果，初期颇见成效，但后来的施行效果并不乐观。这与生产者自身利益、销售流通环节的效益、民众的使用习惯都有直接的关联。且较为突然的实行显现出两个明显的问题：一是替代品不够成熟，而整个产业链的发展转型需要一定的空间和时间，于是生产端和使用端都不认同，跟地方执行机构玩起了"躲猫猫""游击战"；二是教育引导还不够充分，并且相关责任只让生产环节承担，难以形成长效的上下游联动机制，而且日常垃圾分类的具体执行尚未形成良好的体系，造成各地真正执行起来标准不一，容易形成责任推诿。正是如此，第一次的"限塑令"在执行几年后，近乎名存实亡。当然，其实际意义对塑料行业是非常深远的：塑料由此披上了"灰色的外衣"，在民众心中，几乎等同于"白色污染"；同时，可持续发展的理念和环保绿色塑料，深深扎根在老百姓的心中，这也为第二次"限塑""禁塑"提前播下了种子。

与此同时，除超薄塑料袋外，在电子电气领域，另一场运动也早已如火如荼地展开。根据《中华人民共和国循环经济促进法》《中华人民共和国固体废物污染环境防治法》，国家借鉴了欧洲的WEEE指令（废弃电子电器产品）和RoHS指令（限制使用有害物质）体系、美国的《电子废物再生法》和绿色电子产品打分工具（EPEAT）、日本的《特定家用电器再商品化》（家电回收法）等政策，出台了我国的《废弃电器电子产品回收处理管理条例》（2009年2月25日颁布，2011年1月1日执行）。工业和信息化部、生态环境部等部委不但强力推行废弃电器电子产品的处理和回收，并在生产端、设计端开始植入"绿色电器电子产品"的理念。通过设定和调整达标产品管理目录的形式，鼓励生产者推广使用绿色材料、绿色供应链，生产绿色的终端产品，渐渐形成了具有中国特色的电器电子产品绿色产业链，这也与欧盟的生产者责任延伸制（EPR）相吻合。这种模式逐渐将"循环经济"的蓝图构建得更加清晰，汽车、电池领域也在此基础上推行出适用于各自领域的绿色循环模式。

汇总来看，这些下游应用行业对塑料行业的"3R"原则（reuse——再使用、reduce——减量化、recycle——可回收可再生）极为推崇和认可。下游品牌制造商对回收再生料的需求量被不断地激发出来：不单单要求提供"再生塑料PCR"，对"再生塑料的含量比例"也逐步提升，从最初的5%逐步提高到10%、20%、30%，甚至50%（因不同领域而异），而保障产品质量则是一切的前提。在国内，一大批回收塑料的企业、回收料造粒的企业早已应运而生，现阶段处于升级整合的时期。

特别地讲，在对安全和耐久性有要求的应用领域（特别是汽车、电气），不但对原生料的轻量化、耐用性、高强度、耐候、可回收等性质有要求，对回收再生料也有明确的特定指标要求。这大大凸显了回收料的性质差异化，也使得回收企业的技术门槛有了明显的提升，并逐步催生了回收料溯源认证的相关业务。

（2）新"禁塑令"阻断国外废塑料来源，引发国内塑料循环利用体系重构

2017年是个令中国塑料行业特别瞩目的年份。

不可否认，废塑料是一类有一定利用价值的固体废物，是可以被作为资源循环利用的，也能够部分替代原生料的供应。但是，其处理往往需要一些特定的技术和环保措施。在我国，许多小企业利用废塑料制造出了很多物美价廉的产品。对原材料的低价需求促进了废塑料回收市场的发展。我国在过去二三十年间，一直是废塑料的回收利用大国，进口废塑料更是十多年连续增长。2017年以前，中国的废塑料进口一直居高不下，从2005年的近500万吨（包括税则号：39151000、39152000、39153000、39159010、39159090五大类），连年增长到2012年的880多万吨达到顶峰，随后的2013—2016年年进口量徘徊在740万吨至820万吨。但是，如此大量的废塑料进口，却带来了明显和严重的环境问题。我国政府不得不采取行动，停止进口其他国家的废塑料。

2017年7月27日，国务院办公厅发布了《禁止洋垃圾入境推进固体废物进口管理制度改革实施方案》，这是我国提升生态文明建设的重要举措之一。该实施方案明确规定：2017年7月底前，调整进口固体废物管理目录；2017年底前，禁止进口生活来源废塑料、未经分拣的废纸以及纺织废料、钒渣等品种。

这是打响"洋垃圾"禁令战役的第一枪，其特别意义在于，分批分类调整进口固体废物管理目录，大幅减少固体废物进口种类和数量，将"禁止洋垃圾入境"再上新高度。随后，一系列措施不断实施，严格规范固废进口回收加工企业，高压态势十分明显：环保口径的监督检查，每季度现场巡检，严控环境风险；海关方面的打击"洋垃圾"走私，开展"蓝天2018"整治专项行动；严把进口配额审批流程，缩紧企业的资质审批。疏堵结合，持续加强了固体废物进口、运输、利用等各环节的监管。

2018年4月19日，生态环境部、商务部、国家发展和改革委员会、海关总署等四部委联合发布了《关于调整〈进口废物管理目录〉的公告》，再次将"工业来源废塑料"从"限制类"调整成"禁止类"，从2018年12月31日起执行。这第二枪，显示了国家以生态文明建设为宗旨、严肃处理"洋垃圾"的决心，直接把行业前期的猜测、臆想完全打破，在中国塑料回收领域乃至全球垃圾废塑料处置领域扔下了一颗重磅炸弹，这直接导致一些西方国家垃圾处理系统崩溃。

这接连的政策实施力度十分明显，效果从数据上得到了充分反映：2017年我国进口废塑料（包括税则号：39151000、39152000、39153000、39159010、39159090五大类）只剩下580万吨的水平，同比2016年缩减了20%多；但如果看2017年第四季度，相比2016年第四季度却锐减了近60%的进口量，政策调控力度可见一斑；而同时期，国内的废塑料回收利用量依旧达到惊人的1693万吨，这说明大量的塑料再生企业已经适时布局再生资源回收渠道，加工能力并未见减少，国内的塑料回收市场逐步从外贸进口转型内部消化。到了2018年，这几个税则号项下的废塑料进口量更是急剧锐减为7.6万吨，与2012年的进口峰值887.8万吨相比，缩水了近九成九。直接颠覆了过去的废塑料产业链。全球及中国废塑料体系因此直接进行重组重建。

（3）政策再度加严，一次性塑料的使用引起广泛关注

纵观世界，地球面临着越来越严峻的海洋垃圾和塑料废物污染问题。各国政府对一次性使用塑料、废物处理所出台的管控法规也逐渐严苛。2019年，《巴塞尔公约》（全称为《控制危险废料越境转移及其处置巴塞尔公约》）完成修订，新修正案要求：把废塑料垃圾加入进出口限制对象。这是首个有关塑料垃圾的国际性法律限制。该修正案将于2021年1月1日起生效，187个缔约国都必须遵守，各个国家（生产国和使用国）不但要把塑料垃圾的产生量缩减到最小限度，还要尽可能在各国国内处理。这意味着，发达国家出口废塑料垃圾或将成为历史。

为了强化生态文明建设，继2008年的限塑令以来，我国中央政府和地方政府也在不断细化管理规定，再一次地向废塑料和一次性塑料宣战，下游使用行业也纷纷出台行业发展指导原则，彻底与一次性塑料划清界限。限塑之举，渐渐演变成了禁塑之令。

① 从地方政府层面，以海南省、吉林省为代表。2008年10月起，海南省实施《海南经济特区限制生产运输销售储存使用一次性塑料制品规定》，全岛进入"限塑"阶段。

2015年1月1日开始，吉林省正式施行"禁塑令"，规定全省范围内禁止生产、销售不可降解塑料购物袋、塑料餐具。这也成为中国施行"禁塑令"6年以来，首个全面"禁塑"的省份。

2019年2月21日，为了建设"国家生态文明试验区"，海南省公布并解读了《海南省全面禁止生产、销售和使用一次性不可降解塑料制品实施方案》，宣布海南自2019年起分种类逐步推进全面禁塑。自2020年12月1日起，该方案正式施行，宣告海南省全面禁止生产、销售和使用一次性不可降解塑料袋、塑料餐具。到2025年底前，海南将全面禁止生产、销售和使用列入海南禁塑名录中的所有塑料制品。十年"限塑"终成"禁塑"。下一步，海南也将加快推进快递业的绿色包装应用。

② 从国家层面，2020年1月19日，国家发展改革委、生态环境部公布了《国家发展改革委 生态环境部关于进一步加强塑料污染治理的意见》。该文件有三个阶段性目标：到2020年，我国将率先在部分地区、部分领域禁止、限制部分塑料制品的生产、销售和使用；到2022年底，一次性塑料

制品的消费量明显减少，替代产品得到推广，塑料废弃物资源化能源化利用比例大幅提升；到2025年，塑料制品生产、流通、消费和回收处置等环节的管理制度基本建立，多元共治体系基本形成，替代产品开发应用水平进一步提升，重点城市塑料垃圾填埋量大幅降低，塑料污染得到有效控制。

该政策按照"禁限一批、替代循环一批、规范一批"的原则，禁止生产销售厚度小于0.025mm超薄塑料购物袋、厚度小于0.01mm的超薄聚乙烯农用地膜；禁止以医疗废物为原料制造塑料制品；全面禁止废塑料进口；分步骤禁止生产销售一次性发泡塑料餐具、一次性塑料棉签、含塑料微珠的日化产品；分步骤、分领域禁止或限制使用不可降解塑料袋、一次性塑料制品、快递塑料包装等。

特别强调，在餐饮、包装、电商、快递、外卖等领域，不可降解塑料袋，一次性塑料餐具，宾馆、酒店一次性塑料用品、快递塑料包装（如不可降解的塑料包装袋、一次性塑料编织袋、塑料胶带）等将会渐渐被限用和替代，绿色环保的塑料制品及替代产品，塑料减量和绿色物流模式将逐步推广和复制。

③ 从公众层面来看，随着自媒体时代的来临，"洋垃圾"禁令在网络、社交媒体上持续发酵，"超薄塑料袋""塑料吸管""塑料餐盒""化妆品用塑料微颗粒""微塑料"等等话题日渐火爆，原创、翻译、转帖……不断将"减塑行动与环境保护""塑料微珠与人体健康"交叉关联起来，掀起了民众对一次性使用塑料的声讨和指责，一场声势浩大的革新在塑料行业驱动起来。大型的聚合物生产商开始行动，"可持续发展""减塑行动""终结塑料废物联盟"等，行业界在持续不断的外部压力下，在循环经济的内因作用下，开始探索新的生产和消费模式、新的商业模式，危机与新的契机并存。

④ 2020年伊始，疫情暴发，在这一段时间里，医疗物资、卫生物资成了最为抢手的"必需品"，一次性口罩、一次性手套、塑料防护面罩、塑料防护服等等，这些用塑料制造出来的产品，在危难时刻挽救生命于水火、为普通大众提供了必要的安全防护。PE生产的一次性手套、PVC一次性手套、橡胶一次性手套，PP熔喷专用料生产的一次性医用口罩，PE或PET的医用酒精瓶，无纺布生产的酒精卫生湿巾，聚碳酸酯生产的护目镜和医用面罩，

这些塑料制品，恰恰凸显了无可替代的价值，与人们生活及生命财产安全紧密地联系在了一起。

虽然，其后续的废弃处理仍旧是个挥之不去的问题，但从另一个层面看，将会让人们重新审视"一次性塑料"的价值和"废塑料处置"的实际问题出自哪里。经过这场没有硝烟的惊心动魄的"战疫"，人们对待"塑料"的态度，应该不会也不应该再口号式地宣称"塑料是人类有史以来最糟糕、最垃圾的发明。"而应当真正辩证地看待这一类可贵的材料：这些塑料材料，是宝贵的资源，不应该被废弃掉，而应当被有效再生，"循环利用"起来。

（4）工程塑料，其实不应背"白色污染"的黑锅

废塑料造成巨大的环境污染，确实是毋庸置疑的事实。然而，塑料有千百种，实际的主要责任者往往被非专业人士张冠李戴于整个的"塑料"王国！

塑料行业品类众多、术语多样，光是1号PET、2号高密度聚乙烯HDPE、3号聚氯乙烯PVC、4号低密度聚乙烯LDPE、5号聚丙烯PP、6号聚苯乙烯PS、7号其他类〔美国塑料工业协会（Society of Plastics Industry，SPI）制定了塑料制品使用的塑料种类的标志代码，是在由三个箭头组成的代表循环的三角形中间加上数字的标志。该协会将三角形的回收标记附于塑料制品上，并用数字1到7和英文缩写来指代塑料所使用的树脂种类〕，就已经让人头昏脑涨；更不用说通用塑料、聚烯烃材料、通用工程塑料、特种工程塑料、橡胶、弹性体、热塑性弹性体、脂肪族、芳香族；还有众多的简称如：ABS、PA、PAN、PBT、PC、PEEK、PI、PMMA、POM、PPE、PPS、PTFE、PVDC、PVOH……那么，这些塑料都是"罪大恶极"吗？这还得从五大通用塑料和1号的PET瓶讲起。

通用塑料，顾名思义，就是最常用的塑料、最常见到的塑料。这是约定俗成的一种说法，里面隐含着"生产量大""使用广泛"的意味。就五大通用塑料而言（PE、PP、PVC、PS、ABS），全都是热塑性材料，每一种全球的年消费量都在千万吨的水平。虽然通用塑料中也有高性能的牌号或高附加值的专用料，但大多数通用料还是用在与人们生活息息相关的包装、建筑、家用电器、电子产品、化纤等领域，相比而言成本和性能都不太高。而1号PET瓶，则是指聚对苯二甲酸乙二醇酯塑料制造的饮用水瓶，其年消费量也

是千万吨级别。由这些塑料树脂制造的成型品：袋、膜、瓶、片、桶、管、件……，就是我们当前大众所提及的"白色污染"的主要来源。经过大量的数据统计，包装物特别是超薄的包装袋（购物袋）、包装膜、农膜地膜、塑料瓶和桶，还有更新迅速的电子设备（生命周期短）的外壳、小的塑料零部件等，是"白色污染"的"重中之重"。虽然五大通用塑料和PET材料理论上是可以回收、反复加工使用的（可回收利用率都在90%上下），但是由于制成品的尺寸太小，或者是塑料袋太薄、容易破碎飘散，再有就是丢弃很便利，就废物回收的收集环节而言，形成了难以收回的事实，而且它们的附加价值确实不高、利益驱动小，所以在商业链条上以小作坊式回收为主、遍布各地，再加上垃圾回收分类不够细致、惩戒措施不及时到位，也导致了随意废弃、随意丢弃在所难免。这是"白色污染"的根源所在。

所以，主要是五大通用塑料以及1号PET材料跟"填埋""垃圾山""垃圾岛""微塑料""增塑剂"这些负面话题相关。

包括聚碳酸酯在内的工程塑料，由于各方面性能较优异、附加值高，往往是回收企业眼中的香饽饽，大部分已经被回收利用了（一般是降级使用），只有一小部分由于制件尺寸过小或是共混加工难以回收而不得不废弃处理。

（5）聚碳酸酯行业"未雨绸缪"，力推"循环经济"，助力可持续发展

如前所述，聚碳酸酯及其改性材料，属于高性能、高附加值的热塑性工程塑料，因其自身性质，可以作为结构材料承受较高的机械压力，能在较宽的温度范围和较为苛刻的化学及物理环境中使用，其制品（成型品）经久耐用。因此，不像普通塑料或者一次性塑料制品的使用寿命较短，由聚碳酸酯制备的零部件和终产品，可以反复使用，使用寿命都在十几年以上甚至更长。而且，该材料的制品在长期使用后的力学性能、热性能、透光性能以及耐酸碱性能，仍然可以保留大部分的性能，很多参数依旧优于普通的材料，所以其附加价值高，回收利用价值很高。正因为这一点，国内对聚碳酸酯材料的回收也比较普遍，但也更加专业化。回收的重点是消费制品如板材、水桶、光盘等以及汽车用料。当然，出于回收系统中非常相似的问题，回收来源的不一致往往造成了回收料的性能指标不一，再重新加热共混后用作其他用途时，并不能完全保证产品质量的一致性和均匀性，这就需要提升回收技

术和进行更加专业化的处理。

为此，聚碳酸酯行业尤其是国际上知名的领军企业，致力于倡导循环经济的技术革新，投资科研开发，一方面积极探索化学回收，希望从合成角度发现聚碳酸酯原料回收再利用的方法，这方面的世界级研究尚处在实验室阶段。化学回收也分低温化学分解回收和高温热裂解回收，根据材料的性质不同和合成中间体或单体的不同，研究的化学回收形式也不尽相同。另一方面，基于中国现有强大的回收体系和运行经验，在中国施行物理回收，形成简单的闭环回收模式，也就是"聚碳酸酯生产企业—终端产品生产商—单一产品回收商—塑料回收再造企业—聚碳酸酯生产企业"的封闭模式，净化回收来源，将回收来的单一渠道、单一品质的聚碳酸酯，再提炼和改性，制备出有特定用途的高规格原材料，用于其他的目标市场。为构建可持续发展的产业链，提供了一种新颖的借鉴模式，为探索下一步的闭环回收积累了实践经验和数据（详见第6章）。

另据中国合成树脂协会塑料循环利用分会（CPRRA）的最新研究报告，为应对和解决塑料污染难题，人类开始从塑料时代步入塑料循环时代。在中国，2019年甚至被定义为塑料循环时代的元年。

根据该研究报告，在消费品和包装中用其他材料替代塑料，将会增加近4倍的环境成本。仅在美国，用替代材料取代包装和消费品中的塑料，会使能源消耗增加80%，温室气体排放增加130%，包装的重量每年增加5500万吨，造成更大的资源浪费（引自Trucost公司2016年研究报告）。而减少塑料垃圾最有效的方法是建立使用塑料的规则、制度和大规模建设基础设施，以便能更好地回收使用过的塑料，并将其转变成有价值的产品。这就要求各国建立良好的塑料管理制度，否则，不仅无法解决塑料垃圾污染环境的问题，还会增加其他未知的环境问题。

更加具体一些，要想解决塑料污染问题，必须明确产生和防治塑料污染的责任，而创建数字化闭环将是解决这一难题的有效途径。

这些大环境下的政策探讨，对聚碳酸酯行业来说，同样非常重要。因为无论工程塑料可以重复使用多少次，除非彻底的化学回收，否则最终还是会成为"废物"。当前，对于通用塑料回收利用和循环经济的各种操作，在不久的将来，都将在聚碳酸酯行业慢慢体现出来。

2019年，生态环境部、海关总署以及国家标准化管理委员会（简称国标委）共同组织，着手编制再生塑料系列国家标准。为满足再生塑料行业有优质再生料（原料），同时避免洋垃圾的进口风险，我国起草并发布了GB/T 40006.1—2021《塑料　再生塑料　第1部分　通则》（2021年12月1日实施）、GB/T 40006.7—2021《塑料　再生塑料　第7部分 聚碳酸酯（PC）材料》（2022年5月1日实施）等再生塑料相关的标准。这些标准允许符合我国标准的、以废弃的聚碳酸酯塑料为原料，经筛选、分类、清洗、熔融挤出造粒等工艺制成的聚碳酸酯再生塑料颗粒的进口，禁止废弃的聚碳酸酯塑料片料或粉料、废弃的聚碳酸酯塑料制品直接进口。该标准既规范了聚碳酸酯材料优质再生料的进口，也进一步加强了国内聚碳酸酯材料再生料的品质管控。聚碳酸酯行业将高举循环经济的大旗，为了健康和可持续的行业发展而变革前行。

7.2 生产工艺路线相关法规政策

谈到聚碳酸酯的生产和技术发展，2019年前，中国的主旋律一直是鼓励创新和技术攻坚，但长期以来，经济性规模化的生产技术一直由国外企业所掌控。面对聚碳酸酯进口量和消费量连年的蓬勃增长，立足增加国内产能、提升国内产量，提高国产聚碳酸酯自给率，是中国聚碳酸酯行业发展规划中必须考虑的问题。

中国的产业结构调整政策，可以看到两大类指导目录：第一个是国家发展改革委发布的《产业结构调整指导目录》，历次发布的版本是2005年版、2011年修订版、2013年简修版和最新的2019年修订本；另一个是由国家发展改革委及商务部共同发布的《外商投资产业指导目录》，历次版本为1997年修订版、2002年修订版、2004年修订版、2007年修订版、2011年修订版、2015年修订版、2017年修订版、2019年修订版、2020年和2022年版的《鼓励外商投资产业目录》。此外，还有国家发展改革委在2017年出台的《增强制造业核心竞争力三年行动计划（2018—2020年）》重点领域关键技术——新材料关键技术产业化实施方案。国家产业指导目录表中工程塑料部分见表7.1。

表7.1 国家产业指导目录汇总表（工程塑料部分）

外商投资产业指导目录			产业结构调整指导目录		
年份	发布机构	鼓励类的备注	年份	发布机构	鼓励类的备注
1995	国家计委	工程塑料及塑料合金			
1997	国家计委	工程塑料及塑料合金	—	—	
2002	计委、经贸委、外经贸部	工程塑料及塑料合金	—	—	
2004	国家发展改革委、商务部	工程塑料及塑料合金	—	—	
—	—		2005	国家发展改革委	复合材料、功能性高分子材料、工程塑料及低成本化、新型塑料合金
2007	国家发展改革委、商务部	工程塑料及塑料合金：聚苯醚、工程塑料尼龙11和尼龙12、聚酰亚胺、聚砜、聚芳酯、液晶聚合物	—		
2011	国家发展改革委、商务部	工程塑料及塑料合金：6万吨/年及以上非光气法聚碳酸酯、聚甲醛、聚酰胺（尼龙6、尼龙66、尼龙11和尼龙12）、聚乙烯醋酸乙烯酯、聚苯硫醚、聚醚醚酮、聚酰亚胺、聚砜、聚醚砜、聚芳酯、液晶聚合物等	2011	国家发展改革委	石化化工：6万吨/年及以上非光气法聚碳酸酯生产装置，液晶聚合物等工程塑料生产以及共混改性、合金化技术开发和应用，吸水性树脂、导电性树脂和可降解聚合物的开发与生产，尼龙11、尼龙1414、尼龙46、长碳链尼龙、耐高温尼龙等新型聚酰胺。轻量化材料应用：复合塑料
—	—		2013	国家发展改革委	同上
2017	国家发展改革委、商务部	工程塑料及塑料合金：6万吨/年及以上非光气法聚碳酸酯、均聚法聚甲醛、聚苯硫醚、聚醚醚酮、聚酰亚胺、聚砜、聚醚砜、聚芳酯、聚苯醚及其改性材料、液晶聚合物等	《增强制造业核心竞争力三年行动计划（2018—2020年）》重点领域关键技术——新材料关键技术产业化实施方案		

外商投资产业指导目录			产业结构调整指导目录		
年份	发布机构	鼓励类的备注	年份	发布机构	鼓励类的备注
2020	国家发展改革委、商务部	《鼓励外商投资产业目录（2020年版）》，继续保留对聚碳酸酯投资的鼓励政策	2017	国家发展改革委	高性能树脂：重点发展聚碳酸酯、特种聚酯等高性能工程塑料，高碳α烯烃、茂金属聚乙烯等高端聚烯烃，高性能氟硅树脂及关键单体等产品
					聚碳酸酯：具有高透明性、耐冲击性和尺寸稳定性，2mm薄板可见光透过率达90%，熔程220～240℃。光气法工艺的单套装置规模达到6万吨/年；非光气法工艺的单套装置规模达到10万吨/年
2022	国家发展改革委、商务部	《鼓励外商投资产业目录（2022年版）》，删除了对聚碳酸酯投资的鼓励政策	2019	国家发展改革委	将"聚碳酸酯生产"从产业结构调整指导目录中移除

这些目录及修订版的发布，都是根据当时中国经济发展需要所进行的适时的政策调整。按照行业和子行业的划分，对外商投资分别给出了鼓励类、限制类和禁止类的目录。对国内产业结构分别给出了鼓励类、限制类和淘汰类的调整目录。从过去20年的进程看，一开始仅仅是笼统地鼓励发展工程塑料及塑料合金，通过10年左右的技术发展和市场化沉淀，从2007年起逐步细化到了具体的中高端工程树脂的种类上。对中国聚碳酸酯行业来说，2011年和2019年是两个非常重要的年份。

2011年，两个重要的指导目录开始明确提到了应大力发展聚碳酸酯的生产，但是附加了两个限制条件："6万吨/年"和"非光气法"，这在一定程度上反映了当时政府对聚碳酸酯行业生产安全方面的一丝忧虑。实际上，行业内全球领先的企业们对光气法与非光气法之争并不完全认同。第一，光气化法生产聚碳酸酯经济性确实占优势，产品质量也相对优良，而且安全防护措施已经非常到位，层层预警、应急处理方案亦非常完备，无须过于担忧。第二，国内有众多的光气生产点，例如在农药、医药中间体等产品的生产中。与聚碳酸酯光气法工艺相比，这些生产点分布"散、乱"才是整体上难于管理的根本缘由。另外，生产聚氨酯材料的过程中也要使用光气，而聚氨酯亦是极为优质的保温材料、发泡材料，对整个社会的节能环保起到了非常重要的促进作用。因此，综合考虑的结果是——堵不如疏。各个政府部门开始实事求是地研究光气法的工艺安全，与行业协会加强了沟通和实地调研，学习国外先进的最佳实践，从不同角度论证，做出了合理的结论：科学规划、合理布局，严格限制涉及光气及光气化的新建项目，严格控制新增光气布点，强化光气及光气化建设项目设计管理，强化日常运行安全管理，强化应急管理。

2014年，环境保护部的《环境保护综合名录》（简称："双高"名录，即"高污染、高环境风险"）特别认定了"非光气法"和"连续式、无静态光气留存的光气法工艺"，都是符合环保要求的先进工艺。需特别说明的是，早期的光气法已被淘汰，现有的界面缩聚光气法早就采用了先进技术，无静态光气留存，其安全管理已做到风险可控。

同年10月，国家安全监管总局为进一步提高我国光气及光气化产品的安全生产管理水平，经过光气化行业的安全实践及实际需要，召集行业专家组织制定了《光气及光气化产品安全生产管理指南》，规范了中国光气化行业的发展。之后，行业协会以及国内生产企业不断呼吁，明确提出了科学和切合生产实际的说法，淡化了光气与非光气之争，转而强调"安全、环保的聚碳酸酯生产工艺"。随后，国家发展改革委开始逐步淡化"非光气法"，在2017年出台的《增强制造业核心竞争力三年行动计划（2018—2020年）》之"重点领域关键技术——新材料关键技术产业化实施方案"中，聚碳酸酯材料位列"先进有机材料→高性能树脂→工程塑料"的首位，这是中国对发展聚碳酸酯工程塑料的决心和厚望。其中，对光气法聚碳酸酯的单套规模要求在6万吨/年以上、非光气法在10万吨/年以上。时至今日，对中国聚碳酸酯行业来说，非光气法和光气法终于被视作同等重要的工艺技术路线，共同发展、相互促进、各展所长。

历经8年发展，进入2019年后，国家产业调整的宏观政策更是出现了较大的变化。

由于国内聚碳酸酯行业从2017年起出现了"一窝蜂"似的项目上马，国内聚碳酸酯的自给率就从不足40%直接跃升至2024年的接近89%，并还在不停攀升。集中上马的结果是，短短半年到一年间，国内陆续宣布的生产能力（预计现有产能加规划新增产能）累计突破了500万吨，这个数字与2018年全球（含中国）的聚碳酸酯生产能力相当。这也意味着若是如期实现，将在全球额外再创造一个聚碳酸酯生产行业，这与同期的消费市场的增长却极不匹配。为此，中国合成树脂协会聚碳酸酯分会携手中国石油和化学工业联合会、石油和化学工业规划院，对聚碳酸酯多种所有制生产企业进行了翔实的调研，发出了"产能过剩"和"谨慎投资"的呼声，并将实际供需和预测情况等结论上报给工业和信息化部、国家发展改革委、商务部等相关机构，引起了相关部委的重视。国家部委再经过与企业的核实，收集了国内企业实际运行状况，并对市场发展审慎判断，最终在2019年版的《产业结构调整指导目录》中，将保留了8年之久的"6万吨/年及以上非光气法聚碳酸酯生产装置"从鼓励类目录中删除，实行不鼓励、不限制的宏观调控政策，真正实现了对行业脉搏的把控，大大缓解了盲目投资聚碳酸酯新产能的局面。而在鼓励外商投资方面，鉴于国内新建和拟建项目大都是通用级别的聚碳酸酯，高端牌号高附加值和特种聚碳酸酯，国内仍属于依赖进口的情况，因此，商务部在2020年的《鼓励外商投资产业目录（2020年版）》中，继续保留了对聚碳酸酯外商投资的政策，也符合实际的供需情况。

7.3 双酚A相关法规政策

聚碳酸酯可分为脂肪族聚碳酸酯、脂肪族-芳香族聚碳酸酯、芳香族聚碳酸酯等多种类型。目前，大规模工业化生产的主要是芳香族聚碳酸酯，而合成芳香族聚碳酸酯最重要的原料就是双酚A。

双酚A是聚碳酸酯的合成单体之一，如第2章合成工艺所述，经缩聚反应后，双酚A的部分分子结构键合到聚碳酸酯的高分子链之中，由此可见，聚碳酸酯和双酚A是两个完全不同的物质。

但因为反应转化率通常都达不到100%，总会有痕量双酚A单体残留在聚碳酸酯成品中。虽然残留水平非常低，而且双酚A常温下又是固体，这些单体很难迁移出来并接触到人体。但基于双酚A的一些性质，各国政府、科研机构、知名大学以及学术专家，分别从各种视角、各种立场，还是围绕双酚A展开了一场科学争论，至今这场争论仍未结束。聚碳酸酯材料在这场科学争论中也饱受误解。出于商业利益，一些竞争材料的生产公司也开始利用双酚A扩大宣传，"诋毁"双酚A衍生出的各类材料（聚碳酸酯也是其中一种），强调"BPA-FREE"（不含双酚A），来变相证明所生产竞争材料的安全性。

出于各方面的关注和忧虑，联合国、各国政府及科研部门多年来持续对双酚A进行了科学的风险评估，官方安全评估机构所持的观点和态度都是非常审慎的。特别是近年来，美国食品药品监督管理局（FDA）、加拿大卫生部（Health CANADA）、日本国立工业科学与技术研究所（AIST）、韩国食品药品安全部等权威政府机构一再声明：以目前聚碳酸酯中的双酚A暴露水平评估，对人们不具有健康危害。

食品接触材料是所有聚碳酸酯下游应用中受"双酚A事件"影响最大的一个领域，下面就对食品接触材料进行简单剖析，梳理各国法规和实践情况，从而使相关行业和企业了解双酚A的限制要求，阐明聚碳酸酯的使用安全性。

对于食品、食品添加剂和食品接触材料的安全管理，各国都采用"正清单"的模式，即列在清单上的，被认可为安全；没有列上去的，一旦使用就是违法、违规。一般提到的"食品包材""食品容器"，通常都被行业内人士称作"食品接触材料"，这一部分即为聚碳酸酯的主要应用领域之一。由于法规体系、执行等方面的差异，各国的具体管理模式也不尽相同。

7.3.1 美国对食品接触材料的法规

在美国，FDA一直承担着与食品相关的法规制定。FDA隶属于美国卫生教育福利部，负责美国的药品、食品、生物制品、化妆品、兽药、医疗器械以及诊断用品等的管理。在美国，FDA主要通过产品上市前审批程序来管理食品、食品添加剂。而"食品接触材料"在美国则被看作"间接食品添加剂（indirect additives）"来管理。早期，食品添加剂申报程序（Food Additive Petition，FAP）被用来管理大多数与食品接触的产品。一种食品添加剂或与食品接触的材料如果通过了FAP审核并许可使用，这种材料便会录入美国《联邦法规典籍》（Code of Federal Regulations，CFR）第21章170～189章节中。其中的175～179章节，主要是针对不同类别的间接食品添加剂做出的使用规定和合规要求。

CFR第21章177章节第177.1580条目是专门针对聚碳酸酯树脂的要求，只要符合规定要求的聚碳酸酯树脂就可以当作食品接触材料用来生产食品包装和容器。另外，由于各种创新的塑料包装、复合包装在食品包装领域中迅速崛起，加上高分子合成的多样性和复杂性，美国FDA对FAP的管理模式开始重新审视。1997年，美国《食品和药品管理现代化条例》建立了"食品接触物质通报系统（Food Contact Notification，FCN）"，要求企业对使用的物质、材料的安全性全权负责，由此，对食品接触物质的管理模式逐步由FAP转变为FCN。需要澄清一点，FAP仍继续有效，而且是普适性的，只是审查时间较长。换个角度说，通过FAP审核而列入CFR第21章第175～179章节的物质，是所有企业都可以生产和使用的，但FCN的通报方式，仅仅批准申报者合法使用。这有点"专利保护"的味道，反而颇受企业界欢迎。

其中的重点是CFR第21章中的177.1580条目，以及FCN关于聚碳酸酯的通报许可。从美国FDA网站上可以轻松查到相关规定，关注的重点是萃取物是否符合限值要求（extractive limitations）。表7.2列出了聚碳酸酯树脂在不同萃取液和萃取条件下的萃取物限值。

表7.2 聚碳酸酯萃取条件及限值

项目	蒸馏水	50%（体积分数）乙醇	正庚烷
萃取条件	回流温度下6h	回流温度下6h	回流温度下6h
总萃取物限值	≤0.15%	≤0.15%	≤0.15%

如果符合总萃取物的限值要求，那么这种聚碳酸酯树脂就是合规的，或被称作"食品级"的材质（注：还需符合聚合反应反应组分及相关添加剂的等限制要求，细节请研读CFR第21章中的177.1580条目）。

在2012年7月17日的修订后，该条目新增加了一条：聚碳酸酯树脂不得用于生产婴儿奶瓶以及幼儿学饮杯（防溢鸭嘴杯）。因为美国的工业界早已经不用聚碳酸酯生产婴幼儿奶瓶了，因此，美国行业界为了避免纷扰，上书美国FDA撤销了聚碳酸酯在婴幼儿奶瓶方面的应用。需特别指出，这时实际美国市场上已经没有了聚碳酸酯婴幼儿奶瓶的应用，美国FDA基于无相关应用的技术必要性的及预防性原则而撤销了批准，并非聚碳酸酯生产婴幼儿奶瓶不安全。那些在婴幼儿市场以"BPA-FREE"为标签的产品，实际上只是一种市场宣传策略，而且，这种标签也无法证明其自身材料的安全性。

对于双酚A衍生材料在食品包装及容器中的使用，美国FDA官方网站做出了权威说明：根据最新的安全性评估，双酚A在目前的食品中是安全的。基于对科学证据的持续性安全评估，继续认定双酚A在目前批准的食品包装和容器中的使用是安全的。所以，聚碳酸酯树脂依然可以在除婴儿奶瓶之外的食品接触应用中安全使用。

此外，与美国相邻的加拿大政府的做法，就更加值得玩味。加拿大是全球首个将双酚A列为有害化学品的国家，也是首个禁止生产和使用基于双酚A聚合材料奶瓶的国家。但是，经过化学品风险评估，特别是加拿大公民的双酚A暴露和潜在的健康、环境风险，加拿大卫生部得出了如下结论：

我们的（注：指加拿大民众）暴露量水平比之前估计的还要低；绝大多数的加拿大民众对于双酚A的暴露水平非常低，低到不会对健康产生风险；在食品包装中的双酚A不会对加拿大民众产生健康风险，包括新生儿和儿童。

7.3.2　欧盟对食品接触材料的法规

对于食品接触材料中聚合物的安全使用，从管理角度上看，欧洲与美国不同。美国CFR第21章考量的是使用的食品接触材料在不同萃取液下萃取出的物质的总量是否会达到一个限值。欧洲考量的则是单体或小分子物质从包装材料或容器中迁移出来进入食品（或食品模拟物）的量，这个量的考核分总量和特定物质的量。简单理解，美国FAP模式要求总"萃取量"达标即可（也有针对特定物质的条款），属于单体残留量或低聚合残留总量控制；欧洲则分别考虑了"总迁移量"和"特定迁移量"。双方在对食品接触材料"接触到的"食品类型的定义大体类似，但在选择模拟温度、萃取液或食品模拟物方面则有一定差异。

欧盟的法规管理体系基本分三个层次：框架性法规、特定材料法规和特定物质法规。

随着科技的进步，20世纪出现了多种新型的食品接触材料。为了更好地管理这些材料或物质，2004年11月，欧盟整合了89/109/EEC指令和80/590/EEC指令（关于确定可能与食品接触的含有某类材料和制品的标识的指令）及其修订指令，颁布了一项关于食品接触材料和制品的法规："EC

1935/2004"〔英文原名：Regulation (EC) No 1935/2004 of THE EUROPEAN PARLIAMENT AND OF THE COUNCIL of 27 October 2004 – on materials and articles intended to come into contact with food and repealing Directives 80/590/EEC and 89/109/EEC〕。这是一个强制性的框架性法规，可视为欧洲食品接触材料的基本法，涵盖了食品接触材料从生产、制品、使用的物质到产品标识、符合性声明等各方面的原则性要求。该法规管理了17类材料和制品：①活性和智能材料和物品；②黏合剂；③陶瓷；④软木塞；⑤橡胶；⑥玻璃；⑦离子交换树脂；⑧金属和合金；⑨纸张和板材；⑩塑料；⑪油墨；⑫再生纤维素；⑬硅树脂；⑭纺织品；⑮外漆和涂层；⑯蜡；⑰木材。还有另一个框架性法规是《食品接触材料良好生产规范》，即 Regulation (EC) No 2023/2006。这两个框架性法规是最基本的原则和规定，由欧盟各成员国共同遵守执行。

EC 1935/2004框架法规对所有食品接触材料（包括活性和智能材料与制品）提出了一个通用总原则，包括以下几方面：①食品接触材料必须安全，其生产应符合良好生产规范；②在正常条件或可预见的使用条件下，这些材料和制品的构成成分迁移到食品中的量（即迁移量）不得对人类健康造成危害，或造成食品成分发生不可接受的变化或感官特性（如口味和气味）的劣变；③材料和制品的标签、广告以及说明介绍不应误导消费者。

在这个大框架法规下，欧盟还相继出台了特定材料和制品的法规指令。2011年1月14日，欧盟发布了新的塑料法规（EU）No 10/2011《关于预期与食品接触的塑料材料和制品》，该法规直接适用于所有成员国。

这个塑料法规采用的同样是正清单的形式，但其列出的都是低分子量的物质，并未列明哪一种聚合物可以使用。原因在于欧盟的管理思想是："高分子材料是无法被人体消化吸收的，因而不会影响人体的代谢和健康，只有其中的小分子物质、添加剂、残存的未完全反应的合成单体等，才是造成人体健康危害的因素"。所以，整个管理思路全部围绕小分子物质展开。列入的每一个小分子物质，都包含两个选项：①是否可以用作添加剂或聚合物成型助剂；②是否可以用作聚合物的合成单体或起始物质，或微生物发酵获得的大分子。对于大多数的小分子物质，都有一个特定的迁移量限值（或特定的迁移组限量）。这个限值就是管理最终制品是否安全的"量尺"。同时，欧盟还认为，单体或起始物质可以随意组合，因此，只要技术上能制备出的高分子聚合物，其单体要是被许可了，由其组成的高分子聚合物也就被准许用于食品接触材料了（其迁移量需要符合限量要求）。

双酚A也被认作单体或起始物质，其迁移量限值为0.05mg/kg（欧盟2018年将该限值从0.6mg/kg下调为0.05mg/kg）。说明只要符合这个要求，双酚A生成的聚合物就可以安全使用。

几乎是紧接着（EU）No 10/2011法规的颁布，欧盟委员会又发布了2011/8/EU指令，基于预防性原则（precautionary measures），提出了禁止使用双酚A用于生产聚碳酸酯婴儿奶瓶的条令，并以此对原先的塑料指令2002/72/EC作了修订。由于（EU）No 10/2011法规发布在先，2011/8/EU指令的这一修订尚未体现在该法规中，欧盟委员会遂于2011年4月2日发布了实质内容与2011/8/EU指令一致的（EU）No 321/2011法规，就有关双酚A限制用于婴儿奶瓶的相关要求对（EU）No 10/2011法规作了补充修订。

其实，这种对双酚A的婴儿奶瓶应用限制完全是出于预防性原则，而并不是说双酚A存在食品接触的安全问题。

2015年，欧洲食品安全局（EFSA）发布了双酚A在食品接触方面的风险评估结果："对最高暴露组人群（包括婴幼儿和青少年）来说，双酚A的膳食暴露量仍低于安全限值（每日4μg/kg体重），这就说明在目前的膳食暴露水平下，双酚A是不会产生健康危害的。这个结论同样适用于产前婴儿和老年人。"

EFSA 2015年的这一风险评估结论，确认了聚碳酸酯相关食品接触材料应用的安全性，包括产前婴儿和老年人，目前为众多科学领域的专家所认同。

2023年，EFSA更新了双酚A的风险评估结果，发布了新的双酚A安全限值（每日0.2ng/kg体重），并指出欧洲人群双酚A膳食暴露水平可能引发健康风险。然而，欧洲药品管理局（EMA），德国联邦风险评估研究所（BfR）均对这一新安全限值提出了分歧意见，且至今未达成一致；同时，也受到了来自荷兰国家公共卫生与环境研究所（RIVM）、法国食品安全、环境与卫生劳动署（ANSES）、美国毒理学会（SOT）、美国食品药品监督管理局（FDA）等多家政府机构的担忧和/或反对。欧盟在2024年7月基于这一尚存在争议的风险评估结果，提出了"废除现行（EU）2018/213关于双酚A的法规"，并颁布了（EU）No. 2024/3190法案，对食品接触材料法规（EU）No.10/2011中双酚A的法规部分进行了调整。新法规取消了双酚A在聚碳酸酯树脂的食品接触用途的授权，新法案自2024年12月19日生效，已制备或在用的聚碳酸酯的食品接触用制品仍可继续销售使用至2026年7月20日（即过渡期36个月）；该法案还规定了塑料类食品接触材料中双酚A的杂质限量值 DL=0.001mg/kg（食品或食品模拟物），即杂质类引起的双酚A残留，必须保证特殊迁移量值为小于1μg/kg。该法规颁布表明，欧盟启动了全面禁止双酚A单体相关的材料在欧盟食品接触材料中的应用，也就是说，在欧盟，聚碳酸酯类材料被全面禁止食品接触类用途。尽管欧盟这个（EU）No. 2024/3190法案已经颁布了几个月，全球其他主要经济体，如美国、日本、加拿大、巴西等，均为对这个"禁止"使用均持保留态度，欧盟双酚A相关的食品接触材料的风险评估的结论TDI存疑。

7.3.3 日本对食品接触材料的法规

在日本，与食品接触的器具、容器包装的卫生和安全性以《食品卫生法》第3章"器具及容器包装"（第15～18条）为基础的，《食品、添加剂等标准规范》（1959年厚生省第370号公告）中规定了与食品接触的器具、容器包装的具体标准，这些标准已实施多年。在厚生省第370号公告规定的标准中，对每种合成树脂都规定了基材中有毒性隐患的特定物质的含量限值（材质试验）和基材迁移量限值（迁移试验）。另一方面，在美国和欧洲建立和发展起来的"清单（PL）制度"，最初在日本并未被当作正式法规。然而，为应对食品周边环境的变化和国际化，以确保食品安全为目的，日本发布《食品卫生法等部分修正法》（2018年6月13日第46号法律），对《食品卫生法》进行了修订，针对食品接触器具、容器包装中使用的合成树脂原材料制定了官方PL。根据上述厚生省第370号公告，该法于2020年6月1日起生效（2020年6月1日部分执行，2025年6月1日将全面执行）。

上述PL包括附件1 表1（表1）和附件1 表2（表2），前者列出了可使用的基础聚合物，后者列出了可使用的添加剂。用于食品接触器具、容器包装的合成树脂的原材料必须列入这些PL中。目前制定了过渡措施，对于在2020年6月1日PL生效之前就已在日本市场上流通的器具、容器包装及与此相同的物质，即使所使用的原材料物质尚未列入PL，也仍被允许继续销售和流通。这项过渡性措施将持续至2025年5月31日，从2025年6月1日起，所有用于食品接触器具、容器包装的合成树脂原材料都必须列入PL。

着色剂虽然不在日本PL清单管理范畴，但仍需符合厚生省第370号公告中规定的标准。原材料中所含物质经化学变化而形成的物质（如副产物和分解产物等）、催化剂和聚合助剂、生产过程中存在的非有意添加物质（如杂质等），均无需列入PL。另外，即使某物质须列入PL，但如欧洲和中国的情况一样，非食品接触层中所含的非基因毒性物质迁移到食品中的含量不超过0.01mg/kg食品，则该物质在未列入PL的情况下仍可使用。

此外，日本宣布计划对现行PL进行大规模修订，于2024年9月27日发布了修订版的PL，并决定于2025年6月1日起实施。因此，需要注意的是，在2025年6月1日之后在日本制造的以及进口到日本的器具、容器包装都必须符合修订后的PL。

修订版PL与现行版本相比变动很大，表1变更为单体清单模式（表1列出了聚碳酸酯树脂相关的单体的授权批准情况）。特别是在PL清单物质范围的变更上，将以下"不属于合成树脂原材料的物质"从PL清单中移除，大幅减少了表2添加剂清单中的物质数量。

作为"不属于合成树脂原材料的物质"而被排除到修订后PL清单之外的物质如下：

① 无热塑性的弹性材料（属于热固性弹性体橡胶原料的物质）。

② 无机材料［金属、非金属（如硅酸盐、碳酸盐）、岩石、砂土等］。

③ 天然物质和天然物质衍生的有机高分子物质（但是，通过提炼油脂和脂肪酸等特定成分而获得的物质及物质群须列入PL）。

④ 天然物质及从天然物质中提取的有机高分子物质的化学反应产物（但是，经化学改性的纤维素须列入PL）。

⑤ 有意从器具、容器包装中释放出来并迁移到食品中用来对食品产生作用的物质。

⑥ 为抗静电、防雾等目的而附着在器具、容器包装原材料等的表面的液体状及粉末状物质（涂层剂）。

但是，需要注意的是，对于含上述物质在内的不必列入PL的物质，不列入清单并不意味着可以不受任何限制地使用任意物质。根据《食品卫生法》第16条，禁止销售、制造、进口或使用可能对人体健康有害的器具和容器包装，因此每个人都有责任确保PL外物质的安全性。为了确保这些物质的种类和含量的安全性，可参考日本的一般财团法人化学研究评价机构（JCII）制定的自主性标准清单和国外的食品接触材料法规等资料。

表7.3 日本聚碳酸酯聚合物及批准的单体清单

物质编号	材质区分	物质名称	物质英文名称	CAS号
	1	以碳酸酯为主键的聚合物	polymer mainly composed of carbonate bonds	—
	1	必需的单体	essential monomer	—
05-101	1	碳酸二苯酯	diphenyl carbonate	0000075-44-5 0000102-09-0
05-102	1	光气	carbonyl dichloride	0000075-44-5 0000102-09-0
05-103	1	双酚A	bisphenol A	0000080-05-7
		任意物质	optional substance	—
05-701	1	间苯二甲酸（包括甲酯、氯化物）	isophthalic acid (including methyl ester, chloride)	0000099-63-8 0000121-91-5 0001459-93-4
05-702	1	4-枯基苯酚	4-cumylphenol	0000599-64-4
05-703	1	1,3-二羟基苯	1,3-dihydroxybenzene	0000108-46-3
05-704	1	癸二酸	sebacic acid	0000111-20-6
05-705	1	对苯二甲酸（包括甲酯、氯化物）	terephthalic acid (including methyl ester, chloride)	0000100-21-0 0000120-61-6 0000100-20-9
05-706	1	1,1,1-三(4-羟基苯基)乙烷	1,1,1-tris(4-hydroxyphenyl)ethane	0027955-94-8
05-707	1	1,1-双(4-羟基-3-甲基苯基)环己烷	1,1-bis(4-hydroxy-3-methylphenyl) cyclohexane	0002362-14-3
05-708	1	N-苯基-3,3-双（4-羟基苯基）酞菁	N-phenyl-3,3-bis(4-hydroxyphenyl) phthalimide	0006607-41-6
05-709	1	4-叔丁基苯酚	4-tert-butylphenol	0000098-54-4

现行的收录基础聚合物的表7.3分为基础聚合物（塑料）清单和基础聚合物（涂料等）清单，采用了收录有意使用的聚合物材料本体的方式，但部分材料（如交联聚酯和热固性聚氨酯）除外。如果不同种类单体聚合形成的聚合材料与清单所列材料不同，则被判定为未列入PL，除非聚合物中所含另行制定的"微量单体清单"中所列单体的总重量低于2%。此外，所有列入清单的聚合物材料都根据其特性和成分被归入7个类别（合成树脂类别）

之一，并详细规定了最高使用温度、可使用食品的使用条件。

然而，计划于2025年6月1日起生效的修订版的附表1中，废除了按用途领域划分的清单，合并成一份由21类树脂聚合物构成的清单。除了"在成膜过程中涉及化学反应的涂膜用聚合物"外，这些聚合物将可用于所有用途，而非仅局限于涂膜等用途。此外，还将为每种聚合物制定一份单独的单体清单，与欧盟的情况一样，如果聚合物仅由单体清单中列出的单体成分组成，则该聚合物可被视为符合标准。然而，在日本，最终聚合物的结构被进一步细分为具有酯键和酰胺键等不同聚合物结构的分子量在1000及以上的嵌段部分，有必要确认每个嵌段部分是否仅由相应聚合物结构而制定的单体清单上的单体组成，因符合性确认方法与欧盟不同，因此在确认时需要引起注意。在这种情况下，对于聚合物中含量低于2%的单体成分，即使未被列入单体清单，其聚合物也可作食品接触用。

此外，现行制度中的7种树脂类别将在修订版中合并为5种，并取消最高使用温度和对可使用食品的限制。这样就可以根据聚合物材料的实际特性，保证安全的前提下，相对自由的设定使用条件。

收录的表2列出了可用于食品接触器具、容器包装的添加剂，并为每种添加剂设定了各类合成树脂的添加剂限值。对于2025年6月1日起生效的修订版的表2，由于对收录范围进行了调整，与现行版本相比，列表物质的数量将大幅减少。

在现行版本中，很多聚合物被作为聚合物添加剂列入其中，但在修订版中，分子量在1000及以上的聚合物因其已被列入基本表1中，故将从清单中删除。但是，作为例外情况，那些在常温常压下呈液态、具有特殊功能基团且该功能基团对基础材料能发挥特定效果的聚合物（以分子量在2000左右为标准），因它们被认为需要与有机低分子物质做同样的风险管理，故将继续作为添加剂列入表2进行管理。

关于双酚A在日本食品接触器具、容器包装用途中的使用，厚生省第370号公告在以聚碳酸酯为主要成分的合成树脂制成的器具及容器包装项目中，将BPA的含量限制在500μg/g以下，还有以1993年设定的每日容许摄入量0.05mg/kg体重为基础的迁移试验标准限制在2.5μg/mL以下。此外，还有不属于法规标准，由行业制定的自主管理标准，比如聚碳酸酯树脂技术研究协会制定了食品用聚碳酸酯树脂中BPA含量不超过250μg/g的自主性标准，日本罐头制造商协会制定了从金属罐中溶出BPA含量不超过0.005μg/mL（饮料罐）和不超过0.01μg/mL（普通食品罐）的指导原则。

2008年，厚生劳动省要求食品安全委员会评估BPA对食品健康的影响，2010年，生殖和发育毒性工作组报告了《与双酚A（BPA）有关的健康影响中期总结报告摘要》。在中期报告中提到："虽然最终有必要设定双酚A的可容忍摄入量，但要给出双酚A的可容忍摄入量的具体数字非常困难，因为目前关于低剂量双酚A影响的评估还存在试验设计和结果可重现性不足等问题。待今后积累了必要的研究结果后，再行编制最终评估报告"。

现行PL的表1列出了一些由双酚A和双酚A衍生物制造的聚合物材料，这些材料多数属于交联环氧聚合物、交联聚酯、热固性聚氨酯和聚碳酸酯等组别。另外，在以单体清单形式修订后的修订版PL中，21种聚合物中的9种聚合物（包含环氧化合物的交联聚合物、主要以碳酸盐键为基础的聚合物和在成膜过程中涉及化学反应的涂层应用聚合物等在内）也列明了BPA及BPA衍生物。在2025年6月1日起修订版PL生效后，在PL规定的限制范围内，仍可在食品接触用途中使用以双酚A生产的聚合物材料。

7.3.4　中国对食品接触材料的法规

在中国，食品接触材料的管理原先是遵从美国模式，同时借鉴了日本的一些做法。2010年之前，国内食品接触材料的标准基本上只有两大类：不同种类的食品包装材料和制品（也称作"成型品"）的卫生标准是一类，如GB 13116—1991《食品容器及包装材料用聚碳酸酯树脂卫生标准》和GB 14942—1994《食品容器、包装材料用聚碳酸酯成型品卫生标准》（这两个标准现已被GB 4806.7—2023《食品安全国家标准　食品接触用塑料材料及制品》替代）。而食品容器、包材用的添加剂的标准是另一类，也就是"GB 9685—2008《食品容器、包装材料用添加剂使用卫生标准》"（现已被GB 9685—2016《食品安全国家标准　食品接触材料及制品用添加剂使用标准》替代）。除了这两类标准，塑料类食品接触材料及制品，包括聚碳酸酯树脂材料及成型品等，还应遵守GB 4806.1—2016《食品安全国家标准　食品接触材料及制品通用安全要求》、GB 31603—2015《食品安全国家标准　食品接触材料及制品生产通用卫生规范》及其他相关食品接触材料安全标准的要求。

我国市场监管局（原中国质量监督检验检疫总局）通过核发的QS认证对食品容器和包装材料（成型制品）的安全性予以认可，这也是市场监督管理的重要手段。QS认证，全称为食品质量安全市场准入认证，是中国政府为了确保食品的质量和安全而实施的一项强制性认证。该认证涵盖了食品生产和流通的各个环节，包括原材料的采购、加工、储存、运输和销售。通过QS认证，食品生产企业可以证明其产品符合国家质量安全标准，进而获得消费者的信任和市场的认可。QS认证的范围也涉及了国家工业产品许可名录中的部分食品接触材料产品，如塑料类食品包装材料成型制品、纸张类食品包装材料制品及厨房小家电等。不过，QS认证的范围暂不包括食品接触用的塑料基础树脂颗粒、食品接触用的共混或预混树脂颗粒，即QS认证不包括聚碳酸酯基础树脂颗粒产品、聚碳酸酯预混或共混树脂颗粒产品。

《中华人民共和国食品安全法》在2009年和2015年的两次修订，促使用于食品的包装材料和容器的相关法规重新修订。此轮标准制修订和之前大不一样，并非一个一个标准的修订、增改，而是从整个体系建设角度出发，全面摸底、统筹梳理，广泛听取了内资、外资企业的建议，还与行业协会携手、共同努力，取得了非常显著的效果，也更加系统化。2009年，原国家卫生部发布了《关于开展食品包装材料清理工作的通知》（卫监督发〔2009〕108号）。这一举措标志着国家开始加速进行食品容器、包装材料及其所用添加剂安全标准的系统化工作。出于严谨细致的考虑，国家原卫生部要求国家食品安全风险评估中心（CFSA，前身为疫病预防控制中心营养与食品安全所）一方面梳理国内的各种相关标准法规，另一方面借鉴美国、欧盟及日本的管理模式和法规体系，做出适合国内实情的选择。尽管大多数专家和行业企业比较倾向于采用欧盟的"单体"管理模式，"单体"的概念最终也被新标准体系采用了，但仍对塑料原材料和塑料成型品分别做出了标准上的规定。从这个角度看，更像是美国和欧盟体系的一种有机结合，从添加剂、单体（或起始物质）、塑料原料到塑料制品，每一个方向都有限制约定。中国的食品接触材料法规体系已经成为全世界较为严格的标准体系之一。

图7.1显示了新的食品安全国家标准中关于食品接触材料目前的法规标

图7.1 新食品安全国家标准体系

准体系。整个标准体系包含3个层次：第一层次是通用标准和基础标准，包括GB 4806.1和GB 31603；第二层次是添加剂和产品标准，包括塑料、橡胶、涂层等十三大类产品标准，1个特殊产品标准和1个添加剂使用标准GB 9685（包含各类材质的添加剂使用要求）；第三层次是方法标准，主要包括GB 31604.1和GB 5009.156通则类方法标准和若干个针对不同测试项目的方法标准。

GB 9685—2016版本，更名为《食品安全国家标准 食品接触材料及制品用添加剂使用标准》。对用作添加剂的双酚A的特定迁移量（SML）进行了限定，目前国内的限值为0.6mg/kg（食品），该标准现在更新起草中，未来双酚A的特定迁移量（SML）会调整为0.05mg/kg（食品）。同时，新版GB 4806.7—2023《食品安全国家标准 食品接触用塑料材料及制品》标准（替代了原GB 4806.6—2016《食品安全国家标准 食品接触用塑料树脂》及GB 4806.7—2016《食品安全国家标准 食品接触用塑料材料及制品》）规定了双酚A的特定迁移量限值（SML）为0.05mg/kg（食品）。

GB 4806.7—2023《食品安全国家标准 食品接触用塑料材料及制品》表A.1中授权批准了9类聚碳酸酯树脂可用于食品接触相关的应用。

[1]序号32，中文名称3-(4-羟基-3-甲氧基苯基)丙基封端的聚二甲基硅氧烷和硅树脂与4,4-二羟基二苯基丙烷、碳酰二氯和4-(1-甲基-1-苯乙基)苯酚的聚合物，CAS号202483-49-6，通用类别名PC。

[2]序号87，中文名称对叔丁基苯酚封端的聚（碳酸4,4′-亚异丙基二苯酯），CAS号103598-77-2，通用类别名PC。

[3]序号113，中文名称间苯二甲酰氯与对苯二甲酰氯、碳酰二氯、4,4′-二羟基二苯基丙烷和4-(1-甲基-1-苯乙基)苯酚聚合物，CAS号114096-64-9，通用类别名PC。

[4]序号114，中文名称间苯二甲酰氯与对苯二甲酰氯、碳酰二氯和4,4-二羟基二苯基丙烷的聚合物，CAS号71519-80-7，通用类别名PC。

[5]序号115，中文名称间苯二甲酰氯与对苯二甲酰氯、间苯二酚、碳酰二氯、4,4′-二羟基二苯基丙烷和4-(1-甲基-1-苯乙基)苯基酯的聚合物，CAS号235420-85-6，通用类别名PC。

[6]序号134，中文名称碳酸二苯酯与4,4′-二羟基二苯基丙烷的聚合物，

CAS号25929-04-8，通用类别名PC。

[7]序号135，中文名称碳酰二氯与4,4′-二羟基二苯基丙烷的聚合物，CAS号25971-63-5，通用类别名PC。

[8]序号136，中文名称碳酰二氯与4,4′-二羟基二苯基丙烷和4-(1-甲基-1-苯乙基)苯酚的聚合物，CAS号111211-39-3，通用类别名PC。

[9]序号137，中文名称碳酰二氯与4,4′-环己亚基双(2-甲基苯酚)、4,4′-二羟基二苯基丙烷和双［4-(1-甲基-1-苯基乙基)苯基］酯的聚合物，CAS号411234-34-9，通用类别名PC。

该版标准避免了GB 13116—1991、GB 14942—1994、GB 4806.6—2016标准中，无聚碳酸酯树脂CAS号的缺陷，限定了允许使用的聚碳酸酯树脂特定类型及相应的限制要求，该标准也避免了新研发的聚碳酸酯基础树脂或聚碳酸酯的共聚树脂的直接食品接触使用。如果新开发的聚碳酸酯树脂的CAS号，不属于以上9个批准的CAS号，相关企业应按《食品相关产品新品种行政许可管理规定》（卫监督发2011-25号）进行新食品接触材料申报，经原国家卫计委相关产品公告批准后方可以使用于食品接触相关的应用。

考虑到回收聚碳酸酯材料，多为聚碳酸酯共混物或预混物，无法确定详细准确的添加剂及着色剂名称及含量，也无法确定准确的聚碳酸酯树脂的CAS号，故技术上物理回收获取的聚碳酸酯材料不可能满足GB 4806.7标准的要求，避免了物理回收聚碳酸酯材料被误用于食品接触材料。

GB 4806.7—2016对批准的9类聚碳酸酯树脂，均规定不得用于生产婴幼儿专用食品接触材料及制品。对于由双酚A为单体而制备的聚合物树脂或添加剂，都不得用于婴幼儿专用食品接触材料和制品，这限制规定源自原卫生部2011年第15号公告——《卫生部等6部门关于禁止双酚A用于婴幼儿奶瓶的公告》。虽然这条公告正式禁止了聚碳酸酯在婴幼儿奶瓶方面的应用，但更应清楚地看到，该公告明确说明了以下几点。

① 科学研究表明，食品相关产品中迁移的双酚A极其微量，尚未发现双酚A对人体健康产生不良影响。

② 双酚A可通过食品包装材料及容器迁移至食品中，食品相关产品国家标准规定了其迁移量。双酚A允许用于生产除婴幼儿奶瓶以外的其他食品包装材料、容器和涂料，其迁移量应当符合相关食品安全国家标准规定

的限量。

③ 鉴于婴幼儿属于敏感人群，为防范食品安全风险，保护婴幼儿健康，现决定禁止双酚A用于婴幼儿奶瓶。

这份公告仅仅是"预防性原则"（敏感人群的特殊考虑）的原因，而颁布了此限令，并非证实双酚A在食品接触领域的应用存在安全风险。

如果仔细研读世界卫生组织（WHO）与联合国粮农组织（FAO）以及各国和地区卫生部门，如美国FDA、中国卫健委、加拿大卫生部、日本国立工业科学与技术研究所、澳新食品标准局（FSANZ）、德国联邦风险评估研究所（BfR）、香港食品安全中心、瑞士联邦委员会、韩国食品药品安全部等的公开报道，可以发现，这些全球权威的监管部门都一致认为：以双酚A为单体合成的聚碳酸酯聚合物在食品接触中的应用是安全的。当然欧盟EFSA目前对双酚A食品接触领域的应用与其他国家食品安全机构的理解不一致，且欧盟内部不同机构之间的理解也存在争议，目前的欧盟对双酚A相关的食品接触材料的风险评估结论TDI值确实存疑。

7.3.5　学院派与法规管理派之争

如上所述，双酚A得到这么多机构的认可，应该说，关于双酚A在食品接触中的迁移量是否安全的争论早就尘埃落定了。但为什么双酚A的话题还有这么大的热度？这是一种言论炒作还是科学研究的焦点？要解释清楚这点，就不得不提及"毒理学大讨论"。

在探究毒理学讨论前，首先，看看在争论双酚A有安全问题的都是哪些群体。第一类是双酚A物质的替代原料或材料生产商，不难看出，这些"后起之秀"的利益最为直接。一些躁动的新闻、片面的内容被定向或不定向地传递给媒体，这些信息源头的真实准确性值得推敲。第二类是热心群众，其目的绝对是希望有益民众，为了"惩恶扬善"，不过在宣扬"积极"信息方面相对容易情绪化，而在信息甄别方面和第三类群体非常相似。第三类是部分媒体和部分自媒体人士，对于一些信息未能准确地寻根溯源，而由于缺乏特定的毒理学知识，有时候并无法判断内容的科学性和客观性，容易人云亦云、道听途说。而且，在信息的再整理和编辑过程中，也很有可能张冠李戴，无心之举却杂糅出一些相对失实的文章，之后再被普通大众转发。而这一切的根源来自科学界，科学代表着最先进的生产力，科学家们（包括研究人员）发表的科学研究、技术文章，往往会发现一些新的机理或是验证一些假定。然而这些尖端科学，假定的范围不尽相同，执行试验时是否遵循统一的实验要求，其数据结果能否重复出现都亦未可知，这就会造成结论的偏差各异和不一样的理解。科学方面的文章一旦被曲解和误传，无异于一颗颗"高精尖技术炸弹"，其公众影响力和伤害力都是不可估量的。在食品接触领域抑或是健康领域，双酚 A 的世纪之争恰巧就是来自毒理学这个科学范畴，毒理学方面的研究和理解差异恰恰是不同解读的根源。所以，本节更加集中在毒理学界的角度做一个简单浅显的剖析。

毒理学是研究物质与生物体健康之间关联纽带的前沿学科，这种纽带联系用简单的技术语言就是"剂量-反应关系"，通俗一点就是：什么样的暴露剂量（浓度）会产生什么样的情况。500 多年前，瑞士医生帕拉塞尔苏斯（Paracelsus）在当时就超越时代地提出了"没有什么物质是无毒无害的""剂量决定毒性"等观点，特别是后面的这句名言成了现代毒理学的基本法则和精髓，也成就他本人被后人尊称为现代毒理学之父。虽然在理论研究方面，现代毒理学有了更多的分支、不同理论及假设，但经典毒理学理论终归还是认同帕拉塞尔苏斯"剂量越大毒性越高"的观点。

从研究内容上细分，毒理学界可以说是"一门分三派"：即描述毒理学（descriptive）、机制毒理学（mechanistic）和管理毒理学（regulatory，也称为法规毒理学）。三派侧重点不同，描述毒理学直接负责的是毒性实验（毒性鉴定），研究化学物质的毒性表现，对外源化学物的毒性做到"知其然"，得到的是最直接的实验数据（剂量-反应关系）；机制毒理学研究的是外源化学物质对生物机体产生毒性（损害）作用的细胞、生化和分子机制，对外源化学物质的毒性做到"知其所以然"；管理毒理学则站在前两者的肩膀上，将毒理学的原理、技术和研究结果应用于化学物质的管理，根据描述毒理学和机制毒理学的研究资料进行科学决策，协助政府部门制定相关法规条例、管理措施，并付诸实施，从而确保化学物、药品、食品、化妆品以及健康相关产品等进入市场后足够安全，保护消费者的健康。由此可以看出，管理毒理学考虑得更为全面、合理，是"融会贯通、学以致用"的实际代表。

另外，为了使不同实验室或不同时间做出的实验结果具有可比性，或者重现性，对毒理学实验室的标准技术规范就显得异常重要。因此，良好实验室规范（good laboratory practice，GLP）应运而生，这是一个基于科学的、全面的和全过程的管理规范，所有实验室人员都必须严格遵守。不但工作职责明确化、试验操作规程标准化（standard operating procedure，SOP），实验设备仪器、样品、记录、数据处理以及环境等都需要资质认证，甚至试验方法是否能充分表达预期的毒性终点都是要充分论证的，并不是简简单单做个实验，发现一些情况，就好似"哥伦布发现新大陆"一样到处去宣扬实验的结果。从这个角度上看，科学的结论的验证是相当漫长和严谨的，也就造成了很多机构在发表声明时，特别爱引用一句话，"基于当前的、被认可的实验数据……"这种说法对普罗大众来说，简直就像是在故弄玄虚——"为什么不能简简单单地说什么是安全的？"要么稍加分析就怀疑你这个机构"此地无银三百两"——数据被特意删选了，是不是隐藏了什么不可告人的信息。

赘述了这么多毒理学的话题，其实，双酚A的争吵就是学院派毒理学家和法规派毒理学之间的技术争执，却又互不信服。学院派大多是高校或政府科研机构的权威人士，代表着新的研究领域和未知的科学方向；法规派则往往是管理机构和行业的代表。

从研究目的和方法上看，学院派是基于其认定的某种假设的，实验目的就是要验证这种假设，至少也要与这种假设相关联，否则就无法发表论文或是继续下去，但是其所做的实验多是小规模的，实验室的情形并不一定符合GLP要求。而法规派进行的毒理学研究则要遵从国际公约或政府指导原则的，如GLP（类似于实验室的质量保证和质量控制体系）。

从研究内容上看，学院派因偏向于某种假设，研究出生物体毒理方面的现象就是其初衷，而并不会考虑实际的风险可能性和风险评估。法规派恰恰不一样，在生理学现象上，还要考虑统计学意义、实际意义，同时必须考虑试验的可重复性，试验质量的好坏高低，并在危害的基础上严谨地考虑暴露量，进行风险评估得出风评结论，进而在此基础上进行风险管控，实施或调整法规标准。

鉴于世界各地对双酚A的争议不断，为了真实弄清楚问题所在，为法规决策提供可靠的数据，美国国立环境健康科学研究所（NIEHS）、美国国家毒理学协会（NTP）及美国FDA于2012年起联合进行了一项名为CLARITY-BPA（Consortium Linking Academic and Regulatory Insights on BPA Toxicity）的研究项目。CLARITY-BPA旨在对双酚A进行新一轮的风险评估，同时开展核心项目研究以及委托项目研究。前者依据美国联邦法规的毒性测试指南实施，研究双酚A对大鼠的毒性研究（慢性毒）；后者由受委托的大学和研究机构实施（主要是之前发表过双酚A健康安全相关论文的），测试更为广阔的健康靶向终点，前后两者都对相同暴露剂量下和同样饲养培育的动物进行实验，使得相互之间既可以相互验证督促，也可以最大范围地利用各自的所长，发现不同靶向终点和慢性、亚慢性毒效应之间的关联。这一协作项目使学院派、法规派以及政府机构决策者之间形成了一种互惠的合作关系：采用相同的研究设备，在大学中进行创新研究，依托单位收到的样品为双盲试样以避免试验误差和实验者的偏见，最终能形成一致的毒理学数据，为风险评估和风险管控提供标准的数据依据。

这个项目中的核心研究，于2018年4月份经过了公开的同行评议（peer review），最终研究报告于2018年9月发表，最终结论同样由美国政府正式公布，2019年10月，这项研究还公开发表在了经过同行评议的科学杂志《食品和化学毒理学》上。2018年9月份的最终结论再次印证了美国政府在同年2月份对CLARITY-BPA核心项目研究做出的初步结论，最终的结论非常明确：强力支持双酚A在食品接触领域使用的安全性。同时，美国FDA食品及兽药安全副专员Steven Ostroff博士也指出："初步审查支持我们做出的'关于双酚A目前被授权的应用用途对消费者是安全的'的决定。""大量的研究结果再一次肯定了先前所做的有关双酚A安全性的科学评估结论，并又一次证实了美国FDA当前对'双酚A安全吗'的简单答复：'是的，安全（Yes）'"。

而CLARITY-BPA项目中的14个委托项目研究，测试的结果数据都已经上传到美国NTP的网站上，供各方研究人员进行分析和解读。到目前为止，14名受资助者中有9人公布了他们的研究结果，没有一项与总体核心慢性研究结果相矛盾。美国NTP已正式公布整合核心研究和委托研究结果。该报告将涵盖受委托科研机构所进行的不同靶向器官、不同组织的研究章节，整合

CLARITY-BPA计划中两个组成部分中按剂量、时间和终点的信息。

7.4 下游应用相关法规和标准

自20世纪50年代诞生以来，聚碳酸酯一直是工程塑料行业界的宠儿，"优质工程塑料""高档材料""透明材料""防弹胶""阻燃塑料""抗冲击性能优异""食品级""医疗级""航空材料"等称号，彰显着聚碳酸酯材料"高大上"的气质和品质。在各种应用领域中，聚碳酸酯不断充当着"替代者""革命者""先锋队"的角色。随着加工技术、热成型技术、共混合金技术、聚合工艺以及共聚技术的快速发展，聚碳酸酯或是创造了一个新的应用领域，或是打破了过去的材料使用格局，力助产业升级。在这些过程中，不同领域、不同行业应用的标准和法规，对聚碳酸酯的使用与推广也有着非常重要的影响。

7.4.1 聚碳酸酯产品标准

聚碳酸酯产品本身，国内仅有不多的标准，主要是其命名原则、性能要求以及测定方面的指标要求。这些标准在2017年以前并非国家标准，而是化工行业标准，如：HG/T 3020—1999《聚碳酸酯（PC）模塑和挤塑材料命名》、HG/T 2503—1999《聚碳酸酯树脂》、HG/T 2234—1991《聚碳酸酯稀溶液粘数的测定方法》。除HG/T 2503标准以外，其他两个标准都明确表明是从国际标准转化而来，详见表7.4。随着国家塑料标准委员会（简称塑标委）大力推进国际采标的工作，HG/T 3020已经被新的国家推荐性标准GB/T 35513.1—2017所取代，并完全等同于ISO 7391-1:2006版本。而且，根据ISO 7391系列标准第2部分，塑标委也将其转化成国家标准GB/T 35513.2—2017《塑料 聚碳酸酯（PC）模塑和挤出材料 第2部分：试样制备和性能测试》，但并未等同采纳，而是根据我国行业特点有所修改采纳，其中参与的单位有：中国蓝星（集团）股份有限公司、中蓝晨光成都检测技术有限公司、武汉金发科技有限公司、广州市聚赛龙工程塑料股份有限公司、鲁西化工集团有限公司、中蓝晨光化工研究设计院有限公司。

近年来，顺应可持续发展的目标，市场对于再生塑料的需求不断扩大，国家还制定了相关的GB/T 40006《塑料　再生塑料》系列标准，其中的GB/T 40006.7—2021《塑料　再生塑料　第7部分：聚碳酸酯（PC）材料》是关于再生聚碳酸酯材料的技术要求，主要起草单位是上海奥塞尔材料科技有限公司、成都产品质量检验研究院有限责任公司、浙江普利特新材料有限公司、科思创（上海）投资有限公司、万华化学集团股份有限公司、中蓝晨光成都检测技术有限公司、中国石油和化学工业联合会、中国环境科学研究院、沙特基础工业（中国）投资有限公司、盛禧奥聚合物（张家港）有限公司上海分公司、厦门灵杰科技有限公司、宁波旭日鸿宇科技有限公司、山东万达化工有限公司、山东道恩高分子材料股份有限公司、中华人民共和国青岛大港海关、广州海关技术中心、北京燕山石化高科技有限责任公司、鲁西化工集团股份有限公司、青岛中新华美塑料有限公司。

表7.4　聚碳酸酯相关标准

现有标准号	替代标准	标准名称	国际标准	备注
GB/T 35513.1—2017	HG/T 3020—1999	塑料　聚碳酸酯（PC）模塑和挤出材料　第1部分：命名系统和分类基础	ISO 7391-1:2006，等同采纳	
GB/T 35513.2—2017	无	塑料　聚碳酸酯（PC）模塑和挤出材料　第2部分：试样制备和性能测试	ISO 7391-1:2006，修改采用	中国蓝星、中蓝晨光成都检测、金发科技、聚赛龙、鲁西集团、中蓝晨光院
GB/T 40006.7—2021	无	塑料　再生塑料　第7部分：聚碳酸酯（PC）材料	无	上海奥塞尔、成都质检院、浙江普利特、科思创、万华化学、中蓝晨光、石化联合会、环科院、沙特基础工业、盛禧奥、厦门灵杰、宁波旭日鸿宇、山东万达、山东道恩、青岛大港海关、广州海关、北京燕山石化、鲁西化工、青岛中新华美
HG/T 2234—1991		聚碳酸酯稀溶液粘数的测定方法	ISO 1628-4:1986	将被GB/T 1632.4替代
HG/T 2503—1999		聚碳酸酯树脂	无	将被国标推荐性标准替代

HG/T 2234—1991标准，是关于聚合物加工极其重要的参数——黏度的测定标准（该术语已被行业内统一为"黏度"）。该标准适用于聚碳酸酯均

聚物、共聚物及其混合物，且不论是否含有填料。该标准还是化工行业标准，等同采用了 ISO 1628 第四部分（1986 年），是非常有实际意义的。ISO 1628.4 的现行版本为 1999 年，2018 年被 ISO 再次审定，并认可保持不变。因此，塑标委将继续推进其最新版本的转化，HG/T 2234 的标准名称亦将改为"塑料　用毛细管黏度计测定稀溶液中聚合物的黏度　第 4 部分：聚碳酸酯（PC）模塑和挤塑材料"，全面等同 ISO 1628 第 4 部分。

至于 HG/T 2503 标准，其中会涉及一些技术指标，如溶液色差、简支梁冲击强度、拉伸强度、断裂伸长率、屈服弯曲强度、热变形温度、体积电阻系数、介电系数、介电强度等，试验方法也基本上采取与国际标准等同或等效转化的国内标准。从这个角度看，我国聚碳酸酯产品本身的标准，并未有明显缺失部分，仅仅是更新速度问题，以及目前成熟的测试方法是否能满足技术发展的实际需要，特别是对新型的共聚类聚碳酸酯材料尤为如此。自 2018 年起，应国内聚碳酸酯生产企业的要求，由鲁西集团牵头，在塑料标准化技术的组织下，包括内资、外资、合资等聚碳酸酯生产企业一起讨论了该标准的修订，初稿几经修订，行业内达成一定的共识——产品等级划分更细致，并增加熔体流动指数（MVR，MFR）；但是，在新增检测指标方面，由于不同生产工艺采用的封端剂不一样、生产过程中产生的杂质离子不同，所以一些被提议的技术指标项，未能得到大多数企业的认同。目前，该行业标准转化为国标的进程尚在进行中，样品收集和数据验证已基本完成。

总的来说，这三个化工行业标准，都由全国塑料标准化技术委员会（SAC/TC 15）负责技术归口。具体讲，HG/T 3020 标准由原化工部晨光化工研究院（成都）负责起草和修订，其他两个技术标准都是由上海市合成树脂研究所负责起草和修订。目前，SAC/TC 15 的设置包括如下几个分技术委员会：SC1-石化塑料树脂产品，SC4-通用方法和产品，SC5-老化方法，SC7-聚氯乙烯树脂产品，SC8-聚氨酯塑料，SC9-工程塑料，SC10-改性塑料以及 SC11-热固性塑料。其中，SC9-工程塑料分委会主要涉及"聚酰胺"和"聚碳酸酯"等产品的技术标准。

另外，SAC/TC 15 标委会也在不断开拓下游应用领域中的材料标准及专用料标准，与聚碳酸酯相关的有：《LED 灯罩用聚碳酸酯》《塑料　家用和类似用途电器装置用阻燃聚碳酸酯专用料》《电动汽车充电桩壳体用聚碳酸酯/

丙烯腈-丁二烯-苯乙烯（PC/ABS）专用料》等。

7.4.2 电子电气行业相关标准

聚碳酸酯材料是热塑性工程材料，其加工性能好、抗蠕变、热收缩率低、尺寸稳定性高、可回收，这就意味着加工效率高、成品率高，与电子电气行业要求的"快""精""环保"非常契合。同时，注射成型可以制备结构复杂的部件，外加聚碳酸酯透明、着色性能好、表面工艺多样，又极大地满足了"潮""炫"的数码产品时尚外观要求。

当然，在这个广阔的行业领域（电子、家电、电气），由于聚碳酸酯具有以下几个主要特性：①天然的阻燃性能，不用或少量添加阻燃剂就可以达到较高的阻燃要求（如 UL 94 V-0、灼热丝燃烧 850℃）；②超高的抗冲击性能，保证制品抗摔防撞，且耐久使用；③可回收，更环保，在塑料的可持续发展要求中，聚碳酸酯完全满足了"3R"原则。因此，电子电气行业对聚碳酸酯青睐有加。

我国电子电气行业的相关法规标准基本是在国际法规基础上建立起来的。大致分为两大类：一类是电子电气产品基本性能要求（如 3C 强制要求等，并附加了对材料的性能要求），另一类是环境保护要求，特别针对可回收利用率、可再生利用率、绿色设计、回收料用量、零部件尺寸及必要材料标识等。电子电气产品对材料的具体标准要求主要涉及了以下几个方面：

① 涉电产品，材料质量必须可靠，绝缘性能、介电性能、防电弧要过关；
② 最终制品应能抵御一定的外力，力学性能和防摔性能需满足；
③ 受热不易变形，在热环境下，力学性能和电性能需达标；
④ 关键部件需阻燃防火，从根本上减少电子电气产品发生火灾的可能性；
⑤ 材料环保，可回收，且回收后的材料需达到一定质量要求。

前四项基本属于安全一类（质量控制），不同细分应用的要求差异性可能较大，最后一项属于环保加分项，取决于该应用对环保和实际安全需要的平衡考虑。不过，随着绿色产品需求的不断提升，环保、可持续、循环经济等要求的权重越来越高。

电子电气行业涉及的标准所涉及的相关机构及标准简单表述如下。

（1）国际电工委员会（IEC）

国际上，电子产品或电气产品的相关标准基本上是由国际电工委员会（International Electrotechnical Commission，IEC）所制定的。IEC成立于1906年，是国际性的电工标准化机构，负责有关电气工程和电子工程领域中的国际标准化工作，IEC和国际标准化组织（ISO）、国际电信联盟（ITU）并称为全球性的三大标准化机构。IEC的会员都是以国家为代表参与的，截至2018年4月份，正式会员有62个国家，另有23个观察员国家参与。IEC在制修订标准过程中，各个会员国会积极参与和反馈建议，最终由正式会员投票通过进行发布，IEC的标准发布后，再由会员（成员国）根据本国实际情况转化成相应的国家标准。IEC标准的权威性是世界公认的，全球近10万名专家都在参与标准的制修订，可以说，IEC标准是"凌驾"于各国标准之上的。目前，随着电子化、信息技术的不断发展，电子、家电、电气设备乃至信息产品不断融合，IEC的标准范围不断扩大到电子、电力、微电子及其应用、通讯、视听、机器人、信息技术、新型医疗器械和仪表等电工技术的各个方面。毫不夸张地说，IEC是涉电标准的源头。

IEC的相关产品对安全性的要求十分重视，对使用的材料选择有非常严格的约定，特别是前面提到的"绝缘""阻燃防火""耐热""机械强度""无卤化阻燃"等。这里先不谈工业用的电气产品（国内归属中国电器工业协会，CEEIA）和照明设备（如LED）。对于普通大众，IT设备、电子数码、打印复印产品、办公设备以及多媒体设备，还有各种家用电器、小家电、旅行充电器等是广大消费者最常用到的"带电"产品。在全球，通常将这些产品分类为："电子信息产品""音视频产品""家用电器""家电附件"等。在IEC的技术委员会中，IEC/TC 108是负责"电子信息产品""音视频产品"的技术委员会。

（2）全国电子产品安全标准化技术委员会（SAC/TC 588）

在中国，负责制定和修订电子或电气产品安全类相关标准的机构是全国电子产品安全标准化技术委员会（简称：电子安标委；编号是SAC/TC 588）。电子安标委成立于2020年，秘书处所在单位是工业和信息化部电子工业标准化研究院，主要负责音频、视频、信息技术和通信技术领域内电子产品整机安全、关键零部件安全及其测试方法等电子产品安全领域的标准化工作，与国际电工委员会音视频、信息技术和通信技术领域内电子设备的安全委员会（IEC/TC 108）工作领域相对应。电子安标委委员组成涵盖了政府机构、行业协会、企业、高校、科研院所、检测机构、消费者等各界代表，共同维护和推进电子产品领域的标准化工作，全面深入地开展国内外产业研究，进一步完善电子产品安全领域标准体系，积极推动重点标准研制，开展标准宣贯，加强标准实施。同时，积极参与国际标准化工作，提高我国在电子产品安全标准化领域的国际影响力。

电子安标委归口管理多项国家标准包含强制性国家标准，涉及电子产品安全通用要求、配套标准、关键零部件安全、测试方法等领域。下文提到的GB 4943.1—2022《音视频、信息技术和通信技术设备 第1部分：安全要求》就是由电子安标委负责制定的，目前已经正式实施，作为中国强制认证（CCC）对于电子电气产品整机安全的依据。

（3）IEC 62368-1标准、GB 4943.1标准和UL 94标准

目前，IEC出版的IEC 62368-1:2018标准是统领整个电子信息产品和音频/视频的相关安全标准。这个标准是在IEC 60950（信息技术设备安全）和IEC 60065（音频、视频及类似电子设备 安全要求）的基础上合并后修改而来的，这个标准代表了产品安全要求的新方向——基于危害程度而确定安全方法，如材料的选择、产品的设计。美国在此基础上修订为UL 62368-1标准，欧盟由此出台了EN 62368-1标准。

IEC 62368-1中，额定电压不超过600V的信息技术设备、办公设备以及音频/视频设备都包括在内。其中与材料相关的安全要求主要包括：不同情况下对材料阻燃等级的要求，最终制品是否需要进行蜡烛火焰引燃测试、压力测试和跌落测试等。与IEC 60950相比，新的IEC 62368不再用"移动设备"和"固定设备"作为区分界限（18kg为限），而是改用额定功率"不足4000W"和"超过4000W"的差异，来规定使用材料的安全要求。

从标准看，使用防火外壳是降低带电产品发生火灾风险的有效手段之一。对于防火外壳（fire enclosure）的材料选择，如果产品功率低于4000W，就需要阻燃等级达到或超过V-1或VTM-1；当防火外壳距离起火点的设计距离小于13mm，则需要进一步提升阻燃等级达到V-0；如果产品功率超过4000W，则阻燃等级就要达到5VA或5VB。行业内，特别是办公应用领域和

易出现火焰风险的场景，最终产品的生产企业为了尽可能降低风险，并不仅仅满足于达到上述水平，通常会采取更加严苛的要求，因此，V-0级别的防火等级更为企业所青睐。

与IEC 62368-1：2018对应的国内标准是GB 4943.1—2022，它修改采用了IEC 62368-1：2018，形成我国的强制性国家标准，成为众多电子电气产品（家电除外）的市场准入类安全认证依据。它也被多类其他产品标准引用，作为其防火外壳等材料的安全技术要求。在修改采用IEC 62368-1：2018的时候，考虑到我国地理条件的特殊性，以及少数民族人口的分布特点，GB 4943.1—2022将设备的使用范围修改为海拔5000m及以下地区。对于预定仅在海拔2000m及以下使用的设备，可以采用相应降低的要求，但要进行警告说明。由于我国供电条件的特殊性，建筑设施中的保护装置不能对用电设备提供有效的保护，因此增加了过流保护装置的要求等。需要注意的是，对于材料阻燃等级的认证，应按照GB 4943.1—2022的要求，使用GB/T 5169《电工电子产品着火危险试验》系列标准的测试方法。另外，中国有关部门正在讨论对防火外壳部件的阻燃性能加严测试要求，未来有可能要求所有属于CCC范围的产品防火外壳通过GB 4943.1—2022附录S.2的针焰燃烧试验，而不是仅仅在材料阻燃等级和产品部件针焰燃烧试验中二选一。

在美国，IEC 62368-1的国际标准由UL公司进行转化，变成UL 62368-1。UL公司即美国保险商实验室（Underwriters Laboratories），该公司推出的标准有近五分之三被美国国家标准（ANSI）所采用，也被美国甚至全世界行业界公认。这家公司最为著名的是在材料防火阻燃方面的贡献，UL 94《the Standard for Safety of Flammability of Plastic Materials for Parts in Devices and Appliances testing》是对电工产品中使用的塑料材料进行燃烧等级测定的标准。这个标准和IEC 60695-11-10、IEC 60695-11-20以及ISO 9772、ISO 9773等标准相互协调一致，因此事实上，它已经被全世界所采纳。在UL 94标准中，区分了水平燃烧测试（HB级，如图7.2所示）和垂直燃烧测试（V，如图7.3所示），并对超薄材料（VTM）以及低密度发泡材料的燃烧测试（HF）有特别的定义，还对火焰强度大小进行了区分，根据材料引燃情况、熄灭时间以及是否有燃烧滴落物，最终判定材料的燃烧阻燃等级。简单说，垂直燃烧要严苛于水平燃烧，其中V-0是垂直燃烧中防火阻燃等级最高的（V-0 >

V-1＞V-2＞HB）；在大火焰的燃烧测试下，符合5VA等级的材料其燃烧等级要高于5VB的材料（5VA＞5VB，如图7.4所示）。需要明确的一点是，材料的防火阻燃等级与厚度是有关联性的，所以，说一种材料达到V-0等级并不准确，一定要和测试的厚度关联才是专业说法（即：在多少mm厚度下，某种规格的材料能达到什么样的阻燃等级）。当材料被实际应用于产品中时，通常需要考察防火部件最薄处的厚度所对应的材料阻燃等级。聚碳酸酯材料在这方面有得天独厚的优势，比PP、PMMA等材料更容易达到V-0水平，而且阻燃剂的添加量要少很多，也不必使用溴系阻燃剂，这在环保要求方面优势明显。

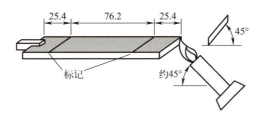

图7.2　水平燃烧测试

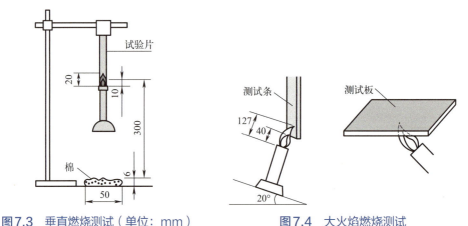

图7.3　垂直燃烧测试（单位：mm）　　图7.4　大火焰燃烧测试

（4）定义"无卤"的IEC 61249-2-21标准

对一般塑料材料而言，V-0等级的阻燃要求意味着树脂中要添加很多的"阻燃剂"。不可否认，阻燃效果最为突出的是卤素阻燃剂（氯系、溴系）。然而，在塑料制品发生燃烧时，尽管这类阻燃剂的阻燃效率比较好，但同时带来了烟毒性的问题（燃烧释放有毒烟气），逃生的人们没有因为火焰蔓延、却由于烟气窒息和中毒造成死亡，据不完全统计，这个比例竟然高达80%（当然，缺氧窒息也是重要的原因）。因此，从环境保护、人类安全和阻燃效率的角度出发，开发高效、无害、低烟、低毒、环保的阻燃剂就是必然的趋势，而无卤往往又是其中的一个环节。IEC发布了一项国际标准IEC 61249-2-21，严格定义了无卤（halogen-free）的含义：阻燃剂中氯含量不得超过900mg/kg，且溴含量不得超过900mg/kg，同时两者的总含量不得超过1500mg/kg。虽然，卤素阻燃剂生产商对此有不同观点，因为"无卤只表明该阻燃剂不含有溴、氯、氟等卤族元素，既不代表绿色环保，也不代表整个行业的发展方向。不同阻燃剂理应均衡协调发展，发挥各自在防火安全中的重要作用"。但是不得不承认的事实是，"无卤"在电子行业中大行其道。在一些绿色认证标准中，例如美国的EPEAT认证以及瑞典TCO认证，"无卤"已经成为必选项。由此，氮磷系的阻燃剂和无机类阻燃剂应运而生。当然，行业内几乎没有争议的是，尽量地减量使用卤素确实是一个基本性的原则。对聚碳酸酯树脂来说，溴系阻燃剂也好、磷系阻燃剂也罢，都能和聚碳酸酯树脂很好地融合，达到阻燃防火的目标。特别地，由于聚碳酸酯本身就有良好的阻燃性，因此，阻燃剂的添加量可以控制得很低，相比PP、PMMA等其他塑料优势明显，也是更加环保的一种体现。

（5）灼热丝燃烧试验及相关标准

针对无人值守的电器来说（如家用电器、开关面板、电线线路等），火灾风险往往由热量蓄积造成的材料失效而形成，是高温或蓄热部件释放热量时对材料的"伤害"后果，以及进而引发的着火风险。因此，不像UL 94材料阻燃测试使用明火，而是采用"灼热丝试验"（glow-wire test，GWT）的方法检验电子电器产品在工作环境下（没有明火）的稳定性。其标准及检测方法当然还是由IEC制定的，由IEC 60335系列标准中三个测试组成的：GWFI（灼热丝可燃性指数）、GWIT（灼热丝起燃温度）和GWT（灼热丝测试），同UL类似，测试的结果一样是与样品厚度有关联的。

大体上，GWFI是材料预选测试，针对的是材料，参照IEC 60695-2-12执行，在测试样厚度下，直接带电部件的材料至少要通过850℃，其他材料也要通过650℃，然后再选择进行GWIT测试或是GWT测试，前者是继续针对材料进行，后者是针对最终制品（指电器产品或部件）进行。

GWIT，针对材料参照IEC 60695-2-13执行测试，试样为标准样条，直接带电部件的材料至少要达到775℃才可以判定材料可以直接使用（注：引燃判定为有焰燃烧不少于5s）。如想直接对最终制品（试样为制品）做GWT试验，则参照IEC 60695-2-11执行。如在750℃下不燃（或虽然起燃，但在灼热丝离开后30s之内熄灭且不引燃制品下面铺的包装物），则说明材料可以直接使用。这种灼热丝测试显得比较复杂，但却是进入欧洲市场的强制性要求。

聚碳酸酯材料在高温高热下的性能一样非常出众，通过GWFI的850℃要求相对简单，甚至达到最高等级的960℃也没有问题。添加阻燃剂的量也要比PP类材料少很多，对环境更加友好。

（6）耐电痕化指数（PTI）、相比电痕化指数（CTI）及相关标准

除了提供防火阻燃以及足够的机械防护，聚碳酸酯在电子电气产品中还常作为固体绝缘材料使用，其电气性能和防电弧性能也至关重要。固体绝缘材料在电应力和电解杂质联合作用下，会在表面和（或）内部产生导电通道，称之为电痕化。在工程应用和科学研究领域，耐电痕化指数（PTI）和相比耐电痕化指数（CTI）被作为评价电工电子产品使用的固体绝缘材料性能优劣的重要参数。

在电子电气产品或者带电部件的设计中，通常由绝缘材料、电气间隙和爬电距离构成绝缘结构，为其提供电安全防护功能。爬电距离应满足这样的尺寸要求，即在给定的有效值工作电压、污染等级和材料组别（由CTI数值划定）下，不会发生绝缘闪络或击穿（例如，由于电痕化引发的）。因此，最小爬电距离与有效值工作电压、污染等级和材料组别这几个因素互为制约。对于电子电气产品来说，大量电子元件的集成化以及产品的小型化趋势，限制了产品或者零部件的尺寸，而最小爬电距离的设计冗余也间接成为提高CTI的原因之一。具有较高CTI的材料，可以被用于更大的工作电压和更小的爬电距离设计中，因此CTI也成为聚碳酸材料用在电子电气产品中的常见要求之一。例如，IEC 62368-1和GB 4943.1中就有相应的要求。在甄别材料组别时，如果需要CTI为175或更大，且材料数据不可获得，则可以用IEC 60112或GB/T 4207—2022《固体绝缘材料耐电痕化指数和相比电痕化指数的测定方法》规定的PTI试验来确定材料组别。如果通过试验确定的材料的

PTI等于或大于对应组别CTI的下限值，则可以将该材料列入对应的组别内。

随着智能电子、智能家电的广泛普及，电器电子产品之间的相互融合已成为趋势，很多最终产品对材料的耐热、耐燃、阻燃、绝缘等性能要求也渐渐被综合考量，目前总体趋势是要求日益严苛。阻燃等级V-0、V-1已经快成为业界的基本要求，对于电控盒等直接"接纳"电流的核心部件，很多企业已经要求使用5V级别的材料了，并且会要求材料同时具备较好的耐电痕性能。相较于聚碳酸酯/ABS共混树脂材料，纯聚碳酸酯树脂材料相对更容易满足这些要求。

（7）可持续发展要求

随着经济和人口的发展，社会、群体以及个人对可持续发展的关注度越来越高，营造"蓝天碧水，绿色城乡"是每个国家、每个地球人的希望。"绿色""环保"自然而然地与我们日常的生活活动紧密地联系在了一起。从全球看，联合国可持续发展的宗旨就是——"让世界更美好（To build a better world）"。联合国发布了17个可持续发展的目标（sustainable development goals，SDG），涉及了世界发展的方方面面：从人口、贫穷、福祉、平等、和平，直至生产、安全、卫生、环保、城市、消费等，其中就有关循环经济和材料回收再利用的目标。本部分着重强调的就是在这个大环境下，电子电气设备行业对环保、回收再利用方面的要求，以及避免或减量使用有害物质（如重金属）。这些"绿色"（注：其实绿色仅仅是个象征性的表述，实际代表的是循环经济）的要求，在汽车、建筑、照明等各个领域中，也都有所体现，只是电子信息产品行业更加突出罢了。

我们都了解，电子信息产品更新换代非常快，同时也造成了一些社会公共话题。前面谈到的除了"无卤"的话题稍微有些可持续发展的含义，其他都是安全性能的考虑。以欧洲为例，众所周知的欧盟CE指令要求：电器产品在安全性方面必须强制性满足CE/EMC（电磁兼容）、CE/LVD（低电压设备指令）、CE/ErP（能效指令）、CE/RoHS（环保RoHS 2.0）等要求，才能合法在欧洲市场销售。其中，对低电压设备的安全考虑，基本上也是涉及了前面提到的选材要求（防火阻燃、抗冲性能等），RoHS则是考虑了有害物质（重金属和个别溴系阻燃剂）的合理化替代。然而，这些尚不全是环保的重点，电子电气领域中，全球的政策引导主要考虑的是两个方面的内容：①废弃电子电气产品的后续处理；②有害物质的限制使用（以RoHS为主）。

在欧洲，当前的废弃电子电气设备法令2012/19/EU（WEEE Directive, Waste Electrical and Electronic Equipment）被形象地称作"WEEE 2.0"，是一项扩大生产者责任制度的欧盟立法，旨在防止电子电气设备（WEEE）废弃后污染环境（如：填埋对土壤环境、填埋或拆解等处理对水环境、焚烧对大气环境等），并通过赋予生产者特殊的责任确保设备能够被回收、再利用或循环使用。制造商和/或进口商须提前支付一定的费用，用来平衡以不危害环境的方式收集、处理和处置专用和家用电子电气设备（EEE）的花费。此外，WEEE指令要求对设备进行标记，并要求生产者在引进EEE的每个成员国进行登记和报告。生产者、制造商和进口商的义务要看WEEE是来自家用还是其他应用而定。另外，经销商也应对废弃设备的管理承担相应义务。可以看出，这种管理是覆盖全产业链的，而且，最终EEE设备生产商会不断向上游原材料企业提出相关要求。

该指令于2012年7月24日在欧盟正式公布，并在公布后的20天生效。与1.0版本相比，新指令的覆盖范围更广，扩大至所有的电子电气设备。新指令给出了实施的过渡期（即2012年8月13日至2018年8月14日期间），在过渡期内该法令管理的EEE设备共有十大类产品，在附录Ⅰ中列出（附录Ⅱ列出了相对具体的各类产品示例）。而自2018年8月15日起，新指令将对电子电气设备重新分类进行管理，附录Ⅲ指出了新的六大分类，并采取开放式（Non-exhaustive list in Annex Ⅳ）的范围。当然，仍有部分"带电"产品是不在管理范畴之内的，列于第二条的（3）及（4）条目（豁免条目），例如军事用途、灯丝灯泡、大型固定工业工具、体外诊断医疗器械和有源植入型医疗器械等等。

这个法令是强制性的，特别对废弃电子电气产品的收集率（collection rate）、可循环再利用率（recyclability rate）、可回收利用率（recoverability rate）有阶段性的严格要求。

以收集率为例，根据条款7，每一个欧盟成员国必须确保"生产者责任制"的落实到位，也就是说，生产者应担负起收集废电子电气设备（WEEE）的责任。自2016年起，收集率每年至少需要达成45%的目标（重量百分比，指市场上的EEE投放量）。而从2019年起，这个要求要提高到

65%，或是该国产生WEEE总量的85%。（注：对保加利亚、捷克共和国、拉脱维亚、立陶宛、匈牙利、马耳他、波兰、罗马尼亚、斯洛文尼亚和斯洛伐克等国，由于国内基础设施的不完善，这个比例要求略有降低，时间上也可以从2019年延迟到2021年8月14日之前。）

对于循环再生利用率和回收利用率来说，从2018年8月13日起，按照6类EEE产品，百分比要求稍有不同。

欧盟WEEE指令（2012/19/EU）附件Ⅲ关于再生利用率和回收利用率的具体要求详见表7.5。

表7.5　欧盟WEEE指令（2012/19/EU）附件Ⅲ关于再生利用率和回收利用率的具体要求

产品类别	循环再利用和回收再利用目标		备注
	回收再利用（recover）	重复使用（reuse）与循环利用（recycle）	
第1、4类	0.85	0.8	温度交换设备（温度调节），如冰箱、空调，大型EEE设备，如洗衣机、干洗机等
第2类	0.8	0.7	如屏幕、显示器、电视、笔记本
第5、6类	0.75	0.55	小型EEE设备，如吸尘器、微波炉、电水壶、电动剃须刀；小型IT设备和通信设备，如手机、袖珍计算器、个人电脑、路由器、打印机和电话
第3类	—	0.8	灯具，如直管荧光灯、紧凑型荧光灯、高强度放电灯以及LED等

这些比例要求，其实就是最终产品生产者不断向上游寻求支持的根源。如果所提供的材料无法回收或没有成熟的回收技术作保障，势必将影响其商业化推广。全球知名的品牌商甚至会直接干预上游之上游的原材料采购，避免有害物质使用的同时保障产品的回收利用率，从而摆脱垃圾堆积成山或是填埋焚烧再污染环境的困境。

以欧洲为例，为了推进这种法规要求，欧盟还分别推出了针对终端消费产品的"生态标签"（Euro Flower，欧洲之花）以及针对生产过程的"欧盟生态管理和审核体系"（Eco-Management and Audit Scheme，EMAS）。一方面从消费角度出发，鼓励在欧洲地区生产及消费"绿色产品"；另一方面从工业生产角度着手，推动和提高产品在生产过程中的整体环保要求。

声势最大的当数"生态标签"——毕竟消费者群体的利益高于一切。消费者拥护和买单的，自然在产业链中有极大的号召力和影响力。除了欧洲之花，美国有EPEAT、德国有"蓝天使"（Blue Angel）、北欧五国有"白天鹅"（White Swan）、日本有Eco-Mark、瑞典TCO、中国的"十环认证"，如图7.5所示。其实，无论哪个国家的生态标签中，都有着类似于WEEE的指导原则：倡导"使用保质保量的回收材料""提升材料的可再生利用率和可回收利用率"，以及实施产业链最前端的"生态设计"等评价要求。虽然各国的生态标签并不是强制性的制度，而是一种自愿性的，但是，各国政府在政府采购方面，都加大力度支持获得"生态标志"标签的产品和企业，也就形成了一种"技术"门槛，甚至就是"半强制性的要求"，促使国际大型的电子消费品、音视频等生产企业对生态标签多有认同。在各种生态标签中，美国的EPEAT、德国的Blue Angel和瑞典的TCO，在国际市场上具有非常高的市场认知度，可以说分别是美洲和欧盟的"最强大脑"（注：欧盟的"欧洲之花"所规定的原则，极大程度上参考了Blue Angel的要求）。

图7.5　各国生态标签

瑞典的TCO的认证，在电子电气相关行业有广泛的认可度，TCO认证机构还建立了TCO认证认可物质清单（TCO Certified Accepted Substance List），该清单中，分别包括：①CI=清洁成分（cleaning ingredient）；②CP=清洁组分（cleaning product）；③FR=阻燃剂（flame retardant）；④PL=增塑剂（plasticizer）；⑤S=稳定剂（stabilizer）。这个认可物质的正清单，允许使用类型有2类：a.纯物质类，如氧化镁（CAS No. 1309-42-8）（FR，3），也就是说，任何供应商的纯氧化镁物质作阻燃剂均可使用，且该阻燃剂的Benchmark或Green score（绿色评分等级为3）；b.特定供应商的产品类，如

Resorcinol Bis-Diphenylphosphate/Fyrolflex RDP（CAS No. 57583-54-7）（FR，2），仅该品牌的阻燃剂Fyrolflex RDP才为认可的RDP阻燃剂，且该阻燃剂的Benchmark或Green score（绿色评分等级为2）。中国市场上，有许多不同品牌的RDP，这些RDP均不被TCO认证机构认可。

从材料方面看，聚碳酸酯材料本身确有一定的优势，但对于共混的PC/ABS材料看，仍有大量的技术攻坚战需要克服。在实际操作中，另有一个问题始终困扰着产业链——闭环回收。这是因为，只有闭环回收才能确保回收料的来源和品质，最终确保终端产品的质量过关，从而使循环经济可持续。因此，在这个方向上，不断有材料生产商（如聚碳酸酯生产企业）、分销商、制品生产商、终端产品销售或应用领域等诸多环节，一同营造有实际意义的"闭环回收"和"塑造未来"，追求更高层次的"循环经济"的解决方案。

中国的"十环认证"是中国环境标志产品认证的俗称，该标志最明显的特征就是中间的"十个环紧密相连、环环相扣，共同围绕着中间的青山、绿水和太阳"。在消费品行业内，"十环认证"有绝对影响力，算得上环保领域最具权威性的一块招牌。当然，其针对的都是终端消费品，不仅表明产品的质量合格，而且符合特定的环保要求。特别是在原材料的选择方面，要求严苛：低毒少害、节约资源和能源。目前，其涵盖的产品已经有100多个，包括办公设备、建材、家电、日用品、汽车、家具、纺织品等等。而且，中国的环境标志产品标准积极借鉴美国EPEAT、德国Blue Angel、瑞典TCO等标准的要求，甚至更为严格。国务院在"加快发展循环经济""落实科学发展观加强环境保护"和"节能减排"等方面都不断强调：要鼓励使用环境标志产品，大力倡导环境友好的消费模式。对于政府采购、招投标的产品，列入《环境标志产品政府采购清单》的，有着明显的优势。在环境标志产品的技术标准要求中，在产品质量合格的前提下，行业公认的限值指标更趋严格，限用或减量使用有害物质、提高回收利用率要求，产品的环保设计都是重中之重。

（8）PFAS（全氟和多氟烷基物质）挑战

聚碳酸酯的共混、预混产品，广泛使用有机氟类物质作为阻燃剂或防滴落剂。PFAS（全氟和多氟烷基物质）的"阴影"正笼罩着多个行业，从氟化工、消防、电镀、印染、石油、塑料加工，乃至新能源、汽车、集成电路等高端领域。2023年1月13日，德国、荷兰、丹麦、瑞典和挪威等五个欧盟成员国向欧洲化学品管理局（ECHA）提交了一份禁用PFAS的官方提案。美国环保署通过联邦法典40 CFR Part 705建立了按TSCA Section 8（a）（7）法规的PFAS报告制度，并于2023年11月13日生效。

　　PFAS类物质为全氟和多氟烷基物质的统称，目前全球层面对PFAS的定义尚未统一，其涵盖的物质种类约在4700～16000种（表7.6）。

表7.6　PFAS物质定义

PFAS差异	定义	涉及的限制物质数量
OECD	PFAS被定义为含有至少一个完全氟化的甲基或亚甲基碳原子（没有任何H/Cl/Br/I原子连接到其上）的氟化物质，即除少数例外情况外，任何至少含有全氟甲基（—CF$_3$）或全氟亚甲基（—CF$_2$—）的化学物质都是PFAS	约4700个
US EPA	US 40 CFR Part 705（美国联邦法典40第705章节），TSCA第8（a）（7）节PFAS定义： ① R—（CF$_2$）—CF（R′）R″其中CF$_2$和CF部分都是饱和碳 ② R—CF$_2$OCF$_2$—R′，其中R和R′可以是F、O或饱和碳 ③ CF$_3$C（CF$_3$）R′R′，其中R′和R′可以是F或饱和碳	STRUCT：14735 UVCB：1915
EU PFAS草案	任何含有至少一个全氟化甲基(CF$_3$—)或亚甲基(—CF$_2$—)碳原子（不含任何H/Cl/Br/I）的物质。 仅包含以下结构元素的物质不在限制范围内：CF$_3$—X或X—CF$_2$—X′，其中X= —OR或—NRR′，X′=甲基（—CH$_3$）、亚甲基（—CH$_2$—）、芳香族基团、羰基（—CO—）、—OR′、—SR″或—NR″R‴，并且R/R′/R″/R‴是氢（—H）、甲基（—CH$_3$）、亚甲基（—CH$_2$—）、芳族基团或羰基（—CO—）	约16079个

　　考虑到目前列入PFAS的物质数量是如此之多，几乎聚碳酸酯的共混、预混产品使用有机氟类物质均被列入潜在的限制清单里面，如聚四氟乙烯（PTFE）、聚偏二氟乙烯六氟丙烯（PVDF-HFP）、全氟辛酸铵（PFOA-NH$_4$）等。

　　目前产品中涉及的PFAS物质的允许残留水平也非常不统一，欧盟草案规定的限制阈值非常苛刻：①PFAS≤25μg/kg，任何PFAS单个物质限量（聚合物类PFAS不在此限量范围内）；②PFASs≤250μg/kg，各类PFAS单个物质的总和（聚合物类PFAS不在此限量范围内）；③PFASs≤50mg/kg，各类PFAS物质（包括聚合物类PFASs）。如果总氟含量超过50mg/kg，制造商、进口商或下游用户应按要求向执法机关提供一份证明，证明氟含量来自PFASs或非PFASs。这个对聚碳酸酯的共混、预混产品的生产工业及生产过程提出了非常严格的要求，需要整个行业明确具体生产线的杂质水平，避免交叉污染，避免无机氟材料对氟元素的干扰等。

PFAS带来的潜在挑战，对相关行业有机阻燃剂或防滴落剂的替代，以及生产过程的设计及工业控制安排提出了更严格的要求。建议相关聚碳酸酯行业在配方开发过程中，积极推进PFAS非有意添加（not intentionally added）的设计理念，规范生产线交叉污染过程的控制，通过避免使用错误的宣传语"PFAS Free"，积极应对PFAS挑战。

综上所述，电子电气设备领域对材料选择的趋势非常明显：质量为先、环保并重。

在安全得以确保的前提下，减少阻燃剂使用量或合理换用"绿色"的阻燃剂使材料达到合格的阻燃效果是基本要求。同时，由于集成电路密集度越来越高，潜在的火灾风险和不确定因素更为突出，所以要求更高效的阻燃材料将是一个趋势。另外，对于最终制品和原材料的回收以及生态环保设计，都对回收利用率和再生利用率提出了更高的要求。热塑性材料，特别是阻燃防火性能优异、耐高温的热塑性工程塑料将是市场需求的焦点。低成本的通用材料很可能会逐步被边缘化，当然，共混合金或是专用料开发或许是一个较好的出路。

7.4.3 汽车行业相关标准

汽车行业是典型的国家支柱型产业。这些年来，"智能网联""无人驾驶""新能源汽车"以及"共享经济"，这些前瞻性的发展概念引领了整个汽车行业的发展方向。相应地，在汽车制造方面，主机厂和零部件企业在"绿""色""速""智"的原则下，不断地寻求着材料使用的变革，希望在新领域、新创想方面占得先机。"绿"，其实代表的就是"可持续发展""新能源汽车""能源效率""可挥发性有机物（VOC）和有害物质替代"等方面；"色"，表示了消费者的消费心理——突出个性化、多姿多彩、视觉氛围和感官体验；"速"，并不是汽车的"速度至上"，而是代表配件加工的速度，简单说就是加快生产效率、缩短开发周期；"智"则是智能控制、车联网以及在新交通概念下的车体结构的大变革。

在法规层面，一方面侧重于对新兴车型及配套设施的政策扶持，如新能源车、电动车、混动车、充电桩和充电枪等；另一方面对创新的内外饰材料、能源效率轻量化、车辆报废回收（ELV）、有害物质管控等都有相关的标准约定。

从大的发展方向看，新能源车毫无疑问是全球瞩目的发展方向，目前中国在这方面的实施可以说是全球领先的。2017年7月，G20汉堡峰会上，世界各国陆续宣布禁售燃油车的方针政策。各国禁售燃油车时间表见表7.7。

表7.7　各国禁售燃油车时间表

全面禁售燃油车的国家	政策实行时间
法国	2040年（燃油车）
德国	2030年（内燃机车汽车）
英国	2040年（传统柴汽油车）
挪威	2025年（燃油车）
荷兰	2025年（燃油车）
印度	2030年（燃油车）
中国	已启动项目调研 海南作为试点，计划2030年起在全省范围内禁止销售燃油汽车

这个时间表清晰地说明，电动汽车和新能源汽车已驶入高速发展的快车道。同时，随着充电桩设施以及电池更换站的全面布局，传统的燃油车必将会逐步被新能源车替代，并最终发展为智能网联汽车。

各国转向新能源车的政策，其本质恰恰是出于"气候变化"和"环保"的考虑。虽然各方的争议依旧存在，如：从全生命周期角度出发，电动汽车并不比燃油汽车更加"环保"。但是，难以系统化处理的汽车尾气排放，终归不如电力行业或电池行业的集中处理来得更好管理。前者的"无组织排放"是环保领域最头疼的问题；转变成新能源车后，将无组织排放转变为集中化处理，显然是一种进步。

对于传统汽车，欧洲、美国、日本都设定了面向2030年的油耗排放目标，分别以每年4.4%、4.5%、3.9%的进展来加严排放要求，倒逼传统燃油系汽车降低能耗，减少二氧化碳的排放。以欧盟为例，为了应对气候变化，减少温室气体排放，欧盟出台了（EC）443/2009号法规：到2015年，在欧盟销售的所有新车，其二氧化碳排放量应降至120g/km，而到2020年进一步降至95g/km。如果达不到要求，则要征收超排放费：每辆车每超出1g二氧化碳排放，征收95欧元。这是全球最严格的汽车碳排放标准。在美国，由于汽油价格较低，消费者并不太关注油耗的高低，因此汽车的排量相对偏大，同时，法规上更多地关注车企的公司平均燃油经济性（CAFE），鼓励小排量和新能源车，所以，整体来看美国在汽车的二氧化碳排放方面并没有那么苛刻，其汽车的二氧化碳排放目标值则是2016年达到155g/km，2020年达到101g/km。在日本，设定目标是2015年155g/km，2020年115g/km。

汽车轻量化是另外一个重要的发展趋势。汽车重量的减轻不仅可以提高行驶速度，而且能够降低相同行驶距离下的单位能耗，减少能源消耗的同时，也降低了尾气排放。据统计，整车每减重100kg，可以降低油耗约0.28L/km，每km可减少6～8g的二氧化碳排放。

中国汽车工业协会更是明确指出：无论是传统燃油车，还是新能源汽车，"汽车轻量化是未来发展的必由之路"。从中国汽车轻量化技术路线图中可以看出，2015—2020年，减重目标为18%，主要是应用镁铝合金及纤维增强复合材料；2020—2025年，减重目标要达到30%的水平，这就对结构、材料、性能一体化的轻量设计提出了非常高的要求；2025—2030年，更是要达到40%的水平。纤维复合材料将成为主导，轻合金和高强钢都会成为辅助减重材料。为了实现这些目标，热塑性工程塑料、复合材料势必会大显身手。

汽车的轻量化，可以分别从"车身轻量化""底盘轻量化""内外饰轻量化"以及"动力系统及核心部件的轻量化（小型化）"出发。其中，内外饰、内外零部件的轻量化，是目前通用塑料、工程塑料大显身手的主攻方向。例如：聚碳酸酯的车窗、天窗、三角窗替代玻璃车窗，薄壁化的工程塑料在立柱盖板、前后围方面的使用，内部控制仪表板的一体化，还有氛围灯、显示等方面的应用场景，都要依靠工程塑料实现功能性与安全性的完美结合。

为了进一步拓展车企与非金属材料生产企业的高效互动，受工业和信息化部原材料司委托，中国合成树脂协会与中国汽车工业协会共同发起、成立了"汽车轻量化非金属材料产业联盟"，在供给侧结构性改革的政策引导下，共同积极探索汽车工业与材料、塑料加工企业的上下游产业链互动的新体制和新模式，形成创新与应用的伙伴关系。

仅仅就汽车本身的法规看，世界车辆法规协调论坛（WP29）是全球汽车法规的先导。中国目前在不断地调整国内的汽车法规标准，积极对接国际上的法规要求。在国内，汽车属于3C强制性认证产品，因此，大多数的汽车法规都是国家标准和行业标准。国家标准化技术委员会（SAC）下的TC 114就是全国汽车标准化技术委员会。TC 114由中国汽车工业联合会主管，秘书处设在中国汽车技术研究中心（CATARC），下设30个分技术委员会（SC），以及多个特别工作组（SG）。其中，第6分技术委员会（SAC/TC 114/SC 6）负责全国汽车用非金属制品等专业领域标准化工作。

（1）汽车安全玻璃

全国汽车标准化技术委员会第9分技术委员会（SAC/TC 114/SC 9）是安全玻璃分技术委员会。目前，主标准GB 9656是国内汽车安全玻璃的强制性标准，同时还有若干个推荐性测试标准（GB/T 5137.X）。目前，GB 9656的版本依旧是2003年的，由于只有玻璃、夹胶玻璃等材质被认可，因此，在一定程度上还未能赶上材料技术的发展和变化。因此自2015年起，国标委积极开展了标准的修订和调研工作，一方面了解国际标准的发展情况，另一方面适时地进行材料的各种验证，将先进的和合理的技术要求增添入新版标准。

由于中国与欧洲、日本在汽车工业上相对紧密，法规上也比较认可欧洲经济委员会（ECE）的汽车法规（注：ECE法规已经被国际所认可），其中ECE R 43就是"关于批准安全玻璃材料的统一规定"。随着硬质透明工程塑料的发展，特别是聚碳酸酯材料在警用车方面的成功使用。在新版的ECE R 43中，硬质塑料（rigid plastics）被允许在车窗上使用，并对相关的技术参数进行了约定。因此，聚碳酸酯硬质工程塑料在欧洲、日本、美国的车企中相继得到了许可。特别是对力学性能如耐磨性试验要求，原先针对玻璃所采取的泰伯耐磨测试（taber abrasion test），对于硬质塑料来说，与实际情况并不相吻合，因此，在欧洲采取了三项替代性试验对硬质塑料车窗进行检测。可以说，新版GB 9656—2021全面认可硬质塑料的使用，并对力学性能、防火阻燃性能以及环境适应等有相关的约定，势必会打开聚碳酸酯塑料车窗的新应用。

而且，特别是在低速车、新能源车以及未来设计新颖的道路车辆，安全、透明、抗冲击、视野开阔、造型各异的外窗和天窗等设计，对聚碳酸酯这类高性能透明工程塑料的需求将会逐步释放。

（2）电动汽车动力蓄电池和充电系统

电动汽车的相关标准由全国汽车标准化技术委员会第27分技术委员会（SAC/TC 114/SC 27）负责。电动汽车相比于传统的油车，主要的技术差异在于其高压动力系统，所以动力蓄电池和相应的充电系统成为该产业核心的技术创新点和标准化焦点。我国目前在汽车动力蓄电池的开发和产业化都处于全球领先地位，除了与WP29相协调的UN技术法规外，国家的强制性标准在全球范围内也越来越具有影响力。GB 38031—2025《电动汽车用动力蓄电池安全要求》是我国对于动力蓄电池准入的强制要求。其中对于电池系统的防火要求进一步提升，通过外部火烧和电池组热扩散试验（延长观察时间）的加严、增加底部冲击试验和快充后安全试验，降低火灾的风险。电动汽车的轻量化要求为聚碳酸酯等塑料材料用于动力电池系统（外壳，绝缘部件、各种热管理系统部件等）提供了机会，在设计相关应用时，需要考虑材料具备较好的阻燃性能，并与电池系统设计相结合，提供防止火灾扩散的功能。

在电动汽车充电领域，我国今年颁布了两项强制性国家标准——GB 39752—2024《电动汽车供电设备安全要求》和GB 44263—2024《电动汽车传导充电系统安全要求》。而在国际上，IEC 61851系列、UL 2594、UL 2202为代表的供电设备安全要求标准和IEC 62196、UL 2251、SAE USCAR-2为代表的传导充电系统标准是使用比较多的。由于功率的不同，需要注意区分直流和交流充电系统。目前，聚碳酸酯及其合金材料已被用于充电枪、连接器、交流桩中，除了提供相应的阻燃等级以满足防火要求，还需要考虑应对环境因素，比如车辆碾压测试、耐化学品测试（主要是油类）、湿热环境、户外使用的阳光辐照等。中国的推荐性国家标准GB/T 39710—2020《电动汽车充电桩壳体用聚碳酸酯/丙烯腈-丁二烯-苯乙烯（PC/ABS）专用料》专门为聚碳酸酯合金材料在该领域的应用提供了技术要求和参考。

（3）汽车可持续发展相关要求

汽车领域另一个必须考虑的法规要求就是——车辆报废回收（ELV）要求。以中国为例，根据2012年商务部、发展改革委、公安部、环境保护部令2012年第12号《机动车强制报废标准规定》，道路运行车辆的报废期通常为8～15年（根据运营情况、车型大小不同而异），或对达到一定行驶里程的机动车引导报废。再由报废机动车回收拆解企业按规定进行登记、拆解、销毁等处理。

从循环经济、可持续发展、保护生态环境、提高资源利用效率看，大量报废汽车的最终去向、拆解后各种类材料的回收再利用是个非常重要的问题。加强汽车有害物质的管理、提高报废汽车的回收利用率，既可以降低成本、缓解资源环境压力，又可降低工业化生产对环境和人体健康的危害。因此，环境保护部在2014年3月份，出台了HJ 2532—2013《环境标志产品技术要求　轻型汽车》，对M1（包括驾驶员座位在内，座位数不超过9座的载客车）、M2（包括驾驶员座位在内，座位数不超过9座，且最大设计总质量不超过5000kg的载客车）、N1（最大设计总质量不超过3500kg的载货车辆）类轻型汽车进行了"有害物质""两率（可再利用率、可回收利用率，RRR）"以及"VOC"的限值要求。随后，国家质量认证中心（CQC）又于2014年调整了CNCA-C11-01:2014《强制性产品认证实施规则　汽车》的认证实施规则，强化了有害物质的管控。为了提升汽车行业绿色制造水平，破解资源环境约束的要求，工业和信息化部于2015年6月9日发布了《汽车有害物质和可回收利用率管理要求》，对主机厂及各级供应商提出了更高的要求。《汽车有害物质和可回收利用率管理要求》规定自2016年1月1日起，对总座位数不超过九座的载客车辆（M1类）的有害物质使用和可回收利用率（"有害物质""两率"）实施管理，间接管理全产业链。有害物质的管控基本上就是对重金属、多溴联苯、多溴联苯醚、多环芳烃、石棉、偶氮类染料等。而可回收利用率管理方面，主要是整车的回收率目标满足：2016年1月1日起，可再生利用率≥85%，可回收利用率≥95%。新车从2016年1月1日起执行申报公告，在产车从2018年1月1日执行。

在再生塑料的利用方面，欧盟的最新ELV法规草案中，提出了未来新车中要求再生塑料在总塑料材料的重量占比中不得低于25%，其中的25%还必须来源于回收的报废汽车，也就是鼓励形成车用塑料的闭环再生。该法案对于全球的汽车产业都产生了巨大的影响，不少车企已经开始在新车型的选材和设计中引入再生塑料进行评估。中国2016年由工信部等四部委联合印发了《汽车产品生产者责任延伸试点实施方案》，2022年10月正式公布汽车产品EPR试点企业名单并于2023年1月正式启动试点项目，其中一个目标就是在保证汽车安全、性能要求等前提下，使用再生原料、安全环保材料，研发推广再生原料检测和利用技术，提升汽车的可回收利用率。结合汽车产品的主要特点以及汽车生产企业的实践经验，EPR试点中对重点部件再生原料利用比例设定了5%的目标要求。未来，试点项目的成果将助力形成我国汽车领域生产者责任延伸制度的新法规要求。中汽数据（CATARC DATA）作为试点工作的牵头单位，针对车用再生塑料已经开始制定系列团体标准T/CRRA《车用再生塑料使用规范》，其中第3部分针对聚碳酸酯。

鉴于上述法规和标准的不断完善，整车厂对材料的再利用、回收利用非常关注。产业链中层层追溯，要求原材料的两率指标，并在CAMDS（中国汽车材料数据系统）中进行填报。总体来说，聚碳酸酯纯树脂的回收利用比较乐观，一些零部件（如车灯、天窗）都是由纯聚碳酸酯加工成形的，因此拆解后的回收是比较有利的。对于PC/ABS共混合金材料，其回收再利用相对困难一些。但由于相对纯净，添加剂使用较少，所以，虽然处理上会比纯聚碳酸酯树脂麻烦不少，但可再利用率和可回收利用率非常高。

可以预见，随着人们对保护生态环境意识的不断提升，对可持续发展、循环经济的深入理解，汽车产业链将会更加认可材料的再利用及回收。同时，各种材料的回收技术持续改进、验证及不断推广，人们对回收材料的认知也会逐步转变：从回收料即是"贬值"的认知，转变为材料的"价值重估"。因此未来几年，汽车行业对高品质回收材料的利用会逐步放大，需求点也会逐渐从附件（盖板、辅助支架、外壳、电池外壳、内外小饰件等等）过渡到零配件、部件等，当然，质量及安全肯定是第一前提。另一点，闭环回收或是定向回收，也会是一种可行的循环经济的解决方案。譬如，车灯部件的定向回收、拆解、车灯材料的分类和回收再利用（继续用于车灯或是降级后再利用于其他车用零部件）等。

7.4.4 医疗器械行业相关标准

在中国，对医疗器械的管理采取分类管理的模式。国家药品监督管理局（原国家食品药品监督管理总局）负责组织制定、公布"医疗器械标准、分类管理制度并监督实施"；并负责制定"医疗器械研制、生产、经营、使用质量管理规范并监督实施"；还负责"医疗器械注册并监督检查"；建立"医疗器械不良事件监测体系，并开展监测和处置工作"；以及监督管理的稽查制度等。中华人民共和国国务院令第650号，也就是《医疗器械监督管理条例》，则是医疗器械方面的最高法规，是所有医疗器械后续相关法规的总纲。在医疗器械的各个相关环节，如：注册、说明书和标签管理、生产、经营、分类、使用质量、临床试验质量、召回、标准、网络销售等，则都有相关的监督管理办法出台。为进一步加强医疗器械监督管理，保障医疗器械安全有效和促进产业高质量发展，更好满足人民群众对高质量医疗器械的需求，根据全国人大常委会立法规划，更高层级的《中华人民共和国医疗器械管理法（草案征求意见稿）》，在2024年8月开始向社会公开征求意见。

提及分类管理，全世界通用的模式就是根据医疗器械的风险程度进行划分的。在中国，按照风险由低到高进行分类，依次为第一类（Ⅰ）、第二类（Ⅱ）和第三类（Ⅲ）。而判别医疗器械的风险程度，主要根据医疗器械的预期目的，通过结构特征、使用形式、使用状态、是否接触人体等因素综合考虑。具体分类细节可以参见原国家食品药品监督管理总局令第15号。

第一类医疗器械实行产品备案管理，第二类、第三类医疗器械实行产品注册管理。对于第三类医疗器械产品，应当向国务院食品药品监督管理部门提交注册申请资料。2017年，为了落实《国务院关于改革药品医疗器械审评审批制度的意见》（国发〔2015〕44号），加强医疗器械注册管理，提高审评审批效率，国家食品药品监督管理总局决定将医疗器械行政审批决定的部分权力，授权给医疗器械技术审评中心（简称"器审中心"，CMDE）代为执行，自2017年7月1日起，国产第三类高风险医疗器械和进口医疗器械的注册审批、延续注册等权力，都切实落在了医疗器械技术审评中心（CMDE）中。同时，器审中心根据总局的医疗器械注册技术指导原则制修订计划，负责组织和发布各种类医疗器械的技术审查指导原则，使得注册管理更加规范和明确。

目前，无论是国家药品监督管理局，还是医疗器械审批中心、药检所等技术机构，都积极地加强与美国FDA的交流学习，因此，在医药审批、医疗器械审批方面也与美国FDA的相关注册管理要求颇为相似。其实，自从

2017年10月份国务院办公厅印发了《关于深化审评审批制度改革鼓励药品医疗器械创新的意见》的文件后，中国对于原料药、药用辅料和包装材料的监管（审评审批），已经开始由从审批制向DMF档案管理制度的过渡。DMF亦称作"药物主控文件"（drug master file），由生产企业自己建立，并且要把相关的信息提供给制剂企业。档案的建立一般涉及公开和非公开两部分。非公开部分一般是企业核心内容，比如专利技术、工艺参数，为防止核心机密泄露，由政府给分发一个DMF档案号进行保密管理。DMF制度搭建了一个产业链的信息交流模式，囊括了三个主体：政府监管者、原辅料生产者、原辅料使用者。这个体系降低了沟通成本，保证信息的可靠性和隐秘性，特别使得上游企业的核心机密得以最大化地保护。同时，施行DMF制度既区分开了生产者和使用者的独立审核，也实现了关联审核，不但有利于最终产品的审查，还可节约审评资料，减少重复申报。

国家药监局在2021年发布了《国家药监局关于医疗器械主文档登记事项的公告》（公告2021年第36号），正式宣布中国开始实施医疗器械主档案管理制度，即Medical Device Master File（MAF）。该制度一经推出，就受到了原料供应商的积极响应。截至2024年8月，国家药监局已公告了615份医疗器械档案。国家药监局通过该项制度创新，解决了在旧体系中难以解决的矛盾。

原材料企业不愿意将自己的"技术机密"提供给医疗器械注册申报者提供；而若不详细提供，又无法满足技术审评专家的实际要求，导致产品注册过不了关。与DMF非常相似，MAF由监管者、医疗器械产品注册者（原材料使用者）、医疗器械原材料生产者三方构成。原材料生产者可以作为责任主体单独向监管者提交备案资料，对原材料的质量和备案信息的真实性负责，一些不便于公开的"专利信息""技术信息"等直接向政府机构公开并要求其保密。同时，通过授权信的方式，授权客户即医疗器械产品注册者引用相对应的文档章节，避免了敏感信息的披露。审评官员或专家在技术审查时，再通过医疗器械产品注册者提供的授权信，调阅相关文件内容。

而对于聚碳酸酯材料来说，其在国外医疗器械上的应用已经有30多年的安全使用历史，并在很多的创新应用中得以体现。由于聚碳酸酯具有高透明度、高强度、良好的韧性及耐热性能，可经受蒸汽消毒、环氧乙烷

（ETO）灭菌、清洗剂、加热和高能辐射消毒（伽马射线火电子束），同时满足ISO 10993生物相容性，达到美国药典（USP）第Ⅵ类医用级塑料的要求，因此，被广泛应用于人工肾血液透析设备和其他需要在透明、直观条件下操作并需反复消毒的医疗设备中，如生产高压注射器、外科手术面罩、一次性牙科用具、血液分离器等。

在国内，原国家食品药品监督管理局发布的行业标准YY/T 0806—2010《医用输液、输血、注射及其他医疗器械用聚碳酸酯专用料》中明确提到："聚碳酸酯（PC）由于比聚乙烯、聚苯乙烯和ABS等材料具有更加优越的物理性能，同时有很好的外观，因此，越来越多地应用到医用输液、输血、注射及其他医疗器械上，由于材料可以具有很高的透明度，采用该材料的输注器具有助于实现全液路透明。"

上述材料属于最高等级的医疗器械——第三类产品，其对材料的质量、安全性的要求都是最高的。对于溶出物的检验项目主要有：还原物质（高锰酸钾消耗量）、酸碱度、蒸发残渣、重金属离子以及紫外吸光度。其中，高锰酸钾消耗量（0.002mol/L）要求低于1.0mL，蒸发残渣的要求是低于15mg/L。此外，对于医用级聚碳酸酯专用料，仍需按照国家标准GB/T 16886.1《医疗器械生物学评价 第1部分：风险管理过程中的评价与试验》进行聚碳酸酯材料的生物学评价。

从表7.8可以看出，与食品级的材料和制品相对比，医疗级聚碳酸酯对高锰酸钾消耗量的要求明显更为严格。不但检验液的配制条件更为苛刻，而且限值要求也更低，差不多接近30倍的差距。因此，能够达到医疗级别的聚碳酸酯材料更加安全，附加值也更高。

表7.8 医疗级和食品级聚碳酸酯对比

种类	标准	检验方法	高锰酸钾消耗量限值要求	检验液配置条件
医用级PC	YY/T 0806	GB/T 14233.1	≤1.0mL（0.002mol/L）	水，121℃，30min
食品级PC	GB 4806.7	GB 31604.2	10mg/kg	水，60℃，2h

注：高锰酸钾摩尔质量为158.034g/mol。因此，对于医用级PC，高锰酸钾消耗量只有0.316mg/kg，远远低于食品级的通用要求。

对于第三类医疗器械产品，生物相容性评价是医疗器械安全性评价中不可缺失的一环。ISO 10993系列标准及其等同转化的国家推荐标准GB/T

16886是对器械进行生物安全性评价的重要指导原则。ISO 10993标准几经改版，从最初的侧重生物相容性测试，到最新发布的2018版改为优先通过物理/化学分析，再根据毒理学评价和体外测试的方法进行评价，不仅可以使得实验动物数量最小化，更重要的是可以定量揭示器械使用中的风险，尤其是长期使用风险。这样的长期风险评价，若采用动物测试的方法进行评价，不仅费用高昂、耗时、灵敏度不高，适用性易受到质疑，而且面临着愈发严苛的动物福利保护的阻力。

对于呼吸面罩、气管等涉及呼吸气体通路的医疗器械，国际上同样需要生物相容性评估，可依照ISO 18562进行。该标准由4个系列标准组成，分别是依据风险管理过程的评估和测试、颗粒物测试、VOC和冷凝可沥滤物测试。其基本指导原则与ISO 10993是一致的，也是以化学分析方法作为起点，通过毒理学评价的方法，对此类医疗器械进行生物安全性评价。

可以看到，国际上对第三类和部分第二类医疗器械，都在根据实际使用情形考虑材料和制品的生物相容性问题。因此，如果使用聚碳酸酯作为第三类医疗器械的原材料，那么首先符合YY/T 0806和GB/T 16886.1（国外是ISO 10993系列标准）基本上是必要条件。在器审中心的各个三类产品的技术审查指导原则中，也可以清楚地看到这方面的要求。在欧美国家，医用级材料的制造商为了捍卫公司的声誉，避免材料带来的风险，往往非常谨慎地使用高质量、高规格的医用级材料，确保医疗器械产品的安全使用。而我国在这方面的意识还有待提高，可操作性的执行方法及评估手段还不够成熟，容易走向另一个"安全"的极端。特别是对于第二类的医疗器械产品，如呼吸面罩等，由于医疗风险相对低一些，故而国内企业出口产品执行更加严格的材料评估，而内销产品则通常使用食品级材质的原料充当医用级材料。甚至由于不理解生物相容性及评估原则，更为混乱的原材料使用情况亦有发生。当然，随着医药安全、医疗安全要求的日趋规范和日渐严苛，如何更为有效地使用合规的医用级材料，也是当前行业中面临的一个潜在问题。

7.4.5 轨道交通行业相关标准

在公共交通行业（飞机、火车和轮船），乘客的安全和逃生是制定严苛的阻燃标准的主要推动因素。这些法规主要涉及"FST"，根据不同地域的市场，主要包括燃烧（flame）、烟密度（smoke density）、烟毒性（smoke toxicity）和热释放性能等方面。阻燃型聚碳酸酯树脂材料及其合金和共混树脂在满足公共交通行业严苛的FST法规要求的同时，为航空飞行器、轨道交通车辆以及轮船的装饰及功能部件等提供安全、可靠、耐久的力学性能以及外观的美学设计特性。

航空的FST法规全球已经完全统一，主要原因是飞机需要经常穿越国境线。对于包括火车在内的轨道车辆却不总是这样。虽然国际铁道联盟的UIC标准在一定范围内得到实施，但许多国家和地区都有自己的铁路防火标准，比如中国采用基于UIC标准的TB/T 3237行业标准；又如欧盟在实施统一的铁路标准之前，德国采用DIN 5510和法国采用NF F 16-101等。2013年3月，一个新的欧盟铁路防火标准EN 45545系列获得欧洲标准化委员会（CEN）的批准开始实施，并自2016年3月正式取代各成员国自己的标准，对在公共交通如列车中使用制品的阻燃性能如在燃烧以后的火焰蔓延、热释放、和烟雾产生的标准已经变得越来越严格。随着越来越多国家采用或计划将EN 45545系列标准转化为本国标准（比如中国），该标准将在更大范围内影响轨道车辆对材料选择的要求。

基于轨道车辆运行环境的结构特点、逃生条件以及可能的逃生时间，EN 45545将轨道车辆的运行类型分为四类。根据轨道车辆的功能和结构特征将其设计类型分为A、D、S、N四个类别，分别代表自动运行列车、双层列车、卧铺列车以及其他列车。结合车辆运行类型和车辆设计类别，EN 45545规定了一系列的测试方法和要求，形成了不同的危险等级要求，包括HL1、HL2和HL3（HL3为最严格要求）。HL1是最低危险等级并且通常适用于在相对安全条件下运行的车辆（车辆容易疏散）。HL3是最高危险等级并且表示最危险的操作/设计类别（车辆疏散困难和/或耗时，例如在地下轨道车中）。对于每种应用类型，基于其危险等级定义了从R1到R26共26组不同的测试要求，涵盖内部材料、外部材料、家具、电子电气、电线电缆等方面。

作为一种被广泛应用于各个行业及细分领域的聚碳酸酯及其合金材料，具有出色的抗冲击性，便于加工成型，减重效果显著，对环境友好可回收再利用。可以为轨道车辆在实现轻量化、舒适减噪、乘坐舒适性、节能降耗、车辆控制、轮轨磨损、运营经济性等性能指标方面提供有益的支持。

聚碳酸酯及其合金材料具备机械强度高、密度低、环境耐受性好、易于加工等特点，为轨道车辆部件提供更大的设计自由度，通过恰当的工艺和加工方式制成不同类型和规格的产品，尤其是一些大尺寸和复杂形状部件。这些部件能够充分满足轨道车辆运行长期处于持续振动、大荷载运行、外部环境条件大幅波动、乘客流量大且流量不恒定等场景条件下，对轨道车辆相关部件提出的特定需要。而阻燃型聚碳酸酯树脂材料及其合金和共混树脂材料能在满足上述要求的同时，达到 EN 45545 系列标准对非金属材料提出的更加严格的 FST 要求，能更好地满足轨道车辆对内饰及功能材料的要求。

自 EN 45545 系列标准开始实施以来，相关企业已经推出了多款能够满足 EN 45545-2 要求的聚碳酸酯或其合金材料，以模制品或板材等形式在轨道车辆领域获得大量应用。由这些材料制成的部件包括满足 R1 要求的内饰和功能部件如墙板、顶板、行李架、窗框、隔板、遮光板、通风调节板、空调风道、小桌板（下表面）等；满足 R6 要求的座椅扶手、座椅背板等；满足 R4 要求的车厢内灯罩等；满足 R22 和 R23 要求的车内、外电工产品以及未列明材料等。在满足特定要求的情况下，聚碳酸酯材料甚至可以替代玻璃用于部分车辆的车窗以实现更好的轻量化。

7.4.6 太阳能发电行业相关标准

作为新能源产业的重要组成部分，太阳能发电近些年在全球特别是在中国发展迅猛，通过推动不断的研发创新，保持了快速增长的势头，形成了产业集群。作为绿色低碳的新能源产业之一，太阳能发电不仅在国内持续保持高增量，2023 年光伏组件已经成为中国外贸出口的"新三样"之一。在行业发展的风口，塑料材料的应用也开拓了新的市场机会。用于太阳能发电系统的材料，需要考虑户外使用环境和长期阳光辐射条件下的性能可靠性，在直流高压端、电能传输及转换器件中提供电绝缘和防火安全。

太阳能发电系统目前主要以晶硅或薄膜光伏组件为核心，建立了从硅料→电池→组件→电气化连接和转换系统→（储能）→电网或用电侧的完整产业链。其标准和认证体系也以光伏组件为中心，在全球范围中使用最多的是 IEC 61215-1/-2 和 IEC 61730-1/-2 系列，分别关注光伏组件的功能和安全。

目前各国基本都是直接使用或者转化使用这两个系列标准作为光伏组件产品的认证和市场准入依据。随着光伏技术的飞速发展，这两个系列标准的修订也比较活跃，最新的版本分别是在2021年和2023年发布。在IEC 61215-1和IEC 61730-1中，提出了光伏组件认证需要进行的多个测试序列和判定标准，其对应的试验方法（IEC 61215中是MQT，IEC 61730中是MST，部分MQT和MST是一样的）在IEC 61215-2和IEC 61730-2中给出。除此之外，一些作为参考的测试方法标准，比如IEC TS 62804-1（电位诱导衰减试验方法），也会被引用并可能在修订中加入正式的测试序列。值得注意的是，除了上述测试序列，这两个IEC系列标准中还提到了三个具体零部件的前置认证标准——IEC 62852（组件端直流连接器）、IEC 62790（接线盒）和IEC 62788-2-1（聚合物前板和背板），也就是说，这三个零部件需要首先满足对应的三个IEC标准，才能申请光伏组件的产品认证。

除了基础组件标准外，我国目前已经也构建了覆盖上下游，包含原材料、部件、设备、系统、安装与运维、测试方法、绿色低碳等的较为完整的标准体系，以国家标准（GB/T）、行业标准（主要是能源行业标准NB/T）、团体标准（主要是中国光伏协会标准委员会主导的T/CPIA）等各级标准支撑，服务于齐全的太阳能发电产业链和生态链。

对于光伏组件产品以及系统配件来说，最重要的是追求降低发电系统的平准化度电成本（levelized cost of energy，LCOE），以提升产品竞争力。一方面，可以通过开发具有高光电转化效率的太阳能电池来实现；另一方面，也可以在长期使用中（一般设计寿命25～30年），通过有效可靠的封装材料，维持较高的转化效率，提高长期收益率。聚合物材料主要的贡献在后者。考虑到光伏发电系统的使用环境，认证标准中的测试序列通常会包含的环境应力老化有紫外辐射、冷热循环（其−40～+85℃）、湿热老化（85%RH，85℃）、湿冻等。针对特殊的使用环境，比如高温、农业、海上等，IEC还提供了附加的环境应力测试方法，例如IEC TS 63216（高温导则）、IEC 62716（氨气腐蚀）、IEC 61701（盐雾）。聚碳酸酯材料目前可以用于光伏系统的电气化部件中，为功能元件提供绝缘、防火和机械防护，其良好的光学特性，也为未来开发用于透明封装材料提供了可能。从光伏产品的设计要求可以看出，具备长期耐候性和高阻燃等级的聚碳酸酯产品更适用于此类应用，具备优良低温性能或者耐高温性能的材料，还可以被用于更严苛的环境条件地区。考虑到此类应用的周期远远大于其他电子电气产品，材料开发人员一方面需要通过技术创新进行材料的改性，另一方面也需要设计高效、可靠的加速老化方法，用以评估和验证材料在复杂环境条件中的长期性能，为光伏组件和系统的生产者提供材料选择和使用的依据。

另外，当应用于融合产业时，光伏产品往往需要具备更多属性，因此材料的设计也要考虑更多的标准和要求。例如，近些年分布式光伏很多应用于建筑中，光伏组件也成为一种建材产品，这就需要考虑建材的防火等级和机械防护要求；当光伏产品用在水上或者海上时，则需要考虑材料对水体的影响，以及受水浪、微生物等环境因素的影响。

CNPCA观察：

聚碳酸酯是一种透明、安全、耐用的材料，已安全使用了60多年。

双酚A作为聚碳酸酯不可替代的单体原料，多年来一直处于健康安全争议的风口浪尖，学术界、法规界的争议仍在持续。美国政府的CLARITY-BPA核心研究项目（2012—2018）的结论非常明确："以双酚A为原料生产的聚碳酸酯材料在食品接触材料领域使用是安全的"。然而，欧洲食品安全局（EFSA）于2023年发布了新BPA每日可耐受摄入量（TDI）为每日0.2ng/kg体重，尽管欧洲药品管理局（EMA），德国联邦风险评估研究所（BfR）均对这一新安全限值提出了不同意见，但欧盟法案（EU）No 2024/3190规定，自2024年12月19日起全面禁止聚碳酸酯类材料的食品接触类用途。

因此，协会有必要再次澄清几点。

① 欧盟关于双酚A新TDI尚存争议，目前WHO、美国FDA、日本、韩国、加拿大卫生部以及中国等均未采纳欧盟新的TDI限值。

② 中国GB 4806.7—2023授权批准了9类聚碳酸酯树脂可用于食品接触相关的相关应用，双酚A的特定迁移量限值（SML）为0.05mg/kg（食品）。

③ 双酚A常温下呈固体状态，难迁移。

④ 它并不是致癌物质，也不会致畸。

⑤ 属于低毒物质，大鼠经口的半数致死量与食盐相当。

双酚A及聚碳酸酯行业应持续关注双酚A的健康安全及环境安全的相关争议，积极关注并参与相关的中国的健康安全及环境安全评估项目。

不同的应用领域法规，对聚碳酸酯材料的要求各异。在电子电气领域，随着信息技术（IT）与电气、电气的不断融合，防火耐燃的趋势愈加明显，要求也越来越严苛。在汽车领域，随着新法规的出台，汽车安全玻璃将成为聚碳酸酯的一个新兴应用市场；而电动汽车的轻量化必然会对电池包装产生一定影响，给聚碳酸酯带来新的机遇。在医疗器械领域，耐应力开裂、耐伽马射线、家用医疗设备等都将会是聚碳酸酯的创新应用方向。

《中国聚碳酸酯行业发展蓝皮书（2025）》终于定稿，交付印刷。

这是汇聚了聚碳酸酯行业产学研用一线专家共同付出的成果，既是一份深度行业报告，也是每一位产业参与人难得的一本案头工具书。

个人将新版蓝皮书总结为"新""准""势""链"几个突出特点，这也正是业界专家们在编辑这一全新蓝皮书版本时的共同追求。"新"是行业报告的第一要素，本书大量数据已更新至2024年底；"准"是本蓝皮书的又一个特点，聚碳酸酯行业发展的相关数据，经参编专家不同渠道反复求证；本书聚焦聚碳酸酯行业发展，丰富的内容，从广度到深度，满足业界了解现状与研究未来趋"势"的需求；研究行业，仅仅关注行业本身已经远远不够，甚至关注产业链都不够，而要从生态"链"的角度去研究，这也正是体现本蓝皮书的地位的又一个特色所在。

回想起聚碳酸酯分会2018年首次编辑出版蓝皮书时的日日夜夜，感受至深！与第一版一样，所有参编人员全部兼职，且均在所在单位身担要职，有总经理、副总经理、销售总监、研发总监、市场总监……如果没有一份奉献行业的担当，大家一定看不到这本屡获好评的行业手册。举一个例子，5月29日的定稿会后，部分补充更新的内容讨论延续超过24小时，包括30日零点之后，直至凌晨5:00多！我说，这是对行业发展的"大爱"，相信并不为过！

令人感慨的是，截至2024年底，中国聚碳酸酯的产能达到381万吨/年，而产能利用率超过80%，这在聚碳酸酯分会成立之初是难以想象的。更值得一提的是，行业在"量"增的同时，以开发共聚聚碳酸酯等功能性聚碳酸酯为初始的"质"升追求，也渐成行业发展的新特点。相信随着行业的进一步发展，聚碳酸酯的应用一定会更加广阔，而蓝皮书的价值和影响也必将更加深远。

最后，感谢所有参编人员的辛勤付出！感谢中国合成树脂协会以及行业专家在蓝皮书编辑过程中的全部付出！

虽然从协会到参编团队已经尽可能准确全面地去描述和展望行业，但仍难免有所疏漏，发现任何不当、不确切之处，还望业内人士不吝指教！

中国合成树脂协会聚碳酸酯分会秘书长　段庆生
2025 年 6 月 3 日

创新科技，助力可持续未来

科思创提供全面的CQ循环聚碳酸酯产品组合，以创新技术满足下游产业的可持续发展需求。通过全球化的供应网络，我们为客户提供灵活且可靠的本地及跨区域解决方案。

R系列
消费后物理回收产品

- UL ECV/TÜV认证，确保回收原料可追溯性
- 品质媲美原生料，完全符合行业安全标准
- 有效利用废弃塑料，减少环境污染

RE系列
循环生物质产品*

- ISCC PLUS认证，保证可持续来源
- 性能等同原生料，实现无缝替代
- 采用可再生原料，显著降低碳足迹

RP系列
消费后化学回收产品*

- ISCC PLUS认证，保证可持续来源
- 性能等同原生料，实现直接替代
- 高纯度工艺，满足严苛应用需求

*经质量平衡方法生产

关于科思创

科思创是全球领先的高品质聚合物及其组分的生产商之一。依托创新的产品和工艺，公司在众多领域促进可持续发展和提高生活品质。

科思创工程塑料事业部聚焦电子电气、交通出行、医疗健康三大核心产业，通过产品及应用开发、CMF解决方案等帮助客户创造价值。自1953年发明聚碳酸酯（PC）以来，科思创致力于PC业务传承与创新，通过与客户的紧密协作，共同推动工程塑料的创新发展，助力行业向循环经济转型，实现碳减排目标。

**扫码关注
科思创服务站**

公司简介 ▶▶▶▶

　　上海奥塞尔材料科技有限公司，成立于2005年，总部位于上海市松江国家经济技术开发区，G60科创走廊，在全国拥有多个再生资源前端处理加工基地。公司秉持"资源再生，价值重塑"的企业使命，长期专注于高品质低碳PCR材料的研发、生产和销售。产品种类涵盖PC、ABS、PP、PA及PMMA等，广泛应用于新能源汽车、消费电子、智能家居等领域。公司拥有完整的回收、分选、粉碎、清洗、造粒、检验等生态产业链，是行业领先的从事废旧车灯规模化回收利用的企业，并为下游客户提供定制化的高性能、低碳环保、可追溯的系统解决方案。公司致力于成为全球PCR行业的领导者，凭借尖端再生技术与全链路追溯体系，构建了覆盖产业链闭环模式，树立循环经济领域的国际标杆。与产业链伙伴跨界合作打造全球领先的PC水桶闭环循环体系和"从汽车到汽车"（Car-to-Car）的高值化闭环解决方案，重塑塑料产品全生命周期的可持续未来，推动中国制造与国际ESG标准接轨。

企业亮点 ▶▶▶▶

▶ 拥有完整的回收、分选、粉碎、清洗、造粒、检验等PCR全产业链
▶ 全球首张UL 2809车灯再生料来源认证与TÜV废旧汽车车灯来源认证
▶ 拥有7项发明专利，24项实用新型专利、21项软件著作权
▶ 完善的质量和管理体系，包括ISO 9001/ISO 14001/ISO 45001/IATF6949
▶ 2018年获得"上海市高新技术企业"、2020年获得"上海市专精特新中小企业"等荣誉
▶ 天眼查：企业科创分96分，卓越级别；全球TFS得分91%——PCR PC行业领先

国标牵头起草 ▶▶▶▶

　　2021年10月：国家标准GB/T 40006.7-2021《塑料 再生塑料 第7部分：聚碳酸酯(PC)材料》牵头起草

ISO 9001　　ISO 14001　　ISO 45001　　IATF16949　　GRS认证　　TÜV认证　　UL 2809　　TFS认证

📞 电话/Tel：4000073308
📧 网址/Web：www.ausell.cn
📍 地址/Address：上海市松江经济技术开发区港兴路398号
　　398 Gangxing Road，Songjiang Economic and Technological Development Zone，Shanghai

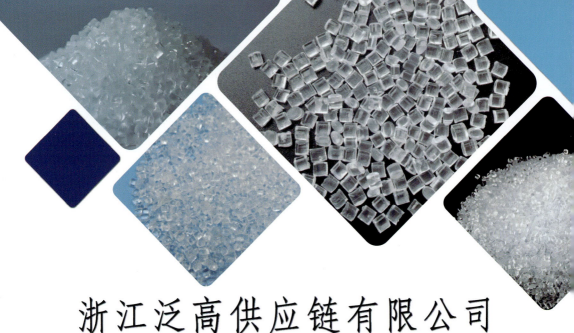

浙江泛高供应链有限公司
Zhejiang Fangao Supply Chain Co., Ltd

代理　浙江石化/宁波大风江宁/科思创/中沙（天津）/LG化学/沧州大化/盛通聚源/沙特基础

公司简介

　　浙江泛高供应链有限公司（原宁波泛高进出口有限公司）及所属控股、关联公司是在工程塑料领域内集国内贸易、进出（转）口贸易、工程塑料新、特种材料推广及运用、仓储管理于一体的专业公司。公司主要从事全球一流品牌和国内知名品牌的PC、PETG、ABS、PMMA、MBS、ASA、PC/ABS、AS、MABS、SBC、PS、SMMA；高端改性的PP、ABS等产品在中国市场的代理销售。公司关联工厂拥有多种专业设备，开发生产的PC/ABS、改性PC等系列产品具有较高的性价比，PCR-RPC材料已获得相关GRS产品认证。

　　公司目前下设深圳、香港分公司和常州、东莞办事处；在宁波（余姚）、上海、常州、东莞（樟木头）、天津设有人民币中转仓库，并在宁波保税区、深圳保税区设有保税仓库，服务已延伸至全国多数地区，为汽车、板材/片材、家用电器、食品包装、化妆品包装、电子电器、医疗器械、改性材料等行业提供服务。

 联系人：徐涤敏 15906578999/13777181581/0574-62550059

 公司地址：浙江省余姚市余姚中国塑料城国际商务中心3幢703室

 邮箱：xudm@nbfangao.com